编 辑 委 员 会

四川省人民政府文史研究馆 ◎ 著

成都城坊
古迹考

（修订本）

四川人民出版社

图书在版编目（CIP）数据

成都城坊古迹考/四川省人民政府文史研究馆著. —修订本.
—成都：四川人民出版社，2020.1
ISBN 978-7-220-10798-6

Ⅰ. ①成… Ⅱ. ①四… Ⅲ. ①古城遗址（考古）-考证
-成都 Ⅳ. ①K872.711

中国版本图书馆 CIP 数据核字（2018）第 101635 号

CHENGDU CHENGFANG GUJI KAO

成都城坊古迹考（修订本）

四川省人民政府文史研究馆 著

责任编辑	谢 雪
封面设计	四川胜翔
内文设计	戴雨虹
责任校对	袁晓红
责任印制	李 剑
出版发行	四川人民出版社（成都槐树街 2 号）
网 址	http://www.scpph.com
E-mail	scrmcbs@sina.com
新浪微博	@四川人民出版社
微信公众号	四川人民出版社
发行部业务电话	(028) 86259624 86259453
防盗版举报电话	(028) 86259624
照 排	四川胜翔数码印务设计有限公司
印 刷	四川五洲彩印有限责任公司
成品尺寸	170mm×240mm
印 张	28
插 页	1
字 数	430 千
版 次	2020 年 1 月第 1 版
印 次	2020 年 1 月第 1 次印刷
书 号	ISBN 978-7-220-10798-6
定 价	98.00 元

目　录

前言 ………………………………………………………………………… （001）

·建置篇·

第一章　古蜀简述 …………………………………………………… （003）

第二章　秦设蜀郡与成都县 ……………………………………… （005）

第三章　秦代以后建置沿革 ……………………………………… （007）

　第一节　秦及两汉 ………………………………………………… （008）

　第二节　六朝时代 ………………………………………………… （009）

　第三节　隋唐及其后 ……………………………………………… （010）

·城垣篇·

第一章　秦城时代 …………………………………………………… （015）

　第一节　秦创筑大城少城 ………………………………………… （015）

　　一、筑城前后的形势

　　二、先筑大城

　　三、次筑少城为县治

　　四、开凿二江双流城南

第二节　汉代扩展成都城 ················· (023)

一、少城西南之发展

二、少城西南之南市

三、立成都十八郭及州郡分治大城少城

四、锦官城与车官城

五、蜀汉之大城少城

六、秦汉大城少城形势

第三节　晋代平夷少城 ····················· (037)

一、州郡分治及据城争战

二、李特据蜀与筑赤涂城

三、桓温平夷少城

第四节　隋代展筑城垣 ····················· (041)

一、展筑后之形势

二、隋城的名称

三、展筑西南二隅之推测

第五节　唐代发展都市东南 ············· (046)

一、秦隋旧城概略

二、大城东南郊之发展

第二章　罗城时代 ···························· (049)

第一节　唐代扩筑罗城 ····················· (049)

一、扩筑罗城缘由

二、扩筑罗城经过

三、扩筑罗城情况

四、罗城扩筑后之形势

五、对于罗城东北两面所至及周围里数之异说

第二节　前后蜀宫城与羊马城之兴废 ····· (058)

一、改子城为皇城并改罗城、子城诸城门名称

二、前蜀建新宫城，扩宫城

三、后蜀新建羊马城

四、关于羊马城之各种说法

五、羊马城与芙蓉城之关系及其废没

第三节　宋元两代成都面貌 …………………………………（070）

一、宋代罗城与子城之培修

二、宋代城门概略

三、宋代成都盛况

四、宋末之成都

五、元代之成都

第四节　明代大城与蜀王府城 …………………………………（082）

一、筑大城

二、蜀王府之建筑

第五节　清代大城与满城 …………………………………（089）

一、清代大城之重建

二、新筑满城

第六节　历代官署所在之变迁 …………………………………（096）

一、唐以前官署宫殿

二、唐代及前后蜀官署宫殿

三、宋元两代官署

四、明代蜀王府及官署

五、清代及民国官署

· 水道篇 ·

第一章　早期之成都二江 …………………………………（113）

第一节　李冰建堰时二江形势 …………………………………（113）

第二节　二江上之七桥 …………………………………（119）

第三节　内江与外江 …………………………………（125）

第二章　晚唐以来之二江 ………………………………………… (127)

　第一节　扩建罗城改变格局 ……………………………… (127)

　第二节　新凿西濠 ………………………………………… (128)

　第三节　郫江故道之探索 ………………………………… (129)

第三章　古代其他水道 …………………………………………… (133)

　第一节　古代二江旁支 …………………………………… (133)

　第二节　解玉溪 …………………………………………… (134)

　第三节　金水河 …………………………………………… (136)

　第四节　城区小溪及疏浚 ………………………………… (137)

第四章　近代水道 ………………………………………………… (142)

　第一节　元明以来水道演变 ……………………………… (142)

　第二节　清水河　锦江 …………………………………… (145)

　第三节　府河 ……………………………………………… (151)

　第四节　西濠水系 ………………………………………… (155)

　第五节　贯穿南城之金水河 ……………………………… (157)

　第六节　环绕皇城之御河 ………………………………… (162)

　第七节　郊区支流 ………………………………………… (165)

　　　　一、西南支流

　　　　二、西北支流

　　　　三、东北支流

附录　新中国成立后水道及桥梁的变化 ……………………… (171)

· 街坊篇 ·

第一章　中城 ……………………………………………………… (175)

　第一节　皇城内 …………………………………………… (175)

　第二节　辕门线 …………………………………………… (175)

　　　　四街：大西巷、板桥街、皮房前街、东辕门街。另支街巷一

　第三节　南城线 …………………………………………… (176)

二街：西御街、东御街。另支街巷十一

第四节　东华门线 ……………………………………………（178）

四街：东华南街、东华北街、小红土地庙街、大红土地庙街。

另支街巷四

第五节　东城线 ………………………………………………（179）

四街：西顺城街、皮房街、中西顺城街、上西顺城街。另支街

巷七

第六节　御河线 ………………………………………………（181）

二街：东御河沿街、西御河沿街。另支街巷二

第七节　北城线 ………………………………………………（181）

二街：西玉龙街、羊市街。另支街巷十一

第八节　西华门线 ……………………………………………（183）

三街：平安桥、马道街、西华门街。另支街巷三

第九节　西城线 ………………………………………………（184）

三街：东城根中街、东城根上街、东城根南街。另支街巷六

第二章　东城 …………………………………………………（186）

第一节　东门线 ………………………………………………（186）

七街：下东大街、中东大街、上中东大街、城守东大街、

西中东大街、西东大街、盐市口

第二节　东一线 ………………………………………………（188）

九街：提督西街、鼓楼南街、鼓楼洞街、鼓楼北一街、

鼓楼北二街、鼓楼北三街、鼓楼北四街、新开寺街、

新开寺侧巷子。另支街巷十一

第三节　东二线 ………………………………………………（191）

九街：提督街、太平街、玉石街、忠烈祠南街、忠烈祠北街、

升平街、内北巷子、横通顺街、北通顺街。另支街巷三十一

第四节　东三线 ………………………………………………（196）

十街：署袜南街、署袜中街、署袜北三街、署袜北二街、

署袜北一街、冻青树街、拐枣树街、帘官公所街、狮子巷、

小巷子。另支街巷十九

第五节　东四线 ⋯⋯⋯⋯⋯⋯⋯⋯⋯⋯⋯⋯⋯⋯⋯⋯（201）

九街：春熙南路、春熙北路、商业场、纯阳观街、隆兴街、

竹林巷、七家巷、福德街、石马巷。另支街巷二十八

第六节　东五线 ⋯⋯⋯⋯⋯⋯⋯⋯⋯⋯⋯⋯⋯⋯⋯⋯（209）

十街：城守街、科甲巷正街、福兴街、梓潼桥街、双栅子街、

桂王桥南街、桂王桥北街、育婴堂街、书院北街、长巷子。

另支街巷十四

第七节　东六线 ⋯⋯⋯⋯⋯⋯⋯⋯⋯⋯⋯⋯⋯⋯⋯⋯（213）

四街：下北打金街、中北打金街、上北打金街、书院正街。

另支街巷七

第八节　东七线 ⋯⋯⋯⋯⋯⋯⋯⋯⋯⋯⋯⋯⋯⋯⋯⋯（214）

十一街：南纱帽街、中纱帽街、北纱帽街、书院南街、

书院西街、惜字宫南街、惜字宫街、庆云南街、庆云北街、

五世同堂街、五昭路。另支街巷三十七

第九节　东八线 ⋯⋯⋯⋯⋯⋯⋯⋯⋯⋯⋯⋯⋯⋯⋯⋯（219）

九街：南糠市街、北糠市街、和尚街、长胜街、毛家拐、

天涯石南街、四圣祠南街、四圣祠北街、东较场街。另支

街巷十三，较场一

第十节　东九线 ⋯⋯⋯⋯⋯⋯⋯⋯⋯⋯⋯⋯⋯⋯⋯⋯（222）

七街：油篓街、笔帖式街、东顺城南街、东顺城中街、

东顺城北街、水东门街、马道街。另支街巷二十一

第三章　北城 ⋯⋯⋯⋯⋯⋯⋯⋯⋯⋯⋯⋯⋯⋯⋯⋯⋯⋯（225）

第一节　北门线 ⋯⋯⋯⋯⋯⋯⋯⋯⋯⋯⋯⋯⋯⋯⋯⋯（225）

七街：青果街、北大街、上草市街、下草市街、上锣锅巷、

下锣锅巷、玉带桥街

第二节　北一线 ⋯⋯⋯⋯⋯⋯⋯⋯⋯⋯⋯⋯⋯⋯⋯⋯（226）

四街：东打铜街、正府街、西府街、青龙街。另支街巷三

第三节　北二线 ⋯⋯⋯⋯⋯⋯⋯⋯⋯⋯⋯⋯⋯⋯⋯⋯（228）

六街：武圣街、文圣街、文庙街、厅署街、江汉路、宁夏街。
另支街巷十五，较场一

第四节　北三线 ································ (231)

五街：通顺桥街、楞伽庵街、红石柱街、白家塘街、洛阳路。
另支街巷四

第五节　北四线 ································ (232)

四街：酱园公所街、五岳宫街、文殊院街、白下路。另支街
巷三

第六节　北五线 ································ (233)

二街：西珠市街、珠宝街。另支街巷四

第四章　西城 ······································ (235)

第一节　西门线 ································ (235)

三街：西大街、八宝街、东城根下街。另支街巷一

第二节　西一线 ································ (236)

五街：长顺下街、长顺中街、长顺上街、通顺桥街、小南街。
另支街巷二十三

第三节　西二线 ································ (240)

三街：上同仁路、中同仁路、下同仁路。另支街巷二十五，
较场一

第五章　南城 ······································ (246)

第一节　君平线 ································ (246)

三街：石牛寺巷、君平街、半边桥街

第二节　南一线 ································ (247)

九街：陕西街、梨花街、锦江桥街、古卧龙桥街、学道街、
督院街、东升街、红石柱横街、锐钯街。另支街巷十七

第三节　南二线 ································ (251)

四街：红照壁街、状元街、西丁字街、东丁字街。另支街
巷十四

第四节　南三线 ································ (253)

十街：下汪家拐街、文庙后街、纯化街、盐道街、南府街、
东府街、中莲池正街、前卫街、王家坝街、下莲池街。另支街
巷二十五

第五节　南四线 ………………………………………（258）

四街：复兴村、文庙西街、文庙前街、东桂街。另支街巷十七

第六章　外东 …………………………………………（262）

第一节　外东线 ………………………………………（262）

十四街：月城街、新城街、天福街、芷泉街、紫东楼街、
正紫东街、牛王庙上街、牛王庙下街、一洞桥街、一心桥街、
大田坎街、德胜上街、德胜下街、牛市口。另支街巷二十八

第二节　外东一线 ……………………………………（265）

十街：水井街、双槐树街、金泉街、星桥街、伴仙街、
王化桥上街、王化桥下街、古佛寺街、宋公桥街、石佛寺街。
另支街巷十三

第七章　外北 …………………………………………（268）

六街：天星桥街、簸箕上街、簸箕中街、簸箕下街、豆腐街，
驷马桥街。另支街巷十

第八章　外西 …………………………………………（271）

第一节　外西线 ………………………………………（271）

六街：西月城街、石灰中街、石灰下街、乡农市前街、乡农市
正街、犀角河街。另支街巷二十三

第二节　新西线 ………………………………………（273）

一街：十二桥街。另支街巷二

第九章　外南 …………………………………………（275）

第一节　外南线 ………………………………………（275）

六街：桥北正街、桥南正街、浆洗上街、浆洗中街、浆洗下街、
洗面桥街。另支街巷十四

第二节　外南一线 ……………………………………（277）

三街：黉门街、小天竺街、大学路。另支街巷十三

第三节　新南线 ·············· (280)

　　　二街：建国路、西北路。另支街巷十

第四节　新南一线 ·············· (281)

　　　三街：致民路、龙江路、新生路。另支街巷十三

附录一　成都街道改造略况 ·············· (284)

附录二　清同治十年（1871）成都县属街道名称 ·············· (285)

附录三　1950—1984 年成都市区街道之重大变迁 ·············· (287)

附录四　1983 年东、西城区路、街、巷、居民区标准名称 ·············· (289)

· 杂考篇 ·

第一章　重大考古发现 ·············· (309)

第一节　金沙遗址 ·············· (309)

第二节　羊子山土台与十二桥文化 ·············· (311)

第三节　商业街大型船棺群 ·············· (313)

第二章　古蜀遗踪 ·············· (315)

第一节　武担山与石镜 ·············· (315)

第二节　石笋 ·············· (316)

第三节　天涯石、地角石、天牙石 ·············· (317)

第四节　支机石 ·············· (318)

第五节　五块石 ·············· (320)

第六节　李冰石犀 ·············· (322)

第三章　汉唐旧迹 ·············· (324)

第一节　古代集市 ·············· (324)

第二节　严君平宅及卜肆 ·············· (326)

第三节　文翁石室与周公礼殿 ·············· (326)

第四节　司马相如宅与琴台 ·············· (329)

第五节　子云亭与墨池 ·············· (330)

第六节　张仪楼与散花楼 ·············· (332)

第七节　摩诃池与宣华苑 ……………………………………（334）

第八节　筹边楼 …………………………………………………（336）

第九节　合江亭与合江园 ………………………………………（337）

第十节　碧鸡坊与金马、碧鸡祠 ……………………………（338）

第十一节　縻枣堰与縻枣亭 …………………………………（340）

第十二节　铜壶阁与西楼、东园 ……………………………（341）

第十三节　学射山与江渎庙 …………………………………（342）

第十四节　前后蜀及明蜀王府苑囿 …………………………（345）

第十五节　回澜寺与回澜塔 …………………………………（346）

第十六节　鼓楼、碑林与煤山 ………………………………（346）

第十七节　洗马池与黄忠墓 …………………………………（348）

第十八节　禹庙与川主庙 ……………………………………（349）

第四章　游览胜地 ………………………………………………（352）

第一节　武侯祠与惠陵 …………………………………………（352）

第二节　杜甫草堂与百花潭 …………………………………（354）

第三节　望江楼与薛涛井 ……………………………………（360）

第四节　永陵与孟知祥等墓 …………………………………（362）

第五章　宗教寺庙 ………………………………………………（365）

第一节　道教宫观 ………………………………………………（365）

　　　一、严真观

　　　二、玉局观

　　　三、青羊宫

　　　四、二仙庵

第二节　佛教寺院 ………………………………………………（371）

　　　一、石犀寺

　　　二、大慈寺

　　　三、万佛寺

　　　四、多宝寺

五、宝光寺

六、金绳寺

七、金沙寺

八、延庆寺

九、净居寺

十、昭觉寺

十一、文殊院

十二、近慈寺

十三、尧光寺

十四、爱道堂

附 成都佛学社

第三节 清真寺 ……………………………………………… （384）

一、皇城清真寺

二、清真东寺

三、清真西寺

四、清真七寺

五、清真十寺

六、清真鼓楼寺

第四节 基督教礼拜堂 …………………………………… （386）

一、天主堂（旧教）

二、福音堂（新教）

第六章 明、清及民国各种重要文教事业 ……………… （387）

第一节 书 院 …………………………………………… （387）

一、潜溪书院

二、尊经书院

三、八旗少城书院

附 存古学堂

第二节 清贡院 …………………………………………… （390）

附一　帘官公所

附二　成都府试院

第三节　清末及民国时重要学校 ………………………………（392）

一、军事学校

二、新式学校

三、教会学校

第四节　印刷业与书店 ……………………………………………（393）

第五节　报刊 ………………………………………………………（396）

一、戊戌维新后之报刊

二、民初及以后之报刊

第七章　清季各种新政旧址 ………………………………………（399）

第一节　造币厂 ……………………………………………………（399）

附　四川纸币

第二节　兵工厂 ……………………………………………………（401）

第三节　铁路公司 …………………………………………………（402）

第四节　警察总局 …………………………………………………（403）

第五节　劝工总局 …………………………………………………（403）

第六节　总商会 ……………………………………………………（403）

第七节　新式商场 …………………………………………………（404）

一、商业场

二、锦华馆

三、昌福馆

四、春熙路

第八节　邮局 ………………………………………………………（405）

附　麻乡约

第九节　领事馆、洋务局与交涉署 ………………………………（406）

第八章　近代各种重要行业 ………………………………………（407）

第一节　银行 ………………………………………………………（407）

一、山西票号

二、大清银行与濬川源银行

三、四川省银行

四、四行

五、私营银行

第二节　与生活有关之各种重要行业 ……………………………（408）

一、粮食业

二、食盐业

三、食油业

四、柴炭业

五、丝织业与蜀锦、蜀绣、蜀笺及蜀扇

六、棉纺织业

七、栏杆业

八、皮袭业

九、酿酒业

十、烟草业

十一、木材业

十二、砖瓦业

十三、猪鬃业

十四、银器业与金饰业

十五、铜器业

十六、中药材业

十七、花轿、彩帐、竹棚业

十八、启明电灯公司

第三节　投机市场、典当业、荒市 …………………………………（414）

第九章　社会风貌 ……………………………………………………（416）

第一节　联谊与慈善组织 …………………………………………（416）

一、各省会馆概略

二、宗祠

三、土地会与清明淘沟

四、慈善组织

第二节 游乐 ···(418)

一、东大街夜市

二、花市

三、出行、游草堂、游百病

四、公园

五、饮食业

六、茶舍

七、剧院

八、电影院

九、书场

附录 成都市主城区全国重点文物保护单位名录 ·········(429)

后记 ···(430)

附图 清《光绪五年图》

民国《成都市区图》（民国 31 年 5 月）

前　言

　　一千二百多年前的唐朝诗人李白写过一组《上皇西巡南京歌十首》，以生动的笔触、充沛的感情讴歌唐代成都（唐玄宗时之南京）及周边形胜的壮美和富庶，描绘了当年成都城市的宏伟格局与雄浑气象。其中最有名的两句是："九天开出一成都，万户千门入画图。"李白这一神来之笔，一直为人称赏，至今未过时。作为建城以来从未改变名字的成都完全承当得起这一美誉——仅是它的城市气质与城坊格调，在全国第一批二十四个国家历史文化名城及十大古都中，便堪称出类拔萃，独具魅力。

　　成都城所在的成都平原素有"天府之国"的美称，是长江上游古代文明起源与发展的中心，亦是中华文明的重要发祥地之一。自公元前311年建城以来的二千三百多年间，成都也一直是中国西南地区的政治、经济和文化的核心。成都的历史文化资源博大而深邃，既拥有古蜀文化、三国文化、前后蜀文化、移民文化等独一无二、龙腾凤翔的历史记忆（以纸质典籍、地上地下文物及口碑资料为载体），又保有数不胜数、满载沧桑的文化遗迹、遗址，包括名人故里、古建筑、古街坊、古水道以及近现代革命遗迹和工业文明遗址。至于在成都城及成都平原上演过的那一幕幕或威武雄壮、或风流倜傥的历史活剧及其"导演""演员"（包括帝王将相、文化名人、艺人工匠等），则如星月般深嵌在二千三百多年间的历史天空上，熠熠生辉，朗照今人。它们有如一串串晶亮的珍珠，连缀起成都城市的文脉；又像一部部厚重的大书，记录了成都城市生活与城市精神的轨迹。而成都城坊的布局又十分独特而出彩：那大城套小城、居中又三分，形制如龟行、街坊似棋局，且二江环抱的格局（如清光绪五年、民国31年成都街区图所示），在中国古代城市体系中是绝无仅有的。

中国是公认的世界城市发源地之一。国际城市学权威、美国学者乔尔·科特金在其名著《全球城市史》中文版序言中说，中国的城市传统根基深厚，"其延续性在这个地球上任何一个文明都无法与之媲美"；中国城市文明区别于其他早期城市文明的一个显著特点乃是：自创建伊始，就严格遵从"宇宙模式"建造。乔尔·科特金这里所讲的"宇宙模式"，就是深入中国人骨髓的"天人合一"理念。成都二千三百多年的城市史，便贯穿了这一理念。所谓形如龟行（成都有龟城、龟化城的古称），反映的是成都先民因地（顺江山之形）制宜、与自然相和谐的文化自觉以及在筑城之初攻坚克难、勇于进取的创造活动。成都城坊的城中套城、中分为三模式和棋盘格局，呈现的是成都先民善于解决矛盾的智慧及和合乐群、美美与共的胸襟暨乐观向上、优雅潇洒的性情。而棋格之间、街坊之中，又每每有讲究、有故事，耐人寻味，刻骨铭心。

成都作为全国第一批国家历史文化名城之一和西南唯一的古都，在经历了二千三百多年的岁月变迁后，在新时代的风雷激荡中愈加焕发青春。成都人民自古以来就以热爱文化、享受文化、积极创造文化著称于世，这也是当代成都迈向新征程的最好基础、最大优势。我们这部《成都城坊古迹考》（修订本），就是讲成都城市古今面貌和文脉延续的书，是讲成都作为西部地区重要的经济中心、科技中心、文创中心、对外交往中心与综合交通枢纽的过往情况的书，是讲成都故事、成都经验、成都精神的书。我们的目的，是以文化定位，以文化立城，探寻城市发展规律，开启"大城崛起"的城市传奇；是用深厚扎实的文化遗产和历史经验，凝聚人心，振奋精神，并展示建设世界文化名城的底气和担当！

四川省人民政府文史研究馆

2018 年 12 月

建置篇

　　本书旨在考述成都古今城垣、水道、街坊、名胜古迹以及近世各种新政与城市风貌，特先简述建置沿革，冠于全书之首，以清眉目。

　　至于成都沿革之论述，则认为当始自古蜀，不沿袭所谓巴蜀等地在夏代为《尚书·禹贡》所言之梁州，成都又为梁州中一部分之旧说。盖近数十年来，史学家早已辨明三代未尝以"九州"为行政区域。

　　又，本篇除考述成都沿革外，复简述统辖成都之各级行政区划；并对旧文献中各种误说，分别加以辨正。在论述成都得名之由来时，由于新论较多，有待进一步争鸣，故并列诸说，未加论断。

第一章 古蜀简述

旧时史籍与各种方志咸谓：《尚书·禹贡》《周礼·夏官·职方》《尔雅》所言九州为三代行政区域。故言及四川沿革，皆据《禹贡》之说，谓巴蜀在夏代为梁州。据近代史学家考证，《左传》《论语》《孟子》等书中尚未构成完整之九州概念，至战国后期成书之《尚书·禹贡》《周礼·夏官·职方》等篇，乃出现完整九州名称；然细观其内容，所言九州乃地理区域。总之，地理区与行政区各为一事。成都之地，古代乃蜀国疆域，与《禹贡》所言梁州并无牵涉。

兹再根据旧文献简述古蜀情况。据《史记·五帝本纪》：黄帝正妃有二子，"其一曰玄嚣，是为青阳，青阳降居江水；其二曰昌意，降居若水"。《史记索隐》曰："江水、若水皆在蜀，即所封之国也。"《五帝本纪》又言："昌意娶蜀山氏女，曰昌仆，生高阳……是为帝颛顼。"晋代常璩《华阳国志》叙述古蜀史事，并列《史记》与谯周《古史考》所言古蜀帝来自中原；扬雄《蜀王本纪》则载古蜀王生于本地。常志又谓："武王既克殷，封其宗姬于巴，爵之以子。"①

《尚书·牧誓》记周武王语曰："庸、蜀、羌、髳、微、卢、彭、濮人。"《文选》卷四左思《蜀都赋》刘逵注引《蜀王本纪》："蜀王之先名蚕丛、柏濩、鱼凫、蒲泽、开明。是时人萌，椎髻左言，不晓文字，未有礼乐。"《华阳国志》卷三《蜀志》云："蜀之为国，肇于人皇，与巴同囿。至黄帝，为其子昌意娶蜀山氏之女，生子高阳，是为帝颛顼，封其支庶于蜀，世为侯伯。

---

① 《华阳国志·巴志》。

历夏、商、周，武王伐纣，蜀与焉。其地东接于巴，南接于越，北与秦分，西奄峨嶓。地称天府，原曰华阳。"《春秋》及《左传》屡记巴事，殷墟卜辞所言"蜀射""蜀御""至蜀""征蜀""享蜀"[1]及近年出土之周文王时卜辞所记"伐蜀"二字[2]，近世发现之巴、蜀铜器等均可互相参证，足证《牧誓》与常璩之言实非虚构。[3]

近世史学家复考明：一是巴蜀在商、周两代与中原交往频繁。二是蜀人尝奄有今四川、重庆之地；巴人兴起后，蜀乃退处川西。[4]又据成都市文管处石湍（刘宗贵）见告：1978年成都南郊一环路发现具有殷、周青铜器特征之铜罍。

至于古蜀国名，乃汉人用汉文蜀字所作音译，故又或译曰徙（斯），或译曰叟，古蜀语原义不可知。

再言及蜀都所在。征诸史籍，蜀之国都，迁徙无常。《蜀王本纪》谓"本治广都樊乡（今成都市中兴场），徙居成都"[5]。《华阳国志·蜀志》谓"开明自梦郭移，乃徙治成都"[6]。

秦灭巴蜀后，以其地为郡；又于古蜀旧都所在另筑新城曰成都。本篇当于次章考述之。

---

① 参见罗振玉：《殷虚书契前编》八卷，1913年初版。
② 参见《文物》1979年第10期。
③ 《华阳国志》有沿袭《蜀王本纪》中神话者，然剔除神话，仍是信史。
④ 参见徐中舒：《论巴蜀文化》，四川人民出版社1981年版。
⑤ 《太平寰宇记》卷七十二引。
⑥ 据传统说法，开明所徙之新都在今成都市上南大街一带。任乃强及温少峰认为在成都市北郊，王家祐、李金彝认为在凤凰山南大平坝。

第二章　秦设蜀郡与成都县

周慎靓王五年，即秦惠文王后元九年（前316），"苴（巴）蜀相攻击，各来告急于秦。秦惠王欲发兵以伐蜀"。当时秦臣张仪主张伐魏，司马错则主张伐蜀。司马错认为："夫蜀，西僻之国也，而戎翟之长也，有桀纣之乱。以秦攻之，譬如使豺狼逐群羊。得其地足以广国，取其财足以富民缮民，不伤众而彼已服焉。"[1]秦将司马错率秦军自石牛道（由陕西勉县经宁强，过七盘关入川，经朝天驿、广元，入剑门关）伐蜀，冬十月灭蜀。

《华阳国志·蜀志》记载：

> 周慎王五年秋，秦大夫张仪、司马错，都尉墨等从石牛道伐蜀。蜀王自于葭萌（四川广元西南昭化）拒之，败绩。王遁走，至武阳（四川彭山东北）为秦军所害。其相、傅及太子退至逢乡，死于白鹿山（彭州北六十里白鹿乡），开明氏遂亡。凡王蜀十二世。

周赧王元年，即秦惠文王后元十一年（前314），秦王封公子通于蜀，以陈壮为相，置巴郡，以张若为蜀守。周赧王三十年，即秦昭襄王二十二年（前285），秦王诛蜀侯绾，仅置蜀守。秦之郡县制在蜀地完全建立。

成都筑城，在秦惠文王后元十四年即公元前311年。筑城之前，已设有成都县，衙署暂设于赤里（秦人所筑居民点）。秦于公元前316年灭蜀，设县

---

[1] 《史记·张仪列传》。

当在此年以后、公元前 311 年筑城之前。^①设县时仍存蜀国之名，唯改王号为侯。秦又为蜀侯置相，继增置蜀国守，以此两官控驭蜀地，蜀侯则徒拥虚名。在此期中，成都城兼为侯、相、守、县治所。县隶于侯国。至公元前 285 年，不再置侯及相，仅置蜀郡守。于是古蜀之地，在名义上亦变为秦之一郡，郡治在成都城。原隶属于侯国之县，改隶于郡。^②

至于秦国前后所封三蜀侯，按照传统说法，均为秦国公子。日本人泷川资言《史记会注考证》及蒙文通《巴蜀古史论述》^③则谓三蜀侯皆古蜀王之后。此可备一说。

成都得名由来，置县在先，则成都城当是因县得名，县何以名成都？参证先秦古籍，《庄子·徐无鬼》曰"三徙成都"，《尸子》曰"舜一徙成邑，再徙成都，三徙成国"^④，足证成都者，成为都也。都字之涵义，《左传·庄公二十八年》云："凡邑有宗庙先君之主曰都，无曰邑。邑曰筑，都曰城。"所言诸侯国都以外之城，凡有宗庙者为都，无者为邑之东周制度，以描述太王避狄居邠后之盛况。"都、邑"既为东周制度，亦必为筑成都之张仪所习知。则当时名新筑之城曰成都，乃目此城为重镇，特地位低于秦之国都咸阳耳。^⑤此为传统说法。现代史学家又有新说，李思纯谓成都二字为西南民族语言之译音。^⑥又任乃强《四川地名考释》持论与李略同。此外，温少峰《试为成都得名进一解》及任乃强《赞同试为成都得名进一解》^⑦，则谓成都二字乃用汉文对兄弟民族语言所作音译兼意译。

至于成都城之建筑经过，本书《城垣篇》另有考述，兹不再论。

---

① 《水经注·江水》谓汉武帝元鼎二年始有成都县者，误。
② 参见《史记·秦本纪》《史记·张仪列传》《华阳国志·蜀志》。
③ 蒙文通：《巴蜀古史论述》，四川人民出版社 1981 年版。
④ 《吕氏春秋·慎大览》录其语。
⑤ 参见《太平寰宇记》卷七十二。又《方舆胜览》卷五十一谓取意于古公亶父避翟南迁三年成都。
⑥ 参见李思纯：《成都释名》。
⑦ 均载《社会科学研究》1981 年第 1 期。

第三章　秦代以后建置沿革

关于成都之建置沿革，在历史文献中记载较早而且较详者是唐代李吉甫的《元和郡县志》卷三十一。其文曰：

> 始皇三十六郡，蜀郡不改。其理本在青衣江，今嘉州龙游县界，汉高帝王蜀，分蜀置广汉郡。初有汉中、广汉、巴、蜀四郡，武帝遣唐蒙通西蜀夷，又置牂柯、越巂、犍为、益四郡，因分雍州之南置益州焉。后公孙述据成都，改益州为司隶，蜀郡为成都郡，吴汉讨述平之，州郡复旧。灵帝末，刘焉为益州牧，初理绵竹，后遇天火，焚烧城阙，府库荡尽，遂迁理成都焉。子璋继立，后以州降先主，独益州置牧，蜀郡置守。魏景元四年，钟会、邓艾平蜀。晋武帝改蜀郡为成都国，以皇子颖为王。惠帝时，李雄窃据，桓温讨平之。简文帝时，苻坚遣将邓羌、杨安伐蜀，益州并没于秦。孝武帝太元八年平蜀，安帝时谯纵又据益州叛，朱龄石讨平之。至梁，武陵王萧纪窃号于蜀，其兄湘东王绎讨之，斩于白帝。西魏废帝二年，地并入于魏，益州置总管。至周并省，郡与州同理成都。隋开皇二年，置西南道行台。大业三年，罢州为蜀郡。（唐）武德元年改为益州总管府，三年置西行台。龙朔三年，复为大都督府。开元二十一年，又于边郡置节度使，以式遏四夷，成都为剑南节度理……天宝元年，改蜀郡大都督府。十五年玄宗幸蜀，改为成都府。

近世龚煦春《四川郡县志》（民国 24 年刻本）关于成都之建置沿革亦有记述。兹参证历史文献详述于下。

第一节　秦及两汉

秦始皇二十六年（前221）尽灭六国，分天下为三十六郡。蜀郡及成都县仍因先秦之旧。成都城仍为郡县治所。①

秦亡后，项羽封十八王。刘邦为汉王，都南郑，有巴、蜀、汉中三郡。②自是蜀郡及成都县均为汉王所有。

汉初，蜀郡北部析为广汉郡，余地仍曰蜀郡。成都县属蜀郡，仍为郡治所。③武帝时又析蜀郡南境置犍（犍是后代讹体）为郡，所余之地仍名蜀郡，并辖有成都县。郡之治所如故。武帝于元封五年（前106）置部刺史十三人，分区监察畿辅以外各郡。其中之益州刺史部辖巴、蜀等九郡。④又西汉刺史，《汉书·百官公卿表》谓无固定治所。然就《汉书·朱博传》观之，刺史有治所，非迁移不定。陈直《汉书新证》中关于刺史一条复据《居延汉简》肯定有固定治所。今据《汉书》中《王褒传》与《何武传》所载益州刺史王襄命王褒作《中和乐》，选童子歌之，作乐与歌咏皆在成都行之，则益州刺史治所亦当在成都。

西汉末年，改刺史为州牧，刺史部为州，成为郡以上之大行政区。⑤州牧治所在成都。成都之名称及治所如故。

王莽代汉，更易制度，下诏曰："州从《禹贡》为九。"是莽之初年尝改益州为梁州。然细考其后诏书，全国但有八州，又出现庸部之名，足证莽先改益州为梁州，继又改名庸部，部牧治所当在雒县。⑥至于蜀郡，则改为导江郡，治所迁于临邛县。⑦成都县名则无更改。⑧

王莽败后，公孙述据成都称帝，以此为国都，改庸部为司隶校尉部，导

①　参见《史记·秦本纪》《汉书·地理志》《云梦秦简·迁子爰书》。
②　参见《史记·高祖本纪》《汉书·高帝纪》。
③　参见《汉书·地理志》。
④　参见《汉书·百官公卿表》及《汉书·地理志》。
⑤　参见《汉书·百官公卿表》《汉书·地理志》《续汉书·郡国志》。
⑥　《后汉书·公孙述列传》谓莽之庸部牧史熊在雒县被杀似可证明。
⑦　参见《汉书·王莽传》《华阳国志·公孙述志》《后汉书·公孙述列传》。又据出土铜钫铭文，知莽尝改蜀郡曰成都郡。
⑧　凡王莽更名者，《汉书·地理志》皆注明莽曰某某。于成都县无此类注语，是莽未尝改名。

江郡为成都尹。成都县名及治所未变。[1] 又，公孙述好更易地名官名。[2] 其详情不可考。

光武帝灭公孙述后，复益州及蜀郡之名。郡治仍在成都。统州者曰刺史，治所在广汉郡雒城。成都县无更易。[3] 东汉末，改益州刺史为益州牧，由刘焉任之。焉暂治绵竹，后徙治成都。刘璋继任无更改。[4]

蜀汉时益州、蜀郡、成都县均治成都。此地又为蜀汉京师。[5]

第二节　六朝时代

魏景元四年（263）灭蜀汉，继以其地为梁、益、宁等州。蜀郡及成都县仍旧，郡属益州。[6]

晋太康（280—289）初，分天下为十九州。州由大行政区变为监察区，州置刺史为监察官。巴蜀之地为益州，统郡八，蜀郡即其一。州、郡皆治成都，县仍旧。[7]

晋太康十年（289）以蜀郡为成都王司马颖封地。颖未尝来此，置成都内史一官领其地，驻成都。后仍为蜀郡，其长官仍曰太守。[8] 置成都内史时成都县及其治所无变更。

又，《汉书·陈胜项籍传》谓陈胜封张敖为成都君。陈直《汉书新证》已判明成都二字乃封名，非地名，成都未尝为张敖封地。又，《华阳国志·南中志》谓西晋封宁州刺史孙辨为成都县侯，亦属虚号。成都县未尝因此变为侯国。以成都及蜀郡为封地，实始于司马颖封王时。

晋永兴元年（304），李雄据成都称成都王，继称大成皇帝。咸和元年（326）李寿改国号为汉。[9] 终成汉之世，蜀郡及成都县无改。

---

① 参见《华阳国志·公孙述志》《后汉书·公孙述列传》。

② 参见《后汉书·公孙述列传》。

③ 参见《续汉书·郡国志》。

④ 参见《三国志·蜀书》之《刘二牧传》及《华阳国志·刘二牧志》。

⑤ 参见《三国志·蜀书》之《先主传》《后主传》《诸葛亮传》及其他有关各传。

⑥ 参见《华阳国志·大同志》《晋书·地理志》。

⑦ 参见《续汉书·郡国志注》引晋武帝《诏》及《晋书·地理志》。

⑧ 参见《晋书》中之《孝武帝本纪》《地理志》《成都王颖列传》及《水经注·江水》。

⑨ 参见《华阳国志》《晋书·载记第二十》以及《太平寰宇记》卷七十二引崔鸿《十六国春秋》。

晋永和四年（348）范贲称蜀帝于成都，次年为东晋所灭。[①] 宁康元年（373）苻坚攻占益州。淝水战后，晋规复旧壤。[②] 晋义熙元年（405）谯纵称王于成都；九年（413）晋灭之。[③] 终东晋之世，虽屡经战乱，蜀郡及成都县名称及治所均无更改。

宋、齐、梁时，蜀郡、成都县仍东晋之旧。[④]

西魏于废帝二年（553）攻占巴蜀之地，于成都置益州总管府，以辖州郡。北周取代西魏，仍有斯地。[⑤]

第三节　隋唐及其后

隋取代北周后，于开皇三年（583）在成都改置西南道行台，益州为其辖境。大业三年（607）改天下之州为郡，益州改为蜀郡。成都县如故。[⑥] 又隋文帝子杨秀虽封为蜀王，然并未以蜀郡为其封地。彼驻成都时先后以柱国益州刺史及西南道行台尚书令身份统辖蜀郡等地。

唐武德元年（618）改西南道行台为益州总管府；三年（620）罢府，仍置西南道行台；九年（626）罢行台，改置益州都督府。贞观元年（627）罢都督府，分天下为十道，原益州都督府辖地为剑南道。龙朔二年（662）复置大都督府。开元二年（714）置剑南经略使，七年（719）改为节度使。以上治所均在成都，且辖蜀郡。开元二十一年（733）改十道为十五道，剑南道仍旧。天宝元年（742）改天下之州曰郡，益州改名蜀郡，成都县无更易。玄宗入蜀驻跸成都。肃宗至德二载（757）升成都为南京，蜀郡为成都府，成都县仍旧。新置成都尹一官以统辖成都府所属各县。成都为其属县。成都尹一官，名义上为京官，所统各县在名义上为中央直辖地。上元二年（761）罢南京，不废成都尹，名义上仍为中央直辖地；但成都尹一官，始终未设专人，例由

---

① 参见《晋书·穆帝本纪》。
② 参见《晋书》之《孝武帝本纪》及《载记第十三》。
③ 参见《晋书·安帝本纪》。
④ 参见《隋书·地理志》及《宋书》《南齐书》《梁书》中有关各帝本纪与顾祖禹《读史方舆纪要》卷六十七。
⑤ 参见《北周书·文帝纪》、李吉甫《元和郡县志》卷三十一及《太平寰宇记》卷七十二。
⑥ 参见《隋书》之《文帝本纪》《地理志·蜀郡》自注、《庶人秀传》及《元和郡县志》卷三十一。

节度使兼任。① 又，贞观十七年（643）析成都县东境，置蜀县；乾元元年（758）改名华阳县，治所在成都城内。② 垂拱二年（686）析成都县西境及郫县东境置犀浦县；至宋熙宁五年（1072）县废，属地仍还成都及郫县。③

五代时王建、孟知祥皆以成都城为京师，县仍旧。④

宋乾德三年（965）以唐剑南道之地为西川路。唐代成都尹之地，五代时仍为成都府，但非若唐代成都府在名义上为中央直辖地。宋初以成都府辖境隶于西川路。路、府、县治所均在成都城。太平兴国六年（981）降成都府为益州，端拱元年（988）复升为成都府，淳化五年（994）复降为益州，嘉祐四年（1059）复升为成都府。府、州之名，虽迭经更易，治所均在成都。成、华两县迄为属县。又西川路之地，于开宝六年（973）分为西川路及峡路。咸平四年（1001）此两路之地又析为益州路、梓州路、利州路、夔州路。益州隶于益州路。嘉祐六年（1061）益州路改名成都府路，辖成都府及其他十二州。⑤ 于是成都府路、成都府、成都县三级行政区划均以成都二字为名，并均以成都城为治所。

元至元二十三年（1286）设四川等处行中书省，省治成都，以辖宋之四路。此前于至元十六年（1279）改成都府路为西川道，仍治成都。成都府及成都、华阳两县无更易。⑥

元至正二十二年（1362）明玉珍据蜀，国号夏，都重庆，在成都设制使府。⑦ 旧有之成都府及成、华两县名称无变更。

明洪武四年（1371）灭夏，改元代四川行省辖地为四川布政使司，其长官曰布政使，治成都；领府八，首曰成都府，仍辖成都、华阳等县。治所仍旧。⑧

明崇祯十七年（1644）张献忠入成都，即王位，国号大西，改成都为西

---

① 剑南道后分设东川、西川两节度使，西川节度使驻成都。
② 据民国《华阳县志》之说。
③ 参见《元和郡县志》卷三十一、《太平寰宇记》卷七十二、《旧唐书·地理志》《舆地广记》《元丰九域志》及《宋史·地理志》。
④ 参见《蜀梼杌》及《新五代史》《旧五代史》《资治通鉴》。
⑤ 参见《元丰九域志》卷七及《舆地广记》卷二十九。
⑥ 参见《元史·地理志》及《读史方舆纪要》卷六十七。
⑦ 参见《明史·明玉珍列传》及《新元史·明玉珍列传》《读史方舆纪要》卷六十七。
⑧ 参见《明史》之《地理志》《汤和列传》《傅有德列传》《明玉珍列传》及《新元史·明玉珍列传》《读史方舆纪要》卷六十七。

京。[1] 府县名称未改。张献忠败殁后，西京之名亦不存。

清置四川省，以成都为省会，仍置成都府及成都、华阳两县；又分全省为若干道，成都府属成绵龙茂道，省、道、府、县均治成都城。[2]

清宣统三年（1911）四川宣告独立，成立大汉四川军政府于成都，蜀军政府于重庆。民国元年（1912）两军政府合并，改名四川都督府，治成都。成都府及属县仍清之旧。民国2年（1913）废府。民初原成绵龙茂道改为川西道，实即监察区，仍治成都。成、华两县迄无变更，分别直隶于省，又受道之监督。民国10年（1921）置成都市，初辖城内，继稍扩展至城之四周。成、华两县治所虽在城内，但均辖城外乡区。抗日战争全面爆发后，成都移治外西茶店子，华阳移治中兴场。又，民国16年（1927）废道，成都市及成、华两县直隶新设之四川省政府。民国24年（1935）全川划为十六行政专员督察区。成都、华阳两县属第一区。成都市直隶省政府，不属于专区。

至于历代官署在城内地址，本书《城垣篇》有详尽考述，兹不再论。

新中国成立后之大变更为：成都、华阳两县撤销，辖地大部划归成都市，余改隶新都县；又将双流、金堂两县隶属于成都市，复划简阳、新都两县辖地各一部分入市区。1982年，成都市共有东城、西城、金牛、龙泉驿、青白江等五区及金堂、双流两县。1984年撤销温江专区，所属各县尽归成都市，市之治所仍设成都。

截至2017年2月，成都市辖十一个区：锦江区、青羊区、金牛区、武侯区、成华区、龙泉驿区、青白江区、新都区、温江区、双流区、郫都区；辖四个县：金堂县、大邑县、蒲江县、新津县；代管五个县级市：都江堰市、彭州市、邛崃市、崇州市、简阳市。

---

① 参见《明史》之《思宗本纪》《张献忠列传》及彭遵泗《蜀碧》。
② 参见《大清一统志》及清雍正、嘉庆时先后所修《四川通志》、康熙《成都府志》、同治《成都县志》、嘉庆及民国时所修两种《华阳县志》。

城垣篇

　　成都筑城历史久远。早在新石器时代晚期，成都平原就城邑林立，已调查、发掘者如新津宝墩古城，都江堰芒城，郫县古城，温江鱼凫城，崇州双河城、紫竹城等。到距今三千八百年左右，源于宝墩文化而兴起的三星堆文化则是古蜀文明之开端，面积达2.6平方公里之三星堆古城乃古蜀国之都城与文明中心。进入21世纪后，在成都西郊新发现之金沙遗址，为三星堆文化的继承者。此处虽无城垣设施，但由出土遗物和规模视之，足证其为商末至周初古蜀国的又一都邑无疑。

　　秦并蜀后，始筑成都城。选定此地，实基于当时之政治形势。盖斯地既曾为古蜀王都，其南其西，蜀人力量尚极雄厚，不得不移秦民万家于蜀以巩固其统治；又于移民所居之地自东向西分筑成都、郫、临邛三城，构为防御线。其后又开凿河道以适应成都城之需要。此城实为用人力改造自然而建立者。

  成都，自公元前 311 年筑城至今，已历二千三百余年。筑城之年在秦惠文王后元十四年，即周赧王四年，亦即公元前 311 年。[①] 其中以秦创筑大、少二城及唐季扩筑罗城为重要时期。秦初筑大、少二城东西并列，然由大城西望，则少城实为外城，故晋人张载《登白菟楼》诗曰"重城结曲阿"。筑城原为控制西南二方之古蜀心脏地带，少城实为大城之前卫。继又开二江以屏障西南，旨在巩固此一据点。其后人口日增，至汉代，户数仅次于长安；而秦城狭隘，实不能容，故于少城外之郫江以南发展为南市。更于外江之南增筑锦官城、车官城，复立郭门，以为外卫。李雄进攻成都时，曾于西北郊筑赤涂城以为据点；既克成都，赤涂已无用处，遂渐废弃。晋代平夷少城。隋展筑城垣西南二隅，更向西北延展，不仅恢复少城，而规模则更逾于秦时。盛唐以后逐渐向南向东发展。南方则于外江之万里桥南开辟新南市。东郊则自大慈寺建立后，日趋繁荣。解玉溪及金水河即为适应此种新形势而开凿者。此与昔之面向西方者异趣。然城垣则未扩建，依然人多城小。

  由初建成都至高骈筑罗城以前可名为秦城时期（前 311—876），计一千一百八十七年。唐季于旧城外增筑罗城，于是成都变为内外二圈之重城，旧城遂被称为子城。其时又令郫江改道，环绕罗城之北东两面。五代时改子城为皇城，又改筑唐代节署牙城为宫城，复于罗城外筑羊马城，于是城垣变为四重。北宋时后蜀宫城殿宇或已毁或弃置不用。羊马城亦年久颓圮，于是但有罗城及子城。南宋末年，皆毁于兵燹。元代新建者，仅有大城，规模虽可比于罗城，然仅一重。明代重修大城，其中又有蜀府内外二城（即蜀王城及萧墙）。清代则于大城内包有满城及蜀王府废墟上建立之贡院城垣，习惯称曰皇城。由唐至中华人民共和国成立，成都大城虽数度重建，然仅在罗城基础上有所损益，是为罗城时期（876—1949），计一千零七十三年。兹依两期史料分别记述，并附各代城垣图，以资参证。

---

① 清人廖寅校刻《华阳国志》时，未注意周历以建子之月即夏历十一月为岁首，秦历以建亥之月即夏历十月为岁首，故误谓赧王五年为秦武王元年。兹不从其说。《成都大学学报》1982 年第 1 期载陶元甘《从〈云梦秦简〉探讨巴蜀史上的三个问题》，已详论筑成都城的确切年度是秦惠文王二十七年，即后元十四年，大约相当于公元前 311 年 11 月至前 310 年 10 月。

第一章　秦城时代

第一节　秦创筑大城少城

一、筑城前后的形势

古蜀虽亡，其人尚众。秦国为巩固其统治，于取蜀后二年，即公元前 314 年移秦民万家以实之；继又先后筑成都、郫、临邛三城，互为犄角。[①]

二、先筑大城

周赧王四年（前 311）张仪、张若筑成都城，以大城为蜀侯、蜀相、蜀守治所。其后逐步消除徒拥虚名之先后三蜀侯，其领地遂成秦之一郡。大城变为郡之治所。

（一）大城高广尺度与三城并筑

大城周围十二里，高称七丈，下面作仓，上皆有屋，并置楼观射栏。

《华阳国志·蜀志》：

> 秦惠王二十七年（前 311），仪与若城成都，周回十二里，高七丈；郫城周回七里，高六丈；临邛城周回六里，高五丈。造作下仓，上皆有屋，而置观楼射栏。

---

① 参见《华阳国志·蜀志》。

又，日本人足立喜六《长安史迹考》谓："汉里三百步，合 414.515 公尺；清里三百六十步，合 568.361 公尺。汉尺一尺合 0.23 公尺，清尺一尺合 0.3157 公尺。比较折合，汉里约为清里之 7 折，汉尺约为清尺之 0.73 折。"据此则秦城十二里约当清之八里半，今之约五公里。高七丈，约当清之五丈一尺，今之十七米。在唐筑罗城以前，成都历为土城。秦初灭蜀筑土城，不易达秦尺七丈之高。考汉代长安城高三丈五尺，唐代西京宫城高三丈五尺，东京宫城高四丈八尺，成都罗城砖墙高不过二丈六尺。以此推算，则秦大城高度颇难置信，记载容或有误。

其时又分筑郫城（今郫都区）、临邛（今邛崃市）城。成都、郫城、临邛三城在东西二百里间大体形成品字形，有鼎足之势，可互为犄角，以震慑成都西南两面蜀王数次建都所在地区，即今郫都、温江、双流及中兴场一带。

《蜀王本纪》：

> 蜀王据有巴蜀之地，本治广都樊乡（在今成都市中兴场一带），徙居成都。[1]

孙寿《观古鱼凫城》诗自注：

> （鱼凫故城）在温江县北十五里，有小院。[2]

《华阳国志·蜀志》：

> 后有王曰杜宇……移治郫邑（今郫都区），或治瞿上（今双流境）。

据《华阳国志·蜀志》载，周赧王元年（前 314）"以张若为蜀国守，戎伯尚强"。戎伯即指当时蜀所属各部落之酋长，其时必各拥有相当武力，分据

---

[1] 《太平寰宇记》卷七十二 "成都县" 条引。
[2] 《全蜀艺文志》卷六。

今之郫都、都江堰、温江、邛崃、双流等处，故分筑二城，戍兵以震慑之。

（二）大城形势

大城北近武担，南至秦人新建之赤里。武担山在明、清城内，赤里在今上南大街。此为大城南北显著之标志。

扬雄《蜀都赋》：

> 武担镇都，刻削成嵌。①

王徽《创筑罗城记》：

> 蜀城……据武担之形胜。②

《华阳国志·蜀志》：

> 成都县本治赤里街。③

民国《华阳县志·古迹一》：

> 《旧志》④ 仍称赤里，今则通呼南大街，而赤里之名隐矣。

武担山在城北，赤里街在南城，为蜀王旧都所治。秦灭蜀之初，大城未筑前，蜀侯国治及县治，当同在赤里一带或其附近之里内，故衙署亦暂设其中。秦城东有千秋池，城北有龙堤池，城西有柳池，西北有天井池。其间津流径通，冬夏不竭。此皆筑城取土时掘成者，其后又为秦城东、西、北三面

---

① 《全蜀艺文志》卷一。
② 《全蜀艺文志》卷三十三。
③ 街与里有别，前者为通衢，后者为居民点。又里为中原制度，当是秦移民来蜀后，即筑若干里以居之。所谓赤里街，当是先为赤里之所在，后扩建为街，常璩撰述时即以彼所见之街名为秦时之名。
④ 指清嘉庆《华阳县志》。

天然屏障。龙堤池约在今青龙街北侧一带。此应为大城北垣与武担山间之一据点（见《秦代创筑大城少城图》）。

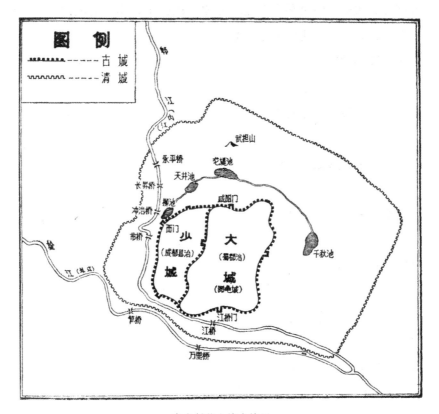

秦代创筑大城少城图

《华阳国志·蜀志》：

> 城北又有龙坝（当作堤）池，城东有千秋池，城西有柳池，冬夏不竭，其园囿因之。

廖寅注："当有'西北有天井池，津流径通'十字。"[1]

---

[1] 廖注系据《水经注·江水》所引《华阳国志·蜀志》。

《水经注·江水》：

> 城北又有龙堤池，城东有千秋池，西有柳池，津流径通，冬夏不竭。

成都地区在李冰凿二江前，雨水实难宣泄，故沼泽极多。张仪筑城取土，又新出现数泽。其中在城北之龙堤池，以古今道里地形考之，当在后世所称扬雄宅之洗墨池位置，其附近在唐代尚有龙女祠。晚唐时，郫江改道，残余河身，变为池塘。唐宋之解玉溪、后溪湮塞后，河道残余亦成若干小塘。故于清代成都地图上，东北及西北池塘尚多；东北庆云塘较大，是否千秋池，已不可考。西北池塘，后来逐渐淤填，今已无存。

（三）筑城经过与龟城形势

筑城时于北郊、西郊取土，取土之地，成为大水池。因土质松软，故历时较久。

《华阳国志·蜀志》

> 其筑城取土，去城十里，因以养鱼，今万岁池是也。

《水经注·江水》：

> 初张仪筑城，取土处去城十里，因以养鱼，今万顷池是也。[1]

段全纬《城隍庙记》：

> 蜀地土惟涂泥，古难版筑。[2]

---

[1] 此"万顷池"，即《华阳国志》之"万岁池"，非唐代章仇兼琼于今凤凰山附近所凿之万顷池。张仪取土所成之千秋等池日久渐湮塞，后人乃强指凤凰山附近之唐万顷池为《水经注》之万顷池或《华阳国志》之万岁池。

[2] 《全蜀艺文志》卷三十七。

当时成都卑湿，尚无排水河道，故屡筑屡颓；后因应地形改筑，当是立基于高亢之处，此乃不得已而为之。故城之南北不正，非方非圆，曲缩如龟，故又习称龟城。因古代目龟为灵物，后人遂构为神龟示迹之说。

干宝《搜神记》卷十三：

> 秦惠（文）王二十七年（前311），使张仪筑成都城，屡颓。忽有大龟浮于江，至东子城东南隅而毙。仪以问巫，巫曰：依龟筑之。便就，故名龟化城。①

赵抃《成都古今集记》：

> 初仪筑城，虽因神龟，然亦顺江山之形。以城势稍偏，故作楼（指张仪楼）以定南北。

以上数说，俱谓成都城形方位不正，非方非圆，又因西有少城，故东西狭而南北长，大体为不规则之长方形。所谓曲缩如龟，大约首尾由西南斜向东北，乃顺地势形态之自然趋势。城门至少有四，可考者唯北门咸阳一门。

《华阳国志·蜀志》：

> （周赧王）十七年（前298）（秦王）闻（蜀侯）恽无罪冤死，使使迎丧入葬之郭内……丧车至城北门忽陷入地中。蜀人因名北门曰咸阳门。②

三、次筑少城为县治

张仪既筑大城，为军事政治中心；继筑少城，为经济重心。少城在大城之西，即以大城西墉为东垣，于是成为东西二城倚背之形势。西者又为东之

---

① 《蜀王本纪》《晋太康地理志》亦有类似记载，当为干宝所本。《搜神记》卷十三又记秦筑马邑城时依神马之迹以施版筑。神马、神龟故事，皆为后人编造。
② 《太平御览》卷十一引《蜀王本纪》与此略同，但无咸阳门之名。

前卫（见《秦代创筑大城少城图》）。

顾祖禹《读史方舆纪要》卷六十七"四川"：

> 张仪既筑大城，后一年，又筑少城。①

左思《蜀都赋》：

> 亚以少城，接乎其西。

刘逵注："少城小城也，在大城西，市在其中也。"古代少、小二字通用，《居延汉简》中有书"少府"为"小府"者。

成都县原治赤里。少城筑成后，县治始迁入少城。

《蜀王本纪》：

> 秦惠王遣张仪、司马错定蜀，因筑成都而县之。都在赤里街，张若徙置少城内，始造府县寺（官署）舍，令与长安同制。②

（一）少城建筑与形势

少城初筑，传说取土城北十里之万顷池，其版筑之艰难与大城同。城周里数，虽无记载，必较大城为小。此城东西狭而南北长，为依附于大城之小城。

（二）少城制度

少城既为县治，自必具备县制规模，等同于咸阳。其在政治方面，置有令、丞；在经济方面，置有盐、铁、市等官（机关）之长、丞。移秦民万家实蜀，百工技艺，多在其中，与蜀民同处一城。故平时为商贾互市之经济中心，一旦有警，又为大城之屏障。如于大城向西瞭望，少城实为外城，亦即

---

① 顾祖禹之说并无文献根据。《华阳国志》但言筑少城，未言在筑大城一年之后。
② 《太平寰宇记》卷七十二引。

大城之前卫。后来成都但凡战争，先攻少城西南，其屏障作用可以概见。

（三）关于少城子城之误解

所谓少城亦因时而异。晚唐扩筑罗城以前所言少城，即隋代在秦少城故址所筑之新少城。扩筑罗城后，秦大城变为内圈之小城。因少、小二字同义，于是又呼秦大城曰少城，或子城。如陆游《登城》诗"我登少城门"。陆氏又有一诗以"晚登子城"为题，则所指当是秦城。然宋人又有误解唐人杜甫诗"东望少城花满烟"之少城为宋之子城（或少城）者，如《九家注杜诗》尹洙曰"成都内城曰少城"，赵次公曰"少城，府中第二重小城"。实则杜诗所谓少城乃隋代新筑之少城。老杜时尚无罗城之名，故以宋城释唐诗者误矣。

又，《华阳国志·蜀志》所言成都县移治少城内城，当是指少城北部。盖北部为官署，南部为市集，少城天然分为南北二部。《说文解字》曰："市，买卖之所也，市皆有垣。"则少城之南北二部，可能有墙垣间隔。故蒙文通释为：少城分置商肆、府寺南北二区，故宋人有误解为南北分离之两座少城。张咏《益州重修公宇记》谓："按图经秦惠王遣张仪、陈轸伐蜀，灭开明氏……分筑南北二少城以处商贾。"咏所据《图经》，即宋太平兴国（976—984）时李昉所撰，以前并无此说。李昉同时又撰《太平御览》，搜集古地理书甚多，亦不见有此记载；如有，李昉必加著录。可知张咏之说不足为据。又秦时少城既为县治，必具有县城规模，因而必为史家所重视。然除张说外，更未见有其他叙述南北二少城同时分筑之较古史料；而且，张说与《蜀王本纪》及《华阳国志·蜀志》所载不符。

四、开凿二江双流城南

李冰于秦庄襄王时（前249—前247）穿郫江、流江（即检江，一作捡江）于成都，双流城南，上距张仪筑城约六十年。从此大、少城皆滨郫江，流江为外濠。秦城形势为之一变（见《秦代创筑大城少城图》，并详见本书《水道篇》）。

第二节　汉代扩展成都城

蜀中向称物产富饶，秦有其地，愈以富强。楚汉交争时，萧何转蜀中之粟以食关中。汉初，关中饥馑，又令民就食蜀中。加之秦汉时移民不断入蜀，李冰、文翁相继兴修水利，使物产愈丰，工商业亦更加发达；而成都之成为西南经济中心，更促进了成都本身的发展。

一、少城西南之发展

自汉武帝采纳唐蒙、司马相如之议，通西南夷，凿道运粮，使役来往，交通益更频繁。[①] 少城既滨江流，足资运输。于是少城西南遂成为成都交通枢纽及物资云集之区，因而有发展南市之必要。

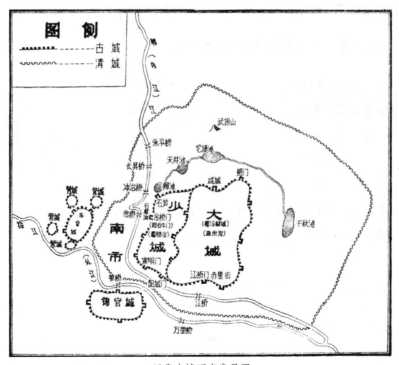

汉代少城西南发展图

---

① 参见《史记·平准书》《史记·西南夷列传》等。

二、少城西南之南市

少城南部本为商业区，其后发展至城外郫江之南，故城门曰市桥门，桥曰市桥。桥南为南市，在少城西南。因此间有二江流抱，交通便利，且原为商业互市之区，货物散集之所，通西南夷后，商业繁荣，人口增加，故而渐向城外西南二江之间发展成为南市，与外江两岸之锦官城、车官城隔江相望。南市区域在市桥之南，即今西较场一带，或更西至青羊宫。又《汉书·文翁传》谓立学官于成都市中。学官所在地，即今文庙前街石室中学校址处，是大城南门外亦有市区。

《汉书·地理志》载"成都"，班固自注云："有工官。"王先谦《汉书补注》引钱大昭曰："成都、广汉之工官，皆治金银器。"《汉书·贡禹传》："蜀广汉主金银器，岁各用五百万。"足见成都手工业之兴盛。成都工官所主者，不限于造金银器，至于锦官、车官又当是由工官分出者。

三、立成都十八郭及州郡分治大城少城

（一）立成都十八门

左思《蜀都赋》曰：

> 辟二九之通门。

刘逵注云："汉武帝元鼎二年（前115）立成都郭十八门。"[①]
《华阳国志·蜀志》云：

> 元鼎二年立成都郭、十八门。[②] 于是郡县多城观矣。

---

① 此据刘昭《续汉书·郡国志注》所引，今本脱"郭"字。
② 据《华阳国志》刘琳校注本改；又见蒙文通《成都二江考》。

又据《汉书·元帝纪》建昭二年（前 37）规定户十二万为大郡；复据《汉书·地理志》所载：元始二年（2）户口数，成都有七万六千余户，较长安仅少数千，较豫章全郡尚多数千户；成都又为五都（大商业城市）之一，足见当时人口增多，百业繁盛。少城西南既发展为南市，城外所增之街巷必多，故有建郭之必要。又据《后汉书·吴汉列传》，汉攻成都，入其郭内，则郭似有墙。但其他文献又无关于郭垣之记载。兹存疑待考。又成都当时主要向西南两方发展，东郊则甚荒凉，疑郭门或仅绕西南两方，有如半月形。

（二）汉代大、少城门及郭门名称

汉代成都城门见诸记载者，有咸门或咸阳门，有江桥门。此为大城城门之可考者。有阳城门，有宣明门，有市桥门。此为少城城门之可考者。又有小雒郭门，乃郭门之仅可考见者。

《后汉书·公孙述列传》：

臧宫军至咸门。

章怀注："成都北面有二门，其西者名咸门。"

《后汉书·臧宫列传》：

臧宫乃乘兵入小雒郭门，历成都城下……进军咸门。

章怀注："成都北面东头门。"

《华阳国志·公孙述志》：

（臧）宫兵已至北门，述复城守。

顾祖禹《读史方舆纪要》卷六十七"四川二"：

其北面西头门，曰朔门，或以为即小雒郭门。

顾氏未言所据，兹录其言，但供参考。

李膺《益州记》：

> 少城有九门，南面三门，最东曰阳城门，次西曰宣明门。①

左思《蜀都赋》：

> 结阳城之延阁，飞观榭乎云中。

刘逵注："阳城，蜀门名也。"②

李膺《益州记》：

> 汉旧州市在桥南，因以为名。③

《水经注·江水》：

> 后转犀牛二头，一头在府市市桥门。

《读史方舆纪要》卷六十七"四川二"：

> 其东有阳城门……又西有宣明门……南曰江桥门，大江水所经也。稍西曰市桥也……其北曰咸阳门，谓道出咸阳也。或曰：阳城诸门皆蜀汉时更名也。

但据前引《益州记》，阳城门在少城之东，非大城之东；宣明门为少城南面三门之次西之门，非大城之西门；江桥所跨为郫江，非大江（指流江，亦

---

① 《太平寰宇记》卷七十二引。
② 《太平寰宇记》卷七十二引。
③ 《太平寰宇记》卷七十二引。

即检江）也，则《读史方舆纪要》所述，混大、少城门而言，所指方位，亦有差误，特加辨正。

（三）州郡治所

据《睡虎地秦墓竹简·封诊式·迁子》"成都上恒书太守处"及《汉书·文翁传》谓文翁做太守时"兴起学官成都市中"，知秦汉时蜀郡太守均治大城。王莽改蜀郡为导江郡，以公孙述为郡卒正（太守更名者），治监邛。[①] 东汉时太守仍治成都大城。[②]

又汉武帝置十三部刺史为监察官。陈直《汉书新证》中《汉书·百官公卿表·刺史》一条据《居延汉简》判定刺史亦有固定治所。又《汉书》中《何武传》及《王褒传》谓益州刺史王襄命褒作《中和乐》，选童子歌之，何武亦在其中。武，郫县人，王褒曾住成都[③]，则王襄治所亦当在此。少城为低级衙署所在，刺史与太守共治大城。王莽先改益州为梁州，继改为庸部。[④] 其导江卒正既治监邛，其部牧又在雒城。东汉时刺史治雒城。[⑤] 刘焉初治绵竹，后徙治成都，与太守同在大城，刘璋因之。故刘备攻成都时，璋之蜀郡太守许靖欲逾垣出降。[⑥] 如太守在少城，则可以开城迎降，何待逾垣？《华阳国志·蜀志》所谓州治大城、郡治少城，乃蜀汉时事，非两汉旧制。

四、锦官城与车官城

（一）锦官城与丝织工业

锦官即主管织锦之官署。署有城，在笮桥南岸，即今西较场外锦江南岸地区。其地濯锦较易；且于此处江水濯之，锦色更为鲜洁。

左思《蜀都赋》：

贝锦斐成，濯色江波。

---

① 参见《华阳国志·公孙述列志》及《后汉书·公孙述传》。又据《汉书·地理志》，王莽改临邛为监邛。
② 参见《续汉书·郡国志》。
③ 参见《僮约》。
④ 参见《汉书·王莽传》。
⑤ 参见《续汉书·郡国志》。
⑥ 参见《三国志·蜀书·法正传》。

刘逵注引谯周《益州志》云：

　　成都织锦既成，濯于江水，其文分明，胜于初成，他水濯之不如江水也。

《华阳国志·蜀志》：

　　（夷里桥）其道西城，故锦官也……故命曰"锦里"也。

李膺《益州记》：

　　锦城在益州南笮桥东，流江（锦江）南岸。昔蜀时故锦官处也，号锦里，城墉犹在。①

　　如仅据李膺之说，则将谓蜀汉时方有锦官。然参证各种文献并细读《益州记》尚存各条，甚难相信蜀汉时方有锦城之说。理由如下：

　　第一，谓蜀汉始有锦官城者，不过此一条孤证，治史者不当凭孤证而遽作论断。

　　第二，常璩早于李膺百余年，关于蜀汉掌故，当较李膺更为熟知。璩但曰"故锦官"，不曰"故蜀锦官"，则璩之所指，乃两汉锦官。

　　第三，李膺《益州记》所言者，或有不实之处。如"范蠡学道于此山（九陇县丽元山）上升仙也"②；又如"阿育王引鬼兵造八万四千塔，雒县、广都、晋原各一也"③；又如"周鼎沦于此水"（指彭山县象鼻山下之岷江）。④此皆无稽之谈。足见李膺所记，不尽可信。

　　第四，据成都市文管处石湍见告，1980 年在本市交通巷发现古蜀兵器上

---

① 徐坚：《初学记》卷二十七引。
② 《太平寰宇记》卷七十二引。
③ 《太平寰宇记》卷七十二引。
④ 《元和郡县志》卷三十二引。

有蚕纹，均足证古蜀国蚕桑业兴旺。李剑农《先秦两汉经济史稿》谓西汉史料中未有言蜀锦者。《汉书·文翁传》又言：文翁"减省少府（郡少府掌太守经用之财物）用度，买刀布蜀物赍计吏以遗博士"。《史记》《汉书》之《张骞传》谓骞在大夏见蜀布。如据此数条但作表面上之观察，将谓西汉时蜀中但能织布。如仔细探讨，则又有数点疑问：第一，按汉制，除奴婢、罪犯、贾人外，均可衣丝。然据贾谊《陈政事疏》及《盐铁论·散不足》所言，奴婢亦有着文绣之衣者。文献中未见有由外地运丝织品至益州各郡者，则此数郡准许衣丝之人从何取得服饰？第二，蜀中确有麻布及木棉布。《居延汉简释文》中有"广汉七稷布"（粗麻布，供从军罪犯穿用）之简文，《华阳国志》所记之"橦华布"即木棉布。然博士为"比六百石"①级官，应衣丝，如何遗以麻、木棉布？张骞在大夏所见者，如为麻布，则其价必不昂贵，商人岂肯远贩？如为木棉布，则天竺广产木棉，大夏人何以不在距离较近之天竺购布？

第五，所谓"蜀布"，究指何物？《汉书·文翁传》颜注引晋灼语曰："刀，书刀；布，布刀也。旧时蜀郡工官作金马书刀者，似佩刀形，金错其拊。布刀，谓妇人割裂财布刀也。"晋灼盖谓蜀布乃缝纫用刀。颜师古则曰："布，蜀布细密者也。"沈钦韩《汉书疏证》对此又作诠释曰："扬雄《蜀都赋》：'筒中黄润，一端数金。'"据《说文》言，二丈为一端。汉二丈约为今之一丈四尺。沈氏盖赞同颜师古说谓蜀布乃衣着材料，又进一步谓即"黄润"；于此再将扬雄《蜀都赋》中语录举数句，加以证实："乃其人自造奇锦……其布则细都若折，绵茧成衽；阿丽纤靡，避晏与阴；蜘蛛作丝，不可见风；筒中黄润，一端数金。"又左思《蜀都赋》曰："伎巧之家，百室离房，机杼相和；贝锦斐成，濯色江波；黄润比筒，籝（竹笼）金所过。"观以上诸语，自可发现"黄润"乃丝织品，而蜀人又称蚕丝织成之黄润为"布"。由此观之，所谓"蜀布"，无论是缝纫用刀，或丝织黄润，皆不当解作麻布或木棉布。文翁遗博士者或为缝纫刀而非黄润。司马相如《凡将篇》曰："黄润纤美宜制禅。"此又证明西汉时已有黄润。足证张骞所见者实为黄润。盖轻便而价昂者，商人自然乐于贩运，而此物又为大夏君主所乐用者。

① 《汉书·百官公卿表》。

成都出土东汉画像砖上的织锦（或布）机

第六，《后汉书·公孙述列传》记李熊说述之语曰："蜀地……女工之业，覆衣天下。"章怀注曰："左思《蜀都赋》曰：'百室离房，机杼相和。'"公孙述又造帛栏船。章怀注曰："盖以帛饰其兰槛也。"足证两汉之际，蜀中丝织业已遍于民间。

第七，锦固为华丽之物，然亦有甚易织成者。《云梦秦简·秦律四》曰："以丝杂织履，履有文，乃为锦履。"丝麻交织成文之物亦可曰锦，蜀人既能织黄润，织锦当亦不难。以上皆证明西汉时蜀有一般之丝织，亦有锦。

第八，《汉书·地理志》班固之自注，但曰成都有工官，不言有锦官，则似乎西汉有锦官之说不能成立。然通观《地理志》全篇，则全国皆无锦官。《汉书》中《成帝纪》《哀帝纪》《贡禹传》《地理志》所言"服官"全国仅有一处，乃织造宫中服饰者。其产品虽达官贵人亦不得享用。然则此辈锦衣又从何而来？当是来自公私营之织锦业。汉武帝以后，盐铁不准私人经营，余皆有公营与私营者。

第九，西汉之工官。"官"之含义为"机关"，皆有围墙，故古文献中或写作"宫"，业务不止一种。试以成都工官而论，钱大昭《汉书辨疑》据《汉书·贡禹传》谓成都县及广汉郡之工官，皆治金银器。王先谦《汉书补注》亦从其说。然近世出土之他种器物，亦有成都工官所作者，足证成都工官以制作金银器为主，而又兼作他物。另有一事应特别注意，即成都工官遗址究在何处，历代文献无言及者。据20世纪80年代中成都文管处石湍见告，在南较场发现大量矿渣，疑系工官遗址。其地与车官、锦官两城隔江相望。由是观之，制锦、制车由工官司之，其后乃分离而出，于流江南岸，别建专城。（以上辨明西汉即有锦官城。）

第十，通读陈寿《三国志·蜀书》，不见有蜀汉设锦官之记载，此或见蜀汉无锦官。盖官方需用之锦，当是向织户征收实物而来。

第十一，北方织锦业本极发达。东汉末年，黄淮流域大乱，粮食不足，袁术军食蒲苇，袁绍军食桑葚，工商业自然衰退。蜀地较为安定，原有之织锦业得以继续发展，故魏、吴皆仰赖蜀锦。

（二）车官城与军事工业

秦既取蜀，修筑道路，以便车运。所谓以金牛诳蜀王，使其筑通秦之路，固属神话，然筑路则为事实。至汉武帝从唐蒙、司马相如建议，通西南夷，先后置犍为、牂柯、越嶲、沈黎、汶山、益州、武都诸郡，皆以成都为根据地。后方运输频繁，发卒治道，动辄数万人，故峻岭亦有盈曲上升之车道曰九折阪者。[①] 道路既多，运输工具亦当增加，遂设车官，所在地又筑城环之。城之四周皆有军营城垒，足见其为军事工业区域。

《华阳国志·蜀志》：锦官城"西又有车官城，其城东西南北皆有军营垒城。"

又锦官、车官，皆属大城少城之卫星。而车官四周之营垒小城，又为车官之比邻护卫，此少城西南极盛时代之景象。唯军事交通乃临时需要，时事变易，则被废弃。

五、蜀汉之大城少城

蜀汉刘备于章武元年（221）即帝位于成都武担山之南，以大城为宫城。

《三国志·蜀书·先主传》谓：建安二十六年，刘备"即皇帝位于成都武担之南"。裴松之注云："武担，山名，在成都西北。"

又通观《蜀书·先主传》，备于武担山之阳筑坛即位，此乃仿刘邦、刘秀在郊外即位以便于祀天地百神，旋即伐吴，未遑建筑新宫。晋人左思于蜀亡后不久所作《蜀都赋》，极言蜀汉宫室壮丽，或系刘禅所为。盖禅好兴土木，谯周曾谏之。[②]

① 参见《汉书·王尊传》。
② 参见《三国志·蜀书·谯周传》。

左思《蜀都赋》：

于是乎金城石郭，兼匝中区，既丽且崇，实号成都。辟二九之通门，画方轨之广涂。营新宫于爽垲，拟承明而起庐。结阳城之延阁，飞观榭乎云中。开高轩以临山，列绮窗而瞰江。内则议殿爵堂，武义虎威；宣化之闼，崇礼之闱；华阙双邈，重门洞开；金铺交映，玉题相辉。外则轨躅八达，里闬对出；比屋连甍，千庑万室……亚以少城，接乎其西；市廛所会，万商之渊。列隧百重，罗肆巨千。赇货山积，纤丽星繁。都人士女，祛服靓妆。贾贸墆鬻，舛错纵横；异物崛诡，奇于八方。布有橦华，面有桄榔。邛杖传节于大夏之邑，蒟酱流味于番禺之乡。

六、秦汉大城少城形势

如上所述，汉代及蜀汉大城少城俱未扩展，则秦城即是汉城。虽常有修葺，皆培补性质。直至唐代，无大变迁。故段全纬《城隍庙记》曰：张仪、张若"共城成都，其环十二里……即今城也。"高骈《请筑罗城表》及王徽《创筑罗城记》亦谓：张仪旧城，周匝不过八里（秦、唐一里长度不同）。

段全纬《城隍庙记》：

至秦惠王始命张仪与蜀守张若城成都。其环十二里，其高七十尺，廨署廛里画其下，井干楼橹森乎上……即今城也。[1]

高骈《请筑罗城表》：

伏以臣当道山河虽险，城垒未宁。秦张仪收蜀之时，已曾版筑，隋杨秀守藩之日，亦更增修。[2] 坚牢虽壮于一隅，周匝不过于八里。[3]

---

[1] 《全蜀艺文志》卷三十七。
[2] 指于大城外展筑西南二隅，同时增修大城。
[3] 《全蜀艺文志》卷二十七。

王徽《创筑罗城记》：

　　先是蜀城既卑且隘……旧贯因循，日居月诸，殆逾千纪。汉魏以还，英豪迭出。至若公孙述之桀黠，诸葛亮之经营，曾不指顾留心，乘机制御。斯盖天藏盛烈，神贮嘉谋，俾集元功，式耀雄武……其旧城（指秦城）周而复始，盖八里，高厚之制，大小之规，较其洪纤，可得而辨矣。①

兹搜集可据的片段史料，略考秦汉城垣四至的轮廓。

（一）大城形势

据《元和郡县志》卷三十一，成都府署自秦至唐，"前后徙移十余度，所理不离郡郭"，足见秦汉大城变迁不大。

1. 南　垣

秦成都县本治赤里，张若徙置少城内。则赤里或在当年大城之内。

《太平寰宇记》卷七十二引《蜀都记》曰：

　　成都之南街名赤里。

民国《华阳县志·古迹一》谓：

　　赤里街今通呼南大街。

则秦城南垣所至，当在今上南大街。

又据《华阳国志·蜀志》：

　　城南曰江桥。

《水经注·江水》：

————————————

① 《全蜀艺文志》卷三十三。

大城南门曰江桥。

《太平寰宇记》卷七十二谓：

南江桥，一曰安乐桥，在城南二十五步。

则大城南门必近江桥，故南门曰江桥门。在晚唐内江改道以后，江桥虽不可复见，然内江故道，历历可考。江桥所在，当在今中南大街邻文庙后街东口附近（详见本书《水道篇》，并见《秦代创筑大城少城图》）。据此可知，大城南垣所至，约在今日上南大街。

2. 北　垣

唐人郑昕《蜀记》：

扬雄宅在州城西北二里二百步。

是明言其在城外。

又《元和郡县志》卷三十一谓：

自秦汉至国初（唐初）以来，前后移徙十余度，所理不离郡郭。

元和时尚未筑罗城，足证唐之蜀郡治所仍在秦大城内。扬雄宅中有洗墨池，即秦城北垣外之龙堤池。唐代扬雄宅附近有龙女祠，其前至今犹以"青龙"二字名街。由《蜀记》所言，可知唐代州城在扬雄宅南二里余，洗墨池在青龙街旧成都县中学（新中国成立后为成都市第十三中学）内操场处。由此推知秦汉城西北垣所至，约在今人民南路四川科技馆后子门附近。

3. 西　垣

杜甫《石笋行》：

君不见益州城西门，陌上石笋双高蹲。

刘禹锡《新修福成寺记》：

> 石笋街有……福成寺，寺之殿台与城之楼，交错相辉秀于碧霄，望之如昆阆之间。

杜光庭《石笋记》谓：

> 子城（即秦城）兴义门（即西门）、金容坊之石笋，同为一处。

可证明唐代州城（即子城）西门，在当年石笋街（不在今石笋街，详见本书《杂考篇》）附近。据上所述，唐州城西北约在今后子门附近。秦汉大城乃龟形，由东北向西南斜行，则其西垣所至，当在后子门之西南方，即今东城根中街一线。

杜光庭《石笋记》：

> 成都子城西曰兴义门，金容坊通衢百五十步，有石二株，高丈余。[1]

4. 西南隅

《华阳国志·蜀志》载：文翁立文学精舍讲堂作石室，一作（名）玉室在城南（张仪筑秦城之南垣外）。

《元和郡县志》卷三十一谓：

> 南外城中有文翁学堂。

又，南宋李石《秦城二绝》诗：

> 此间学校傍秦城。

---

[1] 《全蜀艺文志》卷三十八。杜光庭生于晚唐，死于五代。所谓子城即扩筑罗城后之旧城，则石笋当在罗城内。今城大西门外有石笋街，笋之根部犹存。详见本书《杂考篇》。

石室所在即今成都石室中学校址处。李石《秦城二绝诗序》谓学舍傍秦城残墙。由此证明大城西南隅在今文庙后街一线附近。

李石《秦城二绝》诗序：

> 张仪、司马错所筑。自错入蜀，秦惠公乙巳岁（前316）至皇宋绍兴壬午（1162），一千四百七十八年。虽颓圮，所存如崖壁峭立，亦学舍一奇观也。

学舍即文翁石室，既紧邻城墙，则墙当在今文庙后街。此街原有成都师范学校（后并入成都大学师范学院），其前身为四川省立成都女子师范学校，本馆已故馆员丁秀君女史曾任女师校长。丁言"女师有一处地基较高"，则此处当是秦城墙残基。又成都筑城在公元前311年，李石误以灭蜀之年为筑城之年。附记于此，以供参考。

5. 东　垣

如上所述，南、北、西三垣及西南隅所至既定，由西至东以古今道里及地形推测，则秦汉东垣所至，约在今青石桥、鼓楼街一线附近。由已知三面城垣推断一面，大体相去不远。

（二）少城形势

少城东接大城，西南滨郫江，北约与大城齐。其城垣四至，依古今地形变迁、江流改道之大概情形，略考如次。

1. 东　垣

左思《蜀都赋》及刘逵注均谓：少城在大城之西。《太平寰宇记》卷七十二引李膺《益州记》曰：

> （少城）惟西南北三壁，东即大城之西垣。

则秦汉少城之东垣即大城之西墉，约当今东城根街一线。

2. 西　垣

古代郫江流经少城西面，在今同仁路以东，长顺街以西。故秦汉少城西垣，约当今长顺街、小南街略西一线。西胜街旧有之石犀，即为李冰所造，立于郫江江岸者。江在城外，则少城西垣必在其东，即今长顺街一线。

3. 南　垣

郫江由少城西垣外经西南较场之间，折而东流，经江渎庙前与外江双流城南而汇于东郭。故秦汉少城南垣，约当今文庙西街一线附近。江渎庙前临郫江，为内江未改道以前之形势。陆游有《江渎祠碑记》，此为南垣外郫江故道之可考者。秦时张仪筑城在先，李冰开二江绕少城西南在后，故少城西南之市桥门及直接郫江之西门，均属滨江之城门（详见本书《水道篇》，并见《秦代创筑大城少城图》）。

4. 北　垣

北垣与大城西北垣略齐。大城北垣既在今后子门一带，则少城北垣当在今东门街以南，即长发街一线附近。《元和郡县志》卷三十一谓"少城亦曰小城，在县西南一里二百步"。以古今地形推之，大体应如上述，此为北垣所至之可据者。

少城东接大城，西滨郫江，与大城同为东西狭而南北长。然大城少城两合观，东西略长于南北，大体仍为不规则之长方形。少城广度，文献无征；以古今里度地形推测，南北与大城长度相同，约有秦里三里，东西不及秦里二里。

以上为秦、汉大城少城四至的轮廓（见《秦代创筑大城少城图》《汉代少城西南发展图》）。

第三节　晋代平夷少城

一、州郡分治及据城争战

（一）大少二城州郡分治

晋代因袭蜀汉旧制，以大城为州城，益州刺史治之；以少城为郡城，蜀郡太守治之。

《华阳国志·蜀志》：

州治太（大）城，郡治少城。

晋代城门可考者，大城有东门、西门、北门。少城门无记载可考。
《华阳国志·李势志》：

> 桓温伐蜀……（李）势悉众出，战于笮桥，中书监王瑕、散骑常侍
> 常璩劝势降，乃夜开东门走。

《华阳国志·大同志》：

> 永康元年（300）……（耿）滕入城，登西门。

> 时（李）庠与兄特、弟流、骧，妹婿李含……等四千骑在北门。①

考王羲之《与周益州书》：

> 往在成都，见诸葛颙，曾见问蜀中事，云：成都城门屋楼观，皆是
> 秦时司马错所修。令人远想慨然，具示为广异闻。

又《蜀中广记·名胜记》、清嘉庆《四川通志》、同治《成都县志》等书
均引载之。

自张仪筑城（前311）至晋永和年间（345—356），相去六百余年，秦时
土城上所建楼观，风雨剥蚀，当不知几经废兴；或者复修之后，犹存旧迹。
如任豫《益州记》云：

> 诸楼年代既久，榱栋非昔，惟西门一楼，独有补葺，张仪时旧迹犹存。②

此说或者可信。

---

① 明《四川总志·建置沿革》谓：汉武立十八门，李雄减为十六门。其言无据，不足置信。
② 《太平寰宇记》卷七十二引。

（二）州郡不协，据城争战

郡县或州郡分治大、少二城，制度本善，唯人事不调，州郡构怨，萧墙之内，成为敌国，为创建者始料所不及。州郡相争，西晋已肇其端。永康元年（300）晋赵廞与耿滕分据二城，相互争战。[①] 秦筑少城，原为大城西南军事上之屏障，竟反成为城守本身之障碍。后来桓温平毁少城，恐亦有此原因。

二、李特据蜀与筑赤涂城

（一）李氏攻蜀先占少城

晋太安二年（303），李特攻罗尚，徐俭先以少城降。于是，尚仅保大城。其后罗尚攻郫，李雄大破尚军，追入少城。尚仍退保大城。[②] 此前吴汉平蜀，先攻少城；此后桓温平蜀，亦先下少城。足见少城如为敌方所据，反为大城之患。

（二）筑赤涂城

赤涂城为李特在大城北面所筑之小城，实即未克成都前于城外所立营垒，名曰赤涂，取意或为城涂赤色。李雄既克成都，此城已失去重要性，故逐渐废圮。

卢求《成都记》：

> 府治北三里许，有李特所筑赤涂城。

清嘉庆《四川通志·古迹》：

> 赤涂城在县北二里，晋太安（302—303）中李特所筑。[③]

三、桓温平夷少城

（一）长期变乱，人口锐减

自李特据蜀至李势之降，约五十年，变乱迭经，人口锐减。郡治户口较

---

① 参见《华阳国志·大同志》。
② 参见《华阳国志·大同志》及《晋书·载记第二十》。
③ 此乃追记古事，并非清代尚存。

汉代几不及半，州治人口较汉代不过四分之一，乃至移旁郡户口以实成都。

《华阳国志·蜀志》：

> 成都县，郡治，有十二乡、五部尉。汉户七万，晋户三万七千。

又：

> 蜀郡，州治，属县五（当作六）。户：汉二十七万，晋六万五千。

《华阳国志·大同志》：

> 三蜀民流迸，南入（即入宁州）、东下，野无烟火，卤（虏）掠无
> 处，亦寻饥饿……永嘉元年（307）春……时益州民流移在荆、湘州及越
> 嶲、牂柯。

郭允蹈《蜀鉴》卷四：

> （李）寿既篡位，以郊甸未实，都邑空虚，乃徙旁郡户三千以上实
> 成都。

（二）桓温平蜀夷少城

永和二年（346），桓温伐成汉，既捷，遂平夷少城。大、少二城共有之
城垣，即大城西垣，少城东垣自然不能毁夷，则所谓平夷少城乃毁其北、西、
南三垣及城内屋宇。由张仪筑少城，至此历时六百五十七年。此时成都仅存
一座孤立的大城。

洪迈《容斋随笔》：

> 永和二年，桓温平李势，夷少城。

祝穆《方舆胜览》：

> 桓温平蜀夷少城，独存孔明庙（李雄所立）。

可见诸葛亮之功德一直为人所敬仰。但桓温何以要平夷少城，考其原因可能有三：一为州郡不协，据城争战；二为少城原本大城西南军事上之屏障，今转成为军事防御之障碍；三为人口锐减，都邑空虚，无两城并存之必要。故平蜀之际，先焚少城，继以平夷。此六百余年之古城，遂成历史陈迹。

第四节　隋代展筑城垣

一、展筑后之形势

自桓温平夷少城至隋初，历时二百余年，成都人口日增，百业发达，已有城小人多之态，扩筑城垣实属必要。隋文帝子杨秀乃展筑城垣。《隋书·庶人秀传》曰：

> 开皇元年（581）立为越王，未几徙封于蜀，拜柱国、益州刺史，总管二十四州诸军事。二年（582），进位上柱国西南道行台令，本官如故，岁余而罢。十二年（592），又为内史令、右领军大将军。寻复出镇于蜀……秀渐奢侈，违犯制度……仁寿二年（602）征还京师。

杨秀被征还，实由于太子杨广谮害。杨秀乃上表自理，表文未言筑城事。文帝复下诏责之，但言："诈称益州龙见……更治成都之宫。"然筑城确有其事。唐人卢求、高骈，宋人张詠皆有记述。

卢求《成都记》：

> 隋蜀王秀筑广子城。

高骈《请筑罗城表》：

> 隋杨秀守藩之日，亦更增修。①

张詠《益州重修公宇记》：

> 隋文帝封次子秀为蜀王，因附张仪旧城，增筑南西二隅，通广十里。今之官署（宋之成都府衙，方位在今正府街），即蜀王秀所筑之城中（之）北也。②

卢、张均未言何年筑城。以《隋书·庶人秀传》度之，杨秀首次镇蜀仅一年，为时甚短；且秀为隋文帝第四子，杨广为第二子，二人同母。广死于大业十四年（即唐武德元年，618），年五十一岁。杨秀此时或为四十八岁，则开皇元年仅十一岁。初次镇蜀不过以帝子临制蜀中，不能亲领政事，岂能遽兴大役？第二次历时十年，且已成年。在此期中秀渐奢侈，违犯制度，车马被服拟于天子。及太子杨勇被废，立杨广为太子，秀不得立，意甚不平。③以常情度之，筑城当在杨秀第二次镇蜀时，即开皇十二年至仁寿二年（592—602）之间。

二、隋城的名称

杨秀筑城时曾否命名？如何命名？无法确考。然后人皆称之为少城，当是秦少城遗址尽在此新城中，故以是称之。

明天启《成都府志》卷三：

> 大城创于张仪，少城筑于杨秀，罗城增于高骈。

---

① 《全蜀艺文志》卷二十七。
② 《全蜀艺文志》卷三十四。
③ 参见《隋书·庶人秀传》。

《读史方舆纪要》卷六十七"四川二":

> 杨秀增筑西南二隅，亦曰少城。

至于唐代诗人杜甫、岑参等诗所述之少城，乃用古代地名入诗，皆指隋城所占秦少城的故址部位而言，非谓隋代新建之城名曰少城。

杜甫《江畔独步寻花》其三：

> 东望少城花满烟。

岑参《东归留题太常徐卿草堂》：

> 复居少城北，遥对岷山阳。

少城二字亦可代表整个成都，如杜甫《客堂》诗"忆昨离少城，而今异楚吴"，可证。

三、展筑西南二隅之推测

关于隋筑新城之方位和地区，古人记载极略，《益州重修公宇记》有"附张仪旧城，增筑南西二隅"。《读史方舆纪要》卷六十七"四川二"曰："附张仪旧城，增筑西南二隅。"文异而意同。根据旁证史料及古今地形推测，所谓南隅即指西南隅，西隅即指西北隅，比较接近实际。

（一）西南隅

秦筑少城，西南原滨内江。隋城展筑南隅，即少城当年所在大城西南之位置。杜甫《西郊》诗中所谓"市桥官柳细"之市桥，即旧石牛门外之石犀所潜之市桥（约在清代之将军衙门），亦即内江所经之处。

（二）西北隅

对隋城西北隅方位做推测者有《后汉书·任文公列传》章怀（李贤）注，其云武担山在今（唐）成都县北百二十步。秦代成都县治少城，蜀汉以后州郡分治大城少城，县常与郡同治少城。少城废后，应移治大城。唯秦汉大城少城北面距扬雄宅（方位在今青龙街）尚有二里余，已如前述。章怀注为唐初文献，所谓"今成都县"即唐成都县署，已移在隋城之内，亦即张詠《益州重修公宇记》所谓："今之官署，即蜀王秀所筑之城中北也。"由此推测，隋城西北隅已延展至武担山附近。

又，《元和郡县志》卷三十一：

少城，一曰小城，在县西南一里二百步（指秦少城）。

据此可见唐代成都县署确在武担山南隋筑新城之内（见《隋代展筑子城南西二隅图》）。

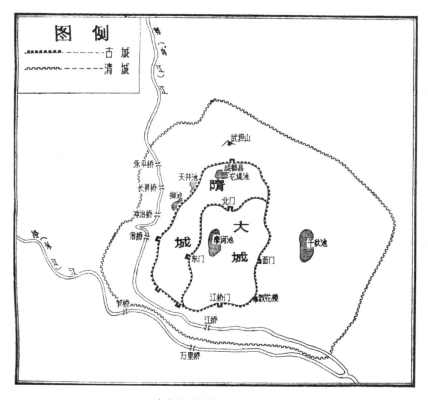

隋代展筑子城南西二隅图

（三）隋城广度

《益州重修公宇记》谓杨秀展筑部分通广十里。既曰"通"，则西南、西北展筑之区必有城垣连为一体；实即一毗连秦城之新城。由秦大城向西视之，则秦城在内，隋城在外，仍是张仪时景象。张载《登白菟楼》诗称秦大少城为重城。唐人则称旧大城及新增之城为"层城"或"重城"。如杜甫《成都府》诗："层城填华屋，季冬树木苍。"薛涛诗："落日重城夕雾收。"又《元和郡县志》卷三十一谓："南外城中有文翁学堂，一名周公礼殿。"文翁石室，本在秦大城外。[①]《元和郡县志》谓在"城中"，或当时已在隋城之内。由此推测，隋城包大城两面，有若外城，其一方接连大城城垣。吾人但观北京之外城（即南城）广于内城，包罗内城之东南、西南两角，即可想见隋城之形状。

其城门之可考者有：东门、南门、西门、北门。然秦、隋两城既连为一体，则不能绝对肯定何门在何城（见《隋代展筑子城南西二隅图》）。

杜甫《石笋行》：

> 君不见益州城西门，陌上石笋双高蹲。

张唐英《蜀梼杌》卷上：

> （前蜀王建）改……子城南门为崇礼门，中隔为神雀门，东门为神政门，西门为兴义门，鼓角楼为大定门，北门为大安门，中隔为玄武门。[②]

《新唐书·五行志》：

> 肃宗至德二载（757）三月有蛇斗于南阳门外。

---

① 参见《汉书·文翁传》。
② 《蜀梼杌》成书于宋代，所言子城乃相对于罗城而言之秦隋旧城。

第五节　唐代发展都市东南

一、秦隋旧城概略

唐代成都在未扩筑罗城以前，仍为秦、隋旧城。唐初曾于此设益州总管府，故文献中有称为州城者。

《元和郡县志》卷三十一：

> 少城亦曰小城，在县（成都县署）西南一里二百步。①

此当是指秦少城遗址。县署不能设于城外，则少城东北一里二百步之成都县署，只能位于隋城之内。

《元和郡县志》卷三十一谓：

> 成都县……前后移徙十余度，所理不出郡郭。

同书谓秦大城为州城，则郡郭当指隋城，成都县署即在其中。《益州重修公宇记》："今之官署，即蜀王秀所筑城之中北也"一语，又可与《元和郡县志》《太平寰宇记》互相印证，足证隋城在元和时尚存。

又，《资治通鉴·唐纪》太和三年（829）十一月：

> （南诏）嵯颠自邛州引兵径抵成都，庚戌，陷其外郭。（节度使）杜元颖帅众保牙城以拒之……蛮留成都西郭十日。

马乂《蜀中经蛮后寄雍陶》诗：

---

① 《太平寰宇记》同。

酋马渡泸水……一日破龟城。①

雍陶《蜀城战后感事》诗：

> 番兵依汉柳，蛮旆指江梅。
> 战后悲逢血，烧余恨见灰。
> 空留犀厌（压）怪，无复酒除灾。②

"汉柳"二字本诸杜甫《西郊》诗"市桥官柳细"，市桥在秦、隋少城时代均位于西南隅墙外。石犀在市桥附近之圣寿寺（见本书《杂考篇》）。足见南诏乃从市桥一带攻城，而此地亦系由邛州来锦城进攻西垣必争之地。再观《资治通鉴》所言"蛮留成都西郭十日"，又可证南诏兵由市桥攻入西郭并驻留其地。

又，高骈《请筑罗城表》曰：

> 秦张仪收蜀之时，已曾版筑。隋杨秀守藩之日，亦更增修……自咸通十年（869）以后，两遭蛮寇攻围。

不言当时已无隋城，此皆为太和时隋城尚在之明证。又节度使署亦有城垣，称曰牙城。③

二、大城东南郊之发展

汉代南市与锦官城、车官城连成一片，均极发达，臻于极点。至晋代蜀中变乱迭经，都邑空虚，桓温更平夷少城，于是城南繁华之区，亦随之而萧条。降至唐代中叶，人口逐渐增加，经济不断发展。及玄宗幸蜀之后，成都工商文教，均呈兴旺之势。玄宗乃于东郊建设规模雄伟之大慈寺；韦皋镇蜀，复加修

---

① 《全蜀艺文志》卷二十二。
② 《全蜀艺文志》卷二十二。
③ 参见《资治通鉴·唐纪》太和三（829）。

治，东郊更臻繁荣。贞元年间（785—805）韦皋于万里桥南创设新南市，开拓通衢，人逾万户，楼阁宏丽，颇极一时之盛。此为市区向东南发展之情况。

张君房《云笈七签》：

> 太尉中书令南康（郡）王韦皋节制成都（任西川节度使），于万里桥隔江创置新南市。发掘坟墓，开拓通衢，水之南岸，人逾万户。廛闬楼阁，连属宏丽，为一时之盛。

又韦皋复开凿解玉溪，由城西北引水，经过城东大慈寺前而后入江。后来大中年间（847—859），白敏中开金水河，亦由城西引水入城，仍经城中心地区，流向东南与解玉溪汇而入外江。于是城内二水，成为沟通新旧市区之渠道。韦皋还于内外二江合流处建合江亭，后来送客宴饯，遂移至此地。又，韦皋于城外东南隅建宝应寺，与城东先建之大慈寺，城外东南二江合流附近之菩提寺，均为一时名胜。凡此种种，足见都市在不断向东南方向发展，唯新兴之区尚在城垣之外而已。高骈扩筑罗城时，大慈寺、解玉溪均包入城中，东垣亦展至合江亭边。

第二章 罗城时代

第一节 唐代扩筑罗城

一、扩筑罗城缘由

唐代高骈扩筑罗城，盖迫于时势之需要，综其原因有二：

（一）南诏于唐太和三年（829）、咸通四年至六年（863—865）、乾符二年（875）屡次深入蜀中，数围成都。

（二）城垣本狭小，有警则民竞入城，窘困万状。

《资治通鉴·唐纪》懿宗咸通十一年（870）记其事：

> 西川之民闻蛮寇将至，争走入成都。时成都但有子城（即秦大城），亦无壕。人所占地，各不过一席许。雨则戴箕盎以自庇；又乏水，取摩诃池泥汁，澄而饮之。

又僖宗乾符元年（874）：

> 成都惊扰，民争入城……（节度使牛）丛恐蛮至，豫焚城外，民居荡尽，蜀人尤之。

二、扩筑罗城经过

《资治通鉴·唐纪》太和三年："李戴义奏攻沧州，破其罗城。"胡三省注曰："罗城，外城也。"有外城则更利于防守。咸通十一年（870），"颜庆复始教蜀人筑瓮门城"①。此不过加固旧城，并非新筑。高骈于乾符二年（875）正月始任西川节度使，次年（876）六月，遂上表请广筑罗城。表云：

> 伏以臣当道山河虽险，城垒未宁。秦张仪收蜀之时，已曾版筑。隋杨秀守藩之日，亦更增修。坚牢虽壮于一隅，周匝不过于八里。自咸通十年（869）以后，两遭蛮寇攻围，数万户人填咽共处。池泉皆竭，热气相蒸，其苦可哀，斯敝可恤。

又云：

> 臣今欲与民防患，为国远图，广筑罗城，以示雄阃。将谋永逸，岂惮暂劳？②

僖宗许之。高骈即令僧景仙规度工程。③ 是年十一月完工。罗城扩筑完工后，高骈又上表述筑城概况：

> 旋奉诏书，令臣参酌，许兴版筑，冀盛藩维。遂乃相度地形，揣摩物力，不思费耗，只系安危。趣十县之人丁，抽八州之将校，分其地界，授以城基。运土囊而子来，持石杵而云集，大兴畚锸，广备资粮。五千堵之周回，川中捍蔽；百万人之筑起，空里巍峨。日居月诸，功成事立，金汤既设，铁瓮如坚。控地道之莫能，徒云入寇；纵云梯之强立，无计登睥……拥门之局镭坚牢，曲角之规模周密；壕深莫跨，壁峻难攻。外

---

① 《资治通鉴·唐纪》咸通十一年（870）。
② 《全蜀艺文志》卷二十七。
③ 参见《资治通鉴·唐纪》乾符三年（876）。

边睥睨之崇高，内面栏杆而固护。兽头帖出，雁翅排成；覆瓦烟青，甃砖苔碧。纵蛮再至，无计重图。①

罗城毕功后，僖宗有《赐高骈筑罗城诏》。诏云：

> 每日一十万夫，分筑四十三里，皆施广厦，又砌长砖。城角曲收，逸迭攻而势胜；瓮门直截，容拒守之兵多……增上头之睥睨，架里面之栏杆。桥象七星，不移旧岸；锦逢三月，可濯新壕。役徒九百六十万工，计钱一百五十万贯。卓哉懋绩，固我雄藩！②

僖宗于乾符六年（879）又命王徽作《创筑罗城记》③，以表彰高骈筑罗城之功。

三、扩筑罗城情况

秦城太隘，西南限于两江，不能展拓，加以历时甚久，城垣不固。高骈乃于子城外新广其基，扩筑罗城，砌以砖甓；又改内江绕北东两面为城壕。以后各代，成都大城虽经更筑，然规模终无大改。兹举扩筑罗城情况如下。

（一）罗城周围里数、高广尺度与陴橹廊庑

罗城周二十五里，高广各二丈六尺，其上广一丈，陴高四尺，并建楼橹廊庑五千六百又八间。

王徽《创筑罗城记》：

> 南北东西凡二十五里，拥门却敌之制复八里。其高下盖二丈有六尺，其下广又如是，其上则衺丈焉。陴四尺……而甃碧涂墍，既丽且坚……其上建楼橹廊庑，凡五千六百八间。槐（门楣）梠（屋檐）栉比，闉阇鳞次。④

---

① 《全蜀艺文志》卷二十七。
② 《全蜀艺文志》卷二十六。
③ 《全蜀艺文志》卷三十三。
④ 《全蜀艺文志》卷三十三。

（二）外砌砖作城壁

秦城只筑土为之，至唐季始于大城外砌以砖甓，成都有砖城自此始。

高骈《请筑罗城表》：

> 覆瓦烟青，甃砖苔碧。

僖宗《赐高骈筑罗城诏》：

> 皆施广厦，又砌长砖。

《资治通鉴·唐纪》僖宗乾符三年（876）：

> （高骈筑罗城）蜀土疏恶，以甓甃之，环城十里内取土，皆铲丘垤平之，无得为坎埳，以害耕种。

（三）增设瓮门及曲角

瓮门设于城门外，曲角设于城四隅，皆作巩固城垣、防御外侮之用。瓮门，后人谓之瓮城，亦称月城。高骈《请筑罗城表》为成都有瓮门之最早记载。曲角又名马面，于此向外发矢或石炮，以御蚁附城下之敌。后世每于城角设置发射火炮之炮台，即本此意。

（四）开城门十，可考者七，门皆有楼

《读史方舆纪要》卷六十七谓罗城开十门，然见于古籍者仅七门有名。南门曰万里桥门，西南曰笮桥门，东曰大东门、小东门，西曰大西门、小西门，北曰太玄门。

《蜀梼杌》卷上：

> 王建武成元年（908），改……（罗城）万里桥门为光夏门，笮桥门为坤德门，大东门为万春门，小东门为瑞鼎门，大西门为乾正门，小西门为延秋门，北门依旧太玄门。

《读史方舆纪要》卷六十七"四川二":

> 唐高骈筑罗城开十门，上皆有楼，西南曰小市桥门，东南曰小东郭门。又有东闉、西闉等门。（唐昭宗）大顺（890—891）初王建攻陈敬瑄于东闉门是也。

（五）施工时日、动工人数及费用

成都筑城，自秦以来，以罗城规模为最大，役八州十县丁夫约十万，费钱一百五十万贯。[①] 至于施工日期，《资治通鉴·唐纪》僖宗乾符三年有记载：

> 高骈筑成都罗城……悉召县令庀徒赋役，吏受百钱以上皆死……役者不过十日而代，众乐其均，不费扑挞而功办。自八月癸丑筑之，至十一月戊子毕功。

高骈筑成都罗城，从八月癸丑至十一月戊子，计一百零五日[②]，堪称高效。以全部工程九百六十万工计，每日役夫约十万人[③]，令人咋舌。

四、罗城扩筑后之形势

罗城之正式名称为太玄城，以其环绕秦城（即秦大城）之外，故亦称大城。因罗城在古代即指城外之大城，较为通用，遂依典籍用之。原有旧城，即称子城，自是成都形成内外二城。

《创筑罗城记》：

> 高骈奏：臣前理成都，筑大城，请纪其事。

---

① 参见前引高骈表及僖宗诏。
② 杜光庭《神仙感遇记》卷五则谓"六旬而毕"，兹从《通鉴》。
③ 僖宗《赐高骈筑罗城诏》所言夫役做工数字，与《资治通鉴》工程起讫日期，大体相符。

又云：

环以大城，用冠诸夏。

赵抃《成都古今集记》：

高骈筑罗城讫功，筮得"大畜"之象。曰畜者养也。济以刚健笃实，光辉日新，吉孰大焉。文名以下存上，因名太玄城。

唐乐朋龟《西川青羊宫碑铭》：

（僖宗于）太玄城内，化出行宫。①

罗城四至方位如下。

（一）南　面

罗城西南两面自内江改道，遂扩展至外江之滨，并以外江之笮桥、万里桥为城门名。由此可见罗城西南垣自笮桥门、万里桥门至小东郭门，皆沿外江而至于东南郭。秦汉以来，滨内江之市桥、江桥二门，遂成为历史名词。此西南城垣随江流改变之确实可据者。

（二）北　面

其北垣所至，当至清远江边。唐季王建攻成都，陈敬瑄闭门拒之，田令孜登楼慰谕。建与诸将于清远桥上对语。所谓清远桥即在清远江上。所谓门楼，亦当为罗城北面之太玄门楼。足见北垣所至，距清远江边甚近，否则田令孜不能与王建对语。②

（三）东　面

罗城依二江之形势，大体为方形。南北两垣，所至既定；东城一面，由

---

① 《全唐文》卷八百十四。
② 参见《资治通鉴·唐纪》僖宗光启三年（887）。

北门沿清远江南折而至于东部，大体为直线。依江流地形，当年东垣所至，距清远江边，不是很远。临江本因扩城，凿地旨在防御。南垣既扩至外江之滨，则东北两垣，接近新开清远江边，亦时势所必然。

（四）西　面

罗城三面滨江，唯西面为壕。由外江西南笮桥门（约当今西较场城外青羊宫之东）起，北经内江故道之外缘，直至城西北角，大体仍为直线，无大曲折。据此，则当年西垣所至，距清代大西门城壕，并非太远。不过罗城较清城略小，大体为正方形。故僖宗《赐高骈筑罗城诏》曰"城角曲收"。其城垣方位，虽非正南正北、正东正西，而城之大体，固为方形（见《唐季扩筑罗城图》）。

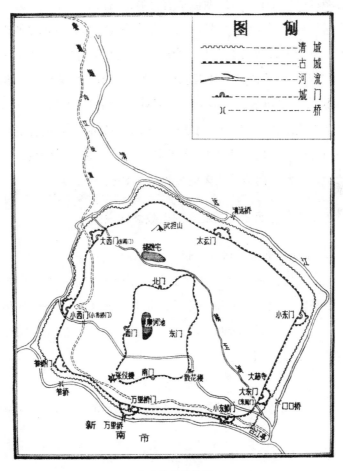

唐季扩筑罗城图

1990 年 3 月初，成都考古研究所于锦里西路（原外南人民路）发掘出唐宋时期城门址两座，编号为 1 号和 2 号。门址西距南河岸二十五至三十米，西北距遇仙桥约二百二十米，北与西较场仅一墙之隔。1 号门址为单门道，宽六米多。墙体为版筑，残存墙体与门墩外侧均包砖。此与前列文献"覆瓦烟青，甃砖苔碧""石砌长砖"之记载相合。木质门扉外包铁皮，门道两侧涂敷石灰，上饰红彩。墙之包砖、门扉及路面均有火烧痕。此门应系毁于大火后废弃，并加堵塞封闭。此后复于此门之西北六米多处另辟一门，以供出入，此即 2 号门址。该门亦为单门道，宽六米多，为两壁立排柱之过梁式建筑。墙亦版筑，唯外侧所包之砖，大小不一，属汉晋及唐以后不同时代。门址西南部被明清城墙破坏。2 号门之西侧留有瓮城之残迹。

据出土遗物与地层观察，1 号门址应为晚唐高骈所筑罗城之西南角，毁弃于北宋初期。所受大火似与王小波、李顺之农民起义有关。《宋史·樊知古列传》载："（李顺）往攻成都，烧西郭门，不利，引去。陷汉州、彭州。旋陷成都。"又黄休复《茅亭客话》卷六《艾延祚》："五月六日，或闻鼓鼙声，及南门火起，乃天兵至郡也。"1 号门既毁，修复则势必耗时耗资更巨，不若于其旁另辟一门便捷。此门一直沿用至南宋或更晚。据《蜀梼杌》《太平寰宇记》诸文献所载，此二门应为唐宋时罗城之笮桥门。[①]

五、对于罗城东北两面所至及周围里数之异说

（一）罗城东北两面未至清远江说

上述罗城东北皆滨清远江，是据王徽《创筑罗城记》及《资治通鉴》所载。然据《太平寰宇记》及宋祁、陆游诗句与《宋史·雷有终列传》及曹学佺《蜀中广记》所言，则罗城西北隅未能大量延伸，故武担山未能包入城内。

《太平寰宇记》卷七十二：

> 武担山，俗曰石笋，在郭（羊马城）内州城西门之外大街中。

---

① 参见蒋成：《成都 1、2 号门址发掘简报》，《西南民族考古》第 3 辑。

宋祁《武担》诗：

> 君不见，蜀王妃子墓，突兀城中若山积。

陆游《行武担西南村落有感》诗：

> 跨马悠然欲断魂，春愁满眼与谁论。
> 市朝迁变归芜没，涧谷谽谺互吐吞。
> 一径松楠遥见寺，数家鸡犬自成村。
> 最怜高冢临官道，细雨烟莎遍烧痕。

此三条资料，其说虽异，然武担山位置则并无变更。盖北宋时羊马城尚存。宋祁所谓"城中"乃羊马城之内，非罗城之内。《太平寰宇记》所言之"郭"即羊马城。所谓州城即高骈所筑罗城。至南宋时羊马城已不存在，故陆游称武担山一带为村落。又清乾隆时在武担山发现五代时人李崧书《古之奇县令箴》墓石（存四川大学），足证当时尚为墓葬区，可为武担山在罗城外之旁证。至于何时圈入城内，则明人曹学佺言之甚确。其《蜀中广记·名胜记·成都府一》：

> （府治）今乃益逊而北，盖不敢与藩邸抗，于是斥北城之地以居。故武担山昔在城外，而今在城内，陆务观（游）有《游武担山村落》诗可证矣。

（二）罗城周围里数不同记载

上述成都罗城，周围里数为二十五里，是据王徽《创筑罗城记》及《资治通鉴》所载。唐代东西两京城郭，俱用小里，每里约当清里八折。唐时二十五里，折合清制约为二十里[1]，是罗城较清城二十二里八分约小十分之一。今日环城之锦江与油子河及西濠周围，约为清里二十六里。杜光庭《神仙感

---

[1] 据日人足立喜六著《长安史迹考》。

遇记》卷五谓"拥门却敌共三十三里"。张詠《益州重修公宇记》谓罗城为三十六里者，或系合拥门八里及曲角之数而言。至僖宗诏书谓为四十三里，恐系夸张之词，或传本有讹字。言罗城里数，当以王徽记为准。

再者，罗城二十五里，加拥门却敌之制八里，共筑城三十三里，折合小里，为四千九百五十丈。《请筑罗城表》中谓"五千堵之周回"，乃计整数而言。如是则每堵雉堞不及一丈。又以廊庑五千六百零八间而言，则每堵均可覆蔽，于此足见罗城二十五里之数，比较正确。

第二节　前后蜀宫城与羊马城之兴废

一、改子城为皇城并改罗城、子城诸城门名称

（一）改子城为皇城

王建称帝于成都（907），改子城为皇城，并扩建城垣。唐代子城内原有成都尹及节度使署，衙署可称为府。杜诗《宿府》之府，即节度使署，故子城又称府城。王建即位，始将成都尹署移在子城外。

黄休复《茅亭客话》：

> 王先主霸盛之后，展筑子城西南隅。

《蜀梼杌》卷上：

> 武成元年（908），王建即位[1]，置府城为皇城。使……成都府移在子城外。

（二）改蜀王府为宫殿，并改府内诸门名称

王建据蜀后，先被唐廷封为蜀王，以节度署为王府；后即帝位，国号大

---

[1]　王建即位实在唐哀帝天祐四年、宋太祖开平元年，即公元907年，翌年改元武成。

蜀，遂改蜀王府大衙门为宣德门，堂宇厅馆为宫殿，并改府内诸门名称，改摩诃池为龙跃池。

《蜀梼杌》卷上：

> 王建诏曰：……大衙门为宣德门，狮子门为神兽门，大厅为会同殿，球场门为神武门，球场厅为神武殿，蜀王殿为承乾殿，清风楼为寿光阁，西亭子厅为咸宜殿，九顶堂为承乾殿，会仙楼为龙飞阁，西亭门为东上阁门，亭子西门为西上阁门，节堂南门为日华门，行库阁门为月华门……旧宅为昭圣宫，堂为金华殿，摩诃池为龙跃池，设厅为韶光殿……新西宅为天启宫，堂为玉华殿。[①]

(三) 改罗城城门名称

改罗城万里桥门为光华门，笮桥门为神德门，大东门为万春门，小东门为瑞鼎门，大西门为乾政门，小西门为延秋门，北门依旧为太玄门。

黄休复《茅亭客话》：

> 伪蜀大东门外有妙圆塔院。又伪蜀延秋门内严真观蚕市。

《云笈七签》：

> 成都景云观，旧在郭北市内，节度使崔公安潜置新市，迁于大西门之北。

吴任臣《十国春秋·后蜀·后主本纪》：

> 明德四年（937）十二月丁酉，帝耀兵太玄门。

---

① 《花蕊夫人宫词》"直从狮子门前入"句，乃习用唐代旧名。

又：

广政十五年（953）……夏六月丁酉，大水入成都，坏延秋门。

勾延庆《锦里耆旧传》：

大水入京城，漂荡五门。

又：

广政十六年（954）……九月，鹲鹠（海鸟名）集瑞鼎门，观者多忧之。

（四）改子城城门名称

改子城（即皇城）南门为崇礼门，中隔为神雀门，东门为神政门，西门为兴义门，鼓角楼为大定门，北门为大安门，中隔为玄武门。[①]

《十国春秋·前蜀·高祖本纪》：

永平三年（913），兼侍中王宗黯自大安门梯城而入。

又：

永平五年（915），冬十一月己未夜，宫中火……帝出兴义门，见群臣。

又：

永平五年，十二月丁未，帝御大安门，受秦、凤、阶、成（四州）之俘。

① 参见《蜀梼杌》卷上。

《十国春秋·后蜀·后主本纪》：

> 广政十八年（956）……五月……斩（赵）季扎于崇礼门。

杜光庭《石笋记》：

> 成都子城，西曰兴义门，金容坊通衢，百五十步，有石二株。

（五）新筑得贤门

王建霸盛之后，复展筑子城西南，并建得贤门，又称五门，上起五凤楼，亦名得贤楼。

黄休复《茅亭客话》：

> ……收玉局化，起五凤楼。

又：

> 王先主起五凤楼，开五门，雉堞巍峨，饰以金碧，穷极瑰丽，辉煌通衢，署曰得贤楼，为当时之盛。

《蜀梼杌》卷下：

> （孟知祥）御得贤门，大赦改元。

子城西南，即今成都市四川科技馆前面正南方位。《水经注·江水》谓"大城南门曰江桥"，似当时南门与江桥，尚有相当距离。《太平寰宇记》卷七十二谓"南江桥一曰安乐桥，在城南二十五步"，则城与桥相距甚近。在内江改道、罗城扩展以后，王建为建筑宫城，展筑皇城（即秦大城）西南，故城垣距江桥旧迹更近。此因城垣变迁，而距桥之远近不同。江桥位置，并无变更。

二、前蜀建新宫城，扩宫城

（一）扩筑宫城（夹城）

王建初即帝位，仍以旧节署为皇宫，唯更其门（节署有牙城，故有门）、殿名。永平五年，失火尽毁，乃于旧宫之北营新宫，建夹城。其规模当胜过节署牙城而为子城中新兴之宏伟宫城，与罗城、子城、牙城为内外四城。后蜀因之。

《资治通鉴·后梁纪》：后梁贞明元年（前蜀永平五年，即 915 年）：

> 十一月己未夜，蜀宫火。自得成都以来，宝货贮于百尺楼，悉为煨烬。

又，贞明二年：

> ……九月……庚申，蜀新宫成，在旧宫之北。

又，贞明四年：

> 蜀主尝自夹城过。

宋平后蜀，夹城尚在，宋将王全斌杀蜀降卒三万于此。[①] 至淳化间（990—994），李顺据有州城。宋师败李顺后，宫城焚毁，危楼坏屋，比比相望。及张詠修筑公宇，始全部拆除废没。[②]

（二）王衍起宣华苑诸殿宇

王建因宫室尽焚，故营建新宫。王衍奢侈，继位后于乾德元年（919）改龙跃池为宣华苑，并在池畔广建屋宇。三年（921），苑成，延袤十里，穷极奢丽。

---

① 参见《蜀梼杌》卷下。
② 参见《益州重修公宇记》。

三、后蜀新建羊马城

（一）罗城外增筑羊马城

后唐天成二年（927），孟知祥于罗城外增筑羊马城以为外郭。于是并罗城内之皇城宫城，成为四重。

李昊《创筑羊马城记》：

> 公（孟知祥）一旦谓诸将吏曰："夫华阳旧国，宇内奥区……闾阎棋布，廛陌骈罗，不戒严陴，是轻武备耳。乱臣贼子，何尝不窥。南诏西羌，曾闻入寇。将沮豺狼之意，须营羊马之城。吾已揣之，众宜叶（协）力。"封章上奏，揆日量功，分界绳基，辨方画址。百城酋壮，呼之响答以云来；十万貔貅，令之风行以雾集。杵声雷震，版级云排……如般五丁之力，才逾三旬而成……掘大壕以连延，增长堤而固护……旧城峥嵘而后竦，新城崒嵂以前蹲……重门开而洞深，危楼亘而翼展……自天成二年（927）丁亥岁十二月一日起工版筑，至三年正月八日毕手。公再飞章上奏。《诏》曰："敕知祥，省所奏修治城壕毕功，事具悉。百堵皆兴，四旬而毕。亘罗城而云蠹，引锦水以环流。"①

又《资治通鉴·后唐纪》：

> （明宗天成二年）十二月戊寅朔，孟知祥发民丁二十万修成都城。

《读史方舆纪要》卷六十七"四川二"：

> 后唐天成二年，孟知祥于罗城垣外筑羊马城，周四十二里。

① 《全蜀艺文志》卷三十三。

（二）城周里数、高广尺度与新建楼舍

羊马城城周称四十二里，高一丈七尺，基阔二丈二尺，上阔一丈七尺。时又凿壕一重，建门楼九所，白露舍四千九百五十七间，且于罗城四角增筑敌楼。

《创筑羊马城记》：

> 其新城周围凡四十二里，崃一丈七尺，基阔二丈二尺，其上阔一丈七尺，别筑陴四丈（丈疑是尺），凿壕一重，其深浅阔狭，随其地势。自卸版日，构覆城白露舍四千九百五十七间。内门楼九所，计五十四间。至三月二十五日，停运斧斤。

所谓羊马城，《资治通鉴·唐纪》肃宗乾元二年（759）胡三省注云："城外别筑短垣，高才及肩，谓之羊马城。"可见羊马城其作用同于外郭，郭内又为刍牧之地，俾能长期坚守。此为北方盛行规制，孟知祥又行之于成都。

（三）建筑工程及费用

时筑羊马城，自后唐天成二年（927）十二月一日起工至次年三月毕工，共役三百九十八万工，费钱一百二十万贯。[①]

计算羊马城四周里数，较罗城二十五里多十七里；如以罗城加拥门却敌里数共三十三里计，则只多九里。役工数，较罗城之九百六十万工，减少一半以上。费钱较罗城之一百五十万贯，减十分之二。罗城用砖，至羊马城是否用砖，无记载。因建筑材料之不同，而役工费钱，自有差异；但羊马城既较罗城长四分之一，而役工人数与费用，反而较省，是一疑问。又羊马城建白露舍四千九百五十七间，较罗城所建楼橹廊庑五千六百零八间，减少六百余间。如皆系砖城，白露舍间隔稍远，尚无问题；如为土城，则白露舍相隔太远，又不能保护墙面。综上所述，则羊马城新筑城垣，是否确有四十二里之广，亦有疑问。

---

① 参见《创筑羊马城记》。

四、关于羊马城之各种说法

（一）羊马城之形势

据李昊《创筑羊马城记》载，羊马城确系从四面包着罗城，如"旧城峥嵘而后竦，新城嵲嵲以前蹲"，"重门开而洞洞深，危楼亘而翼展"，"掘大壕以连延，增长堤而固护"。

又引僖宗《赐高骈筑罗城诏》中"亘罗城而云矗，引锦水以环流"之语，则新城也包延在罗城之外；又掘大壕，筑长堤，则非因接近罗城之二江以为城垣，其意甚明。然筑城工役用费与里数，前已提出疑问；而羊马城在北宋以后，即无记载可考，故城遗址，又复埋没。因此，对于当年筑城位置形势，有各种不同之推断。

（二）对于羊马城的各种推断

先言城北之清远江。或谓羊马城北垣在清远江范围之内。《宋史·雷有终列传》载先渡清远江，始克羊马城，然后进逼罗城而至大安门（子城北门）云云，其文层次井然，可为明证。

《宋史·雷有终列传》：

> 是月（真宗咸平三年二月），有终……收复汉州，进逼升仙桥……三月……贼自升仙桥之败，撤桥塞门。官军进至清远江，为梁而渡。有终与石普屯于城北门（指羊马城北门）之西，依壕为土山……八月克城北羊马城，遂设雁翅敌棚，覆洞屋以进逼罗城……九月……（石）普穴城为暗门……遂入城。有终登城楼下瞰，贼之余众犹寨天长观前，于文翁坊密设炮架……杨怀忠焚其寨天长观前，追至大安门，复败焉。是夕二鼓，（王）均与其党二万余，南出万里桥门，突围而遁。

根据上述资料又有两种解说：

一是确定北门城外河流，为高骈所凿之清远江，羊马城在今北门清远江内。

二是确定罗城当时已到后来清之大城北门，将外北迎恩楼河流指为原来之清远江；又疑今北门大河为后来改道者，遂谓羊马城应在外北迎恩楼附近。

前一说是改缩罗城，以迁就《雷有终列传》所记羊马城外之清远江；后一说是改远北门清远江，以迁就罗城外之羊马城。二说皆以《宋史·雷有终列传》为据。渡清远江后，离羊马城尚有相当距离；攻入羊马城，离罗城又有相当距离。如不改缩罗城，或改远清远江，均不能自圆其说。罗城北方不能缩小在五担山东方一线之南面。现在北门城下之河流，即为高骈时所凿之清远江，亦无疑问。唯清远江改远之说，仍有待明辨。

至于《宋史·雷有终列传》所谓"近逼升仙桥"，是进攻升仙桥时尚未占据之意。王均自升仙桥之败，"撤桥塞门"，是由升仙桥败退，拆去升仙桥，防其尾追。所塞之门，当为羊马城之北门。"官军进至清远江，为梁而渡"，当为升仙桥拆去之后，临时为便桥而渡。横过升仙桥之沙河，或为由沙河上游分流，斜过城北迎恩楼侧之支流。所谓"屯于城北门之西，依壕为土山"，明明指出为羊马城之北壕，与雷有终奏请保存羊马城壕相合，与罗城北门外之清远江无关。

以当年军事进退情形及对古今江流地形推测，由今成都西北部洞子口向东南（九里堤上游）分流之沙河，横过升仙桥，与清远江大约成为双流环绕城北之形势。又由沙河西北分流，斜向东南之交流，界于沙河与清远江之间者有二支流：一为由三道龙门斜向迎恩楼之溪流；一为由赛云台斜向迎恩楼西之溪流。此二溪流均在沙河与清远江之间并行，为羊马"城北门之西"之三层防线，或为羊马城西北引水为壕之遗迹（与现在新、老西门外引水形势略同）。

官军当年为梁而渡之河，不在北门正面，而在"城北门之西"，则此三道防线之外，二重河流（沙河与迎恩河）必须先渡，始能攻城。此二重河流之间，尽有"依壕为土山"，扎营作战之余地，与清远江之紧靠罗城，渡江以后，更无筑山攻城之中间地段大不相同。如上所述，则《宋史·雷有终列传》所谓渡清远江始克羊马城之清远江应指沙河或迎恩河。元末脱脱等修《宋史》对于数百年前事，未必详知，或偶误升仙桥下之沙河为清远江，与宋人京镗《驷马桥记》误认清远桥为升仙桥，其理相同。如是，则罗城不必向南退缩。罗城之河流，即高骈时所凿之清远江，非后来始改道者。那么，羊马城北垣，则应在今北门外迎恩楼附近。以上二种不同之说，后一说较符事实。

次言羊马城东南与西北。羊马城东南两面，未曾推广；西北两面则稍有扩展，但并非四面围绕罗城（见《前后蜀宫城与羊马城图》）。

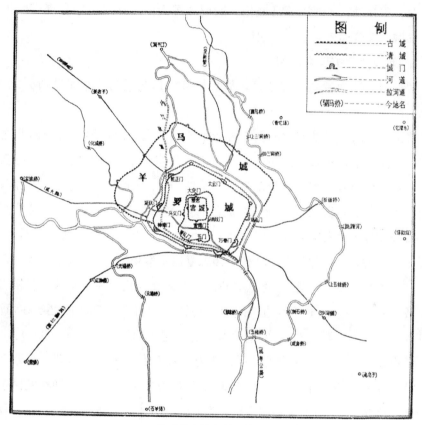

前后蜀宫城与羊马城图

1. 东南两面未曾推广之推测

罗城东南两面，皆有江水环绕，故不必越江以筑新城。北面则不同，当时情况有异于高骈时期。因孟知祥阴谋割据，所防者为北方之李嗣源，自当以羊马城为罗城北面之屏障，西南面则非当务之急。羊马城之布局，盖由于当时之形势所决定。

又《宋史·雷有终列传》谓："又分所部寨于合水尾、浣花等处，树机石设芘篱以拒之。"合水尾即今安顺桥侧，二江合流处之合江亭附近，接近罗城脚下；笮桥在罗城笮桥门附近。据此，则雷军当日进攻城东及城南，均在罗城边缘。

又《宋史·雷有终列传》谓"（王）均与其党二万余，南出万里桥门，突围而遁"，亦说明罗城之南，并无羊马城门；足见东南两面除绕罗城之二江以外，并无羊马城。《创筑羊马城记》所谓"掘大濠以连延，增长堤而固护"，即羊马城东南两面未经推广之明证。

2. 西北两面扩筑之推测

罗城西门外为孟蜀苑囿之区，故规模甚大；北门为北来军队所入之道，防御必严。

或谓，当时羊马城西北两面，可能由罗城西南之浣花溪上绕至西北之九里堤，转向东南，至今迎恩桥，即是清远桥为当年羊马城北门所在；更绕过城东北角，再附着于东城之新东门，如是即当为《创筑羊马城记》所言四十二里之数。又据陆游《故蜀别苑在成都西南十五六里……》诗，足见外西为王、孟规模较大之台院所在，则羊马城西垣所至，自当包罗一部分苑囿在内。又《宋史·雷有终列传》谓"（杨）怀忠复退军笮桥"，又谓宋军"寨于合水尾、浣花等处"，是宋军已经逼近罗城。西南寨于浣花，则距罗城尚有相当距离，或为罗城外郭之羊马城边。此即羊马城当时西南扩筑较广之实在情况。至北面则为军事重要之地。《资治通鉴·后唐纪》明宗天成元年（926）："孟知祥阴有据蜀之志，阅库中得铠甲二十万，置左右牙等兵十六营，凡万六千人，营于牙城内外。"同书又谓，天成二年（927）十二月，"孟知祥发民丁二十万修成都城"，即所谓羊马城之筑。为防御北方来攻，故城垣较广，且较坚固。观后来王全斌平后蜀及雷有终攻王均事，均由北方进兵可知。

综上诸说，略可断言：

（1）罗城东南两垣以外，并无新筑之羊马城。羊马城实未四面包着罗城。

（2）羊马城西面，因苑囿之故，可能扩筑到罗城外三四里之远。

（3）筑羊马城，意在防备北来军队。李昊《创筑羊马城记》所谓"乱臣贼子，何尝不窥。南诏西羌，曾闻入寇，将沮豺狼之意，须营羊马之城"，全是掩饰之词，绝非当时事实。

（4）羊马城北面，特展筑于高骈所凿之清远江外，正为防御北方计，与东南两面不越江筑城，意各有别。

（5）清远江自縻枣堰（即今九里堤）引水绕罗城北而东流，南折合于外江。沙河是自縻枣堰上游分支，与清远江并行而东，南入外江。迎恩河乃由沙河分流斜行于沙河与清远江之间者。据此，则雷军渡河攻城，当为羊马城西北之沙河，或迎恩河，绝非罗城西北之清远江。

（6）如上述，羊马东南两垣，均仍罗城之旧；只扩筑西北两面，及延展东垣北头，南垣西头。城周约以四十里计，则新筑城垣只二十余里，与罗城旧垣里数相去不远。如是，则当年役工人数与筑城经费，略减于罗城，亦属合理。记载无可置疑。

五、羊马城与芙蓉城之关系及其废没

秦城及羊马城原为土筑，高骈所筑罗城虽砌砖，然斜坡亦露泥土。后来孟昶即于城上遍种芙蓉，因称芙蓉城。

《成都古今集记》：

> 孟蜀后主于成都城上，尽种芙蓉。每到深秋，四十里如锦，高下相照，因名锦城。

《蜀梼杌》卷下：

> 孟昶广政十三年（950）九月，令城上植芙蓉，尽以帷幕遮护……城上尽种芙蓉，九月盛开，望之皆如锦绣。（孟）昶谓左右曰："自古以蜀为锦城，今日观之，真锦城也。"

喻汝砺《散花楼》诗：

> 濯锦江边莎草浓，散花楼畔夭芙蓉。①

---

① 散花楼在秦城东南隅，亦为秦城附近种有芙蓉之证。

至于羊马城，宋代尚有意保留，后乃颓圮。宋咸平四年（1001），雷有终败王均后，奏请保存羊马城以备寇盗外攻，朝廷许之。自孟知祥筑城至此，不过七十余年，以后即不见于记载。自皇祐五年（1053）起，程戡重筑罗城；南宋王刚中、范成大又相继培修罗城，均不及羊马城。足见土城不修，由倾颓而至于废没，亦属必然之势。

《宋会要辑稿·方域·九之二十五》：

> 咸平四年四月十八日，知益州雷有终、转运使马亮等言，准《诏》："商度毁本州羊马城壕利害。"窃以本州顷岁李顺之乱，贼自外攻，即日而陷。此城池倾圮之咎也。去岁三由之叛，奸甲内作，经年自固，此城池完葺之咎也……况此城倾，因蛮人来寇，民夷涂炭。至（后）唐天成三年（928），节度使孟知祥，遂谋创筑。若缘均贼（指王均）前事，诚合去除。又虑异时寇盗外攻，复资为备，欲请仍旧不毁。从之。

第三节　宋元两代成都面貌

一、宋代罗城与子城之培修

宋代罗城曰州城，一曰府城。

《益州重修公宇记》：

> 甲午岁土贼李顺据有州城，偏师一兴，寻亦殄灭。[1]

李大临《圣兴寺护净门屋记》：

> 成都府城之东偏，有寺曰圣兴。[2]

---

[1] 《全蜀艺文志》卷三十四。
[2] 《全蜀艺文志》卷三十八。

至皇祐五年（1053）程戡重筑罗城。

《宋史·程戡列传》：

> 仁宗自择戡再知益州。守益州者，以嫌，多不治城堞，戡独完城、浚池自固，不以为嫌也。

又，仁宗《赐程戡诏》：

> 缮完壁垒，经度沟池，谋不逾时，士皆尽力。

明嘉靖《四川总志》卷一"建置沿革"：

> 宋皇祐五年（1053），程戡重筑罗城。

宋建炎元年（1127），知府卢法原又进行一次修筑。

李心传《建炎以来系年要录》：

> 建炎元年，徽猷阁直学士知成都府卢法原，奉诏修罗城。周二十五里三百步，费九县市易常平钱八万缗有奇。

此与罗城周围里数略同。经费不多，当是整补培修，城垣仍旧。此二十五里，与后来王刚中修城丈数有加瓮城在内者，并不矛盾。以城周计为二十五里；以筑城垣连月城计，则为四千六百余丈。

第三次培修者为四川安抚制置使李璆。

《宋史·李璆列传》：绍兴四年（1134）后，李璆为四川安抚制置使，"成都旧城多毁圮，璆至，首命修筑。俄大水至，民赖以安"。

第四次培修者为王刚中。绍兴二十九年（1159）王刚中复修罗城，凡周四千六百丈有奇。其雉堞庄严，沟池深阻。有关宋代筑城广度之记载，冯时行《罗城记》叙述最具体：

　　绍兴二十八年（1158），鄱阳王公，乃搜壮城卒于役他者，三百卒为党，备糇粮，具畚锸，以受兵司分掌其役。权舆于二十九年五月，迄明年十月。城比旧凡周四千六百丈有几。雉堞庄严，沟池深阻，气象环合，顿成雄奥。继又表丈尺而以三百卒者分主之，遇阙即补。倅幕月一巡，帅首季一巡。有不葺，坐其人。如是守之，是以数十百年而不坏。是役也，费公帑十有二万，而九邑之民，一毫无与。以官自有壮城卒，卒自有衣粮，故可不劳不费而集事。是宜具载本末，以示来者。

　　前言罗城二十五里，有瓮城八里，共三十三里。以唐小里衡之，计四千九百五十丈；此处四千六百丈，亦当包瓮城在内，城周或较唐城略小。又筑罗城、羊马城时皆征调民工，王刚中是用兵工，又订有岁修保护制度，故亦应记之。

　　第五次培修者为范成大。除培修罗城外亦兼及子城。乾道（1165—1173）中范成大帅蜀，又修筑马面敌楼，增葺罗城；复令科简子城之圮堕者。工甫半，即赴阙，胡元质成之。[1]

　　又，李石《秦城二绝》序：

　　　　张仪、司马错所筑。自错入蜀，秦惠公乙巳岁（前316）至绍兴壬午（1162）一千四百七十八年[2]，虽颓圮，所存如崖壁峭立，亦学舍（石室）一奇观也。[3]

　　又，范成大《北门马上》诗自注：

　　　　少城，张仪所筑子城也。土甚坚，横木皆朽，有穿眼，土相著不散。[4]

---

[1]　参见《读史方舆纪要》卷六十七。
[2]　李石误以灭蜀之年为筑城之年。其实筑城在公元前311年，距绍兴壬午为一千四百七十三年。
[3]　《全蜀艺文志》卷十。
[4]　清嘉庆《四川通志》。

子城由秦大城变迁而来，子城故迹，至宋犹有存者，当属可信。

二、宋代城门概略

宋代罗城子城各门，多复唐代旧名。罗城南门即万里桥门，又名小南门。刘光祖《万里桥记》：

> 今罗城南门外笮桥之东，七星桥之一曰长星桥者。[①]

《宋史·雷有终列传》：

> 王均与其党二万余，南出万里桥门，突围而遁。

陆游《夜登小南门城上》有小南门之谓，又《江上散步寻梅诗》之"明朝更出小南门"亦指此，其自注"万里桥门，一名小南门"可证。

东方有大东门、小东门、朝天门。

《宋史·雷有终列传》：

> 乘胜逐贼至益州南十五里，寨于鸡鸣原，以俟王师。（王）均亦闭东门以自固。

陆游《正月二日晨出大东门，是日府公移宴忠院》诗所指之东门同，此外另有小东门。陆游多次提及，除《平明出小东门观梅》诗外，另有《野意》："小东门外曳邛枝。"又席益《淘渠记》亦提到小东门："亟遣官楗薪土塞窗，决小东门口而注之江。"[②] 另有朝天门亦为东方之门，陆游有《出朝天门，缭长堤至侍郎庙，由小西门归》诗题可证。

西方之门有大西门、小西门。

---

① 《全蜀艺文志》卷三十三。
② 《全蜀艺文志》卷三十三。

吴师孟《导水记》：

> 果得西门城之铁窗之石渠故基。①

席益《淘渠记》：

> 江水夜泛西门，由铁窗入，与城中雨水合，汹涌成涛濑，居人嚯趋高阜地。②

陆游《后陵》诗自注曰：

> 后陵永庆院在大西门外，不及一里，盖王建墓也。有二石幢，犹当时物。

此三处所提之西门，均为大西门；至于小西门，有前引陆游《出朝天门……》诗题可证，此不赘述。

北为清远门，亦称北门。

《宋史·雷有终列传》：

> 杨怀忠率众入益州，焚城北门，至三井桥。

又：

> 有终与石普战于城北门之西。依壕为土山，分设鹿角。

---

① 《全蜀艺文志》卷三十三。
② 《全蜀艺文志》卷三十三。

《茅亭客话》：

> 庚子岁（1000）益部贼军据城，大军在北门外斫起洞子攻城。近城攻击，矢石如雨。

京镗《驷马桥记》：

> 出成都城北门不百步，有桥旧名清远，凡自他道来成都者必经焉。①

《宋史·雷有终列传》：

> （王）均众皆银枪绣衣为数队，分列子城中，贼兵出清远门与（杨）怀忠战。②

西北有洛阳门、章城门。
李新《后溪记》：

> 回内江（李冰内江）水自洛阳门至大东郭，俱汇于合水尾。③

《太平寰宇记》卷七十二：

> 读书台县北一里，在章城门路西，今为乘烟观。

西南曰锦官门，亦曰笮桥门。
任正一《游浣花记》：

---

① 《全蜀艺文志》卷三十三。
② 此清远门亦即北门，不过同门异名而已。
③ 《全蜀艺文志》卷三十三。

每岁孟夏，十有九日，都人士女，丽服靓妆，南出锦官门。①

陆游《野步至青羊宫偶怀前年尝醵饮于此》诗：

锦官门外曳枯邛。

又，《看梅归马上戏作》诗：

平明南出笮桥门。

民国《华阳县志·古迹·笮桥门》：

今按：《华阳国志·蜀志》："夷里桥亦曰笮桥。"又云："郡更于夷里桥南岸道东边起文学，有女墙。其道西城，故锦官也。"然则锦官即在笮桥南岸道西矣。其门之名为锦官、笮桥必与二桥相值，若南门之有江桥、万里桥耳。

子城西曰西门。
《太平寰宇记》卷七十二：

五担山俗曰石笋，在郭（之）内州城西门（之）外大街中。

北曰大安门。
《宋史·雷有终列传》：

杨怀忠焚其寨天长观前。追至大安门，复败焉。

---

① 《全蜀艺文志》卷四十。

刘壎《挽四川制帅陈公》诗注：

> 元帅秃薛以兵攻成都，制使陈隆之婴城固守，大兵苦攻不克，欲退，而都统田世显开大安门，大兵遂入。[①]

子城南门仍称南门。
《宋史·雷有终列传》：

> 杨怀忠与转运使陈纬，麾兵由子城南门直入军资库。

又有五门。
陆游《晚过五门》诗：

> 城东深夜呼酒侍，五门鼓吹灯火闹。

又，《山中望篱东枫树有怀成都》诗：

> 五门西角红楼下，一树丹枫马上看。

自注云："红楼，蜀王所作，在五门西南隅。"
吴师孟《导水记》：

> 其五门之南江及锦江，二水之名最著。[②]

概括言之：唐代罗城及子城城门，经王建改名，至宋初恢复原名者，罗城有笮桥门、万里桥门、大东门、小东门、大西门、小西门，子城有西门、

---

① 《全蜀艺文志》卷二十四。
② 《全蜀艺文志》卷三十三。

南门、大安门，唯五门保存前蜀命名。其子城东门与罗城东面诸门不能确别。又宋城门名见诸记载者计十七门，其中必有同门而异名者，如万里桥门即小南门。至于东西南北四门名称，罗城与子城均有，或为东大门、大西门之简称。记载中颇多重混，不能分明（见《宋元罗城与子城图》）。

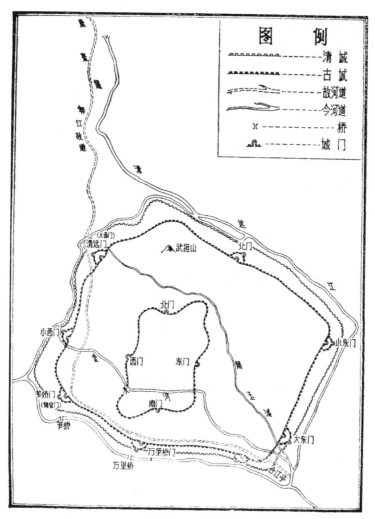

宋元罗城与子城图

三、宋代成都盛况

成都经王、孟两代以后，城市又日渐繁荣。张詠来蜀，亦专事与民休息，因之人民安定，物产益饶，成都城市更为发达。园林花木之盛，商贾市集之繁，工艺技巧之精，文学著述之富，皆卓然有可述者（详见本书《杂考篇》）。

四、宋末之成都

南宋都临安，其抗金抗元，皆仰赖淮、蜀。金、元窥宋，金屡从淮至，元则自蜀而入。因此抗御元兵之从秦、陇来者，其饷糈转运，无不仰给于成都。加以蜀帅纷更，藩篱尽撤，以致蜀中财虚力竭，城郭不完。

《续资治通鉴·宋纪》理宗端平二年（1235）：

> 臣僚言："敌侵蜀境，制臣赵彦呐连年调度，师老财殚，兵分力薄，若上流不固，则吴楚有冲决之势，愿以保蜀为念"。

又，同书理宗淳祐三年（1243）：

> 先是蜀中财赋，入户部三司者五百余万缗。入四总领所者二千五百余万缗，金银绫锦之类不预焉。自宝庆三年（1227）失关外，端平三年（1236）蜀地残破，所存州县无几，国用益窘。十六年间，凡授宣抚使者三，制置使者九人，副使四人，或老，或暂，或庸，或贪，或惨刻缪戾，或遥领而不至，或生隙而罕谋。两川民不聊生。监司、戎将各专号令，蜀日益坏。

同书亦载，早在理宗淳祐二年（1242）：

> 仓部郎官李铸，请广求备御之方。帝曰："去岁蜀事大坏，今当如何？"铸曰："陈隆之因成都城故基增筑，未为非是。第功力苟且，识者逆知其难守。臣尝问其方略，但云誓与城存亡而已。"

因蒙古兵三次入成都，千年古城，全遭毁败。

《续资治通鉴·宋纪》理宗端平三年（1236）：

十月……蒙古安笃尔①招徕吐蕃诸部族，赐以银符，略定龙州，遂与库端②合兵，进破成都。会闻皇子库春薨，库端旋弃成都而去。

又，宝祐六年（1258）：

二月……蒙古耧垳③将前军……遂长驱至成都。……（四川制置使）蒲择之兵溃，城中食尽，亦杀主将以降。

谢采伯《密斋日记》：

端平丙申（1236）遭乱，郡城焚荡。

据《宋史·地理志》所载，南宋时，川省人口有千余万，为由汉自明，人口最多之朝代。④《元史·地理志》所载元世祖时川省人口仅二百余万。直至明正德十三年（1518）修《四川志》时所载全省人口数，亦仅有二百三十七万余人。兵祸惨烈，于兹可见。

五、元代之成都

元得成都后，成都之经济、文化因经端平、淳祐时两次攻宋烧杀，人民生计困苦不堪，故国文物荡然无存。以后虽有纽璘建三书院，以巨资向东南购书，然亦不能恢复宋初文教之盛况。⑤

元代无筑城记载可考。罗城子城形势，大体仍宋代之旧，间有培建，均属临时修葺性质。

元代城门可考者有大西门。

---

① 《元史》作刘禄。
② 《元史》作阔端。
③ 《元史》作纽璘。
④ 又见四川省通志馆《四川方志简编》（稿藏四川省图书馆）所列川省历代户口表。
⑤ 参见张雨：《句曲外史诗集》卷五。

费著《岁华纪丽谱》：

（三月）二十七日，大西门睿圣夫人庙前蚕市。①

有南门。
费著《成都周公礼殿圣贤图考》：

至圣文宣王庙在子城内南门之西，前汉文翁学宫故址。②

有北门。
费著《岁华纪丽谱》：

三月三日出北门，宴学射山……冬至节宴于大慈寺；后一日早宴金绳寺，晚宴大慈寺……清献公（赵抃）《记》③云："至前一日，前太守领客出北门石鱼桥。"④

又有笮桥门，亦名锦官门。
《岁华纪丽谱》：

（正月）二十八日，俗传为保寿侯诞日，出笮桥门即侯祠奠拜……四月十九日，浣花祐圣夫人诞日也，太守出笮桥门至梵安寺，谒夫人祠。⑤

另有五门。
《岁华纪丽谱》：

---

① 《全蜀艺文志》卷五十八。
② 《全蜀艺文志》卷四十八。
③ 指《成都古今集记》。
④ 《全蜀艺文志》卷五十八。
⑤ 《全蜀艺文志》卷四十载任正一《游浣花记》，作"孟夏十有九日，都人士女丽服靓妆，南出锦官门"。

（正月）五日，五门蚕市。""（正月）十四、十五、十六三日，皆早宴大慈寺，晚饮五门楼。""九月九日，玉局观药市，宴监司宾僚于旧宣诏亭，晚宴于五门。[①]

又至正十七年（1357）明玉珍据重庆，分兵入成都；二十二年（1362）称帝，号大夏。时在成都设制使府。明洪武四年（1371），其子昇降于明。玉珍父子亦未增筑城垣。

第四节　明代大城与蜀王府城

一、筑大城

明代大城曰府城，亦曰省会。

明天启《成都府志·城郭》：

> 成都府城省会同。

又洪武四年（1371）蜀平。李文忠增筑新城，高垒深池，规制略备。

《明史·李文忠列传》：

> （洪武）四年秋，傅友德等平蜀，令文忠往拊（抚）循之。筑成都新城，发军戍诸郡要害乃还。

其后都指挥赵清甃以砖石，都督陈怀复浚城隍。[②] 又辟五门，门各有楼，门外筑月城。后塞小西门，余四门月城，各建庙宇一座（见《天启成都府治图》，即《府治三衢九陌宫室图》）。

---

① 《岁华纪丽谱》所言皆追怀宋代往事，有如成书于南宋之《东京梦华录》之追怀宋徽宗时事者然，故只能作为参考；元代是否如此，尚难确定。
② 参见明天启《成都府志·城郭》。

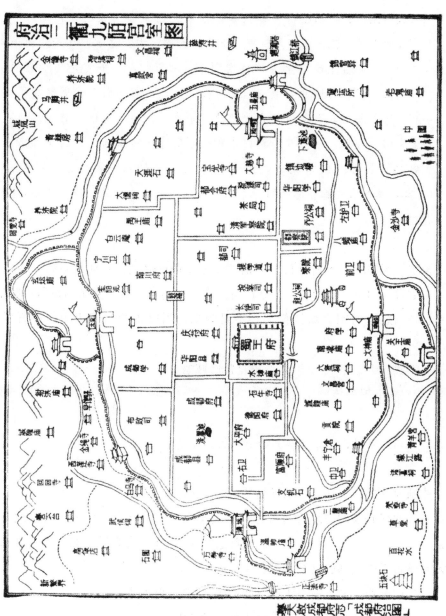

天启成都府治图

明正德《四川志·城池》：

> 大明洪武初，都指挥使赵清等，因宋元旧城而增修之，包砌砖石，基广二丈五尺，高三丈四尺。复修堤岸以为固。内江之水，环城南而下。外江之水，环城北而东至濯锦桥南而合。辟五门，各有楼，楼皆五间。门外又筑月城，月城两旁辟门。复有楼一间，东西相向。城周回建敌楼一百二十五所。其西南角及东北角建二亭于上，俗传象龟之首尾。城东门龙泉路曰迎晖，南门双流路曰中和，西门郫路曰清远，北门新都路曰大安。其小西门曰延秋者，洪武二十九年（1396）塞之。宣德四年（1429）总兵官左都督陈怀讨松叠叛蛮，以成都根本之地，修城浚隍，至今赖之。

至于《蜀中广记·名胜记》所谓"今之东西南北四门，颇为近古。西门者，古之宣明门也。南门者，古之江桥门也。东门者，古之阳城门也"，则强指秦城各门之名为明大城四门名，不足为据；当以正德《四川志》所言者为准。

又洪武二十二年（1389），蓝玉复督修城池。

《明史·蓝玉列传》：

> 明年（洪武二十二年）命督修四川城池。

崇祯时（1628—1644）刘汉儒又培修一次。

总计明代修筑大城之可考者，自洪武至崇祯一共五次，均无唐宋子城之记载。天启元年（1621）之《天启成都府治图》，亦只有大城及蜀王府。可见子城在蒙古军破成都后已经湮没。

其四门名称，已见前引正德《四川志》，兹不再重述。

清顺治三年（1646）张献忠弃成都。城亦毁。

《明史·张献忠列传》：

顺治三年，献忠尽焚成都宫室庐舍，夷其城，率众出川北。①

又，清同治《成都县志·城池》：

崇祯末（当作清顺治三年）……（张献忠）走保宁。尽夷成都城，隳墙垛。

至于明城东垣所至，据清人陈祥裔《蜀都碎事》："成都东门外有红布街，旧青楼业也。"民国《华阳县志·古迹一》："红布街……按街在今治东门内。《旧志》② 犹言明时城址较狭，故尚在城外也。"

又成都在蒙古军大屠杀后，人口锐减，明初增筑新城，或较南宋罗城略小。至清初扩修省城，又较明城为大。红布街遂在清城内。此街为东西向，东头已近城边，足见清城虽向东发展，亦仅至油子河边。盖限于河道，不可能尽量扩张。

二、蜀王府之建筑

明洪武十一年（1378）封朱椿为蜀王，十八年（1385）命其驻凤阳，二十三年（1390）使其就藩成都。自十八年起，朱椿于大城中筑蜀王府，又环以萧墙。于是成都城又成为内、中、外三重城垣。

对蜀府萧墙及蜀王宫城，明正德《四川志》及明嘉靖《四川总志》均有记载。

正德《四川志·藩封·蜀府》：

太祖高皇帝治定功成，乃封第十一子于蜀，建国成都。洪武十八年（1385）谕景川侯曹震等曰："蜀之为邦，在西南一隅，羌戎所瞻仰，非壮丽无以示威，汝往钦哉。"震等祗奉，营国五担山之阳，砖城周围五里，高三丈九尺。城下蓄水为濠。外设萧墙，周围九里，高一丈五尺。

---

① 彭遵泗《蜀碧》所记与此略同。
② 指清嘉庆《华阳县志》。

南为棂星门，门之东有过门，南临金水河，为三桥九洞以度。桥之南设石兽、石表柱各二。红桥翼其两旁。萧墙设四门：东曰体仁，西曰遵义，南曰端礼，北曰广智。端礼在棂星门之内，其前左右列顺门各二，直房各四。端礼门之内为承运门。门左右为东西角门。前为东西庑及顺门。承运门内为承运殿，前有左右庑；东西殿左右有东西府。东西偏（屋宇）为斋寝凉殿。后为圆殿。圆殿后有存心殿。及后为宫门，红墙四周，外左、右顺门相向。门内为正宫，鳞次五重。山川坛在萧墙内西南隅。其西为社稷坛，又西为旗纛庙。承奉司在遵义门左。其他长史、仪卫司、典宝、典膳、典服、典仪、良医、工正、奉祠、审理八所、广备仓库、左护卫俱错居萧墙内外。

至明嘉靖二十年（1541）又复增修。

嘉靖《四川总志·藩封·蜀府》：

嘉靖二十年，奏准包砌以石，设四门如砖城制。端礼门内为承运门，左右为东西角门，前为左右庑及顺门。承运门内为承运殿，前为东西殿庑。左顺门入为东府，前为斋寝，右顺门入为西府，前为凉殿，俱向南。承运殿后为园，殿后为存心殿，又后为王宫门，内为王寝正宫。端礼门前有水横带，凳月池为洞，铺平石其上。东西列直房。西南为山川社稷坛，又西为旗纛庙，东南隅为驾库。东有古菊井，驾路所经。端礼门前外东西道有过门，南临金水河，并设三桥，桥洞各三。桥之南设石狮、石表柱各二，其南平旷中设甬道，旁列民居、衢东西者四。正南建忠孝贤良坊，外设石屏，以便往来。更建坊于四衢，东南曰益懋厥德，东北曰永慎终誉，西南曰江汉朝宗，西北曰井参拱极。

萧墙内有菊井，为成都八景之一，号曰"菊井秋香"。

明正德《四川志·成都府·山川》：

菊井在蜀府萧墙内，即旧府学之前。

清康熙《成都府志·山川》：

> 菊井，蜀藩萧墙内，成都八景之一，名"菊井秋香"。

清雍正《四川通志·山水》：

> 菊井在废蜀府萧墙内。[①]

至明万历末，蜀王府毁于火，但旋即修复。
《明史·五行志》：

> 万历四十一年（1613）五月壬戌，蜀府灾，门殿为烬。

《明史·曹学佺列传》：

> （曹学佺）万历末为四川右参政、按察使。蜀府毁于火，估修资七十万金，学佺以宗藩例却之。

至于萧墙，据明修《四川志》《四川总志》及清《乾隆图》载，其南垣在今东西御街一线，东垣在顺城街一线，北垣在羊市街、玉龙街一线，西垣在东城根街一线。

明崇祯十七年（1644），张献忠入成都，以蜀府为宫，改承运门为承天门，承运殿为承天殿。献忠后移居城外中园（今华西坝）。献忠于清顺治三年（1646）离去，成都城亦毁。

成都城自元时子城湮没后，只有罗城称为大城。明时建筑蜀王府，习称皇城。于是又称蜀王府城为内城，大城为外城（见《明代大城与蜀王城图》）。

---

① 清嘉庆时所修《成都县志》《华阳县志》均不言菊井，当已湮废。但嘉庆《四川通志·古迹》又列有菊井之名，应是追忆古事。

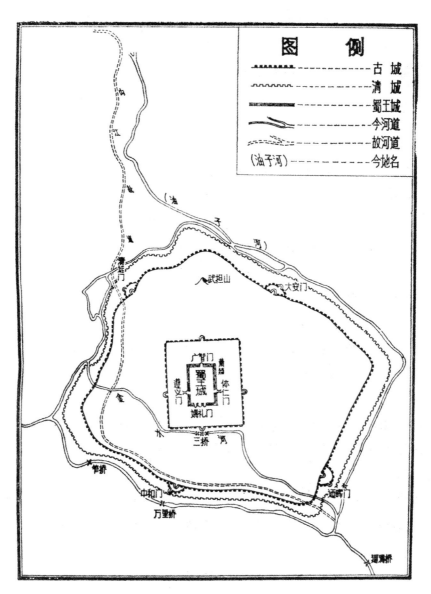

图 例

古 城
清 城
蜀王城
今河道
故河道
（油子河）——今地名

武担山
大安门
沱江门
广智门
蜀王城 端礼门
遵义门 体仁门 尚恭门
金水河
三桥
笮桥
中和门
万里桥
迎晖门
遍海桥

明代大城与蜀王城图

第五节　清代大城与满城

一、清代大城之重建

清代袭元明之制，省治与府治皆同设成都。因此，成都一城，既称府城，又称省城，或称会城。

《大清一统志》：

> 成都府城，周二十二里有奇。

清同治《成都县志·城池》：

> 成都城为全蜀省会大城。

李世傑《真武庙碑记》[①]：

> 蜀之重修会城也……先是郡城多祝融之灾。

成都城自顺治三年（1646）被焚毁后，省治暂设阆中。顺治十六年（1659）李国英、高民瞻始将省治迁回成都，葺城楼以作官署。

魏源《圣武记》：

> 顺治十六年秋，巡抚高民瞻收复川西，督抚始自保宁移成都。

---

① 碑在庙内，碑文系采访所得，现已不存。

同治《成都县志·城池》：

国朝顺治十七年（1660）……巡抚司道由保宁赴成都。无官署，建城楼以居。

费密《荒书》：

丁亥（顺治四年，即 1647 年）春，大清李国英入成都，留张德胜守之，辟草莱而居。国英旋赴遂宁、潼川。

沈苟蔚《蜀难叙略》：

丁亥（清顺治四年，明永历元年，即 1647 年），杨展设四镇于成都。分葺瓮城居之。①

又：

顺治八年（1651）本朝巡抚高民瞻，提兵由保宁恢复成都。时成都城中，绝人迹者实五六年。唯见草木充塞，麋鹿纵横，凡市廛闾巷，官民居址，不可复识。诸大吏分寓城楼，盖前四镇所葺者也。②

康熙初，张德地重修成都城，东南北枕江，西背平陆。城高三丈，广一丈八尺，周二十二里三分。

雍正《四川通志·城池》：

---

① 盖当时之成都为清及南明交争之地，故清官、明将是年均曾进入成都。
② 据清嘉庆《四川通志·职官》，顺治五年，李国英擢四川巡抚，十四年总督陕西三边四川军务，十八年总督四川。顺治十五年，高民瞻任四川巡抚。顺治八年，高民瞻官职尚未至巡抚。《蜀难叙略》系将后街置前。

　　康熙初，巡抚张德地，布政使郎廷相，按察使李翀霄，（成都）知府冀应熊，成都知县张行，华阳知县张瑄，共捐资重修。高三丈，厚一丈八尺，周二十二里三分，计四千一十四丈。东西相距九里三分，垛口五千五百三十八，敌楼四，堆房十一，门四。

　　此成都城二十二里三分，较乾隆重修成都城二十二里八分略小。清宣统三年成都街道二十七区图之城周里数，与乾隆城里数相合。只是志载东西相距九里三分、南北相距七里七分之谓，似有不确。至民国时犹存之墙垣，乃康乾旧城，大体为长方形，如以上列东西及南北直径里数约计四周，则环城当在三十里以上。今以方城二十二里约计，则东西及南北两直径，皆不足志载之数。若以宣统三年（1911）实测街道图计之，东至西垣为七里三十步，南至北垣为六里四十步，均较志载里数为小。即以城之四隅，对角交叉两线计之，东至西角，亦只八里二百六十步，不及九里三分。南至北角为七里三百步，又略多于七里三分，亦不相合。由此足见东西与南北相距里数，志载不足为据。蓉人旧时常以九里三分为大城之代名词，亦显与实际不合。又清城原由罗城经宋、明因革损益而来，从清城可以想见当年罗城形势。清城东南西北，四门四路方位为东南、西南、西北、东北四隅；而城之四角，则为四正方位。如东较场为正东，安顺桥为正南，西较场为正西，北较场为正北。由今城方位亦可以推见罗城当年四门之方位与形势。

　　清城城门四：东曰迎晖，南曰江桥，西曰清远，北曰大安。

　　嘉庆《四川通志·城池》：

　　康熙初，重修城门四，东"迎晖"，南"江桥"，西"清远"，北"大安"。

　　康熙四年（1665）于明蜀王府内城旧址建贡院，其四周建城墙。五十七年（1718），于大城之西，增筑满城，于是成都大城内包有二小城（见清代《大城与满城图》）。

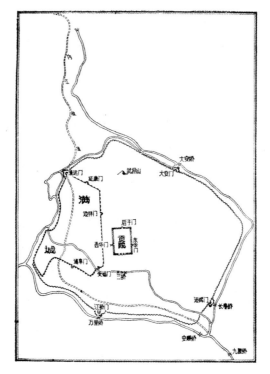

清代《大城与满城图》

至雍正五年（1727），巡抚宪德复补修大城。

雍正《四川通志·城池》：

雍正五年，巡抚宪德增修益固。

同治《成都县志·城池》：

雍正五年巡抚宪德补修。

乾隆四十八年（1783），总督福康安又彻底重修成都城。周围四千一百二十二丈六尺，计二十二里八分。四门城楼高五丈。以博济、浣溪、江源、涵泽为东、南、西、北四城楼之名。

同治《成都县志·城池》：

乾隆四十八年，四川总督福康安，奏请发币银六十万两，彻底重修。周围四千一百二十二丈六尺，计二十二里八分。垛口八千一百二十二，砖高八十一层，压脚石条三层，大堆房十二，小堆房二十八。八角楼四，炮楼四，城楼顶高五丈。

嘉庆《华阳县志·城池》：

乾隆四十九年（1784）、五十年（1785）福康安、李世傑等重修。

工未完，福康安离任，李世傑继之。又，民国《华阳县志·古迹一·锦城》引黎庶昌之说，将羊马城与大城混为一谈，未免失考。乾隆时彻底重筑大城，下为压脚石条三层，上砌以砖，砖叠八十一层。砖式如一，皆泐有当时州县及督工人员姓名。分版授矩，经时二年，集全川之力，始观厥成。其楼观壮丽，城堙完固，冠于西南。四门城楼高五丈。

同治《成都县志·城池》：

四门城楼，顶高五丈。东博济，南浣溪，西江源，北涵泽（均城楼之名）。

东曰博济。
民国《华阳县志·古迹一·博济楼》：

治东门城楼也，堂皇壮丽，不亚于京师。自总督福康安筑城建此，迄清末三百年（实只一百二十八年），榱栋完好。今（指修志时，即1932年）悉拆毁而鬻卖之，以充军费，良可叹也。

南曰浣溪。

民国《华阳县志·古迹一·浣溪楼》：

> 治南门城楼，制与三门略同。乾隆中，总督保宁题榜，改署浣花，故又称浣花楼。自近来变卖四城楼，此榜移置通俗教育馆中，更数十年，无知者矣。

城隅内外，遍种芙蓉，间以桃柳。
李世杰《成都城种芙蓉碑记》：

> （乾隆五十一年）余复来制斯土，遂命有司于内外城隅，遍种芙蓉，且间以桃柳，用毕斯役焉。乾隆五十四年（1789）五月记。[①]

同治元年（1862），四隅又添筑小炮台，并浚城壕。
同治《成都县志·城池》：

> 同治元年，四隅添筑小炮台二十四，浚周围城壕。

有谓大城最后修治在光绪二十三年（1897），未知见于何书，或系故老传闻，并无确考。

民国2年（1913），为便于交通计，于西较场侧增辟一门，曰通惠门，民间称为新西门。

民国3年（1914），又于东较场侧增辟一门曰武城门，习称新东门。民国4年（1915），建武城门大桥。

民国28年（1939），于城南中、下两莲池之间，复增辟一门曰复兴门，习称新南门。

又原来之东、南、西、北四门，皆有月城。其地城墙城门皆双层，形如半月，民国时陆续拆除，辟为街道。至全民族抗战爆发后，为避空袭计，

---

① 清同治《成都县志·艺文志》。

四面城墙增开缺口甚多，兹不备举。至城砖，亦往往为当时有权势者拆回建筑私宅。于是城上垛口及城顶面砖，几扫地以尽。墙外包砌之砖，亦多拆剥。新中国成立后，逐步拆除墙基，于其上修房屋。今日唯北较场军区大院后，尚有旧军校修建之城门洞便道，为旧城砖所砌，是古城砖及古城垣之孑遗。

二、新筑满城

清康熙五十七年（1718）于大城西垣内新筑一城，以驻旗兵，名曰满城，习惯呼为少城。其东垣在明墙故基。又以大城西墙为西垣，复增筑南北二垣，周四里五分。此城先由副都统、继由成都将军管辖，四川总督无权过问，实为大城中之独立王国。

雍正《四川通志·城池》：

> 满城在府城西，康熙五十七年建筑。城垣周四里五分，计八百一十一丈七尺三寸，高一丈三尺八寸。[①]

又：

> 康熙五十七年八月，特设驻防成都八旗满洲官兵，副都统一员。六十年（1721），由荆州分拨满蒙八旗，驻防成都。乾隆四十一年（1776），两金川全境荡平，特设成都将军一员。

满城共有五门：东面北首为大东门，名迎祥门；南首为小东门，名受福门；北门曰延康；南门曰安阜；西门则仍用大城清远门旧名。

雍正《四川通志·城池》：

> （满城）门五，大东门，小东门，北门，南门，大城西门。城楼四，

---

① 清同治《成都县志》略同。

共一十二间。每旗官街一条，披甲兵丁小胡同三条，八旗官街共八条，兵丁胡同共三十三条。

同治《成都县志·城池》：

满城治城内，门五：迎祥御街大东门，崇福羊市小东门，延康小北门，安阜小南门，清远则大城西门。城楼四，共十三间。①

民国2年（1913），拆除满城，与大城并而为一。

李思纯有遗笺：

少城（即满城）拆毁于民国二年（1913），与开通惠门同时。忆民国三年（1914）春正月，我访住居八宝街之敞戚郑君，是时已见堆土于街心之残墙。

综计成都城自秦惠文王二十七年（前311）筑城，至公元1949年，历时二千二百六十年。城郭之变迁与发展以及大城少城之分合，内外城之殊称，虽经沧桑，仍历历可数。

第六节　历代官署所在之变迁

一、唐以前官署宫殿

历代官署宫殿皆为统治者发号施令之所，对于控制城池有重大关系。兹叙述唐代以前官署所在的变迁情况如下。

秦汉郡守治所，在秦大城，成都县署则在少城。② 其官署当在大城中心地

---

① 清代《光绪五年图》之受福门在西御街口，迎祥门在羊市街口，与清同治《成都县志》中之《满城图》相同，志书或有误记，当以图为准。
② 参见《华阳国志·蜀志》。

段。以当年大城周围十二里计，则大城中心，当在今人民南路北段四川科技馆稍东地区。

王莽改蜀郡为导江郡，治临邛；公孙述称帝，改名成都尹（即官所辖地）。按西汉制，为尹者乃京官，述以成都为京师，则其成都尹当治成都。述又以益州为司隶校尉，治所亦当在京师，惜遗址均不可考。公孙述称帝时之皇宫，当亦在大城内。[①] 据《后汉书·公孙述列传》载，吴汉破成都，焚述宫室，则东汉不得不于成都重建蜀郡府，地址当即述宫室之废墟。

益州刺史治雒城，衙署当在其地。东汉末，益州刺史改为州牧，初治绵竹，后迁成都。[②] 刘备既得成都，以左将军兼领益州牧。其衙署曰左将军府。[③] 其地址当在原州牧刘璋故衙。备后为汉中王，继又称帝，因全神贯注于兴师攻吴，不遑营缮宫室，当是以左将军府为宫殿。左思《蜀都赋》极言蜀宫壮丽，乃刘禅所为，且赋文辞有夸大语。据《三国志·蜀书》之《谯周传》载，禅好兴土木，考其年度，当在常谏诤后主过失的董允（时任侍中守尚书令）死后，即蜀汉延熙九年（246）以后。在此以前，禅尚不敢如此。蜀之皇宫应在大城北部，即今四川科技馆稍东一带。[④]

晋初，成都王司马颖未曾至成都，如营建宫室，则可能因袭蜀汉皇宫故址，而易其殿阙名称。隋蜀王杨秀，更于蜀宫旧基，营建王宫。《隋书·庶人秀传》载隋文帝诏书，谓："（杨秀）更筑成都之宫。"卢求《成都记》谓："蜀王杨秀曾造一殿，飞鸟不能止其上。"足见其规模之宏丽。杨秀又扩筑秦城西南二隅，于城内王宫侧，取土筑新城，取土处成为摩诃池。如纯为取土，不必在新宫近侧；如兼为凿池，则属一举两得之事。

二、唐代及前后蜀官署宫殿

（一）唐代官署

唐西川节度使署在摩诃池畔，池乃杨秀所凿。隋蜀王宫当在摩诃池之东。

---

① 参见《汉书·王莽传》《华阳国志·公孙述志》。
② 参见《三国志·蜀书》之《刘二牧传》及《华阳国志·刘二牧志》。
③ 参见《三国志·蜀书》之《诸葛亮传》。
④ 诸葛亮之相府及益州牧府，按体制应在宫门之南，即今人民南路之北段。

又据杜甫《晚秋陪郑公摩诃池泛舟》诗及其后曾任节度使之武元衡、高骈咏摩诃池诗，知隋蜀王宫在唐代变为节署，故王建以节署为宫时，其地尚有百尺楼。前蜀失火，于其北改建新宫，原址仍为皇宫之地，后蜀即以前蜀之宫为宫。唐节署及前后蜀皇宫在今四川科技馆之东及其以北一带。至德二载（757）以后，西川节度使例兼成都尹。节署即尹署，未另建衙。

（二）五代官署

成都县自秦代由赤里移治少城，直至东晋，少城平夷，始迁入大城。至隋代筑广子城南西二隅之后，县治又移在隋城西北隅，故《元和郡县志》卷三十一曰："成都县（署）……自秦汉至国初以来，前后移徙十余度，所理不离郡郭。"足见仅在城中屡迁，未曾移至城外，其北垣外百二十步即武担山。《后汉书》章怀注谓"武担山在今益州成都县北二十步"，可证。

华阳县之设置，始于唐贞观十七年（643）。时分成都县东部置蜀县，乾元二年（759），改为华阳县。[①] 当年县治所在，无可考。民国《华阳县志》谓当在城内。

（三）前后蜀

前蜀改子城为皇城，将原在子城内之成都府移出城外。移至何所，未见记载。但以唐代成都县治在子城外西北隅及宋初成都府治在罗城西北隅，府县治均在城北推测，则前蜀将府治移出子城后，其或当在罗城西北，距宋初府治（即张詠所言益州公宇）不远。此为成都府治由子城迁于罗城之始。

三、宋元两代官署

宋初乾德三年（965），吕余庆知军府（成都府），以孟蜀策勋府为治所，地址在宫城近侧。淳化五年（994），李顺据有州城。在战争中，后蜀宫殿化为灰烬，所谓策勋府当在其中。至道三年（997），张詠知益州（成都府已降为益州），始就孟氏文明厅为设厅，王氏西楼为后楼，重修公宇，作为州治。

---

① 参见《元和郡县志》卷三十一。

张詠《益州重修公宇记》：

今之官署，即（隋）蜀王（杨）秀所筑之城中北也。①

又：

乾德初（宋乾德三年灭后蜀，所谓初年即此年，为公元965年），王师吊伐，申命参知政事吕余庆知军府事，取伪策勋府为治所。淳化甲午岁（994）土贼李顺据有州城，偏师一兴，寻亦殄灭。危楼坏屋，比比相望；台殿余基，屹然并峙。官曹不次，非所便宜。至道丁酉岁（997），詠始议改作……其东，因孟氏文明厅为设厅，廊有楼。厅后起堂，中门立戟，通于大门。其中因王氏西楼为后楼，楼前有堂……东挟戍兵二营，南有资军大库，库非新建，附近故书。改朝西门为衙西门，去三门为一门，平僭伪之迹，合州郡之制。②

吴拭《铜壶阁记》：

府门稍东，垂五十步，庆历四年（1044），知府事蒋公堂作漏阁以直午门……题其额曰：铜壶，峛然南向，一府之冠也。③

吴师孟《重修西楼记》：

独西楼直府寝之北……嘉祐六年（1061）东平吕公为蜀守，其明年顾谓僚属曰："……以成都总府，事体雄重，为天下藩镇之冠。兹楼之名，实闻四方，基构竦壮，复为成都台榭之冠。"④

———————————

① 其地址即在罗城西北。
② 《全蜀艺文志》卷三十四。
③ 《全蜀艺文志》卷三十四。
④ 《全蜀艺文志》卷三十四。

吕陶《新建备武堂记》：

> 龙图（阁学士）濮阳吴公之开府也……乃度府门之右作备武堂，所以讲师律而训戒伍也。①

陆游亦有《铜壶阁记》谓："蒋堂知成都府时，乃南置剑南西川门，西北距成都府五十步，筑大阁曰铜壶，在市区军垒西道之北。"又李新《后溪记》载："自曹公堰导小渠，承以木槽，环武库至西楼，独府第有水而城中无水……复凿水溪于阅武堂（即备武堂）。"②二者所记府南之铜壶阁及府周围之建筑如西楼、阅武堂，均与《益州重修公宇记》所言之西楼、武库兵营相合。尤其是后溪，由西北入城所经地带，证明府署位置在罗城西北，直至明清未改。清代所谓古天府之成都府署即在此处（指今正府街）。

宋益州兵马钤辖使署，亦在城北，内有东园。民国《华阳县志·古迹二·东园》：

> 宋益州路兵马钤辖种湘就钤辖使后圃所筑……③

宋代成都县署仍在武担山南方之扬雄宅（在今青龙街）附近，直至明清两代未改，即今青龙街后之署前街。

高惟幾《扬子云宅辨碑记》：

> 今州子城乃龟城也。亦（张）仪所筑。县《经》④曰："县在子城西北二里一百步。"今草玄亭（在扬雄宅内）废址乃其宅，去县仅二百步。⑤

---

① 《全蜀艺文志》卷三十四。
② 《全蜀艺文志》卷三十三。
③ 参见宋李良臣《东园记》。盖东园乃宋时成都名园之一也。宋代武备堂在罗城北部。又有西楼在武库旁。据吕陶《新建备武堂记》及李新《后溪记》，则东园亦在此一带。陶澍误指其地在清代按察使署内。民国《华阳县志·古迹二》又谓兵马钤辖署在今总府街，方位不符，实为误记。
④ 指郑晖《蜀记》。
⑤ 《全蜀艺文志》卷三十九。

元代四川设行中书省，先治重庆，后移成都，其治所未详。

四、明代蜀王府及官署

蜀王府在大城中心，位于唐节署及后蜀皇宫旧址之西，填摩诃池之大部为基址，明季曾为张献忠王宫，清于其旧址建贡院。清代贡院中之明远楼、至公堂地基，仍为蜀王府宫殿之旧址。[①] 蜀王之子例封为郡王，以县名为王名，府皆建于成都，如城东有南川王府、庆符王府，城西有富顺王府、德阳王府、太平王府（俱见《天启成都府治图》）。又明嘉靖《四川总志·藩封》谓内江王府在体仁门东。现在内姜街适当其方位，疑为当年内江王府所在，因江、姜同音而讹为内姜。

《大明一统志》：

> 内江王府、德阳王府，府城内，正统（1436—1449）中建。永川王府，府城内，永乐（1403—1424）中建。石泉王府、汶川王府，府城内，天顺（1457—1464）中建。庆符王府、南川王府，府城内，成化（1465—1487）中建。

明嘉靖《四川总志·藩封》：

> 蜀王世子（即王位继承人）府，即西府，在蜀府；内江王府体仁门东；德阳王府广智门西；石泉王府、汶川王府、庆符王府俱广智门东南；南川王府体仁门左。[②]

清军察院 即清军御史（监督地方军事）署，在大城东门内正街。[③]（见《天启成都府治图》）

---

① 此旧址较蜀王府宫殿基址减小，东西长约五十余米。"文革"中修展览馆（即今四川科技馆）时，掘得蜀府正殿遗基适在至公堂下，两端各增长十米，则蜀王府宫殿基址长度当在七十米以上。
② 文中各门均为蜀王府内城各城门。
③ 参见明嘉靖《四川总志》。

镇守府　由中央派遣之太监主持，实即监视地方官吏者，亦在东门内大街。①（见《天启成都府治图》）

巡抚都察院　在按察使前街②（见《天启成都府治图》），即巡按御史院西，在今督院街；明嘉靖《四川总志·监守》谓在都司西，虽稍有出入，而方位相差不算太远。

明嘉靖《四川总志·监守》：

> 巡抚都察院，按察使前街，景泰四年（1453）建。

都指挥使司　原在东门内正街③，即今城守东大街。

总兵府　在都司署后④，约当今总府街或提督街（后来都指挥使司移今总府街）。

都指挥司　在东门内正街，洪武四年（1371）置。

清康熙《成都府志·公署》：

> 四川都司，成都府治东，毁。今裁官改为按察使司。

考明嘉靖《四川总志·监守》：都指挥使司与按察使司，同在东门内正街。一为洪武四年（1371）建，一为洪武五年建，判然各别，并非一署。两署相近，疑为今城守东大街清城守营府。民国《华阳县志·官署》据清康熙《成都府志·公署》谓："都司原在清按察司，地址不甚可据。"又嘉靖《四川总志·监守》谓："总兵府在成都司后，副总兵府，建于松潘，或都督，或都指挥充领。"据《天启成都府治图》：都司在东门正街之后，约当今总府街或提督街（提督街为清代命名，明代当与总府同为一街）。明嘉靖以前，都司在东门内正街，与按察司相近；后来移至总府街，与总兵府同在一处，或在其

---

① 参见明嘉靖《四川总志》。
② 参见明嘉靖《四川总志·监守》。
③ 参见明嘉靖《四川总志·监守》。
④ 参见明嘉靖《四川总志·监守》。

附近。清初，重建高级衙署，多仍明代旧址，提督衙门规模较大，或为明都司兼总兵府练兵驻扎之所。

布政使司　在城西北隅武担山南麓。武担山即包在司内。[1]（见《天启成都府治图》）

明嘉靖《四川总志·监守》：

> 布政司在省西北隅，洪武九年（1376）建。按察司东门内正街，洪武五年（1372）建。

明正德《四川志·成都府·山川》：

> 武担山在布政司内。

明天启《成都府志·山川》：

> 武担山在布政司内。

按察使司　在东门内正街[2]（见《天启成都府治图》），即今春熙南路。

提学道　在今学道街，即清提督学院地址。贡院在府学西，即今文庙西街之西，即清尊经书院地址。（见《天启成都府治图》）

成都府治　在城北，仍袭宋代之旧。成都县治在府治西，华阳县治在府治东[3]（见《天启成都府治图》），与清代成都府及成、华两县位置相同。

成都府学　在省治南，即文翁石室及周公礼殿遗址，今为石室中学。

成都县学　在布政使司东，即文圣街。

华阳县学　在县东南，即清大城东南隅[4]（见《天启成都府治图》），为明

---

[1]　参见明嘉靖《四川总志·监守》。
[2]　参见明嘉靖《四川总志·监守》。
[3]　参见明正德《四川志·公署》。
[4]　参见明正德《四川志·学校》。

代遗留建筑形式之仅见者。

天启《成都府志·学校》：

> 成都府学，府治南。汉文翁讲堂遗址，宋初建。本朝永乐间
> （1403—1424）重建。

又：

> 成都县学，布政司东，宋政和间（1111—1118）建。本朝永乐间重修。

又：

> 华阳县县学，县东南六里，宋以孟蜀太学故址为之，本朝永乐间重建。[①]

以上为明代官署概略。城中蜀王府东为历代宫殿故址。城北府县治所，多因袭宋代故基，即或稍有移动，变迁不大。布政使司亦设在城北府署之后。唯巡抚、都司以及按察使司俱在城东，此为当时高级官署，移设东城之始。

五、清代及民国官署

（一）清代官署

成都于清顺治三年（1646），全城被毁。四川总督、巡抚，寄治于阆中县。顺治十六年（1659）督、抚迁至成都时，无官署，建城楼以居。康熙初重建成都城及各级官署。因时代较近，文献足征，图籍可寻，略述如次，不再详考。

巡抚及总督署　清初，设四川巡抚，衙署在今督院街。总督一职，曾由湖广总督兼理，并设行署于成都金水河南。后来有专管四川之总督，不再设巡抚。旧巡抚衙门变更为总督署。

---

① 　前代于太学内立石经，孟蜀石经亦立于文翁石室内，太学当在今文庙前街石室中学。

提督衙门　在今提督街（见本书后附《光绪五年图》，以下简称《光五图》）。

清康熙《成都府志·公署》：

> 巡抚四川都察院，在成都府治东，明末悉毁。清顺治中，巡抚高民瞻重建。康熙五年（1666），巡抚张德地拓修。辕门左创建筹边楼。

民国时，提督署先改为中城公园，继改为中山公园。满城内先设副都统，衙署在副都统胡同，即今商业街。后于副都统之上设成都将军，署在满城南端。民国时以将军衙门四字为衙前一段街道之名称。

四川贡院　在明蜀王府废基重建，直至清季废科举，始就地改办其他各种学校。

布政使司署　清初设置城西，在今商业街；康熙中建筑满城，改为副都统治所。布政使司始移至城东藩署街。

康熙《成都府志·公署》：

> 四川承宣布政使司，旧在成都府治北……康熙六年（1667）布政使郎廷相迁建城西。

又：

> 四川提刑按察使司，旧署在成都府治东，明末毁。清顺治中移治旧都司署。康熙四年，按察使李翀霄重修。

按察使司署　在城守东大街，民国13年（1924）拆署建春熙路。

提学道　在学道街，后改提学司，民国时为高等工业学校校址。

盐茶道　清初设鼓楼之南，后移城南盐道街，民国时为省立第一师范学校校址。

成绵龙茂道　在东城皇华馆街。

另据《天启成都府治图》，按察使司当在今城守东大街，都司约在今总府街或提督街。清初重修按察使司署，仍在明代按察使司旧基，非都司故址。

又，清季变法，新设行政机关，如巡警道，设皇华馆街。成绵龙茂道署，设华兴街。劝业道，设贡院后子门内旧宝川局。四川经征总局，设东城五世同堂街。司法机关，如高等审判厅，设正府街成都府东侧。议会，如四川咨议局，设南城纯化街。

成都府署　在北城正府街，即清代所谓"古天府"。成都县署，在府署西署前街。华阳县署，在府署东，正府街东头。府县三署位置，仍宋明之旧，无大变更。

以上清代官署，多仍明代之旧；唯将军及副都统署，设在城西之满城中，乃八旗驻防特殊制度，为前代所无。

（二）民国官署

辛亥革命爆发后，成都成立大汉四川军政府；民国元年（1912）改为四川都督府；又设四川民政长公署，废除司道。民国2年（1913）废府，四川遂有省县两级制。

军事机关　辛亥年（1911）成立大汉四川军政府，民国元年改为四川都督府，均设在皇城正中，原有学校皆迁走。民国2年（1913）废都督，改置成武将军，名义上为京官，故署称行署，仍在原地。民国5年（1916）护国军兴，蔡锷由云南起义，率军入川，任四川督军兼省长，不再设巡按使，督军署仍在皇城。不久，蔡因病离职，旋逝世日本，由罗佩金任督军，戴戡任省长。民国6年（1917），罗、戴先后据皇城与川军刘存厚发生激战。皇城附近多遭焚毁，残破不堪。川人苦于战祸，决议拆除皇城城墙，但留前后城门，不再设官署，仍为学校区。

民国7年（1918），熊克武任督军，移督署于东城督院街旧总督衙门。民国9年（1920）以后，防区制形成。刘成勋任川军总司令，设总司令部于西城旧将军衙门，后改设川康边防总指挥部；刘成勋败后撤销。再由杨森任四川督理，署设督院街；杨森败后撤销。再由刘湘任四川军务督办，署设重庆；刘文辉任帮办，署设成都将军衙门。

民国16年（1927），改省长为省主席，不再设全川军事长官，第二十四军军长刘文辉兼任省主席，其军部设于旧将军衙门，省政府设督院街。第二十八军军长邓锡侯则设司令部于华兴街旧川西道署。第二十九军军长田颂尧设司令部行辕于古中市街山西会馆（其本部在三台）三军同驻成都，各据一角，有犄角对立之势。其牵连勾划，互争雄长，致演成民国 21 年（1932）之惨烈巷战。民国 23 年（1934）刘湘统一川政，旋设川康绥靖主任公署于省政府东侧之原督练公所原址（在督院街）。民国 23 年四川统一之前，军事机关辗转迁移，始终不离旧皇城及将军、总督两署地址。

全民族抗日战争（1937—1945）前后，又增设有军事机构，如省保安司令部，设督院街省政府内；省军管区司令部设西城包家巷，省防空司令部设西城同仁路支机石公园（又名森林公园）侧。

行政机关 民国元年（1912）军民分治。四川民政长官公署设在皇城内都督府西面。首任民政长为张培爵。署内分设各司。民国 2 年（1913）就原地改设四川巡按使公署与成武将军署，东西并列。民国 5 年（1916）改巡按使为省长。戴戡任省长时设省长公署于南较场侧旧尊经书院内。民国 9 年（1920）杨庶堪任省长，设省长公署于旧总督署，与督军同在一处；所属政务厅设省长署内，财政厅设春熙东路。民国 16 年（1927）后，设省政府，省长改为省主席，署在原处。省政府所属民政厅，设督院街南（祈水庙西侧，省府对面），财政厅仍设春熙东路，教育厅设学道街旧提学使署。建设厅，其先为实业厅，设西城实业街。民国 23 年（1934），川政统一，省政府合署办公，各厅处地点多有变迁，如民政厅、建设厅设在省府内西面；教育厅设省府对面，即原民政厅地址（祈水庙侧）；财政厅仍旧。

全民族抗战前后新设之省府机构，如保安处设在东大街东安里，后与督院街省保安司令部相通。田赋粮食管理处，其先为粮食管理处，旋改为粮政局，后改为田赋粮食管理处，设春熙路，与财政厅同在一处。人事处设省政府内。社会处设南城文庙后街。合作事业管理处设西城实业街。水利局设实业街。禁烟督察处设实业街。地政局设西城宁夏街。水利局与合作处同在一处。又，抗战中，省府及各厅处因避空袭，疏散在西门外茶店子一带；抗战胜利后，陆续迁回城中。

辛亥革命至新中国成立前数十年中，由军政机关之兴废，名称之更改及迁徙之无定所而见四川内战之频繁，政局之扰攘，实为历代所未有。

成都市政府 原设岳府街旧铁路公司内，民国23年（1934）移设鼓楼南街。新中国成立后，市人民政府先设皇城贡院，后移人民西路。

成都县政府 于全民族抗战期间移出市区，疏散在外西茶店子；抗战结束后曾迁回，继又迁茶店子。

华阳县政府 全民族抗战期间疏散在外东中和场，民国35年（1946）即就地设治所。于是自秦代两千年来，在少城及大城之成都县署，与唐代中叶以来一千余年在大城之华阳县署，均离开大城而移治城外郊区。新中国成立后两县撤销，署亦不存。

议会及司法机关 清末，设四川咨议局，地址在纯化街。民国元年（1912），四川临时省参议会设于咨议局旧处。民国3年（1914）袁世凯解散各省议会。民国7年（1918）省议会恢复，仍设原地。民国16年（1927）以后撤销各省议会。民国28年（1939）再成立四川省第一届临时参议会，会址在文庙后街省立女子师范学校。民国34年（1945）成立四川省参议会，会址设东胜街。成都市参议会设骆公祠街。

四川高等审判厅 民初设在正府街，后改为四川高等法院，仍设原处。

又，全民族抗战时期，国民政府在蓉分设重要机构，如军事委员会成都行辕，设西城旧将军衙门。

监察院川康监察使署，设北城灯笼街。

考试院川康考铨处，设西城四道街。余不备列。

综上各节，秦城时期，主要官署如蜀郡太守、益州牧、西川节度使、成都尹治所及公孙述、蜀汉治所与李氏皇宫、隋蜀王宫、前后蜀皇宫、明蜀王府均在秦大城中心地区。宋将成都府署移至北城，又设益州路兵马钤辖使于东城。直至明清两代，高级军政官署设在城北。清代将军署复设城西满城内，以便统率旗兵，掌控全川。

水道篇

　　前人有言：治蜀必先治水。成都平原本属山岭包围的盆地，西侧岷江及东侧沱江，均发源于岷山、玉垒山（今茶坪山）山区。其自北而南流向平原，挟带众多砂石，在平原上沉积，亿万年来，终形成岷、沱江冲洪积扇，构建出平原上大片沃壤肥土。由于平原内部地势平衍，水网密布，河道受水流冲淤影响，时有变迁。如若不加人工治理，则进入农业社会之后，必然遭受频繁水害。洪涝不但影响民众生活，对于农牧等生产亦有严重威胁。因此，成都平原上的蜀人，很早就研究治水方略，投入治水实践，而重点即在整理平原上众多水道。

　　成都平原整体地势为西北高、东南低，大江大河虽大体上自北流南，而众多支流皆循西北至东南之流向（见《成都水环境与地形关系示意图》）。平原下缘有华阳岷江河谷及金堂沱江峡谷，为众水之尾闾，平原上积水即由此两处排泄。其中尤以偏东之金堂峡地势最低，几成平原东半部总排水口。若其处阻塞不畅，则平原上将涝渍成灾。故平原上洪水排泄，必须向东向南疏导，方可顺利畅流。

公元前21世纪前后，出生于西蜀的大禹，即承担起全国范围的治水重任。上古文献皆言大禹生于西川石纽，其地在汶川至北川一带，按此，大禹治水事业必自西蜀开始。记载禹功的远古文献，以《尚书·禹贡》为最科学，时代亦早。书中将西蜀划入梁州范围。梁州治水方针，有简明扼要之二语："岷山导江，东别为沱。""沱"者，为西蜀方

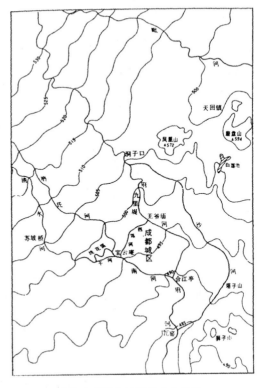

成都水环境与地形关系示意图

言，意为出于江而又入于江的环形水道。"东别"者，为向东开凿排洪水道。治理岷江，此一方针不仅切合平原之客观实际，而且亦符合科学原理。由此可证大禹在蜀治水实有其事，其治水思想亦颇先进，实堪为蜀地之骄傲。大禹治水，当为西蜀治水之第一里程碑。

历夏、商、周而至春秋时期，蜀国已届较为强大之杜宇王朝。据《华阳国志》及《水经注》所记，此时杜宇教民务农，步入较先进之农业社会，对于治水有新的要求。由于当时洪水频发，平原水道多年未曾治理，遂发生排水不畅、涝渍成灾情况。据传有荆人鳖灵来到蜀国，为蜀王望帝重用，委以治水大任。鳖灵治理平原洪涝的策略，仍沿用大禹"东别为沱"方针，向东开挖总排水渠，称为"江沱"，并疏通金堂峡总泄水口，史称"决玉垒山以除水害"。鳖灵以治水大功，获得望帝的禅让，成为新的蜀王，改号开明，又号丛帝。蜀人缅怀望、丛二帝治水劳绩，便在郫县建祠纪念。当此之时，中原水利工程尚寥寥无几，而西蜀已成功完善平原疏洪事业，实堪称西蜀治水之第二里程碑。

大禹、开明相继开凿之排洪水道"江沱",据《汉书·地理志》记载,在西汉蜀郡绵虒县及郫县。其具体位置,因岷江河道多有变迁,今日已难确指。据今人魏达议《成都平原古代人工河流考辨》[1]、童恩正《古代的巴蜀》等考证,其排洪道前段,当在岷江东岸马耳墩一带,水道向东延伸,演化为今之清白江或毗河。

至战国晚期,七雄争霸,强秦蚕食诸国土地。公元前 316 年,秦惠文王一举而灭巴蜀,蜀地乃入秦国版图,归辖于秦之蜀郡。约在公元前 273 年首任蜀郡守张若领兵伐楚之后,李冰乃继张若,被秦昭襄王任命为蜀郡守。约在公元前 256 年,李冰在岷江上建成举世闻名的引水工程,时称湔堰,汉代称都安大堰,即今之都江堰。以往治水皆以除害为主,而李冰所建大堰,不仅避害,而且兴利,在岷江两岸并列引水。西岸引水灌田的主干渠道,时称羊摩河,其名沿袭至今为羊马河;而东岸引水干道则为两条,因延伸而至成都,故称"成都二江"。二江具有通航、漂木、农田灌溉、城市供水等诸多功能,成为中国水利事业中兴利除害之完美典范。李冰建堰,堪称西蜀治水之第三里程碑。

自成都二江定型以后,不仅灌溉渠网连续扩延,城市水道亦即有新的发展基础,历汉、唐、宋、元、明、清,历代各有建树。以城区水道而言,唐代韦皋曾开凿解玉溪,提供工业及生活用水。晚唐高骈扩建罗城,改变二江布局,形成抱城之势。城区中部则有白敏中所开金水河。到宋代则城市水道系统更为完善,有引水入城者,有排水下行者,有积蓄成池者。宋时城区即有四大沟脉,形成较完整的供排水系统。郊区则灌田堰渠,支分脉布,及时提供农田水源,保证农业丰收,并兼起平原防涝排洪作用。

成都水道,不仅保证了农业生产,而且也为工业生产提供了优质水源。所不同者,农业用水以水量为主,而工业用水则重在水质。城区水道除行舟、消防等功效外,更促进了旅游发展。古代成都水上娱乐,成为旅游文化中极为重要之一环。

成都城乡水道,多属人工河渠。虽有众多天然河流,然千百年间经治水人士改造,多已纳入工程水道范围。仅平原边缘山麓地带,仍保持天然河流形态。同时,有许多水道,又因城市建设的发展而有所演变。平原水道,本来易于变迁,加上人类活动因素,使其变迁更为加剧。水道分合离析,或生或灭,其形

---

① 载《中国史研究》1979 年第 4 期。

迹已难详考。

1987 年在成都指挥街遗址清理出六根柱桩及竹木编拦沙筐遗迹，考古界认为是与防洪有关的东周遗存。1985 年，在方池街四川省总工会遗址发现由十厘米大小的卵石所砌三条石埂，组成"Z"字形，考古发掘时见有竹篾编笼痕迹，判断为春秋晚期的竹笼络石遗存。在圆筒形卵石埂中心还发现约十五厘米长的陶制猪头龙一件，当为镇水之物。

本篇仅以成都二江为核心，叙述其主要变迁情况，以明原委。

第一章　早期之成都二江

第一节　李冰建堰时二江形势

早于李冰所开之成都水道，为大禹、开明所凿"江沱"。所谓"江"，是指岷江；所谓"沱"，为岷江分出之分洪水道，然后又回归岷江水系者。《诗经》有"江有沱"诗句，可见江沱来历甚古（见《江沱图》）。修建江沱之主要目的，在于分泄岷江洪流，并沿程接纳由成都平原北部山区流出之溪流，以排泄区间洪水。江沱之流向，按平原地势当以自西向东为主要走向，最终通过今金堂峡而汇入沱江（今"沱江"之名，亦由"江沱"而来）。平原上古老水道，除江沱（或称沱水）外，还有湔水之名。因岷江东部水系，上古称为湔山，故所流出之水，多称湔水。如今岷江西岸支流杂谷脑河，古即有湔水之称；而都江堰上游岷江东岸支流白沙河，古亦有湔水之名。发源于今九顶山（古称湔山）之沱江上源西支流，至今仍名湔江；而同一发源地所出之涪江上源西支流，古代亦名湔水。大约沱、湔二名，皆为古蜀方言，其原义究竟为何，今人亦难悬揣。李冰建都江堰时，并未专门命名，然群众多称之为湔堰，可见湔水之名称，实与江沱同样古老。今人考此两水之名，俱出自远古，故李冰开成都二江而非一江，亦因沿袭沱湔二水之义。蒙文通名著《古地甄微·成都二江考》[1] 述之甚详。

---

[1]　巴蜀书社 1998 年版。

江沱图（选自清《钦定书经图说》）

成都城始建于公元前 311 年。五六十年后，李冰凿离堆，建成今都江堰之宝瓶口，成为岷江东岸引水干道之总进水口门。由于此口门在坚岩中人工开凿而成，故经历两千余年而不移；不似下游江岸诸引渠进口，每遭洪水冲决，泥沙淤塞，而不得不上下移动。宝瓶口既能避免洪水冲淤，并能以固定口宽约束水流，使超量洪水不能进入，故虽大量引水进入平原，而不构成成都洪害。宝瓶口以下引水干道，李冰兴建时有意分为两支，使之一偏于北，一偏于南，各有路线，最终则集中于成都城区南部，习称"成都二江"。李冰在岷江东岸开此双重水道，不惜多用人力、物力、财力，其思路固然有沿袭前人湔沱二水之意图，在实用上亦具有明确之着眼点。目的是为求航道之双重保证，犹如现代之双轨铁路。二江之归结于成都南区者，亦犹如现代之火车站，必设于大都会枢纽之地。

成都二江最早见于记载，始在西汉司马迁《史记》一书中。其《河渠书》云：

> 于蜀，则蜀守（李）冰凿离碓，避沫水之害。穿二江成都之中。此渠皆可行舟，有余则用溉浸，百姓享其利。

文中"离碓"，即今之离堆，"堆"字用"石"旁者，意在突出宝瓶口乃从坚岩中凿出。"沫水"即暴水之意，指暴雨洪水。[①] 由文得知，秦汉时成都二江，主要为船运航道，在保证水上交通的前提下，水量有余，才可用于农田灌溉。凡此，皆为造福百姓而设。

东汉班固《汉书·沟洫志》所记与《史记》相同，对于都江堰早期面貌及其效益，所述皆极简略。东汉晚期应劭《风俗通》则有较多记载，惜此书残失甚多，此段记载适在缺失之内。幸《史记正义》曾引用此段，其文曰：

> 秦昭王使李冰为蜀守，开成都县两江，灌田万顷。

隋虞世南《北堂书钞》卷七十四则记为：

> 秦昭王听田贵之议，以李冰为蜀守，开成都两江，造兴田万顷以上。始皇得其利，以并天下，立其祠也。

《北堂书钞》卷一百五十六亦有记：

> 秦昭王得田广之议，伐蜀郡。平之后，命李冰为守，开成都两江，兴迪溉田万顷以上。到秋收，阅数千百里。

---

① 唐类书《白孔六帖》引唐代《史记》另本，文为"凿离堆山，避暴水之害"。

自此可见，成都二江建成后，仅灌田一项，即达万顷以上。因有二江水源，此万顷田地多为农民所新造，平原农田从无到有。其效益既多且广，足以想见。此外，岷山竹木建材，皆可从水道漂至成都，节省大量运力。秦汉一顷，约合今七十余亩，则万顷以上，当不下一百万亩。故到秋收季节，数百里皆浸入丰收喜悦之中。因此秦始皇借蜀郡经济支撑，得以完成统一大业。

对于李冰建堰情况，以东晋常璩《华阳国志·蜀志》所记最详：

> 周灭后，秦孝文王以李冰为蜀守……（李）冰乃壅江作堋，穿郫江、检江，别支流双过郡下，以行舟船。岷山多梓、柏、大竹，颓随水流，坐致材木，功省用饶。又溉灌三郡，开稻田。于是蜀沃野千里，号为"陆海"。旱则引水浸润，雨则杜塞水门。故记曰：水旱从人，不知饥馑，时无荒年，天下谓之"天府"也。

《风俗通》谓李冰为蜀守在秦昭王时，而《华阳国志》则谓在秦孝文王时，《史记》《汉书》皆未言李冰何时始任蜀守。应、常两家，当是于《史记》《汉书》之外另有所据。先秦至汉代，社会上野史记录甚多，两家或根据不同之野史所记，故内容有所不同。近年湖北云梦秦墓出土竹简《编年记》，载有秦昭王"五十六年后九月，昭死"及"孝文王元年，立。即死。"查《史记》，昭王在位五十六年，死于公元前 251 年。其子孝文王继位，随即亦死。当时秦国历法采用"颛顼历"，以十月为岁首，闰月置于年底。昭王死于后九月，即在闰九月中。孝文王继位，当在十月，按秦历已是第二年，然实际上仍在公元前 251 年之内。由此可知，李冰应为秦昭王所任命，而孝文王继位时间甚短，仍未撤销此任命，故记孝文王亦以李冰为蜀守，并无矛盾。

关于都江堰枢纽工程布局状况，《史记》《汉书》均未详述，而《华阳国志》补记为"壅江作堋"。北魏郦道元《水经注》亦有记述。其《江水》云：

> （岷）江水又历都安县。

> 李冰作大堰于此，壅江作堋。堋有左右口，谓之"湔堋"。江入郫江、

检江以行舟。《益州记》曰："江至都安，堰其右，检其左，其正流遂东。郫江之右也。"因山颓水，坐致竹木，以溉诸郡。又穿羊摩江，灌江。

是以蜀人旱则藉以为溉，雨则不遏其流。

俗谓之都安大堰，亦曰湔堰，又谓金堤。

都安县即今都江堰市之前身。西晋左思《蜀都赋》描述平原农田气象："沟洫脉散，疆里绮错，黍稷油油，稉稻莫莫。"当时刘逵为此作注云："李冰于湔山下，造大堋以壅江水，分散其流，溉灌平地。""金堤，在岷山（郡）都安县西。堤有左右口，当成都西也。"

2005 年 3 月，都江堰鱼嘴西侧外江河床中出土一碑，上部断裂，中间字迹有所磨损。都江堰市文物局清理得知碑为东汉建安四年（199）堰吏所刻，题为"建安四年正月中旬故监北江堋太守守史郭择赵汜碑"，意在表彰监作守史郭择、赵汜之功。碑文提及：

三年□□□间，择、汜受任监作北江堋，堋在百京之首。冬寒凉慄，争时错作，□刃□□□，不克□□。时陈溜高君下车，闵伤黎庶；民以谷食为本，以堋当作。□□□兴□公，据史、都水郭荀任甬；杜期履历平司；择、汜以身帅下，志□□□，□□作堋，旬日之顷，堋鄢竟就备毕。

由此得知，汉末都江堰称为"北江堋"，应是当时称呼，北江指内江，与今金马河的南江相区别，"堋"又作"堋"，是当地对堰的俗称。文中"堋鄢"亦即堋堰。

故知古代都江堰有湔堋、金堤等异名。关于引水枢纽之"堋"，宋代《太平寰宇记》解释为"蜀人以堰为堋"，亦未详言其形制。按上述文献所描绘，可知"堋"为一种壅水建筑，左右皆有引水口。冯广宏《壅江作堋考》[①] 论证

为东西两岸并列引水时之人字形导水堤，堤身有壅水作用，但高度较低，且应为半透水性之竹笼卵石结构。此种"堋"结构，演化为后世都江堰首之分水鱼嘴及金刚堤，靠近离堆之人字堤则更近于古制。

关于成都二江名称，从前述诸文献中可知其名为郫江及检江。然到南北朝时，郫江之名未改，而检江则多称为流江。其得名之由来，郫江当因经过郫县地而有此称；流江之义，则似指在二江中此为正流，故能承袭岷江之名义（见《府河南河源流示意图》）。

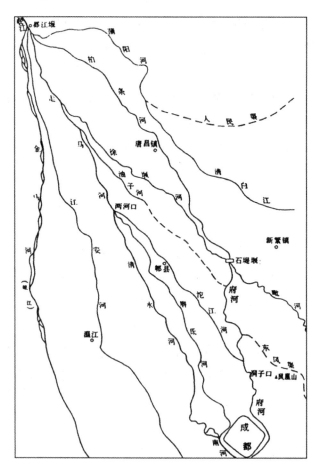

府河南河源流示意图

《史记正义》引晋任豫《益州记》佚文：

> 二江者，郫江、流江也。

唐徐坚《初学记》卷六亦引《益州记》佚文：

> 郫江，大江之支也。亦曰涪江，亦曰湔水，在蜀与洛水合。

可知在六朝时期，郫江又有涪江、湔水等异名。所谓"洛水"，即今沱江上源中支石亭江。

关于二江早期位置，汉晋文献中皆无明确记载，所幸李冰修建二江时，在成都城区西及南面曾连续建有七桥，成为先秦时之佳话。

第二节　二江上之七桥

最早记载成都七桥位置及名称之文献，为《华阳国志·蜀志》，记其事时，已上距李冰五个世纪有余；但因桥位与天空中北斗七星相似，既富于神秘色彩[①]，又使人难以忘怀，故虽历年久远，而七桥在大众心目中记忆犹新。书中记为：

> 州治大城，郡治少城。西南两江有七桥：直西门郫江中曰冲治桥；西南石牛门曰市桥；下，石犀所沉渊中也。城南曰江桥；南渡流（江）曰万里桥；西上曰夷里桥；上（廖寅曰当作"亦"）曰笮桥。从冲治桥西出（廖寅曰当作"北"）折，曰长升桥；郫江上西有永平桥。长老传云：李冰造七桥，上应七星。

---

① 《史记·天官书》《汉书·天文志》谓北斗七星"运于中央，临制四海"，即象征帝王神权。

从所记得知，成都上古之少城，位于城区西部；大城则位于东部。在南面流江上共有两桥，即西南少城之石牛门处有市桥，大城之南（对南门）有江桥。出城渡过流江，在郫江上则有万里桥；可见江桥与万里桥在同一条道路之上。流江上万里桥之西，正对少城，则有夷里桥；因其以竹索构建，故又称笮桥。则此桥又与流江上之市桥在同一条道路上。上述流江二桥与郫江二桥，适构成一方形之斗状，而郫江上另有三桥：正对西门者为冲治桥；从冲治桥向西北行，又有长升桥；少城之西、郫江最北则为永平桥。此三桥连线适成斗柄；与北斗七星图形相应。由此可知，郫江上共有五桥，故郫江必然包围成都城区之西面及南面大段；而流江上仅有二桥，则正对城区者仅城南短短一段，前段水道远离城区而在西隅。

成都二江有众多异名，六朝及唐宋文献中均有记载。许多名称，皆从桥名而来。《史记正义》所引唐李泰《括地志》佚文记有流江及郫江之不同名称：

> 大江一名汶江，一名管（当作笮）桥水，一名清（当作流）江，亦名水（当作外）江。西南自温江县界流来。

> 郫江一名成都江，一名市桥江，亦名中日（当作永平）江，亦曰内江，西北自新繁县界流来。

由于流江上有笮桥，故除沿用岷江古名"大江""汶江"外，尚有"笮桥水"之称。郫江上有市桥、永平桥，故又有"市桥江""永平江"之称。笮桥形制特殊，许多文献（如梁李膺《笮桥赞》《益州记》）皆津津乐道。唐李吉甫《元和郡县志》卷三十一云：

> 蜀人又谓流江为悬笮桥水。此水濯锦，鲜于他水。

宋乐史《太平寰宇记》卷七十二亦云：

> 汶江一名笮桥水，一名流江，亦曰外江。

关于笮桥的具体位置，1983 年扩修宝云庵东侧锦江时，发现两岸均有大楠木桩，与古文献所记笮桥结构相同，当即笮桥遗址。宋陆游《看梅归马上戏作》诗云："平明南出笮桥门，走马归来趁未昏。"桥上既能走马，则此桥曾经改建加固，并非当初那种"人悬半空"的竹索桥了。然陆游《夜闻浣花江声甚壮》诗云："浣花之东当笮桥，奔流啮桥桥为摇。"则此桥在南宋已露败征，后来终于废弃。过笮桥后，流江又东穿万里桥（即今之南门大桥）。

《元和郡县志》在各县均记有二江流路，据此不难察知唐代初中期之二江地理位置。其在成都县记有：

大江一名汶江，一名流江，经县南七里。

万里桥架大江水，在县（指唐代成都县署）南八里。蜀使费祎聘吴，诸葛亮祖之。祎叹曰："万里之路，始于此桥。"因以为名。

华阳县记有：

笮江水，在县南六里。

笮江即流江异名，亦即笮桥水。
犀浦县（今郫都区犀浦镇境）记有：

都江水，在县北四里。

都江，即郫江异名。
郫县记有：

郫江，一名成都江，经县北。去县三十一里。

121

新繁县（今新都区新繁镇境）记有：

> 郫江，一名成都江，经县西，去县十里。

唐昌县（今郫都区唐昌镇境）记有：

> 江水，在县西北四里。

此处江水，即指流江。当时流江水质最佳，蜀锦织成，在江中漂洗后锦色更鲜，故汉代在笮桥南岸设立"锦官城"，管理织锦工业。《水经注·江水》曾述其事：

> （南岸）道西城，故锦官也，言锦工织锦，则濯之江流[1]而锦至鲜明，濯以他江则锦色弱矣，遂命之为锦里也。

唐《初学记》卷二十七引李膺《益州记》：

> 锦城在益（州）南笮桥东，流江南岸，昔蜀时故锦官城也。

由于水好，唐代少城西南一带，又为居民制造彩笺之所，故成都西南至杜甫草堂前一段江流，亦有浣花溪之名。

任弁《梁益记》：

> 溪水出湔江，居人多造彩笺，故号浣花。

---

[1] 民国《华阳县志·古迹一》锦官城一条按语："江流应作流江，即锦江。"

费著《笺纸谱》：

> 府城之南五里，有百花潭……以纸为业者家其旁……以浣花潭水造纸故佳，其亦水之宜矣。

何宇度《益部谈资》：

> 蜀笺古已有名，至唐而后盛，至薛涛而后精。

唐代因流江濯锦鲜明，又有锦江称号。杜甫《怀锦水居止》诗有"锦江春色来天地"之句，可证。关于浣花笺纸，李商隐《送崔珏往西川》诗"浣花笺纸桃花色"，郑谷《蜀中》诗"浣花笺纸一溪春"，皆可为证。

关于成都七桥，以《华阳国志》所记为最详。但桥名在后世亦有变化。宋祝穆《方舆胜览》引萧梁时李膺《益州记》：

> 一、长星桥，今名万里。二、员星桥，今名安乐。三、玑星桥，今名建昌。四、夷星桥，今名笮桥。五、尾星桥，今名禅尼。六、冲星桥，今名永平。七、曲星桥，今名升仙。又冲星桥，市桥也。

与李膺同时的北魏郦道元，于《水经注》之《江水》中所言七桥与李膺有异，而略同于《华阳国志》：

> 西南两江有七桥，直西门郫江上曰冲治桥，西南石牛门曰市桥……大城南门曰江桥，桥南曰万里桥，西上曰夷星桥，下曰笮桥。

> 从冲治桥北折，曰长升桥（以上为七桥）。城北十里曰升仙桥……李冰沿水造桥，上应七宿。故世祖（汉光武帝）谓吴汉曰：安军宜在七桥连星间。

以上数条，名称虽异，而桥数皆七。郦道元当是袭用常璩之说，因道元为北朝人，未尝至蜀，不得不引用《华阳国志》之材料。其与常说不符者，或系抄录时讹误，或者古本《华阳国志》与《水经注》文相同。至于《益州记》所言，乃李膺亲见亲闻者，与《华阳国志》不同，当是萧梁时七桥之名已不同于东晋。应当引起注意者，即常璩所言之夷里桥，《水经注》与《益州记》均改作夷星桥，足见七星之说，愈久则愈为流行，故改"里"为"星"。晚唐筑罗城时郫江改道，江上五桥，均被弃置。宋代人撰舆地书籍所言七桥名称，皆系追记古事，并非当时李冰七桥仍尽存在；追记者又各据不同之古籍，故同为宋人，所言亦异。

《太平寰宇记》卷七十二：

> 南江桥亦曰安乐桥，在城南二十五步。宋孝帝以桥对安乐寺，改名安乐桥……此桥为七星桥之一。万里桥在州南二里，亦名笃泉桥，桥之南有笃泉也……成都七星桥之二。笮桥，去州西四里，亦名夷里桥，以竹索为之，因名。市桥在州西四里。

《舆地广记》卷二十九：

> 李冰沿水造桥上应七星：曰冲理（即治）桥、曰市桥、曰江桥、曰万里桥、曰笮桥、曰永平桥、曰升仙桥。

至明、清两代所记更为纷纭，乃糅杂常璩、李膺两家之言，不足为据；然七星之说，则牢不可破。

总之，七星桥神秘之说，始于汉光武帝。此时谶纬之说盛行，王莽尤其迷信；光武帝当是受王莽之影响。李冰建桥时，究系何名，实不可考。考证桥名时，不必将东汉以后说法，强加于先秦蜀郡太守之身。又后世虽众说不一，然桥数为七，且分建于二江之上，则诸家皆同。故论七桥时，应注意其在交通上所起作用，从桥之方位，窥见西郊较南郊更为发达。至于七桥最初名称，当俟将来先秦文物出土乃能判定。

1984 年修西干道时，在同仁路南口东侧地下三至五米处发现粗大木桩，排列如梅花桩形（南北向）；又在金河街发现汉唐遗物及系船桩，可证明市桥遗址在此。[1]

第三节　内江与外江

李冰开成都二江，在城南并流，西汉扬雄《蜀都赋》即有"两江珥其市，九桥带其流"之语。"珥"是耳环，一边一个，意为二江在成都城南商贸集市之两侧，犹如对称的耳饰。反言之，二江实夹集市而基本平行。之所以如此布局，皆因古代集市离不开水，货物用水洗涤，卖相更好，尤其是蔬果之类，必须用水浇洗。由此可知，二江在成都城南，起奠定工商业基础的重要作用。所谓"九桥"，当是在李冰所修七桥以外，至汉代又增两座；前人或考为龟化桥及升仙桥，位于城区南北。

自成都郡城视之，二江虽皆流往成都，然有一远一近，自有内外之别。古人多视靠近郡治中心之江为"内江"，而略远之江，则称"外江"。

二江流至成都城区之南，离城中心最近者为郫江，故郫江自古即有内江之称。例如有人从南门出城，必先过郫江上之江桥，再过流江上之万里桥；若从西南石牛门出城，则必先过郫江上之市桥，再过流江上之笮桥。因此，流江显然较远，称为外江比较恰当。唐宋地志中已有所述，《括地志》首次指出郫江为内、流江为外。

《太平寰宇记》卷七十二：

> 秦李冰穿二江于成都城（城字衍）中，皆可行舟。今谓内江、外江是也……流江亦曰外江。

欧阳忞《舆地广记》卷二十九："秦时李冰穿二江行成都。"书中仍以流江为外江。

---

[1]　据石湍提供资料。

所应注意者，内外之分亦因时而异。成都最初建城，规模较小，李冰所开二江，皆在城外（见《秦国成都城形制推测示意图》）。郫江距城中心最近，称为内江合乎当时实际。至隋时成都城向西向南扩展，则郫江已渐包入城内，在城外者唯有流江。晚唐高骈扩建罗城，则旧有之郫江水道，逐渐断流，新的郫江移往城北城东，故古老之二江，实已无远近、外内之分。因此，内江与外江之称谓，乃是成都二江早期之产物。至于后世亦有内外江种种称号，则与中古时期之意义，已有较大差异，并非原有概念了。

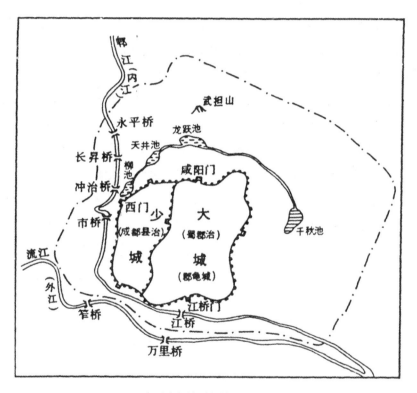

秦国成都城形制推测示意图

第二章 晚唐以来之二江

第一节 扩建罗城改变格局

中唐以前，郫江自北流至城区西侧，在城之西南隅转而东流；流江则自西直接流至城区南侧，与郫江在城南一段平行前进；二江并流直至城区东南隅，二者越来越近，最后会合为一水。此种格局，对于上古时代成都航运及漂木种种要求，皆能完全满足，因工商业皆集中于城之西面及南面，距水道甚近之故。但时至晚唐，国运渐衰，吐蕃与南诏屡屡领兵侵掠成都。由于城区北面及东面无水道阻隔，往往在防务上出现空虚。故对于城防要求而言，二江布局已不能满足现实情况。因此客观形势不仅须加强城垣工事，而且须要改变二江布局，以利军事防御。

唐乾符三年（876），剑南西川节度使高骈为防御外敌入侵，加之老城区面积狭窄，回旋余地较小，故在旧城外围重新扩建新城，当时称为"罗城"。罗城城墙以外，则有护城濠包围，亦可作为御敌工事，为此需先将郫江水道加以改造。其水道西段逼近罗城城垣一段，则作为护城濠处理；其末端改与流江通连。原先郫江水道之南段，已包入罗城以内，则废为城区沟渠。在原先郫江进入城区西北部之处，有縻枣堰堤（今九里堤），高骈即在此处将南流之郫江改道，使之折而向东，环绕罗城北缘；然后再回转向南，环绕罗城东缘；既而南下至罗城之东南隅，与流江会合。郫江经此番改造，形成包围城垣北面与东面之护濠，于是构成新的二江抱城之势。罗城即可依江为壕，环城为固。此段新开郫江水道，当时又称清远江。高骈此举，实为自秦以来成都二江之重大变迁。

宋欧阳忞《舆地广记》卷二十九称：

> 唐乾符中，高骈筑罗城，遂作縻枣堰（堤），转内江（即郫江）水从城北流，又屈而南，与外江（即流江）合。故今子城（即老城区）之南，不复成江。

宋吕大防《合江亭记》、何涉《縻枣堰刘公祠堂记》所述略同。

新开之郫江水道称清远江后，罗城北门称太玄门。而城外跨江之大桥，当时即称清远桥，其地相当于今之北门大桥。罗城大东门外，亦有跨清远江之大桥，后来称为濯锦桥，相当于今之东门大桥。

现今二江布局，即沿高骈改造郫江之旧，与李冰时代二江，实已有天壤之别。

1990 年考古发现唐宋罗城的西南城门遗址，位于今锦里西路邮电宾馆附近，距今南河河岸约三十米，可证锦江与罗城的关系。

第二节　新凿西濠

郫江原段本为城区西面水道，自晚唐时改道，乃改为西濠以卫城垣。

杜光庭《神仙感遇记》卷五：

> 高骈筑罗城，自西北凿地开清远江，流入东南，与青城江（即流江，后称锦江）合。复开西北濠，自闾门（即罗城西闾门）之南，至甘亭庙（即今宝云庵附近，西濠即今西郊河）前与大江合。

自郫江北徙，原有之郫江上偏北五桥，遂成为历史上之名词，李冰七桥仅存其二。罗城南垣在郫江故道之南，则以流江为城壕，并以跨流江之笮桥、万里桥，为罗城城门之名。

第三节　郫江故道之探索

郫江故道，考之古籍可探索者，当推成都西北之縻枣堰。其水南流，由西城外之净众寺前，经罗城西闉门（位置相当于今之老西门）外斜向南流。

何涉《縻枣堰刘公祠堂记》：

> 乾德四载（966）秋七月，西山积霖，江水腾涨，拂郁暴怒，溃堰，蹙西闉楼址以入。

杨甲《縻枣堰记》：

> 夷考厥初，（縻枣堰）虽肇于唐高骈，然陴陋易圮，不足以埋洪源、折逆流。逮隆崇基以漉沉淡灾，引注灌溉，膏我粱稻，绝其泛滥决溢者，宋端明殿学士刘公熙古之力也。

縻枣堰即今九里堤。西闉楼址，即罗城大西门，亦曰西闉门，即在近世大西门附近。郫江又经秦少城西垣之外，即今长顺街偏西一线，南至今西胜街东头旧石犀寺故址附近，折而东去。所谓石犀，乃古代蜀中民俗视为镇水之物，以石刻作牛形。

《水经注·江水》：

> 西南石牛门曰市桥，桥下谓之石犀渊。李冰昔作石犀五头以压水精，穿石犀渠于南江，命之曰犀牛里。后转犀牛二头，一头在府市市桥门，一头沉之于渊也。

宋陆游《老学庵笔记》：

> 石犀在庙之东阶下，亦粗似一犀，正如陕之铁牛，大概望之似牛耳。

明曹学佺《蜀中广记·名胜记·成都府》：

> 石犀寺一名石牛寺……今寺正殿阶左有石蹲处，状若犀然。

民国《华阳县志·古迹四》引曹（学佺）、何（宇度）诸家所记：

> 寺名或称石犀，或称石牛，或称龙渊，或称圣寿，皆指一处，盖寺址即汉石牛门旧地。[①]

宋陆游在蜀有众多诗篇，可作为翔实史料。其《石犀寺诗》："闲过石犀寺，登堂一叹欷。江回人事改，碑断市朝非。"《杂咏》："石犀庙瀼江已回，陵谷一变吁可哀。即今禾黍连云地，当日帆樯映影来。"按此两诗足证郫江改道后情景。在圣寿寺之石犀，民国时尚存。民国 2 年（1913）在西胜街西侧，发现另一石犀，其地靠近同仁路，本馆馆员饶伯康有笺言其事。其文云："少城西胜街中段，原为前清右司衙门。民初，第二小学堂由北门东珠市街移此。平操坝挖出石牛，牛身刻字数十，初固不识其为石犀寺的石犀。当时，曾以石牛的拓片与刘光汉申叔（即刘师培）谈及，刘说这是用来镇水的，并提及江渎庙大约修建在水旁，现在城南、城内无水，却有这类庙宇存在，是必河流有变。"又云："前在提督东街时，有一次见有持石牛拓片来的，不知收存有否？"笺尾有"附注：西胜街所挖出石牛靠现今同仁路方面"等字。据此可知，石犀寺原犀与新出土者由东至西，在一直线上。由此可证石犀寺故址，确为郫江故道所经。且两犀在东西向一条直线上；又证明江水至此折而东流，再由此向南，由今小通巷至方池街一线，过今包家巷西侧至南较场新石牛寺附近，折向东行。复据成都市文管处石湍见告：今小通巷、方池街、南较场由北而南一线，在基建时发现河床遗址，位于今地面下七米。南较场一段河床遗址侧，又发现大量陶器及汉魏瓦当与唐代开元通宝、乾元重宝、琥珀等，但无宋以后文物，足证此一线河床正是晚唐时废弃之郫江故道。

[①] 《华阳国志》所称转石犀一头在市桥者，实即指此。

郫江又经古江渎庙前，更东经今中南大街、纯化街附近；再向东流，在今安顺桥侧与流江会合。

清刘沅《槐荫杂记·成都石犀记》云：

> 自龙渊而东，今之所谓上莲池、中莲池、下莲池者，即昔日之江流也。城既南扩，江流淤而不尽，留为潴泽，后人种莲于中，遂有是名。而江渎庙之昔在江岸者，今亦入于城中。

刘沅又于《石犀考》言：

> 愚移居省垣纯化街，亦当年之江岸也。自愚宅（在纯化街）而南，地势洼下，犹可见其仿佛云。

民国《华阳县志·古迹·江渎池》曰：

> 江渎池在治西南江渎庙前，今俗所谓上莲池也……盖即大江故道（指郫江）也。城既南徙，江成断港，历久而为池耳。今考成都城南，自石犀寺（指新石牛寺）沿上、中、下三莲池，疑皆旧江流耳。漫淤浸塞，不复相通，此犹桑田旧影也。[1]

综上所述，城西郫江故道，由大西门经西胜街，至南较场、石牛寺一线，在今长顺街与同仁路之间，原为低洼地带，其中池塘较多，清季成都街道图上历历可数。如将清光绪五年成都街道图上将军衙门西方之池、琥珀江南方之荷池以及清远门内由北而南散布各池，绘一线以连贯之，则郫江故道即呈于纸上。民国时，所存池塘尚有：西门与西胜街间之水塘，四道街东头之大塘，西胜街与南较场、石牛寺间之水塘（即琥珀江），方池街之方池。这些池塘及包家巷一片低洼地带，皆是郫江故道遗迹。满城西南小塘原来颇多，近

---

① 蒙文通《成都二江考》、王文才《成都城坊考》亦主此说。

百年间建筑房屋，填平不少。至城南故道，由石牛寺至城东南角之间，原上、中、下三莲池一线相连，脉络可寻，且江渎庙必建于水滨，庙址在今文庙西街，又可证其地必曾为河流所经之地。如是，则郫江西南故道，大体可以探索。此皆综合史料而成之推断，证以古今地形，相去当不致甚远。

第三章　古代其他水道

第一节　古代二江旁支

　　成都二江建成后，岷江水即由此两干道引至成都平原。为了灌溉农田，官府及民间皆逐级建渠引水，分支脉散成网。扬雄《蜀都赋》云："漆水浐其匈（胸），都江漂其泾。乃溢乎通沟，洪涛溶洗。"众多分支水道，当时必不下千百，然古代文献中皆缺乏记录，仅有零星片断。

　　《太平寰宇记》引南朝梁李膺《益州记》佚文云："升迁水，起自始昌堰。堰有两叉，中流即升迁。"此升迁水，应为二江中之一大分支，其位置按下文有"升迁亭……在（华阳）县北九里"，故知此升迁水定位于城区北部，考为今之沙河。沙河古称升仙水，"仙"字繁体"僊"与"遷"字相近，故知"升迁"亦即"升仙"。其水源来自始昌堰，则此堰必引郫江水源，然后分为两支，中间一支即为升迁水，而另一支则失其名。

　　《太平寰宇记》又引《益州记》文，提及郫江向东分出，走向今新都、金堂之水道，称为沱水，"沱水入都田江，入（永昌）城"。"都田江"一名疑有误字，或即郫江之异名。"永昌县"即唐代之唐昌县，为今郫都区唐昌镇地。当时水流经过此镇。

　　《史记正义》引唐《括地志》佚文，又提及与上述沱水平行之繁江："繁江水受郫江……源出益州新繁县。"

　　新繁县为今新都区新繁镇，故此繁江亦为郫江向东分出之一支，应为后世清白江水道之前身。唐杜佑《通典》亦在新繁县著录繁江。可见其为较大支渠。

宋代有《堤堰志》，详述自都江堰宝瓶口所分之主干水道，有石洞、外应、马骑三支。而石洞又分灌田、彭州、将军桥三小支；外应则分保堂、仓门二小支；马骑下则分八支。此外，又有九升口堰，流至郫县境。宋赵抃《成都古今集记》称其水道为"三十六江"，故知宋代引渠分支数目甚多，且不断在发展中。元代所修《宋史·河渠志》所载渠系，大体与《堤堰志》相同，唯补充最北之石渠水道，其下又分九支。然其渠名，今已发生较大变化，难以一一确考。

成都城区水道，有浣花溪与百花潭相连，或为流江分支，或即流江河身之一段，其名称甚为古远。唐代节度使崔宁夫人任氏，因散家财招募士卒，保护成都家园，抗御军阀入侵，民众慕其高义，尊称为浣花夫人，并附会任氏幼时行善濯洗僧衣故事。其实浣花溪一名实早于唐代。

唐代新修之城区水道，最著者为解玉溪及金水河。

第二节　解玉溪

李冰所开二江在城区西、南两面，东郊尚无人工河道，城内亦无溪流，唯有张仪筑城取土而成之万岁池、千秋池、柳池等在城之北及东。唐玄宗于东郊建大慈寺，其地逐渐繁荣。其后韦皋任节度使，开凿解玉溪。数十年后白敏中又开金水河，皆流经新兴地区。

唐贞元元年（785），韦皋任西川节度使，自西北引内江水入城，新开解玉溪，经城中斜向东南至大慈寺前，于东郭附近仍汇入郫江。关于解玉溪情形，方志记载简略，而著录时代又晚。从成都地形观察，西北高于东南，引水入城亦必由西北引向东南，故解玉溪亦不能例外。文献中仅记载：解玉溪在大慈寺南侧，而未记流经地区。《大明一统志》："解玉溪在大慈寺南，与锦江同源，唐韦南康（韦皋）所凿，有细沙可解玉，寺有玉溪院。"《大清一统志》所记略同。谓解玉溪与锦江同源，此与成都自然地形不合。因锦江在城南较低地带，绝不能倒流而北；且中间又有郫江间隔，更不能越郫江而入城。如此，解玉溪水源当来自郫江北段。因溪中之沙可以解玉，故以为名。新兴之大慈寺与新凿之解玉溪，又成为游宴胜地，五代以后仍极繁荣。

张唐英《蜀梼杌》卷下：

> 明德元年（934）六月（孟知祥）幸大慈寺避暑……广政元年（938）上巳游大慈寺，宴从官于玉溪院。

又，费著《岁华纪丽谱》：

> 七月七日晚宴大慈寺设厅，暮登寺门楼，观锦江夜市，乞巧之物皆备焉。

所谓锦江，似指解玉溪，今大慈寺西犹有东锦江街可证。又金水河经盐市口南，至今尚有锦江桥及锦江桥街之名，足见解玉溪与金水河又皆可移用锦江之名。解玉溪故道，当在今锐钯街往南一线。

近年成都学者曾研究过解玉溪的位置，如陶亮生《成都街名琐记》云：玉沙街濒临解玉溪，有玉器作坊，可取溪水夹带之金刚砂解玉，故名玉沙；玉带桥在解玉溪的转弯处，其形如带，上有石桥，故名玉带桥。成都西北的白家塘、王家塘、子龙塘等"塘"也是解玉溪干涸后留下的塘名。流沙河《老成都·芙蓉秋梦》提及梓潼正街："千年前的唐代，此街是一条河，河床出产优质金刚砂，可以解剖玉，故名解玉溪。河水是从西北城角水洞子入城的，流经通顺桥街、西玉龙街、玉沙街、东玉龙街、桂王桥街，蜿蜒流到此地，仍向东南流去。又经过东锦江街，流过大慈寺南门前，从老东门水洞子出城去"。《成都地名掌故》即采用此说。

1995年，成都科甲巷伊藤洋华堂所在大厦始建，在开挖地基时发现唐宋时期大型地下排水道，全用秦砖汉瓦砌成拱券和边墙，内宽一米左右，内高一米三左右，两侧与古代街区的小排水沟纷纭连接。考古人士发现，这一排水道是利用干涸后的解玉溪一部分河床所形成，因此排水道的走向可基本代表解玉溪的位置。此后在北新街、江南馆街都发现过这一排水道延续的局部，证实了解玉溪的存在。

第三节　金水河

韦皋开凿解玉溪后约六十年，白敏中于大中七年（853）任西川节度使，遂于城中开金水河。据宋人李新《后溪记》所载金水河上八桥名称，并从八桥中龟化桥之位置，可以窥见金水河在郫江下段（即与锦江并流城南一段）之北，与郫江大致平行，俱向东流。金水河之水源，当为郫江之石犀渊（最西一桥名曰笮渊桥，可资佐证）。清人陈登龙《蜀水考》谓金水河下游为解玉溪，当是此河注入解玉溪，而非金水河下游另有此名。唐代成都市区逐步向东发展，大慈寺一带本为东郊，建寺后即日趋繁荣。韦皋凿解玉溪流经寺侧，意在适应此一新兴区域之用水需要。白敏中复开金水河，源出郫江，注入解玉溪，成为沟通两河及连贯成都东西两面之新水道，又可以供应街市居民生活用水。由唐至清，皆如此。

宋李新《后溪记》：

> 大皂之水……西北注成都离为内外二江，其一自小桥入都市，有笮渊、建昌、安乐、龟化等八桥跨水。[1]

明天启《成都府志·关梁》：

> 金水河，蜀府南门前，白敏中开渠环街。旧名禁河，王明叟、席大光、范成大相继修之。

清雍正《四川通志》谓："（白）敏中始疏金水河。"又谓"旧名禁河"。陈登龙《蜀水考》从其说。所谓"旧"，当指明代。此河在明代流经蜀王府前，可以称"禁"；唐之节度使不能使用此字。至于"疏"字，不必解为淘浚；"禹疏九河"之"疏"，即为新凿。

---

[1] 《全蜀艺文志》卷三十三。《大清一统志》："龟化桥即今青石桥。"

《大清一统志》：

> 金水河在府城内，自城西入，由城东出。

1984 年修西干道时，于东御街西南口发现宽约八米之旧河床遗址，河床中密布木桩；又于祠堂街发现宽约六米之河床。此当为金水河旧道。近世金河水道在其南，与旧河床平行。[①]

第四节　城区小溪及疏浚

罗城建成后，新整理之成都二江以及城区新开之解玉溪与金水河，合称"罗城四水"。唯当时包入城内之原郫江水道，业已废置，则必任其淤塞以至断流；而解玉溪与金水河上游，必皆应向西新开一段引水渠，使水源注入新河，并灌输罗城西濠（即原成都饲料厂所在之饮马河、西郊河一线）以固城防。20 世纪 70 年代初，金水河尚存，其水源皆来自西门外饮马河、西郊河（溯源为沱江河），晚唐西濠当即此二河前身。金水河末端，似应注入解玉溪；解玉溪末端，则应注入新郫江，即唐代所称清远江下段。自晚唐以至清末约一千年，环抱城区之新郫江（今府河）与流江（即锦江）水道，并无大的变化。城区先后增开之小溪，见于记载者有宋代后溪、明代御河、清代螃蟹堰水等。

据宋李新《后溪记》，宋天禧年间（1017—1021）王规知成都府，自城西北隅曹波堰开渠引水，至城西门铁窗（即拦污铁栅）入城，经西门大街向东行，是为北渠。其水分注于城内众小渠。因北渠在金水河以北，故又称"后溪"。当时又自城西南隅开渠引水（当以西濠为水源），称为南渠，最终注入金水河。南北二渠并行东流，分散为四大沟脉，散注于居民夹街之坊间；再东汇众水而出东门，注入新郫江。

---

① 据石渊提供资料。

宋吴师孟《导水记》：

> 自高燕公骈乾符（874—879）中筑罗城，堰縻枣，分江水为二道，环城而东，虽余一脉如带，潜流于西北隅城下之铁窗……岁久故道迷漫，遂绝……西门城之铁窗之石渠故基，循渠而上，仅十里至曹波堰，接上游溉余之弃水，至大市桥，承以水槽而导之。其水槽即中原之澄槽也。自西门循大遂而东，注于众小渠；又西南隅至窑务前闸，南流之水自南铁窗入城。于是二流既酾，股引而东，派别为四大沟脉，散于居民夹街之渠……又东汇于东门而入于江。①

宋李新《后溪记》：

> 自曹公堰导小渠承以水槽，环武库至西楼，独府第有水，而城中无水……复凿水溪于阅武堂后，入诸部使者之寺，与凡帑藏所在，园夫衡官，支分派决，均受漏泉之赐，诣前日桔槔抱瓮之苦。②

《导水记》谓城北后溪，原为高骈北徙郫江时，于西北城隅所留之一脉水渠，与城南金水河无关。而清同治《成都县志·山川》节录此文，却言此渠乃由磨底河插板堰流入西城铁窗之金水河；由于撰志者未注意《导水记》中所指方位，遂致误解。《导水记》明言"分江水为二道"，乃开一循新城之北而东流之水渠，又开一经铁窗下入城之后溪，与南流之金水河实为二渠。原文甚明，当非一事。又晚唐时南诏曾围成都，城中乏水，又值天旱，摩诃池水亦枯涸。居民取池中泥水澄清以饮，备受苦楚。后于城内广开水渠，或系惩于往事，乃多辟水源，有备无患。又《导水记》所述，西北入城之后溪与南流之金水河，又各分若干小渠，分布于各街之间，其流向甚明，唯入城经过地名未详。据李新《后溪记》所言，当是由城外小堰导水入城，经城北西

---

① 《全蜀艺文志》卷三十三。
② 《全蜀艺文志》卷三十三。

楼府第①，开凿水溪于阅武堂②后，支分派流，以供城中饮水、灌园及防火救灾之用。

唐代白敏中开凿金水河后，又疏浚环街大渠。城区疏淘沟渠之制度，于宋代乃正式建立。当时绘制有四大沟渠图，并有岁首春季淘渠之规定。

席益《淘渠记》：

　　唐白敏中尹成都（白敏中为节度使，照例兼成都尹），始疏环街大渠。其余小渠，本起无所考，各随径术，枝分根连，同赴大渠，以流其恶。故事，首春一导渠。岁久令渎，遂懈而壅。大观丁亥（1107）冬，益之先人（指席旦）镇蜀，城中积潦满道。戊子春，始讲沟洫之政，居人欣然具畚锸待其行……既污泥出渠，农圃争取以粪田，道无著留，至秋雨连日，民不告病……后三十年，益忝世官，以春末视事。夏暴雨，城中渠湮，无所钟泄，城外堤防亦久废，江水夜泛西门，由铁窗入，与城中雨水合，汹涌成涛濑。居人曜趋高阜地，亟遣官楗薪土塞窗，决小东门水口而注之江，仅保庐舍。又春夏之交大疫，居人多死，众谓污秽熏蒸之咎。嗣岁春，首修戊子之令，邦人知畴昔便利，无异辞。且补筑大西门外堤，役引江水入城如其故，而作三斗门以节之……是岁疫疠不作，夏秋雨过，道无涂潦，邦人滋喜。益谓僚吏：“岁二月循行国邑，通达沟渎，毋有障塞，此王者之政，今长民之所当务也……”对曰：“淘渠之令，岁亦一举行……”益曰：“今岁绘为图以从事矣！”③

至于后溪，宋亡后无记载可考，当是宋末蒙古军攻毁城区，致溪道渐湮，久则遗迹难寻。唯于宋代记载入城出城方位及城中经过地区，以古今地势推测，仍可想象得之（见《宋代成都城郭示意图》）。

---

① 当年府衙西楼约在今城西北正府街。
② 地址无可考，但当在城北中心地带，方能分散于北城。
③ 《全蜀艺文志》卷三十三。

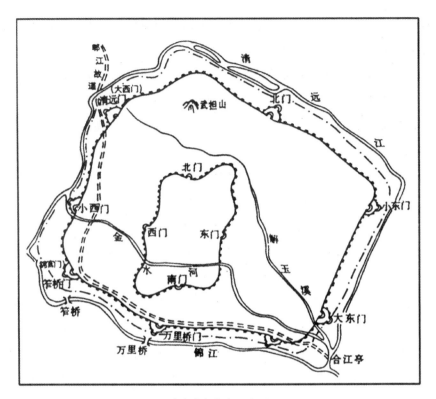

宋代成都城郭示意图

明代洪武年间（1368—1398），修建蜀王府，在内城（习称皇城）与萧墙（蜀府外城）之间，开凿御河，环绕内城。正德《四川志·蜀王府》"城下蓄水为濠"可证。其后屡经疏浚。明末清初成都城区全毁，此河亦年久湮塞。清雍正九年（1731），四川巡抚宪德又于三桥西北，重浚御河，环绕贡院（建于旧蜀王府内城）外，又增辟一沟，通往金水河以利舟楫。[①]足见当年之御河，较后来更为广阔。明代御河情况，也大致如此。

关于城区水道疏浚，前已言及宋代建有一定制度。王觌、席益、范成大先后疏浚年久淤塞之后溪，并同时疏通金水河。[②]

明嘉靖时，金水河已年久淤塞，仅存一线，巡抚谭纶乃大加疏浚。据成

---

① 参见清同治《成都县志·舆地志·山川》"金水河"条。
② 参见明天启《成都府志·津梁》。

都知府刘侃所作碑记，得知此时水道仅深一尺余，宽三尺余。① 当时又建一石堰、一水闸及一桥梁。碑记于此云：

> 嘉靖乙丑（1565），侃来守是邦，阅金水河仅仅如线，盖水宗于江，径隍以入河。其后久湮而江阻，只托源于隍耳。又壅淤日增，居人利其岸以自拓，河之深若广才咫尺。雨潦无所归，蜀人患之……穿江作渠而浚金水之湮……渠成而江入隍，汰河之壅。广三尺有奇，其深三之一，而河成……为石堰一、闸一、桥一于其渠，坝一于其隍。②

清雍正九年（1731）成都知府项诚再次疏浚金水河。由于明亡后复渐淤塞，乃自磨底河起，经城中以达府河，共一千五百二十六丈（合五千零八十七米）。河西首当满城入口处，密布铁栅，只令通水，不得通船。小船由东门进者，仅能达满城东水关。因两岸皆为商贾辐辏之地，东关货物行李，城外米、蔬、柴、炭，均可通过船运入城，在三桥集中交易，以利商便民。同治《成都县志·舆地志·山川》载有成都知府项诚议开浚金水河文，兹不赘录。

---

① 其规模似乎过小，疑"尺"当作"丈"。
② 清同治《成都县志·艺文》。

第四章　近代水道

第一节　元明以来水道演变

元代成都水道，以元末揭傒斯《大元敕赐修堰碑》（简称《蜀堰碑》）记述为最详，《元史·河渠志三》基本上照抄此文。文中言及都江堰引岷江水向东岸延伸者为北江，岷江下段则为南江。北江引水渠入宝瓶口，在"三石洞"处分为二支：

　　其一，自上马骑东流，过郫（县），入于成都，古谓之内江，今府江是也。

　　其一，自三石洞北流，过将军桥，又北过四石洞，折而东流，过新繁，入于成都，古谓之外江。

　　此（李）冰所穿二江也。

宋代《堤堰志》已言及岷江东岸三大引水干渠为石洞、外应、马骑三大支干。其中马骑又分为上马骑与下马骑。当时干渠走向，因无地图留传，岁久已难深考。至元末，情况已有变化。成都二江上源，虽皆来自宝瓶口引水主干，但其分水枢纽皆在三石洞处，流江前段实为上马骑干渠；流至成都称为府江，但前代称为外江，《元史》称内江，原因是郫江业已改道北东，流江更近府治。府河得名，当缘于此。而郫江水源亦直接分自石洞，前段实为将军桥干渠。此渠在宋《堤堰志》中系石洞之三支渠之一；其余两支，则向东延往彭州，即今清白江与毗河前身。《元史》所言外江，当指郫江向金堂东延的一支。

《蜀堰碑》又言及内外江之分支："三石洞之东，为外应、颜上、五斗诸堰。外应、颜上之水皆东北流，入于外江。五斗之水，南入马坝渠，皆内江之支流也。"后来五斗河，实为走马河分支。至明代，水道分合又有变化。

明正德时熊相等编《四川志》，谓内江"俗称走马河"，当是沿袭前代"上马骑"之名。而外江则名锦江。此处内外称谓又与元碑有异。书中在城西部"成都县"录有总泥、万工、蚕丝、猪圈、螃蟹、圆通、土桥等五十八道渠堰；东部"华阳县"则录有沙堰、湖堰、沙河、曲直、红麻、瓦子、老雅、木茜、藕池等二十三道渠堰。堰名保留至今者，以螃蟹堰、瓦子堰等为著，多数已大有变迁。

嘉靖年间王元正等所编《四川总志》，其水利篇对水道原委叙述较详：

> 北江入自宝瓶口，穿三泊洞而北注者为外江。自宝瓶口直东入五斗口而东北注者为内江……其北入五斗口一支，在南北二江之间，故以内江别之。外江北经崇宁、彭县、新繁、汉州界，出金堂峡。内江东经郫县、崇宁界，东下过府城北，南会府城前江，以趋于彭（山）。

由此可见明代晚期，与宋元内外江概念已略有不同。此处以经崇宁（今郫都区唐昌）、彭县、新繁（今属新都区）而至金堂者为外江，实为今清白江；而五斗口分支经郫县至成都北部者为内江，实为今府河；另有"府城前江"，当即今锦江。明天启年间谢寿华等所编《成都府志》，则笼统将此三支皆称内江，又笼统冠以"府河"之名。故成都附近水道系统，在明代称谓不太统一，造成不少混乱。

明代《四川志·山川》已将成都县西五里之都江（古流江）称为"府河，一名粉江"。此水实为今之锦江。在华阳县，此水则称为外江、锦江。该志另列有浣花溪，又名百花潭。金水河谓"在蜀府南门前"，而解玉溪"在大慈寺南，源与锦江同"，故水道原委不甚分明。书中在郫县并已列出郫江，"流入府河，俗呼沱江"，当为后来之沱江河；郫县西十里有九曲江，"流入府河，俗呼清白江"；县北六里又有油子河。此后续修志书，所载大体一致。

明天启《成都府志》称成都县已有河堰一百二十一座；而华阳渠堰，则从郫县三里堰（后世称三吏堰）起：

> 一分流金华堰，至湖堰止，浇灌锦津里；一分簇桥河，下又分河包堰，下通流黄堰、木瓜口、柴家堰、打鼓堰、丘承堰、曲尺堰，马小堰止，浇灌永安里；栏杆堰下流龙爪堰、柏桥堰、老鸭堰、大桩堰，瓦子堰止，浇灌锦津、永安二里。

《成都府志》所言明代华阳渠堰，今皆在双流区；三里（吏）堰主要是引江安河水源，而江安河则直接引自岷江东岸。金华堰在今金花镇；湖堰今称大湖堰；簇桥河在今簇桥乡；栏杆堰则引清水河水源，在今苏坡镇；龙爪堰亦为清水河支渠。故明代华阳县锦津、永安二里，相当于今之武侯区地。

明末清初，顾祖禹纂《读史方舆纪要》，对成都府水道系统，又有所概括。其称岷江引水干渠经新繁、郫县之水，"成都人谓之北江，亦曰郫江"，认为此即李冰所开之石犀渠。北江又分两支：一支往新都至金堂者，谓之湔水，"成都人名之曰外江"，实即今之清白江。另一支自五斗口，经崇宁而至府城之北，再南行会合府城前江者，"成都人谓之内江，亦曰流江"，实即今之府河；而前江则为今之锦江，古之流江。但此书在成都、华阳二县水道中，说法又有改变，称内江为成都府城南十里之郫江，此水又称北江与粉江；而外江为府城北之流江，又名清远江、走马江。此处二江名称混淆，前后抵牾。可见终于明代，水道名称皆不规范，不但随处异名，而且记载亦不统一。

从清初起，水道名称渐定，与现代称谓基本相符。乾隆时和珅等修《大清一统志》称都江堰引岷江水，东岸引水干渠谓之北江，又称"沱江"；岷江下游故道，则称南江。北江分为三支：一支经温江至成都府城南，称为流江（即今锦江），就是宋代的"马骑"；一支从五斗口，经新繁至成都府城北，称为郫江（即今府河），又称都江，就是宋代的"外应"；一支经宝瓶口东北穿三泊洞，经新繁、新都至金堂者，称为湔水（即今清白江），就是宋代的"三石洞"。其所说比较清楚。

走马河一名，明代相当含混。此名肯定由宋代"马骑"引申而来，但方志每将相当于今清白江之外江，套用此称。其至清代始正式定型，如《大清一统志》即将走马河定为郫江分支，在崇宁分出走马河，再下又分出油子河；但书中"锦江"一名，又有些含混：对走马河下游清水河称锦江，而对府河亦称锦江。

清乾隆时已有测绘地图可据，此时李元《蜀水经》、陈登龙《蜀水考》对水道皆利用地图，有所辨正。

《蜀水经》称岷江水源为皂江，又称外江，已与现代都江堰分岷江水为内外江之概念完全一致。东引水干渠则统称沱江，其中主干称都江，"亦名走马河"。此河先后分出五斗河、羊子河、油子河、犀角河（俗称洗脚河），然后"受清水河"，成为锦江。

《蜀水考》则将岷江东岸引水渠统称内江，其主干走马河，又称双清河，在新繁县西分出九曲河；在崇宁县境分出油子河，即原郫江；其下游则为锦江。道光时陈一津作《蜀水考》之《附记》《分疏》，进一步补充材料，称流江异名有濯锦江、双清河、粉江等，其水源来自走马河；至成都又称浣花溪、百花潭。郫江水源来自岷江，主干为走马河，分出油子河，又分别接纳九曲河、犀角河、土桥河、刘桥河、金水河；与流江会合后才称府河。清水河一名，应为直接自岷江东岸引水之"温江"，古称新开河、马坝河、酸枣河、江安堰（即今之江安河）。

成都水系分合层次，前人往往仁者见仁，智者见智。例如甲水分出乙水，本来甲大乙小；但日久甲水萎缩，乙水扩张，反而甲小乙大。倘此时记述，又可能称乙水分出甲水。名称互易，从属互换，多因水道位置及规模变迁之故。因此对前代方志所述，当观其变通，不可执着其同异。

第二节　清水河　锦江

现今都江堰内江水系，自东北至东南，分别有蒲阳、柏条、走马、江安四大干渠。民国时期江安河不在此列。

近代成都城区南面主干水道，来源于都江堰宝瓶口以下分出之东南一支走马河。清代及民国时期，走马河在灌县（今都江堰市）境，最先从左分出柏木河；向下流至五斗口处，从右分出五斗河；再从左分出羊子河；至聚源场，又从左分出徐堰河；再向下流，在油子口处从左分出油子河；再流至插板堰，左分沱江河（又称沱水）。至郫县两河口，走马河一分为二，左为磨底河，右为清水河。以下即不再用"走马河"之名。

清水河进入成都市境，于苏坡桥南，右分栏杆堰水渠；转东流至侯家湾南，右分龙爪堰（即肖家河）水渠；然后于杜甫草堂西南，又左分浣花溪；其干流即不再称清水河，改称干河子。浣花溪曲折东流，于送仙桥处，汇纳磨底河；然后于望仙桥处，与干河子相汇合。以下河名又改，进入城区后通称锦江，又称南河。在城区之南向东流，过安顺桥至南河口，与自北而来之府河相汇。此处为古之合江亭。

清水河及下段锦江，有众多桥梁见于记载，足证史迹之古远。现参阅清代地图与方志所述互订。

浣花溪近杜甫草堂，东有浣花桥，亦称罗汉桥。

杜甫《溪涨》诗：

> 当时浣花桥，溪水才一尺。
> 白石明可把，水中有行车。

明天启《成都府志·关梁》：

> 旧浣花桥，青羊宫右。

清同治《成都县志·津梁》：

> 旧浣花桥，县西南七里青羊宫西，草堂寺东，石桥跨清水河。①

---

① 明嘉靖年间，刘东皋于西门外建有浣花桥，与东门外濯锦桥相对。故志书谓草堂寺侧之桥为浣花桥以别之。

又东过青羊桥，今名接仙桥，亦曰望仙桥，亦曰会仙桥。关于青羊桥跨清水河之资料，《成都府志》《成都县志》《华阳县志》等均有记载。

明天启《成都府志·关梁》：

> 青羊桥，府治西南，蜀府建。[1]

清同治《成都县志·津梁》：

> 接仙桥，县西南五里青羊宫南石桥，跨清水河。

民国《华阳县志·津梁》：

> 望仙桥，治南九里余望仙场北，（跨）清水河正流，石材拱式，五洞。（在）成、华交界处。

又东过南门外万里桥。唐杜甫《野望》："西山白雪三城戍，南浦清江万里桥。"宋刘光祖《万里桥记》：

> 今罗城南门外笮桥之东，七星桥之一曰万里桥者……侍御史赵公（赵鼎）之镇蜀也……增为石鱼，酾水为五道。梁板悉易以木而屋之。[2]

明天启《成都府志·关梁》：

> 万里桥，府治南门外，有坊，旧名七星。

---

① 《大清一统志》同。
② 《全蜀艺文志》卷三十三。

清康熙《成都府志·山川》：

万里桥兵火颓圮。（按，事在清顺治三年，即 1646 年。）本朝康熙五年（1666），巡抚张德地、布政使郎廷相、按察使李翀霄率府官捐俸重修，仍覆以屋，题其额"武侯饯费祎处"，知府冀应熊大书"万里桥"三字勒石。①

清嘉庆《华阳县志·津梁》：

乾隆五十年（1785）总督李世傑补修，桥高三丈，宽半之，长十余丈，旁有栏楯，中隆起，架石为之。

民国《华阳县志·津梁》：

万里桥，治南五里余江桥门外，（跨）清水河。石桥拱式七洞。创建年月无考。宋乾德（963—968）中沈义伦、赵开改修。清康熙五年（1666）重修，乾隆五十年补修，光绪三十三年（1907）培修。

万里桥西又有万里亭。宋吕大防有诗：

万里桥西万里亭，锦江春涨与堤平。
挐舟直入修篁里，坐听风湍澈骨清。

诗题很长，可视为诗序。其云：

万里桥西有僧居曰圣果，后濒锦江。有修竹数千竿，僧辩作亭于竹中……②

---

① 碑、屋及冀应熊题额均已不存，当是后来改建时拆去。
② 《全蜀艺文志》卷十二。

又东过故金沙洲，洲上有金沙寺。清嘉庆《华阳县志·寺观》：

金沙寺，旧治南城外万里桥东，建自汉、唐，旧名宝莲堂。尝有高僧来游，示圣灯之异，其地随水消长，盛涨不没，明嘉靖戊子（1528）重修，杨升庵有记。

又东过新南门外复兴桥。民国28年（1939）新辟复兴门（通称新南门），由大道直出，有桥，跨锦江，曰复兴桥。

再东过安顺桥，旧名长虹桥。嘉庆《华阳县志·津梁》：

安顺桥旧名长虹桥，治城外大佛寺前，跨内江，长二十丈，阔一丈，架木为之，上覆以屋。创建年月无考，乾隆十一年（1746）县令安洪德重修，并题额。

此条指出三点：一是安顺桥跨锦江之具体位置；二是安顺桥之形制；三是安顺桥重建之人与重建之年月。锦江至合江亭与北来之府河合流，地名南河口。嘉庆《华阳县志》谓其处有状元洲。民国《华阳县志》已辨明其误，此洲实在万里桥与复兴桥之间，即金沙洲。关于状元洲问题，民国《华阳县志》有述。

民国《华阳县志·古迹》：

《旧志》云：（状元洲）在治东一里。然故老相传则以为南门江桥下小洲长约半里。杨升庵（慎）先生应礼部试时于此登舟，其后遂以为名……按：林山腴曾考证：洲岸有金沙寺，为升庵所常游憩，寺中碑记亦升庵作。似《旧志》误也。

二江合流之后称为府河。陈一津《蜀水考分疏》：

流江……又东过安顺桥，合郫江，为府河，（流）入汶（岷）江。

府河南折过洪（宏）济桥（通称九眼桥，亦曰锁江桥），桥南岸有回澜塔。明李长春《新修洪济桥回澜塔碑记》：

> 皇帝（明神宗）在宥之（万历）二十有一载（1593），蜀左辖余一龙于两江合流之所修建，桥成，为洞者九，纵四十丈、横四十尺。远而望之，虹舒电驰，霞结云构，若跨碧落而太空为门。俯而瞰之，飙涌涛春，鲸飞鲵走，若驾溟渤而巨浪为溜。

明天启《成都府志·关梁》：

> 洪济桥，府城东二里，万历二十三年（1595）布政使余一龙创建，以锁水口，为洞者九。其南岸即回澜塔，为形胜壮观。[1]

清嘉庆《华阳县志·津梁》：

> 九眼桥……国朝乾隆五十三年（1788），总督李世杰补修，易今名。

民国《华阳县志·津梁》：

> 九眼桥，治东七里余，回澜寺前跨锦江，石材拱式，九洞。明万历二十五年创建，清乾隆五十三年重修。旧称洪济桥，一名锁江桥。明布政使余一龙创建，以锁水口，其南岸即回澜寺也。[2]

1992年，因按道路规划方向建有新型道桥，与九眼桥贴近，成都规划部门遂认为古桥有碍泄洪，决定将其拆除。由于未广泛征求意见，当时即有十八名专家教授签署意见书予以反对，但拆除工作业已进行大半。1999年规划

---

[1] 李长春言万历二十一年，建桥两年后为文，此称二十三年，系误以撰文之年为建桥年。

[2] 明天启《成都府志》及民国《华阳县志》建桥年度均有误，此桥实建于万历二十一年，李长春有碑记。应以碑记所云为准。又桥基垫有铁板，1982年有人无意中掘得。《成都日报》刊有照片。

局在距原址一点九公里处按原貌设计异地重建，恢复古迹，2001 年 11 月，仿古九眼桥主体工程建成。

府河南过玉女津南岸有崇丽阁（俗称望江楼），阁下有 1982 年所建之望江桥；再西南经过二江寺，至彭山县江口镇注入岷江。

第三节　府　河

清代及民国时期都江堰内江三大干渠中支为柏条河，前代又称北条河、柏桥河，并有府河之称。清光绪《增修灌县志》即云："柏桥河即府河。"其功能主要为漂木、航运。东南流至石堤堰，与走马河分出之徐堰河汇合。石堤堰在志书上又称石梯堰，为一枢纽节点。如今其下又分为两支：左支即今毗河，前代又称毗桥河；右支即今府河，南流右纳油子河、沱江河，入成都城区东北，于洞子口处左分沙河，此处旧称砖头堰（又称转头堰）。府河继而又绕城区北面与东面向南行，至古合江亭址处与锦江（或称流江、南河）汇合。以下合流后的水道，近代仍统名府河。2005 年 5 月，四川省人民政府批准将府河金牛区洞子口至彭山县江口镇约九十七点三公里的河段更名为锦江。从此不再称"府南河"，而新锦江全长则达一百一十余公里。

清同治《成都县志》称："石堤在回龙堰后，由徐堰河分流，是为府河。"此处所言甚为笼统。其实清代初期，石堤堰处柏条河与徐堰河汇合后，以下仅有毗河一支，当时并无此段府河。走马河所分沱江河，东南流至郫县永宁桥，下段成为水渠螃蟹堰，直流而往成都；而走马河所分之油子河，东南流至郫县永定桥，下段成为今之府河水道，向南进入成都。此两河起初与石堤堰上游之柏条河、徐堰河并未连通。康熙四十八年（1709）成都修建满城，供八旗军队驻防。总督年羹尧为了使柏条河、徐堰河漂来木料可以直达成都，便于基建，于是利用徐堰河在石堤堰下流分出之半边堰渠道前段，向南新开一段较短的连通水道，使其与螃蟹堰相连，当时称为"筑断堰"。从此石堤堰上游两股水源，即能通过半边堰、筑断堰、螃蟹堰，直接连至油子河。于是上游漂来竹筏、木筏，即可由灌县一水运至成都。此段新河道，此后逐渐扩大，便改称府河。原先安定桥以下油子河水道，即不再称为油子河，于是造成油子河汇入府河之势。其实府河前身即是油子河。

清同治《成都县志》载：

> 筑断堰，（成都）县西三十五里。旧名猪圈堰，一名半边堰，自螃蟹堰分流南行，经漏洞子与油子河合。春闭秋开，立有定规。按螃蟹堰水，旧与府河不通。康熙四十八年新设八旗驻防，修造公廨屋宇，各州县奉文采办木石。西道水路不通，川督年羹尧相度地势，新开此堰，引水入府河，船筏得以通运。

因此，《华阳县志》即以油子河为府河正流：

> 油子河一名郫江，即府河正流。

> 油子河自灌县四分走马河水。东流经郫县竹瓦铺，绕郫（县）北，复东南流约十八里，至成都县属筑断堰，而柏条河水自北来会。又东南流约二十五里，经洞子口，左分砖头堰。

> 按油子河现通称府河……总督年羹尧相度地势，开螃蟹堰，与油子河通，船筏得以运行，称为新府河口。

此志且将油子河之称，代替府河。

府河又经新桥东南流，过九里堤。此处即古代糜枣堰，笕槽河水自西南来汇。因平原地面自西北至东南倾斜，成都城区西北面有众多水流直冲而来，必须在城区上游筑堤九里，拦截洪流，方可使城内免除洪水侵入。相传蜀汉丞相诸葛亮始筑此堤御洪，符合地形实况。堤下须开排洪道，方利于排水，称为糜枣堰渎。晚唐时高骈调整水系，又加以治理。

宋吕大防《合江亭记》：

（高骈）塞縻枣故渎，始作新渠。①

明天启《成都府志·山川》：

> 九里堤，府城西北隅。其地洼下，水势易超。诸葛亮筑堤九里捍之。宋乾德中，刘熙古修筑，号刘公堤。②

按此堤必须前后各代皆修，因土石工程难以百年不坏。诸葛亮、高骈及刘熙古皆有修缮。

至于《合江亭记》所谓塞縻枣故渎，当是指兼作排洪之郫江故道。高骈建罗城，旧有之郫江遂废，统称故渎。堤上今存诸葛庙，据何涉《縻枣堰刘公祠堂记》，知宋代刘熙古重修高骈所筑之縻枣堰堤，蜀人为之建祠以纪其功。后人因崇敬诸葛亮，遂将刘熙古祠改为诸葛庙。天启《成都府志》据此立论，清代方志复从其说。宋代縻枣堰为西北风景名胜之区，范成大曾于其地建縻枣亭。

府河由此东流，经万福桥南流。

清同治《成都县志·津梁》：

> 万福桥，县北二里。架木为桥，上覆以屋，有亭有坊，长五丈，宽丈余。旧桥在上流数百步，跨油子河。③

府河又东经北门外大安桥（又名迎恩桥，旧名清远桥）。北宋人京镗强易桥名为驷马桥。其实古驷马桥乃跨沙河，不在府河之上。

京镗《驷马桥记》云：

> 出成都城北门不百步，有桥，旧名清远……窃意近时之清远，即昔

---

① 杨甲《縻枣堰记》亦谓堰堤乃高骈所筑。
② 清康熙《成都府志》及《大清一统志》所载略同。
③ 万福桥在20世纪40年代末期已冲毁，新中国成立后移至下游重建。

日之升仙……乃區以驷马，因去清远不经之名。①

考升仙桥，为汉司马相如题柱之处，后人称曰驷马桥，距清代成都北门约七里。古有升仙水由升仙山来，故名升仙桥。清远江开自唐代，清远桥修建更在其后。汉唐时代不同，两桥地点各异，安能混而为一？高骈筑罗城时方有此新河，有新河才有新桥，此桥固与司马相如无涉。府河至猛追湾南折，纳入刘桥河水。

清李元《蜀水经》：

油子河……又东经成都县城北，转东，受刘桥河水。

然后其又南流经新东门外武成桥，又名顺江桥，亦名东安桥。

民国《华阳县志·津梁》：

武成桥，治（指华阳县署）东四里余，武成门外，（跨）油子河，石材、拱式。民国 4 年（1915）创建，十三年（1924）改修。民国 3 年（1914）新辟武成门，始创建此桥。②

府河过此桥以后，又南过东门外长春桥（旧名濯锦桥）。

明天启《成都府志·关梁》：

濯锦桥，府城东门外，其下有坊，江合二水，濯锦鲜明。

清嘉庆《华阳县志·津梁》：

长春桥……高二丈，长十余丈，阔二丈，中稍隆起，翼以栏楯。创

---

① 《全蜀艺文志》卷三十三。
② "武成门"的"成"字各种街道图均作"城"。

建年月无考①，乾隆五十年（1785）重修。

民国《华阳县志·津梁》：

> 长春桥，治东五里余天福街，跨油子河，即府河。石材，拱式，三洞。清乾隆五十年（1785）重修。光绪十二年（1886）又重修。旧名濯锦桥，俗称东门大桥。

府河过此桥后再南流，金水河自城中来汇入。府河又南至古合江亭遗址，汇合锦江（清水河）。二江合流后，通称府河，亦称都江。何者为"府河"？历来说法不一。《蜀水考分疏》："郫江南至安顺桥下合流江，为府河。"亦有指二江上流之走马河为府河者，如《郫县志·山川》引《灌江备考》即是。更有以清水河（锦江）为府河者，如清雍正《四川通志》及《成都通览》所云。

以二江合流后称为府河者，除前引《蜀水考分疏》之外，民国《华阳县志》亦主是说。如二江上游之走马河，旧称府河，地名有府河口。又成都西北螃蟹堰与油子河相通处，地名新府河口。足见二江上游及郫江正流，俱可称为府河。至郫江下游与锦江（流江）合流后通称府河，则记载更多。于此，又足见府河乃是郫江正流及走马河、下游二江合流后之通称。至于以锦江为府河者，则为少数。

第四节　西濠水系

成都城区之北、东、南三面，有府河、锦江环抱；城西一面，则顺应地形，将郫县流来诸水，在西城垣前九里堤后，改造为西濠。此西北流来诸水，流向皆大致与府河洞子口段相平行，其最北面为沱江河分出之瓦官河（又名瓦窑河）；其南一支为马河；再南一支为犀角河，俗称洗脚河；皆流至城区西

---

① 此桥已见明天启《成都府志》，则确在明代已有。

北部。前两支折入西濠者，今称饮马河。犀角河所折入一段，今称西郊河。在此南又有磨底河。清同治《成都县志》因金水河水引自此河，故又将磨底河称为金水河。磨底河之南，更有所分出之笕槽河。大城西门与西濠之间，有桥跨犀角河支流，明代称浣花桥，与浣花溪草堂东侧之浣花桥异地而同名。

明天启《成都府志·关梁》：

> 浣花桥，府治西门外，旧名大市。巡抚东阜刘公（刘大谟）创建，且置坊于上。四门始为一体，长桥引波，巨榜悬空。驷马（桥）与万里（桥）对峙，濯锦与浣花相望。争雄竞丽，实为锦城之壮观云。

此西面护城之河，今为西郊河；经大西门外南流，至通惠门前，有桥跨于其上，称为"十二桥"。

民国《华阳县志·津梁》：

> 十二桥，治西南三里余通惠门外，（跨）城濠。木材、平式，民国5年（1916）创建，新辟通惠门，始创造此桥。①

西郊河过此又南经遇仙桥，至宝云庵侧汇入锦江。

遇仙桥当年之位置，如清同治《成都县志·津梁》所载："遇仙桥，县西南五里，石桥跨磨底河分流，在二仙庵东，下合清水河。"

合流之处，清人称为百花潭，实则与杜甫时之百花潭不相干。至于城北之濠饮马河，则为自外西金仙桥分犀角河之水，经东北流绕北较场所在之北垣，再东流至清远桥西侧，注入府河者。

---

① 扬州有二十四桥，风景极佳，此桥名十二桥，或意为二十四桥之一半。一说府河与锦江、西濠上原有桥十一座，增此则为十二桥。

第五节　贯穿南城之金水河

唐代白敏中所开金水河本导郫江之水，高骈使郫江改道后，金水河水源乃导于磨底河，近世犹然。清代此河由城之西垣经铁窗入城，再经东垣铁窗出城注于府河。西濠乃导磨底河支流。磨底河正流由化成桥南折流至青羊宫，汇入浣花溪。其支流由化成桥分一支向东流入西濠。成都及华阳县新旧两志，均以磨底河为金水河来源。又清同治《成都县志》与嘉庆《华阳县志》均绘有省城图，在图中大城西南之锦江外，有金水河来源，横穿锦江而入西水门，似属误记。推究其故，盖由清雍正《四川通志·金水河图》于绕城西南而东之锦江外，绘有磨底河，横穿锦江而入西水关，为金水源，故成、华两县志遂仿照原图，以磨底河为金水河源。

清同治《成都县志·津梁》：

> 清源桥，县西城外百步，石桥。上有奎星阁。有土城栅门，跨金水河。

金水河东经西较场口，再过金花桥。

明天启《成都府志·关梁》：

> 金花桥府城中卫大街，旧有坊，即市桥也。[①]

隋之龙渊寺（唐改空慧寺）在此。宋至清代名曰石犀寺或石牛寺。遗址在今西胜街。

金水河又东过节旅桥，即将军衙门西侧之桥。[②]

清同治《成都县志·津梁》：

---

① 清康熙《成都府志》略同，然金花桥并非建于古市桥旧址上。
② 清光绪五年地图上金花桥下有节里桥，当是节旅之误。

通顺桥，满城内，跨金水河。

金水河又东经拱背桥，桥在今人民公园前门。同治《成都县志·津梁》载，在节旅桥与通顺桥之间，尚有斜板桥、龙凤桥，并注明俱在城内，跨金水河。唯节旅、通顺两桥相距甚近，是否为将军署门前特建之小桥，或为邻近两桥之别名？皆不可考。又金花桥与节旅桥之间有红板桥；拱背桥与半边桥之间有银定桥，或为斜板桥与龙凤桥之异名，亦未可知。

以上诸桥均在清代满城内，唯半边桥在满城边界，满城水栅半压桥上，占桥面之半，故通呼为半边桥。半边桥后又名"灵寿桥"，题字为刘彝铭（辛甫）手书。

金水河又东经皇城之南，上有三桥东西并列，与皇城三门遥遥相对，乃明代所建，通呼三桥。[①]

清同治《成都县志·津梁》：

三桥，治南贡院前街，跨金水河。[②]

金水河再东经锦江桥。明天启《成都府志·关梁》：

锦江桥，府东锦江街。

清同治《成都县志·津梁》：

锦江桥，治东染房街口，跨金水河。

过此，更东经卧龙桥（在粪草湖街西口附近）。
清同治《成都县志·津梁》：

---

① 三桥于清《雍正金水河图》有载。
② 三桥如"川"字并排，与贡院前面三门相对，从明代直至民国均未改动。

卧龙桥，治东，跨金水河。①

再东过青石桥，此桥古名龟化桥。
明天启《成都府志·关梁》：

> 龟化桥，华阳县治南金水河之东，俗呼曰青石桥。

民国《华阳县志·津梁》：

> 有石桥，治东南三里青石桥街，（跨）金水河。石材，平式，一洞。
> 清乾隆五十七年（1792）重修，民国15年（1926）改修。旧称龟化桥，
> 原有覆盖，改修时拆卸，如今形。

按《蜀梼杌》卷上谓王建斩宝历寺僧二十二人于龟化桥，当即此桥。
又宋李新《后溪记》：

> 其一自小桥入都市，有笃渊、建昌、安乐、龟化等八桥跨水上。

金水河又东经太平桥，桥在半边街处。
民国《华阳县志·津梁》：

> 太平桥，治东三里余半边街，（跨）金水河。石材，平式，一洞。清
> 乾隆五十五年（1790）创建。

此河过太平桥后，再东经一洞桥。
民国《华阳县志·津梁》：

---

① 华阳县新、旧两志均漏列此桥。

一洞桥，治东南四里半边街，（跨）金水河。石材，拱式，一洞。同治十二年（1873）创建。

过一洞桥后，复东经余庆桥。
民国《华阳县志·津梁》：

余庆桥，治东南四里余半边街，（跨）金水河，石材，拱式，一洞。清乾隆十八年（1753）创建，同治九年（1870）重修。

过此，再东经老卧龙桥。
民国《华阳县志·津梁》：

卧龙桥，治东南四里余南打金街，（跨）金水河。石材，拱式，一洞。民国15年（1926）改修，原有覆屋，改修时拆卸。

又东经板板桥。
民国《华阳县志·津梁》：

板板桥，治东南四里余龙王庙街，（跨）金水河。木式，一洞。清光绪初年创建，民国8年（1919）重修。

再东经景云桥。
清嘉庆《华阳县志·津梁》：

景云桥，治东城内龙王庙前，跨金水河。乾隆三十五年（1770）创建，易木以石，盐茶道林俊有碑记。

民国《华阳县志·津梁》：

景云桥，治东南四里余龙王庙街，（跨）金水河。石材，拱式，一洞。清乾隆三十五年（1770）创建，光绪三十三年（1907）重修。

此外，又有金津桥。
明天启《成都府志·关梁》：

金津桥，府治东南隅。

又，清嘉庆《华阳县志·津梁》：

金津桥，治东城内下莲池，跨金河。

两书均先列景云桥，再列金津桥。
在金津桥东，有拱背桥，原名金水桥。此桥桥旁有碑刻"拱背桥"三字，但并非现在人民公园前门之拱背桥。
民国《华阳县志·津梁》：

拱背桥，治东南五里东岳庙街，（跨）金水河。石材，拱式，一洞。清光绪三十三年（1907）重修，旧称金水桥。

金水河过此再东经东水门，穿铁窗（即铁板桥），流出城外。
清嘉庆《华阳县志·津梁》：

铁板桥，治东城内秦祖庙左。铁板即东水门铁窗也。①

铁板桥再东，即普贤桥。
清嘉庆《华阳县志·津梁》：

---

① 清同治《成都县志》图临东水门处有一铁桥，成、华两县志正文均无此名，疑即铁板桥。

普贤桥，治东城外水门侧。旧为板桥，嘉庆六年（1801）重修，易木以石。

民国《华阳县志·津梁》：

普贤桥，治东五里清安街，（跨）金水河。石材，拱式，一洞。清嘉庆六年重修，旧为木桥，清嘉庆间始改建为石桥。

过此，金水河再东经大安桥，最后入府河。大安桥在城东珠市街。

清嘉庆《华阳县志·津梁》：

大安桥俗名下里桥，治东城外珠市街，跨金水河。创建年月无考，嘉庆十五年（1810）重修。

民国《华阳县志·津梁》：

大安桥，治东五里珠市街，（跨）金水河，石桥，拱式，一洞。清嘉庆十五年重修。旧称下里桥。

金水河于宋代只有八桥。由宋至明末，成都经过两次兵祸，元气未复，至清代雍正年间，金水河中各桥及未经注明之金花桥、三桥，合计不过十桥。迨入乾、嘉以后，则逐渐增加至二十余桥。

第六节　环绕皇城之御河

御河为环绕明代蜀王府之水道，民间习称王府为皇城，故有此名。明正德《四川志·蜀王府》谓：蜀王府"城下蓄水为濠"[1]，即指蜀王宫城周围之

---

[1] 明嘉靖《四川总志》抄录正德《四川志》漏此六字。

御河。清彭遵泗《蜀碧》及清康熙《成都府志·名宦》，均言方尧相投"王府河"。此王府河亦即御河。明正德《四川志》所言"蓄水为濠"，当是蓄雨水，即此河与金水河不相通连。清代在蜀府废墟修建贡院，四周建墙，复增凿一段河濠，使御河与金水河相通，仍名御河。于是城内又增加一条与金水河相通之水渠。清《雍正金水河图》注御河为"新开河"者，当指新开沟通两河之一段新濠。此后志书误记环绕贡院之河皆为新开。又，明代御河既环绕王府城垣，河岸即称为御河沿，故至今犹有东西御河沿街之名。而《雍正金水河图》则称御河沟通金水河之一段为御河沿，亦属舛误，应予辨正。

御河之南，即贡院之前，有宝莲桥，左右有二龙眼桥。其桥早废。

明天启《成都府志·津梁》：

> 宝莲桥，蜀府遵义门外。[1]

清同治《成都县志·津梁》：

> 龙眼桥，贡院左右各一。

清嘉庆《四川通志》并谓龙眼桥北又有后子门桥，其东有同善桥、履安桥。

清同治《成都县志·津梁》：

> 同善桥，东御河南；履安桥，东御河北。

同善桥亦名红桥，即旧东华门通道所经之处。

此外，西御河之南、北面尚有平安桥、义成桥。

清同治《成都县志·津梁》：

---

[1]　清康熙《成都府志》同。

平安桥，义成桥，西御河南，西御河北。

义成桥，即旧西华门通道所经之处。

御河入水及出口处均为暗渠。其两端皆与金水河相通，一在西御街中，一在东御街中，跨于其上之三桥，俱名青龙桥。

清同治《成都县志·津梁》：

青龙桥三处：一在治南青龙街，一在西御街中，一在东御街中。

此外，城北、城东现以旧桥名街者，尚有多处；而桥下唐宋之溪与渠，则并无故迹可寻。考诸记载，由于文献不足，故不敢确定何桥跨何水。其桥名犹存者，清同治《成都县志·津梁》所载有青龙桥、通顺桥、状元桥、玉带桥、双堰桥等。兹录其文于次：

青龙桥在治（成都县署，下同）南青龙街。

通顺桥，在治北通顺街圆觉庵左，跨北官渠。

状元桥，在治东打铜街口。

玉带桥，在治东线香街口。

双堰桥，在治东马王庙侧。

清嘉庆《华阳县志·津梁》又载有总汇桥、梓潼桥、双庆桥、桂王桥等。其云：

总汇桥，在治（华阳县署，下同）东城内顺城街。乾隆二十二年（1757）建。

梓潼桥，在治东城内古梓潼街。创建年月无考。乾隆三十九年（1774）重修，相传街旧有梓潼宫，故名。

双庆桥，在治东城内庆云庵左。嘉庆四年（1799）建。

桂王桥，在治东城内。

既名为桥，则其下昔必为溪流所经，当为宋代后溪由西北而趋东南之故道，或为宋代城内四大沟渠遗迹。当年后溪及四大沟渠分布城中，均顺地势高下，由西北顺流而汇于东南，犹如西南沟渠及皇城御河，均汇归金水河。再查志书及各种古地图，知城南尚少废桥名称，唯北城、东城废桥独多；足见城北及城东旧有渠，虽已废没，而桥名犹存留至今。又如志书未载之沟头巷，据故老相传，亦为城中沟渠之一。其余不见于文献之废桥，更不知凡几。北城又有王家塘等，一线相连，或为当年后溪残迹，与少城西南各旧塘及南城上、中、下莲池（为郫江故道遗迹），大略相同，唯经时既久，文献不足，不敢确断，记此以备参考。

第七节　郊区支流

附城四郊各支流：西南属清水河系统，西北、东北属府河系统，均先分而后合。西来及北来之支流，或名为堰，多为灌溉水渠，并无舟楫之利。

一、西南支流

与清水河同源异流，中分而后合者，主要为磨底河，其次为笕槽河及龙爪堰水道。

1. 磨底河

走马河流至郫县两河口，分为二支，南为清水河，北为磨底河。

清同治《成都县志·山川》：

磨底河自郫县两河口分流，至莲花池入县界，左分一支为金水河，经青羊宫侧，与清水河合。

清同治《郫县志·山川》云：

走马河……又西南为两河口，分两支：左为清水河，右为磨底河。

磨底河由东南流，经化成桥，受笕槽河南支之水，转罗家碾、百寿桥，至青羊宫西侧送仙桥，汇入锦江。

清同治《成都县志·津梁》：

化成桥，县西八里，石桥。咸丰六年（1856）重修，跨磨底河。

送仙桥，县西南七里，石桥，跨磨底河，下流合清水河。

磨底河于化成桥下又分一支经将军碾，穿过西濠入城，为金水河。

2. 笕槽河

笕槽河即土桥河，由郫县西来，经两河口（非磨底河与清水河分支之两河口），于二郎庙分为二支：南支东行，经郎家桥、独木桥，与磨底河大体平行，至化成桥汇入磨底河；又于化成桥下分一支入西濠。其北支东北行，经土桥，俗呼为土桥河。①

清同治《成都县志·津梁》：

土桥，县西十五里金泉场东。古桥系铁板，长丈余，宽五六尺，因低陷，上覆以土，故名土桥。跨磨底河分流。

_____

① 笕槽河北支入西濠处，当为高骈北徙内江所留一线溪流引入西濠者，亦即宋代后溪引水入城之处。

3. 犀角河

茶店子附近有犀角河。上有犀角桥，至西门口附近流入西濠，今称西郊河。至于犀角河之支流：南有三洞桥，在西城外缘；北有金花桥[①]，在万福寺附近。

4. 龙爪堰

清水河在浣花溪上游之侯家湾分支，东南流，经田家桥、元通桥、大石桥、高板桥，于三瓦窑流入府河。此为绕抱城南最大之溪流。

民国《华阳县志·山水》：

> 清水河……由苏坡桥曲折而东……又东入县境复合分为龙爪堰，长约三十余里。

至于龙爪堰堤坝，则为明嘉靖（1522—1566）中蜀藩修筑，范时俶有碑记。清嘉庆《华阳县志》称：碑文模糊，可辨识者仅数十字。今残缺更甚，其堰礨石坚牢。耆旧相传，四周悉用铁锭连贯。

二、西北支流

西来支流于成都西北汇入府河者，南为瓦官河，北为螃蟹堰。

1. 瓦官河

由郫县西来之瓦官河，又称瓦窑河，经侯家桥、火烧桥、九里桥（即九里堤，为古糜枣堰故处），再东流经傅家碾，于新桥汇入府河。

清同治《成都县志·津梁》：

> 九里堤，县北九里，石桥，跨油子河分流。

2. 螃蟹堰

由郫县石堤堰处柏条河分支南来，经踏水桥、洞子口等处，再经东流至

---

① 此金花桥非少城西较场口之金花桥。

新桥下，汇入府河。

清同治《成都县志·津梁》：

> 踏水桥，县北十三里，石桥，跨石堤堰正河。

此水上段为清代四川总督年羹尧运输木料，建筑满城公廨所新开之筑断堰。

三、东北支流

由成都县城西北府河分出支流，东经驷马桥者为沙河。沙河之东，有溪流向南流入沙河者为升仙水，今称凤凰河。

1. 沙河

由府河新桥下分支东流，经驷马桥，南折而经上中下三洞桥、踏水桥、沙板桥、跳蹬桥、多宝寺桥、乌龟桥（五福桥）、五桂桥，又南经净居寺附近之观音桥。

明喻茂坚《重建观音桥碑记》：

> 成都去城七里有沙河，近东景山之寝园，车马经游之路……成化丙申（1476）河桥颓圮……丁酉（1477）桥告成。楼上有楼，楼下有栏楯，咸集以木。桥畔有观音堂，因题其名曰观音桥……迄今甲子（1564）历年九十……桥残缺过甚……欲易竹木尽施砖石……经始于甲子（1564）正月十二日，告成于乙丑（1565）十一月十五日。东西长二十丈，南北阔四丈，通砌以石，重重合以（石）灰。虽有大水，可保不灌。车马可任，往来者便焉。

观音桥在明成化年间已经颓圮，则建桥当在元代。由此可见，沙河在元明之前已有。以桥长二十丈推测，则当年河流不小。沙河上之驷马桥，即升仙桥。此与《宋史·雷有终列传》"王均升仙之败，撤桥塞门"之说相符。

沙河为绕抱城区东面最长之水道，与绕抱城南之龙爪堰先后汇入府河，情况相同。

沙河分出之支流有三：一由新桥下分支斜向东南流，经赛云台，至北门外城隍庙入府河，今称小沙河；二由驷马桥上游附近分支，斜向南流，经迎恩楼、小桥子，沿簸箕街流入府河，今称排洪河；三由驷马桥分支斜向西南，经四方碑，至猛追湾，流入府河，今称绳溪河。三流皆由沙河分支流，复入城北府河者。

2. 升仙水

升仙水发源于城北升仙山，为古代升仙桥（今驷马桥）所跨。今升仙山称凤凰山，故升仙水亦称凤凰河。

升仙山得名，见唐卢求《成都记》：

> 城北有升仙山，升仙水出焉。相传三月三日张伯子道成，得上帝召，驾赤父于菟（于菟，虎之别称）于此上升。

清同治《成都县志·山川》：

> 升仙山在县北十里。

清同治《成都县志·津梁》引《华阳国志》：

> 城北十里有升仙桥。司马相如东游，题其柱曰：不乘高车驷马，不过汝下。

升仙桥因此又曰驷马桥。

《蜀水经》：

> 都江又东分支为羊子河……又东分支东南流为刘桥河，东经驷马桥，又东入沱江（指油子河，非金堂之沱江）。

《蜀水考分疏》：

> 油子河……又东过成都县城北，转东，受刘桥河，又南，受金水河，又南，至安顺桥下合流江，为府河。

刘桥河既经驷马桥，又转入郫江。揆之现在城北溪流，当即由驷马桥沙河分支流经四方碑，于猛追湾入油子河者，与记载相合。但此水地图上无注，或旧溪淹没，另引新堰，均属事理之常。故不敢臆测推断，唯有存疑。

成都城区东部为丘陵地，地势增高，自山丘中流出之溪流，亦汇入沙河。其中有自北向西南入沙河之双笕槽河；有自狮子山向西北流，过沙河堡又入沙河之秀水河。旧志均未载入。

附录　新中国成立后水道及桥梁的变化

　　20世纪50年代建设东郊工业区，因此整治扩展沙河，作为工业水源。时又在府河上增建一号桥、二号桥梁，以便利东郊运输；在锦江上万里桥东，增建锦江大桥；又于1980年在望江楼畔建成望江桥（又名玉津桥）。同年，在安顺桥西建十二北街大桥。此桥于1981年被洪水冲毁，又于1982年重建。在距十二北街大桥三百米处有老安顺桥，始建于清乾隆十一年（1746），惜于民国36年（1947）遭洪水冲毁，后再建为木板石墩桥。1981年其再被洪水冲毁，遂暂搭便桥维持交通。至2002年予以拆除，在距原址一百米处新建三孔仿古廊桥，即今安顺廊桥。又于九眼桥侧另建新桥，此后拆除九眼桥。府河上段，于万福桥西增建西北桥。城内之御河、金河则改造为人防工程，原有河床作防空壕。此二水道遂被清除，唯人民公园北侧尚存金河一小段及小桥两座。两河原有各桥梁，均已成为旱桥。

　　1983年初，成都市东、西城区政府对市属街道、河流、桥梁名称进行普查厘定。

一、东城区

府河上有桥梁八座：

红星路大桥（原一号桥）　　猛追湾桥　　新华路大桥（原二号桥）

新东门大桥　　东风路大桥　　东门大桥　　九眼桥　　望江桥（即玉津桥）

南河（一名锦江）上有桥梁四座：

南门大桥（原万里桥）　　锦江大桥　　新南门大桥　　安顺桥

沙河上有桥梁十座：

踏水桥	麻石桥	五福桥	观音桥	跳蹬河桥
多宝寺桥	上五桂桥	沙河大桥	府青路大桥	建设路大桥

二、西城区

驷马桥	北门大桥	万福桥	西北桥	通锦桥
金仙桥	十二桥	迎仙桥	送仙桥	锦绣桥

百花潭大桥

府河与南河多年未彻底整治，河道淤窄，水质下降。1992年，成都市政府以"一号工程"的名义，进行府、南二河综合整治，沿河拆迁，重建绿廊，并使河道规范化，水质优化。1997年完工后，两河面貌焕然一新。河上众多桥梁重新命名。

府河（自洞子口至南河口）上有桥梁十三座：

西北桥	五丁桥	万福桥	星辉桥	北门桥
太升桥	红星桥	猛追湾桥	新华桥	武成门桥
东风桥	东门大桥	合江桥		

南河（自龙爪堰至南河口）上有桥梁十一座：

清水河桥	蜀锦桥	百花潭桥	沧浪桥	锦官桥
虹　桥	南河桥	南门桥	复兴桥	兴安桥

安顺廊桥

此外，饮马河上有通锦桥、金仙桥、三洞桥；西郊河上有十二桥。

2001年，成都市政府又进行沙河整治，新建沙河八景。

街坊篇

　　成都古代街坊，志乘杂记所述无多。明末清初，数经战乱，与宋末一样，街坊被焚。康熙年间，在明城废墟上逐渐重建街市。重建之官署所在及通衢大道，多沿明代旧基。因由全毁至重建相去仅二十年左右，故明代故址易寻。参照明《天启成都府治图》、清《光绪五年图》及民国 31 年（1942）之《成都市区图》等，成都街道可考者有三百余年历史。成都街坊发生大变化开始于 1958 年，拆除了城墙，修通了人民南路。

　　唐代东西二京之坊，南北对排，皆长方形纵横街衢，整齐划一。徐松在千年以后，根据宋代遗图作《西京城坊考》，按图记述，顺而易举。与二京相比，成都街道布局，却极不一致。主要大街，多为东西向与南北向；而斜行曲折，错综复杂者，亦复不少。本篇爰依 1990 年 9 月以前成都市行政区划及街坊布局而分城内城外为若干区段，区段各划若干干线。凡两线间交街，均属于线（一般情况东、西线之支街南北向，南、北线之支街东西向）。其街中官署、学校、寺庙、工商各业以及名胜古迹等，均属于街；其著者，则详于《杂考篇》。如是以区统线，以线统街，执简驭繁，便于查阅。

其区划大概，城内分为中城、东城、北城、西城、南城五区段，城外分为外东、外北、外西、外南四区段，共为九个区段。

各区段划分干线：

一、中城　划分为辕门、东华、御河、西华内四线（在蜀王城四周），南城、东城、北城、西城外四线，共八线。

二、东城　划为东门线及东一至东九线，共十线。

三、北城　划为北门线及北一至北五线，共六线。

四、西城　划为西门线及西一至西二线，共三线。

五、南城　划为君平线及南一至南四线，共五线。

六、外东　划为外东线、东一线，共二线。

七、外北　只外北一线。

八、外西　划为外西线、新西线，共二线。

九、外南　划为外南线、外南一线、新南线、新南一线，共四线。

以上各区段，共划四十一线。

又，本篇所记系据文献及 1959 年编纂本书初稿时本馆人员逐街采访所获资料综合而成。但 1959 年采访时仅部分街道有长度资料，故本篇有则记之，无者阙如。

第一章　中　城

南以南城线（由西御街至东御街）为界；东以东城线（由西顺城街至上西顺城街）为界；北以北城线（由西玉龙街至羊市街）为界；西以西城线（由东城根中街至东城根南街）为界。以上四线界址，为蜀王府萧墙故基范围。

中城以旧皇城为中心，环城干线南面分为辕门线、南城线，东面分为东华门线、东城线，北面分为御河线、北城线，西面分为西华门线、西城线（凡两线间支街皆属之）。共八线。

第一节　皇城内

成都人所说"皇城"，实际上是明代皇帝册封的蜀王府宅。清代就明蜀王府故址建四川贡院及成都府试院于其内；又设铸钱、储粮之机关，皆在新建之墙垣内。墙基略同于明蜀府墙。

贡院城垣在民国时已逐步拆除，计东西垣皆长六百六十米，南北垣皆长五百四十米，为规整之长方形。辛亥革命起义军曾斩前清四川总督赵尔丰于至公堂前。

第二节　辕门线

西由东城根南街东边起，经大西巷、板桥街、皮房前街、东辕门街，抵东华南街南口。共四街，支街巷一。

大西巷　西起东城根南街，东至马道街南口，长一百五十米。原来只有东口，西为死巷，抗战中辟火巷时始将此巷打通。

板桥街　西斜接大西巷，东至皮房前街，长九十五米。旧为西辕门街南段（见本书后附清《光绪五年图》，以下简称《光五图》）。后名板桥街，以东头有板桥得名。

皮房前街　西接板桥街，东至贡院街北口，长二百四十米，旧为西辕门街见（见《光五图》）。本街以清季为硝皮业[1]集中地点得名。街北有西北中学[2]，民国时为回族人士所办，先仅招收回族子弟，后亦兼收汉族学生。新中国成立后，此街扩建为人民西路，东头建成都市级机关办公楼，对面为食堂。西侧为西北中学。

支街巷一（南北向）：

皮房后街　西接西御河边街，南沿御河，向东行，北靠旧皇城墙。东头由南折为小巷南抵皮房前街。巷有太平桥。本街旧名皮房巷。旧为硝皮业集中处所。

东辕门街　西抵贡院街，东至东华南街口。新中国成立后打通东头，抵西顺城街，为人民东路。其西过广场到东城根街为人民西路。时街西为省冶金、机械、煤炭、工业、化工等五厅办公楼，对面为宿舍；街东头有黄济川痔瘘专科医院。

第三节　南城线

西由祠堂街东口起，东经西御街、东御街，抵盐市口。共二街，支街巷十一。

西御街　西起祠堂街东口，东至贡院街南口，长四百九十米（见《光五图》）。东、西御街以处于明代蜀王宫外得名，沿用至今。街西北起有庆余当铺，其东方氏祠，又东川公所。街南东头有清真西寺。街中南侧，抗战时期

---

① 用朴硝或芒硝加黄米面处理皮毛，使皮板柔软。
② 新中国成立后迁小河街新建校舍。现学校分为南北两区，北区在天府广场西侧，南区居武侯祠旁。

有中央大戏院，放映电影，时以查理·卓别林主演美国电影《大独裁者》观众最多。新中国成立后改建为新声剧场，演出京剧。街中有兴隆桥，在御河出口南流处（见《光五图》）。中医骨伤科名医罗裕生诊所在此街，子皆继其业。

支街巷八（南北向）：

华德里　南起西御街，北无出口。

小巷子三条　皆与华德里同一方向，均死巷。

顺河街　南起西御街兴隆桥口，北接小河街，长八十米。

小河街　南接顺河街，北接板桥街口，长一百二十米。北段原为板桥街之一段。

小西巷　东起顺河街，西抵东城根南街，长二百六十米。西头原为死巷，抗战中辟火巷始与东城根街衔接。

小巷子三条　均北起小西巷，南无出口。原仅一条，名横巷子。

贡院街　南接三桥正街，北抵皇城坝，长二百二十米。本街旧有牌坊一，两面为栅栏，有横额大书"贡院"二字。此为本街得名之由。街北为贡院院墙之前门，三门并列，1969 年修建"毛泽东思想胜利万岁展览馆"[①] 时拆除。此街习称皇城坝。附近各街为回族聚居之地，向以贡院街为中心。经营牛肉业及清真饭馆者多集于此。街东有清真寺（又名义学寺）。新中国成立后，皇城南面的贡院街、三桥正街、南街被拆除，兴建人民南路一段，面积较宽，成为广场中心地带。1983 年，位于人民南路北段两侧的东鹅市巷、永靖街被拆除，扩建人民南路广场。1999 年，广场正式命名为"天府广场"

永靖街　东起贡院街，西至清真寺。分两巷，均抵小河街，长二百三十米。旧名永清街（见《光五图》），后东段改为西鹅市巷，西段仍曰永清街，继改名永靖街。街西头清真寺，又名清真古寺、皇城中寺。民国 6 年（1917）川滇军内战，寺被焚，后修复。回民小学在寺西北隅。

东御街　西接西御街，东至盐市口，长四百八十米。街仍为明代旧名。本街及西御街北侧为明蜀王府外城（萧墙）之南垣所在。街北中部有张氏祠。

---

① "文革"后改名为省展览馆，21 世纪后再改为四川科技馆。

街南中部有廖氏祠。祠东有清真寺，即清真东寺。寺东有中国银行。制造铜器者集中此街。民国 31 年（1942）至民国 34 年（1945）底，美国新闻处成都办事处设于本街东段路南。

支街巷三（南北向）：

东鹅市巷 西起贡院街东，向东北斜行，东抵东辕门街，长三百米。本巷东、西段原名东、西鹅市巷，后东段改为叠湾巷。东、西鹅市巷均以鹅市所在得名，清光绪时已有此名。以前成都人相传本名鹅屎巷，蔡锷以其与"锷死"音同，恶之，故名鹅市巷。此实乃无稽之谈。街南之东有清真寺，又名清真十寺。

叠湾巷 西起东鹅市巷中段，曲折向东，长三百一十米。讹为叠窝巷，《光五图》亦写作叠窝巷。其西段后划为东鹅市巷东段，民国 30 年（1941）成都街道图正本巷之名为叠湾巷。本巷东头原抵宾隆街北（见《光五图》），抗战中辟火巷时始通至西顺城街。

宾隆巷 南起东御街东头，中经东鹅市巷口，北抵东华正街，长三百八十米。《光五图》"兴隆巷"注明即叠窝巷。民国时改为宾隆巷街。街中西侧有兴隆巷。清代外地商人到成都经商者多住于此街，故街名取宾客盈门、生意兴隆之意。

第四节　东华门线

南由东辕门街口起，北经东华南街、东华北街、小红土地庙街、大红土地庙街，北抵西玉龙街南。共四街，支街巷四。

东华南街 南起东辕门街东口，北至东华正街西口，长一百六十米。以邻近旧蜀王府东华门得名。西侧有清真七寺。寺对面为曾氏祠。

支街巷二（东西向）：

小巷子 东接东华正街西口，由西过桥，西抵东御河北街，长三十米。旧名红桥街。巷之西首有红桥跨御河，原为皇城东华门通东华门正街必经之道。

东御河北街 南起御河东南角，东沿御河，西靠贡院墙，北抵东御河边街东口，长三百三十米，旧无街名。街之西首有履安桥，跨御河（见《光五图》）。

东华北街　南接东华南街，北至上翔街西口，长二百米。旧为东华门街北段（见《光五图》），后改为东华门南、北两街（南街西侧有清真寺），最后改名东华北街。

小红土地庙街　南接东华北街，北至大红土地庙街①，长二百米。西侧小红土地庙，坐南向北（见《光五图》）。

大红土地庙街　南接小红土地庙街，北抵西玉龙街南，长一百五十米。西侧大红土地庙，坐北向南（见《光五图》）。

支街巷二（东西向）：

林家巷　西起大红土地庙，东头无出口。

里仁巷　西起大红土地庙，东头无出口。巷名取"里仁为美"之意。

第五节　东城线

南由盐市口起，北经西顺城街、皮房街、中西顺城街、上西顺城街，抵西玉龙街东口。共四街，支街巷七。

西顺城街　南起盐市口，北至东华正街东口，长四百七十米。旧为西顺城街（见《光五图》），后改为下西顺城街，后又改还原名。西顺城各街，与东城边东顺城街遥遥相对。此街为明蜀王府萧墙之东垣所在地。清代虽已无萧墙，但因此街在清大城东垣之西，故曰西顺城街。② 街东侧南段有"公益当"，又有安乐寺，抗战时期成为纸烟、金银、外币交易市场，直至 1949 年底。又，街东侧于抗战期间创建蓉光电影院。1946 年 7 月，民盟主席张澜在此参加追悼闻一多、李公朴烈士大会。

支街巷三（东西向）：

布袋巷　西起西顺城街，东无出口。此巷历史甚早（见《光五图》）。

东华正街　东接提督西街，西至东华南、北二街之交，长一百米。旧为

---

① 大红土地庙街与小红土地庙街因有大、小土地庙，且墙皆涂赤色而得名。
② 一如清之东城根街本为明萧墙西垣所在，清则为满城东垣所在地，故曰东城根街。

东华门街，后改今名。本街因正对东华门而得名。

大有巷 南起东华正街，向北复西折，西抵东华北街，长二百一十米。清代到成都参加乡试者多住此街客店，店主祝愿旅客在乡试中"大有作为"，故取名"大有巷"。

皮房街 南接西顺城街，北至上翔街口，长一百七十四米。旧为皮房街南段（见《光五图》）。本街商业：一为售卖生熟牛皮及其制成品，批发零售均有；一为贩制马鞍辔头零件等。随技术之进步，品质逐渐改良。街东有太和当。基督教中华圣公会川西区会督办事处在街西中段。

支街巷三（东西向）：

小巷子 西起皮房街，东无出口。旧名王家巷。

上翔街 东起皮房街北口，西至东华北街北口，长一百五十米。旧名铁脚巷。成都市最大的基督教礼拜堂就设在这里。从民国3年（1914）开始，法国驻成都总领事署亦设在这里，至民国30年（1941）撤销。

上翔巷 南起上翔街，北无出口（见《光五图》）。

中西顺城街 南接皮房街，北至大坝巷东口，长二百五十米。旧为皮房街北段（见《光五图》），后改为中顺城街，最后改为中西顺城街。街东之南端有糖务府，府北为璧氏祠，又北为刘氏祠。

支街巷一（东西向）：

大坝巷 东接古中市街，西至小红土地庙街西口，过御河小桥，通东御河北街，长一百九十米。旧为小红土地庙街。东为无名死巷（见《光五图》）。抗战中辟火巷子，通古中市街，名为大坝巷。

上西顺城街 南接中西顺城街，北抵西玉龙街东口，长三百米。清光绪初年名半济堂街（见《光五图》），因街有半济堂铺得名。后改上西顺城街，为明蜀王府外城（即萧墙）东垣所在。街西有叶氏祠，其北有慈善堂；街东张氏祠，祠北为军标都司，司北之半济堂为本市历史悠久之中药铺，系李姓独家经营，每逢农历朔（每月初一）、望（每月十五）半价售药，故曰半济堂。东门城门口设有分号。

第六节　御河线

东由大红土地庙西口起，经东御河沿街、西御河沿街，西抵平安桥街北口。共二街，支街巷二。

东御河沿街　东起大红土地庙街西边，西至后子门，长二百七十米。旧为东御河街（见《光五图》），以近北方御河之东段而得此名。

支街巷一：

东御河边街　东起东御河北街北口，南靠贡院北垣，北沿御河，西至后子门接西皇城边街，长二百二十米。旧为东御河沿街（见《光五图》）。

西御河沿街　东起后子门（街），接东御河沿街，西至平安桥北口，长三百米。旧为西御河街（见《光五图》），后改为西御河沿街。

支街巷一：

西皇城边街　东起后子门，接东御河边街，西至御河西北角，南折接西御河边街北口，长四百一十米。旧为西御河沿街（见《光五图》），后改为西御河街，继又改为西御河边街，最后改为西皇城边街。本街以傍皇城（贡院）边得名。

第七节　北城线

东由玉带桥街西口起，经西玉龙街、羊市街，西抵东城根中街街口。共二街，支街巷十一。

西玉龙街　东起玉带桥街西口，西至骡马市街南口，长四百五十米。为明蜀王府萧墙北垣所在。相传，明末清初因战乱，御河北侧垃圾堆积如山，冬天积雪于上，宛若玉龙，遂借玉龙加方位（与东玉龙街遥遥相对），名曰西玉龙街。而东玉龙街得名，则与积雪无关。其实，就连西玉龙街之得名，传说亦不可靠，当另有所据。街北东头有准提阁，清康熙四年（1665）成都知府冀应熊建，同治六年（1867）培修。内有准提、观音、弥勒、韦驮铁像，皆明天启七年（1627）铸。又有铁达摩像，康熙丙辰年（1676）铸。[①] 清末辛亥年（1911）秋，四川保路同志会起，党人曾秘密集会于此，并推定四川都督人选；民国初年为国民党成都县党部；抗战期间成都县参议会设此；新中国成立后，政协成都市西城区委员会亦设此。其西为李氏祠，又西为周氏祠，祠西有嘉定府中学校。

支街巷六（南北向）：

同福巷 南起西玉龙街，北无出口。旧为侯家祠（见《光五图》），后改为同福巷。

大福建营 南起西玉龙街，向东曲折，长一百五十五米。旧为死巷子（见《光五图》），后接通天成街，为天成街南段，至今通称大福建营。相传清初因福建军入川驻此得名。

小福建营 南起西玉龙街，北无出口，中有一岔巷，向西又北折。本街得名与大福建营同。巷内有龚家花园，即国立成都师范大学（后并入国立四川大学）校长龚道耕住宅。又国立四川大学首任校长王宏实（兆荣）亦曾住此巷内。本馆已故馆员彭芸生于此创办敬业学院，其后他迁，改名敬业中学。本馆已故馆员、史学家李思纯亦曾寓此街。

后子门街 北接骡马市街，南抵后子门（贡院后门），长一百七十五米。清《光绪五年图》作"后宰门"，清同治《成都县志》作"后子门"。[②]

上升街 东起上西顺城街，西接九思巷，长四百五十米，街东之北侧有林家祠。相传，清代此街旅店多，外县来省参加科举考试者多住此街，店主祝愿考生中第，故称街为上升街。

东二巷 东起大红土地庙街，西接西二巷，长二百五十米。

羊市街 东接西玉龙街，西抵东城根中街北口，长四百米。为明蜀王府萧墙北垣所在。本街昔以羊市所在得名。街北有程氏祠，祠西有温氏祠，又西有第二小学堂，系清光绪三十一年（1905）新政初兴办学校之一。街北又有天主教男修士院。街南清真九寺，为清乾隆年间建。街西头北侧有名餐馆

---

① 参见清同治《成都县志》。
② 曰"后宰"当系讹读，应以县志为准。

玉珍园。① 街北有著名装裱店"诗婢家"，后迁春熙路，再迁琴台路。

支街巷五：

羊市巷 南起羊市街，北端原为死巷，后向北辟展至青龙街，接西府街南口，中有岔巷二，均不通。长三百米。抗战中辟火巷后始接通。

鹦哥巷 南起羊市街，北无出口。原为慈幼堂巷，后以巷内有鹦哥花树二株，改名为鹦哥巷。巷西慈幼堂，后改办为托儿所及小学。民国 2 年（1913），就巷内原有小学改为四川省立西城小学，民国 26 年（1937）疏散至乡间，原校舍划归成都市托儿所。

九思巷 东接上升街，西抵东城根中街，长四百五十米。因此街有清真九寺，故名九寺巷。"九思"为"九寺"之讹。②

西二巷 东接东二巷，西接大树拐东口小巷，长三百三十米。

小巷子 北起羊市街接鹦哥巷口，南接平安桥北口。旧无此巷，抗战中辟火巷始接通。

第八节　西华门线

西华门位于原贡院西口，北自西御河沿街西口起，经平安桥、马道街、西华门街，南抵小西巷。共三街，支街巷三。

平安桥街 北起西御河沿街西口，南接马道街，长一百九十米，旧平安桥直至马道街北段（见《光五图》），后改为平安桥正街，最后改名平安桥街。以街南头东侧有平安桥，故名。街西有天主堂，天主教川西区主教住此，习称主教公馆。

支街巷二：

小巷子 西接平安桥西巷，东通西御河边街，长一百二十米。

西御河边街 北接西皇城边街，南至皮房后街，长六百米。旧名西御河

---

① 新中国成立后中共成都市委曾设此街。时修汽车库房挖基坑时，挖出"北部司马"铜印一方及马牙等物。
② 清同治《成都县志》已讹名九思巷。其原因，或因编史修志的学者追求街巷名称典雅，从《论语·季氏》中找到依据："君子有九思：视思明，听思聪，色思温，貌思恭，言思忠，事思敬，疑思问，愤思难，见得思义。"

街（见《光五图》）。后改名西御河边街。清季及民国时，本街与南城瘟祖庙街，习呼"人市"。贫苦妇女来此受雇用为仆。街有"荐头店"，供住宿，收佣金。

马道街 北接平安桥街，南至西华门街北口，长三百八十米。旧为平安桥街之南段（见《光五图》）。清代为乡试武场马道。街西有圣修医院，为清末法国天主教会创办。1952 年后就圣修医院地址改建为成都铁路局中心医院。

西华门街 南起大西巷，北至马道街南口。以近明蜀王府西华门而名。

支街巷一（南北向）：

人寿巷 南起西华门街，斜向东北抵马道街东头，长二百八十米。旧名八寺巷（见《光五图》），最后改为人寿巷。原八寺巷名因巷西有清真八寺而得名。寺于清雍正时建，同治、光绪间屡有培修。民国 30 年（1941）7 月 27日，日本飞机轰炸成都，寺一部分被毁；修复后，回民小学设于内。

第九节 西城线

与满城的东城墙紧邻，北起东城根下街南口，经东城根中街、东城根上街、东城根南街，南抵西御街西口。共三街，支街巷六。

东城根中街 北起东城根下街，南接东城根上街，长四百米。旧为满城（亦称"少城"）东墙所在（见《光五图》）。民国 7 至 8 年（1918—1919），拆城垣改修马路，名中东城根街，后改东城根中街，又名靖国路。金家坝街口对面立石碑，有但懋辛书"靖国路"三字。但懋辛与熊克武曾筹组靖国军于此，故以名路。街西吴抄手面馆，创设于民初，历有盛名，后迁三桥北街。

支街巷二：

五福街 北起羊市街南，南接字库街，长三百六十米（见《光五图》）。符载《五福楼记》谓：唐韦皋建五福楼，刘辟又增饰之。五福街之名本此。[1]曾分为上、下五福街（见《光五图》）。后合为一街，改还原名。

小巷子 西起五福街南口，东接平安桥街，长一百二十五米。旧名大树

---

[1] 据周芷颖提供资料。

拐（见《光五图》），继改为平安桥西巷。

东城根上街　北接东城根中街，南接东城根南街，长四百二十米。

支街巷四（大都东西向）：

字库街　北接五福街，南接金家坝，长三百九十米。旧名大井口（见《光五图》）。街西有观音堂（见《光五图》）。街东有温氏祠。街有四人合抱大银杏树五株。

东垣街　西起东城根上街，东抵字库街，长五十五米。相传清末警官陈东垣住此。其正直爱民，因以其名名街。

寿安街　西起东城根上街，东抵人寿巷，长六十米。街名取"福寿安康"之意。然街宽不过数尺，民居皆阴湿湫隘。住户生活贫困，与街名极不相称。新中国成立后大加整修，街面平坦，焕然一新。

金家坝　西起东城根上街，东抵西华门街北头，长一百三十五米。旧名金家坝街，后以"金家坝"呼之。

东城根南街　北接东城根上街，南抵西御街西口，长三百三十米。旧名东城根街南段。

本线东城根各街为蜀王府外城（萧墙）西垣故址。清初修建满城，东面即以蜀王府外城西垣为墙基。民国初，拆满城，发现城砖有明代者，其上尚有蜀府监造人姓名。东城根各街即建于满城东垣旧基上。

以上中城八线，干街二十四条，支街巷四十五条，共计六十九条；又旧皇城一。

第二章 东 城

南以东门线（由东门至盐市口）为界，西以东城线外缘（由西顺城街至上西顺城街）及北门线外缘（由北门至玉带桥街）为界，北抵大城北垣为界，东抵大城东垣为界。

东城干线分为东门线（由东至西）、东一线、东二线、东三线、东四线、东五线、东六线、东七线、东八线、东九线（均由南至北，凡两线间支街皆属之），共计十线。

第一节 东门线

清代成都东门称迎晖门。由东门起向西，经下东大街、中东大街、上中东大街、城守东大街、西中东大街、西东大街，北折由盐市口抵东御街东口。共七街。

下东大街 东起东门，西至南糠市街南口，长三百七十五米。旧时下东大街西至北打金街南口，后改至南糠市街南口。原有牌楼，横额有"既丽且崇"四字，本自左思《蜀都赋》，其后四字即"实号成都"。[①] 牌楼于扩修街道时拆除。街北有府城隍庙（见《光五图》）。食店、百货店罗列庙内，又有售十全大补汤者，人多嗜之。民国33年（1944）于东门城门口刘开渠雕塑《川军抗日阵亡将士纪念碑》，俗称《无名英雄铜像》。此乃一普通士兵，斗笠草鞋，持已上刺刀之步枪做刺杀状。此碑后多经拆迁，现矗立于成都市人民公园东门前。此外，全民族抗战中，在中山公园（今已不存）有饶国华铜像

---

① 据舒君实提供资料。

（今已不存），少城公园（今人民公园）有王铭章铜像（今已不存）。饶、王系抗战时期殉国将领。

中东大街 东接下东大街，西至南纱帽街南口，长一百三十米。旧名为下东大街中段。街北在明代为税课司茶局所在地。其西为（陕西）泾县会馆（见《光五图》）。

上中东大街 东接中东大街，西至北打金街南口，长二百三十五米。旧名下东大街上段。街北有刘氏祠，其西向氏祠，再西有华华茶厅，座位近千。又西在明代为清军察院。

城守东大街 东接上中东大街，西至春熙路南口，长二百五十七米。旧名中东大街东段（见《光五图》），继名为城守营东大街，后省为城守东大街。街北在明代为都司、提学道署所在地，清为守护省城之城守游击署（见《光五图》）。抗战时以其旧屋为四川省图书馆。街北东头旅馆外间味之腴饭馆以东坡肘子扬名。街南香风味饭店，腌卤品颇负盛名。店西有荣盛豆花饭店亦著名。

西中东大街 东接城守东大街，西至暑袜街南口，长三百二十米。原名中东大街西段（见《光五图》）。街北地段，明代有长史司署和明、清四川按察使署（见《光五图》）。署内有东园，乃仿宋代东园命名。宋之东园在城西北隅，民国13年（1924）拆署建春熙路南段。本街历来有夜市。街南有宝元通百货公司。又有万钰银楼，为本市银器业较早较大者。又有中西大药房，创设于光绪二十七年（1901），为本市西药业之较早者。

西东大街 东接西中东大街，西至盐市口南端，长一百八十五米（见《光五图》）。东头街口乃鱼市口（见《光五图》）。旧为鱼市所在。本街原为疋头业①聚集区。清末，舶来品日多，街南青石桥北街口有马裕隆为最早开设之大百货商店；抗战时改设茶厅；新中国成立后改为寄卖行，后又改为东城区草药医院。春熙路建成后，本街业务渐衰。街西首有本街公所。

盐市口 南由西东大街北折，北抵东御街东口，长九十米（见《光五图》）。清代为盐市。刘湘死后，其部属于盐市口中心为之建策马挥刀铜像。新中国成立后改建为街心花坛。

---

① 即匹头业，经营布绸衣料。

第二节　东一线

西由东华门街东口起，向东经提督西街，北折经鼓楼南街、鼓楼洞街、鼓楼北一街、鼓楼北二街、鼓楼北三街、鼓楼北四街、新开寺街及新开寺侧巷子，北抵东珠市街。共九街，支街巷十一。

提督西街　西起东华门街东口，东至中山公园（新中国成立后改建为劳动人民文化宫，2005 年后文化宫迁建于青羊大道）。因在提督衙门之西，故名。长一百八十五米。原名提督街西段（见《光五图》）。街北有魏家祠，祠内设茶铺，自清季起即为田房买卖居间业之所在。抗战后期，因法币贬值，多争购田房，以图保值，该处竟成为田房交易场所。祠西萧集翰，为本市有名中药店之一。清光绪二十六年（1900）商人萧特之创设。初设老号于南大街，继设总号于外东水津街，设分号于提督街。其著名成药为虎骨酒，畅销于陕西、青海、甘肃各省。街南永兴烧房，在魏家祠对门，为本市名酒坊之一，系陕商经营。街南又有抗战期间创办的国民电影院，1956 年改建为解放军影剧院（今已不存）。

支街巷一：

亲仁里　北起提督西街东段，南无出口。

鼓楼南街　南由提督西街北折，北至古中市街口，长三百八十五米。原名鼓楼南街，又名衣铺街（见《光五图》），后改为鼓楼南二街，后又改为鼓楼南街。此街原多售旧衣者，有衣铺街之名，亦称衣服街。后旧衣业转移至会府各街，而家具铺增多。街西北头有苏裱店，店内常悬挂名人字画供人观赏。街西有太平寺（见《光五图》），寺由街西小巷子转折而入，坐北向南，为明蜀王创建，清重建。其北为清真寺（见《光五图》），又名清真鼓楼寺[1]。太平寺侧有琴瑟轩造古乐器。街东有三圣庵。其北原为民国时期成都市政府所在。[2] 旧系石肇武宅。石肇武在 20 世纪 30 年代为匪首，后受招安充第二十

---

[1]　新中国成立后列为市级文物保护单位。
[2]　新中国成立后的市人民政府驻皇城内。皇城改建展览馆后，市政府移人民西路。

四军军长刘文辉之义子，任团长，驻成都，横行廛市，掠人妇女。当时不法将士多矣，但无敢如石肇武之嚣邪者。民国22年（1933），川省内战，石肇武兵败出降，为李家钰部所杀。时刘湘雄长四川，乃悬其首于少城公园保路纪念碑基台上以平民愤。其住宅亦被没收。成都市政府移驻其内。其北有老当铺。

支街巷一（东西向）：

古中市街 东接大墙后街，西接大坝巷，长一百四十米。街北有山西会馆（见《光五图》）。民国8年（1919）川军总司令部曾设于此。民国15年（1926）后为国民革命军第二十九军司令部行营所在。新中国成立后改建为成都市少年宫。

鼓楼洞街 南接鼓楼南街，北至鼓楼洞口，长一百六十五米。本街因鼓楼洞所在得名，鼓楼南北各街均由此命名。光绪初年，鼓楼以南为鼓楼南街之北段（见《光五图》），后改南段为鼓楼南一街，最后又改为鼓楼洞街。鼓楼即钟鼓楼，明万历四十五年（1617）建，明末被焚，清重建。楼上置钟、鼓，曾作消防瞭望和报警设施。楼下有砖砌拱门如城门，可通行。新中国成立后该楼拆除，鼓不存，钟移藏文殊院。街西有成华官柜。其北为北脚店，为清代官商骡马入城饲养之所。

支街巷二（东西向）：

梵音寺街 东起鼓楼洞街，斜向西北接下锣锅巷南口，长二百五十米。旧名梵音寺巷子，继名梵音寺巷，后又名梵音寺街。街东有梵音寺（见《光五图》）。清同治《成都县志》："梵音寺创自前明，年代无考。咸丰八年（1858）重建，有铜佛像。"后改设小学。

建业里 东起鼓楼洞街一小巷，向西复北折接梵音寺街中段，长八十米。旧为北脚店，民国10年至20年（1921—1931），有木商江建廷者，购地建房，名曰建业里，盖谓彼所建之业。建房后成为民居。[①]

鼓楼北一街 南接鼓楼洞口，北至白丝街口，长一百二十米。清光绪以前，鼓楼以北为鼓楼北街之南段（见《光五图》），后改为鼓楼街，最后又改

---

① 据周芷颖提供资料。

为鼓楼北一街。名中医蒲辅周曾住此街。

支街巷二（东西向）：

二巷子　旧名鼓楼二巷子。

白丝街　东接忠烈祠西街，西接玉带桥街，长一百九十米。旧名玉带桥东段（见《光五图》）。街北清真寺（见《光五图》），亦称清真北寺。因系清代"清真北寺"所在地，故称"北寺街"。后讹称白丝街，与丝棉商贸无关。

鼓楼北二街　南接鼓楼北一街，西接白丝街，长一百九十五米。旧名鼓楼北街南段，继改为鼓楼北街，最后改为鼓楼北二街。街东有白氏宗祠。

支街巷一（东西向）：

红庙子街　东接梓潼街，西接东打铜街，长一百九十五米。街北旧有准提庵，清康熙二十七年（1688）建，围墙为红色，光绪五年（1879）即以红庙子做街名（见《光五图》）。新中国成立后，准提庵故址建红庙子小学，后改中学。初建时，挖出石狮，据市文管处鉴定有五代风格。其西有叶氏祠，又西有张阿喜烧鸭子店。

鼓楼北三街　南接鼓楼北二街，北至隆盛街，长一百九十米。旧名鼓楼北街（见《光五图》）。后改为鼓楼北二街，民初改为鼓楼北三街。街西有提督游右府。其北有军标副府。清代在街东设高等小学堂。街西庚鼎药房所制渴龙奔江丹等中成药最为有名。

支街巷二（东西向）：

杨柳巷　为鼓楼北三街西侧死巷。

隆盛街　东接德盛街，西接武圣街，长一百八十五米。旧名太平街（见《光五图》），后改为西太平街，后又改名隆盛街。街北有陕甘公所（见《光五图》），是道光二十七年（1847）在成都生活的陕西、甘肃移民共同修建的会馆。

鼓楼北四街　南接鼓楼北三街，北至灶君庙街口，长一百八十米。原名鼓楼北街，后改为鼓楼北三街，后又改为鼓楼北四街。街西有积英当，其北为卿氏祠，街东为周氏祠。

支街巷一（东西向）：

灶君庙街　东接玉泉街，西接通顺桥街，长一百九十五米。街北有灶君庙（见《光五图》）。其西皖江公所（见《光五图》）。其西又有皖江先贤祠。祠西为金沙庵（见《光五图》）。

新开寺街 南接鼓楼北四街，北至北东街口，又由新开寺街直通东珠市街（此段新中国成立后称卫民巷），长一百八十五米。旧名鼓楼北街北段（见《光五图》）。以新开寺在街北，故名。

支街巷一（东西向）：

北东街 东接正通顺街，西接酱园公所街，长一百五十米。街南火神庙正对北大街。民初，以此街位于北大街之东，故名北东街。

新开寺侧巷子 南接新开寺街（即卫民巷），北过东珠市街，抵城墙边，长二百七十米。旧无此巷，抗战时期辟此为火巷子。

第三节　东二线

西由提督西街起，经中山公园前面一段（即提督街），北折经太平街、玉石街、忠烈祠南街、忠烈祠北街、升平街、内北巷子、横通顺街、北通顺街，抵东珠市巷东口。共九街，支街巷三十一。

提督街 西接提督西街，东接提督东街，长一百五十米。旧为提督街中段（见《光五图》）。后分提督街为三，中段名提督街，两翼为提督东、西街。本街因提督衙门所在而得名，提督全称是"提督军务总兵官"，总管四川绿营兵马。街北有四川提督署（见《光五图》）；民国时先改建为中城公园，继改名中山公园；新中国成立后改建为成都市劳动人民文化宫。左为箭道，右为营房。本街在清代科举之武科未停前，多有经营弓箭及各种兵器如刀、矛、盾牌等业者。公园内有雀市。成都雀市原在皇城南面三桥一带，中山公园建成后移至园内，雀市后成为银元交易市场，新中国成立后取缔。公园大门东侧邻太平街口有沧浪歌浴室，开设时间较早。西侧成都市银行，抗战时期开设。

支街巷五（大都南北向）：

炮厂坝街 南起提督西街东口，斜向西北接三桂前街南口，长九十米。清初曾在此设厂造土铁炮，后炮厂迁走，留此街名。街紧邻旧提督署西墙南段。

三桂前街 南起炮厂坝街北口，北抵大墙后街，长一百六十米。旧名观音阁巷（见《光五图》）。街有观音阁及大桂花树三株。

三桂中街 南起三桂前街中段，平行北至三桂前街北段，长一百米。旧连三桂前、后两街为观音三巷，后三巷改为三桂前、后两街，后又改为三桂前、中、后三街。

三桂后街 南起三桂中街南头，平行北至三桂中街北段，长一百二十米。

中山街 西起三桂前街，东抵玉石街，长一百六十米。旧名汉阳街。民国 16 年（1927）以邻近中山公园，改名中山街。

太平街 南起提督东街，北折至兴隆街口，长一百七十五米。旧为太平街南段（见《光五图》）。其后以北段一部分为玉石街，余并入南段为一街（名太平街）。街多切割、磨制玻璃之行业。街西沧浪歌浴室北侧，抗战时期建有益民剧院，演出话剧。

玉石街 南接太平街北端，北至大墙后街口，长九十五米。旧为太平街北段（见《光五图》），为琢玉业集中之地，因以名街。时灌县产玉石，其质不如云南，俗呼土玉，运至成都以金刚砂解之，琢而为器。唐代以解玉溪沙解玉，足证成都琢玉业由来已久。街东为笔帖式署。笔帖式（满语）为总督衙门附属人员，职司翻译汉、满文。另有一笔帖式署在东城笔帖式街。

支街巷六：

大墙后街 东起玉石街，西接古中市街，长三百八十米。以邻近提督衙门后墙而名。后因大墙后街的中段与永安街和三桂前街相交，遂将后街从交叉口分为东西两段，命名为"大墙东街"和"大墙西街"。本街多制神主、食盒等及擀面杖、门纽、陀螺、响簧（空竹）等小木器业。街之西端多制雀笼者。位于东街的城隍庙被称为"都城隍"，《锦江竹枝词》有云："街东庙傍都城隍，泥塑神灵保四方。"

永安街 南起大墙后街，斜向西北曲折，北抵鼓楼洞街，长二百五十五米。原名三倒拐（见《光五图》），后改永安街。

内姜街 南起大墙后街，向西北曲折抵忠烈祠街，长三百七十米。原又名内江街，乃明内江王府所在地。据明嘉靖《四川总志》载，内江王府在蜀王府城东门即体仁门之东，今内姜街适在此方位。"姜"为"江"之讹。街西有全宗庵（见《光五图》）。

富德里　东起内姜街，西接天灯巷，长六十米。抗战时期辟此巷以通天灯巷。

天灯巷　东接富德里，西抵鼓楼洞，长一百八十米。初名即天灯巷（见《光五图》），继改为鼓楼一巷子，后复原名。因街北有高竿，上有照明灯，俗名天灯，巷由此得名（上南大街北口亦有天灯巷，后改名南灯巷）。

小巷子　南起富德里、天灯巷之交，北接任家巷，长一百四十五米。旧有小巷在忠烈祠西街，为死巷子。抗战时辟火巷始接通天灯巷，未命名。

忠烈祠南街　南接玉石街，北至忠烈祠街东口。本街因在忠烈祠之南而命名，长三百八十米。旧名双桂堂（见《光五图》），后改名会府南街，后又改名忠烈祠南街。街西徐姓巨宅内有大桂花树二株，因名宅曰双桂堂，又习呼为街名（见《光五图》）。本街有荐芳园。厨师将珍馐杂蔬烹制后，但以蔬菜飨客，其价昂于肉食，号称淡雅，颇投达官贵人及酒馆名士之好。又有寿相阁，泥塑人像酷肖生人，像成着以衣冠而置于龛内。成都精于此道者，先有科甲巷之仰然阁，但不及寿相阁之精妙。街东有福益当（见《光五图》）。

支街巷五（大都东西向）：

元圭巷　西起忠烈祠南街，东无出口。

忠烈祠街　东接忠烈祠东街，西接忠烈祠西街，长一百五十米。旧为会府西街东段（见《光五图》），后改为会府街，后又改忠烈祠街。本街为明、清两代会府（明代称"都会府"）所在。街北有清之会府（见《光五图》），亦名万寿宫，旧设清帝万岁牌，为全城文武官吏朔、望、节庆、岁时朝拜聚会及举行大典之所。民国初改会府为忠烈祠，祭祀辛亥保路革命先烈，岁时致祭。后四川公路局设祠内，1952 年改设四川省交通学校。

小曲巷　巷口两端均接忠烈祠街南。巷甚短，中段与忠烈祠街平行，历来为荒货市场所在地。

忠烈祠西街　东接忠烈祠街，西接白丝街，长二百米。旧为会府西街西段（见《光五图》）。街北小食店所售珍珠圆子负有盛名。

任家巷　南起忠烈祠街，北接马王庙街，长一百八十米。1952 年后划入交通学校，后又建机关宿舍，此巷遂废。

忠烈祠北街 南接忠烈祠南街，北至童子街东口，长一百六十五米。旧名会府北街（见《光五图》）。清代川剧班子及票友皆借祠庙临时应用。清光绪二十九年（1903）郫县人吴碧澄在忠烈祠北街兴建一座仿江南园林，取名"可园"。光绪三十二年（1906），他又在园内修建一座戏院，名曰"咏霓茶社"，可容八百观众，组建"文华班"，公演川剧。这是成都历史上第一个以戏班专门演出的室内场所；当时还规划出女宾席位，为妇女参与公共娱乐活动提供了空间。此前，戏班除官宦人家的堂会外，主要演出场所是"庙会"。

支街巷六：

童子街 西接梓潼街，东接康庄街。街南有成都县学署（见《光五图》）。

粉房巷 北起童子街，南无出口。又与此平行者有磨坊巷。

文明巷 南起童子街，北无出口。原名童子巷（见《光五图》）。巷北旧有水塘（见《光五图》）。

梓潼街 东接童子街，西接红庙子街，长一百八十五米。明末清初名钱纸巷（见《光五图》），住户多以打制纸钱为业。清代街北有酒坊公所（见《光五图》）。又清光绪三十年（1904），因住户多由梓潼迁来定居，乃易街名。1952年后，于街北修建成都市西城区文化馆，发掘出大量石刻，有观音像。据市文管处鉴定，其类似北魏石刻风格。可能系六朝寺庙遗址。

马王庙街 南接任家巷，北接铜丝街，长一百九十五米。本街东侧有马王庙（见《光五图》），因此得名。

小巷子 东起马王庙街，西无出口。巷西旧有水塘（见《光五图》）。

升平街 南接忠烈祠北街，北至老玉沙街口，长一百九十五米，街西有金氏祠。清初修复街道时，取祝愿天下升平之意，故名升平街。

支街巷三：

老玉沙街 东接成平街，西接德盛街，长一百八十米。街南有提右守府（见《光五图》），又有醉霞轩饭馆。

德盛街 东接老玉沙街，西接隆盛街，长一百八十五米。一作德胜街。

铜丝街 南接马王庙街，北抵玉泉街，长一百八十五米。清代此处为铜丝业集中地，街因以得名。

内北巷子 南接升平街，北至横通顺街口，长一百八十五米（另有一北巷子在外西）。巷东叙府中学堂，为清季变法初所办府中学之一。

支街巷一：

玉泉街　东接兴禅寺街，西接灶君庙街，长三百六十五米。本街东段原名女儿碑街，后改名玉泉街，西段为老关庙街（见《光五图》），后合名为玉泉街。西端原止于铜丝街北口，最后延伸至灶君庙街口。本街因旧传有玉泉古刹而得名。街北有屋曰"三凤齐飞"。相传本街陈姓大院有三女，同日出嫁，因名。次北有四川省银行董事会，在街中段，面铜丝街口。再北有丹达庙（见《光五图》），旧名白衣庵。丹达系藏语，是经康定（旧称"打箭炉"）入藏途中的一座山名。清代一位解运粮饷的云南籍军官死于山崩，不时显灵，后人为其修庙，奉为丹达菩萨。乾隆五十九年（1794），出征廓尔喀（今尼泊尔）的川籍官兵回籍，将省垣白衣庵改建成丹达庙，以资纪念。丹达庙西有老关庙，《光五图》作古关帝庙，后通呼老关庙。相传昔即玉泉古刹，以《三国演义》关羽死后在湖北当阳玉泉山显圣故事而名。庙内有明嘉靖戊戌（1538）仲秋铁铸关羽像，庙首有古井曰玉泉。庙在清代为武官聚集宴会之所，故丹达庙建于其侧。又西有恒发当。

横通顺街　南接北巷子，北至正通顺街口，长一百八十米。

支街巷一：

正通顺街　东接东通顺街，西接北东街，长三百六十五米。旧为古佛庵街（见《光五图》），后改为正通顺街。街南有古佛庵。庵西侧为福音堂。街北有大仙祠，大仙即民间传说之狐狸精。又有云南会馆及双眼井（市民亦有称本街为双眼井者）。街北中部原有英领事馆，在云南会馆侧。清末英国领事违法指使文案裴某在南郊私买民地数亩，企图新建领事馆。周善培任巡警道，拘裴某到局勒令缴出契约。英领事来局争吵两小时，未果，含怒而去。裴某当晚将地契交案注销。周善培不畏外力，以理抗争，维护主权，为民间称道。

北通顺街　南接横通顺街，北抵东珠市巷，长三百六十五米。

支街巷四：

东珠市街　东接喇嘛寺街，西接西珠市街，长五百五十米。旧为东珠市巷（见《光五图》）。街西高等小学堂为清末变法初所办之学堂。街北和街南旧有李姓大院，即巴金（本名李尧棠，字芾甘）名著《家》描述的典型环境。20世纪30年代末，正通顺街（东珠市街南）李宅大部卖与省保安处长刘兆藜。新中国成立后，成都军区战旗文工团设于李宅旧址。此街原为猪市。清咸丰年间李某在此建屋，民居增多，逐渐形成街道，取名东珠市街。

东头小巷　二条，南起东珠市巷，均系死巷。

西头小巷　二条，皆南起东珠市巷，北抵东马道街。

东马道街　北抵城墙马道，西接西马道街，长五百五十米。

第四节　东三线

南由暑袜南街往北，经暑袜中街、暑袜北三街、暑袜北二街、暑袜北一街、冻青树街、拐枣树街、帘官公所街、狮子巷及小巷子，北抵东通顺街。共十街，支街巷十九。

暑袜南街　南接青石桥北街，北至荔枝巷西口。旧为暑袜街南段（见《光五图》），讹呼为水花街。街东有矮子斋抄手，又有小摊曰喜胖子卤菜，均负盛名。其北有全兴烧房，又北有白象庵。清嘉庆《华阳县志·祠庙》言，庵创建年无考，乾隆四十九年（1784）毁于火，五十八年（1793）重修。又民国《华阳县志·寺观表》云：庵有明代普贤像一躯。街东又有韦驮堂（见《光五图》）。嘉庆《华阳县志》言，创建年月无考，乾隆四十九年（1784）毁于火，五十一年（1786）重修。街西有瘟祖庙。

支街巷四：

青年路　东接暑袜南街北口，西抵西顺城街，长三百米，原名九龙巷。清光绪初（1877年左右），附近有九条下水沟汇流，美称九龙，因名街为九龙巷（见《光五图》）。民国28年（1939）6月被日本飞机炸毁，重建时更名青年路。本街与横九龙巷横街旧为栏杆业（制、售丝线丝带）批发商集中之所。街北有韩家祠，其西谢家祠，又西古泉庵。街南有苏氏祠，其东温氏祠。民国35年（1946），工矿银行成都分行设于街北东头。

交通路　北起青年路，南抵西东大街，长一百六十五米，民国15年（1926）新开。据周芷颖提供材料，系民国13年（1924）李姓以其大院辟建者。街南头有交通浴室、茶馆，营业兴旺。

中九龙巷　南起青年路，北至南沟头巷口，长二百米。旧为九龙巷中段之横巷。民国 28 年（1939）被日机炸毁，重建后更名。

青年里　南起青年路，北无出口。原为无名小巷，后改名青年里。

暑袜中街　南接暑袜南街北口，北至三圣祠街西口，长二百一十米。旧为南暑袜街北段（见《光五图》）。本街与暑袜南街及暑袜北三街，其经营户多夏售麻布、罗纹布，冬售羊裘、毡毯、毡帽等，亦间有经营油绸、油布者。街西有刀剪铺名"烂招牌"，并悬一极破烂之木制招牌为标识。其历史较春熙路"廖广东"为早，刀剪质量亦优。街西又有濬川源四川官银行，创设于清光绪三十一年（1905），为四川地方银行之始；民国 25 年（1936）为四川省银行成都分行所在；新中国成立后银行学校设此，20 世纪 80 年代改建为中国农业银行四川分行大楼。街西南头之私营金城银行分行、交通银行分行，皆抗战时期开设，新中国成立后先后改建为住宅大楼。街东之私营美丰银行成都分行，民初开设。新中国成立后，中国国民党革命委员会四川省分会设此。20 世纪 70 年代省民革迁枣子巷，省人民政府参事室、省文史研究馆设此。街东又有"哥哥传"饭店（后迁总府街），店主黄保临为"姑姑筵"店主黄晋临之弟，烹调技法皆仿其兄，故曰"哥哥传"。街东北头临三圣祠街西口处有三圣祠，清嘉庆及民国两《华阳县志》均言康熙十三年（1674）建，乾隆四十九年（1784）毁于火灾，五十七年（1792）重修。民国时，于寺内设小学。

据本馆已故馆员李金彝《成都街名考》，此街在清末为机织线袜业集中之地，线袜较布袜薄，宜于夏季穿着，称为暑袜，遂有暑袜街之名。

支街巷四：

南沟头巷　东起暑袜中街，西至中九龙巷，长一百四十五米。旧为沟头巷（见《光五图》），后为沟头巷街，最后改南沟头巷。巷有大阳沟。巷北有吉羊（祥）庵。

小巷子　南起南沟头巷，北无出口。旧为双福巷。

西沟头巷　南接南沟头巷，北抵中山公园（1952 年后改建劳动人民文化宫）前门，长二百米。巷西有积庆当。巷多制造生丝罗筛底及纱帕、哈达之店铺。沟头二字讹呼为狗头。

小巷子　东起西沟头巷，西无出口。旧无名称，后曾改名牌坊巷。

暑袜北三街　南接暑袜中街，北至提督东街东口，长一百七十米。旧名大十字街（见《光五图》），后名中暑袜街，后又改名暑袜北三街。街东有中央银行四川分行，新中国成立后改为中国人民银行四川分行。其南侧为天主教礼拜堂。1981年建人民东西路东干道段，开辟人民东路与总府街之间连通段，银行、礼拜堂等遂拆除。

支街巷二：

提督东街　东接总府街，西至中山公园，长一百七十米，旧为提督街东段（见《光五图》），后改为提督东街。街北有三义庙，祀刘备、关羽、张飞。庙东部为丞相祠，祀诸葛亮。四周有垣。清同治《成都县志·祠庙》谓创始年月无考，正殿中有雍正七年（1729）铸铁磬一具，可证此庙至迟当创建于清雍正时。其后数毁数建，20世纪末移建于武侯祠。民国时，成都最早造肥皂之益州工业社设庙内。有名之精益醋庄则在庙门口。又有袁焕先设维摩精舍于庙内。街北东头有原二十四军军长刘文辉部张星垣开设之新怡丰字号，后售与四川旅行社。1953年四川省人民政府参事室设此，20世纪70年代省参事室机关迁暑袜中街，与省文史研究馆在一处，此地则为宿舍。街南旧有提左副总府。街南三江布鞋店系民国20年（1931）后创设，精工制作颇负盛名。街南东头有福禄轩，人称耗子洞，所售烧鸭子肥嫩可口。街南西头有大可楼糕点铺，所售海式包子及脆麻饼负有盛名。

小巷子　为提督东街南面死巷子，旧为盐店巷。

暑袜北二街　南接暑袜北三街，北至兴隆街东口，长一百七十米。旧为小十字街（见《光五图》），后改为暑袜街。本街清代有旗、伞、铺垫业多家，制作官府仪仗用物及桌围、椅垫；入民国后多制军、警、民团所用旗帜及斗笠与各种锦标、奖旗等业。街东之泰山堂中药铺，清末开设，以眼药著称。其北为陈氏祠。街西有萧氏弟兄医院，为民国15年（1926）萧露嘉、萧浩然弟兄创办。新中国成立后扩建为某医院大楼。

支街一：

兴隆街　东接华兴上街，西至玉石街口，长一百七十米，曾改为海会寺街。本街多制裘皮业，另有著名土产海会寺白菜豆腐乳。街北有海会寺（见

《光五图》）。清同治《成都县志》："海会寺创建年月无考，咸丰二年（1852）重修，有铁铸韦驮像一尊。"民国 30 年（1941）左右拆毁。

暑袜北一街　南接暑袜北二街，北至忠烈祠东街东口，长三百二十五米。南段旧为小十字街，北段旧为提标大厅街（见《光五图》），后改为暑袜北街，后又改名暑袜北一街。街西有提中参府，其北相国祠（见《光五图》）。本街原多制轿业，城内扩建街道后无人乘轿，此业衰亡。街西临兴隆街东口有西川邮务管理局，习称邮政总局，始创于光绪二十七年（1901）。其初营业范围狭小，后逐渐发达，改为西川邮务管理局。其北有重庆元丰正绍酒店分店。街东清芳斋专制素糕点，以供佛道寺庙及茹素者之需要。

支街一：

忠烈祠东街　东起冻青树街，西接忠烈祠街，长一百九十五米。旧名会府东街（见《光五图》）。街西有烟酒公卖局，街南西端有提左守府（见《光五图》）。

冻青树街　南接暑袜北一街，北至康庄街口，长一百七十米，当名冬青树街。冬字正确，冻为音讹致误。街西阚饺子小食店在清末有盛名。街东协盛隆糕点铺所制月饼、萨其马（满语，糕点名）色味历久不变。阚饺子之鸡肉饺味极鲜美；新中国成立后营业发达，迁春熙路。街西上全堂中药店创设于道光元年（1821），伙友三人均浙江王姓，能制中药二百余种，多用浙江古法。新中国成立前，店前之长方形消防水池引人注目。本街又名上全堂街。

支街巷一：

康公庙街（即康庄街）　东接冻青树街，西接升平街，长一百七十米。旧名古营盘街。明代在街北建康公庙，街因此易名。相传明太祖朱元璋命康姓太监来成都督修蜀王府（习称皇城），后无辜被杀，泥、木两业同建祠祀之。祠内所供木制牌位名康泰宁。祠内有铁铸东岳神像，背镌有"大明万历四十八年（1620）十一月十七日置"；石刻土地神像上有"嘉靖二十八年（1549）三月二十日置"。民国时扩建街道后改名康庄街。康公祠宇于扩街时拆除。

拐枣树街　南接冻青树街，北至成平街，长一百九十米。街西空地原有芙蓉书院，清嘉庆六年（1801）成都县令张人龙倡议、县人集资创建。咸丰三年（1853）移至北城青龙街墨池书院。街西又有军协署（见《光五图》）。

街北头曹进士院内有百余年之拐枣树一株，街之得名当以此。

支街巷三：

小巷子 西起拐枣树街，东无出口，旧为封家巷。

成平街 东接新玉沙街，西接老玉沙街，长一百九十米。旧名积裕当正街（见《光五图》），因本街有积裕当铺。

仁寿里 南起成平街，东无出口。

帘官公所街 南接拐枣树街，北至兴禅寺街口，长一百八十米。本为芙蓉书院所在地，故名芙蓉街。后书院迁青龙街，院址为帘官公所，遂名为帘官公所街。清光绪三十年（1904）成都街道图标曰"芙蓉街"，又注明"即帘官公所街"。"帘官"为乡试时负责乡试阅卷和管理考场的官员专称，其工作带保密性，遂专设公寓供其阅卷起居，且挂帘子以防止偷窥泄密。公所旧址于清末设警察学堂，民国时曾设岷江法政学校于此。

支街巷一：

兴禅寺街 东接方正街，西接玉泉街，长一百七十五米。旧名女儿碑街（见《光五图》），以街有女儿碑，即"贞女纯孝"牌坊得名。后改为东岳庙街，以街北东口有东岳庙①而得名。清光绪年间修建兴禅寺后，改名兴禅寺街。其西观音阁，又西有兴禅寺（见《光五图》），寺前为成都汛衙，衙西有女儿碑（见《光五图》）。又西有四川国医学院（成都中医药大学前身），院长李斯炽。

狮子巷 南接帘官公所街北口，北至东通顺街东口，长一百米。清代巷北有土地庙，庙前有二石狮，因以名巷。

支街巷一：

东通顺街 东接小关庙街，西接正通顺街，长一百六十五米。旧为通顺街（见《光五图》）。

小巷子 南起东通顺街，北抵喇嘛寺街，长一百一十米。抗战中新辟。

支街巷一：

喇嘛寺街 东起东通顺街小巷子北口，长七十米。街北喇嘛寺建于清代，

---

① 清《光绪五年图》标为仁寿宫。

祀宗喀巴。清代西藏达赖、班禅喇嘛等僧侣经由四川入京觐见，官府遂于成都建有多处喇嘛庙，作为他们的临时供奉庙宇。这是其中一处。寺有铜、铁佛像，又有怪石佛。此石本为不规则形，雕像时依其凹凸原状刻为佛像，又称曰"石王"。该寺后被汉传佛教僧人侵占，改名空林寺。民国 14 年（1925）寺焚，废为园地。

第五节　东四线

南由走马街北口起，向北经春熙南路、春熙北路、商业场、纯阳观街、隆兴街、竹林巷、七家巷、福德街、石马巷，北抵小关庙街。共九街，支街巷二十八。

春熙南路　南起走马街北口，北至春熙西路东口与春熙东路西口，长一百六十米。旧为清按察使司署（习称臬台衙门）。民国 13 年（1924）改建为街道，名南春熙路，后改名春熙南路。街西有益智茶楼，时有曲艺演出；有中秋味小吃店及花柳科诊所。楼北为私立正则会计学校，校北有上海精益眼镜公司分号，再北有浙江宝成银楼。街东有德仁堂药店，多售名贵中药。其北为春熙大舞台，民国 17 年（1928）建，专演京剧。民国 36 年（1947）后，此处改为百货公司，新中国成立后改建为人民银行成都市支行。春熙大舞台门首北侧有售下江味面店五芳斋。民国 24 年（1935）以前，五芳斋北侧有大烟馆名卡尔登，全民族抗战时改建为中国农民银行分行，新中国成立后改设为成都市总工会。再北为《新中国日报》及《新新新闻》之营业部，新中国成立后均停办，其址后为成都市轻纺工业新产品展销处。

支街巷五：

春熙西路　东起春熙南路北口，西接荔枝巷东口，长一百八十米。街西段旧为新街后巷子南段倒拐（见《光五图》）。街东段为后来新建马路时接通。街北有成都大楼，由利昌公司修建，豫康银行总行设内。又有上海商业银行分行；又有撷英餐厅，为规模较大之西餐馆。新中国成立后成都市粮食局设此。街南有耀华茶点室，所售西式点心、中式面点及饮料均精美，颇负盛名。新中国成立后，其营业发展，又于对门增设耀华餐厅，陈列有毛泽东主席来此就餐的照片。

后巷子 南起春熙西路，北至三益公戏园（1963 年 6 后改为新闻电影院），东折抵春熙路北段，西折抵北新街，长二百六十米。旧为新街后巷子（见《光五图》），本为死巷，抗战时始接通。

荔枝巷 东接春熙西路西口，西接青年路东口及暑袜中街南口，长一百七十五米。旧名兴隆街，因小贩集中，取生意兴隆之意。原东头不通，以街面狭窄，别名肋肢巷；民国 13 年（1924）修春熙路时打通东口，改名荔枝巷。在成都话里，"荔枝"与"肋肢"谐音。街西口钟姓川味水饺店，负盛名，后定名钟水饺，为成都名小吃。街南有陈氏祠。

南新街 南起东大街，北接中新街南口，长一百六十五米。清光绪初为新街口（见《光五图》），光绪二十年（1894）按中新街方位派生得名。清代本街有蔚泰长、蔚丰厚、蔚长厚、协同庆等山西票号。街西有私营大中银行分行，民初开设，后倒闭。又有私营胜利银行，抗战中开设。街东有私营永美厚银号，后银号改称银行。

中新街 南接南新街北口，北接北新街南口，长一百六十米。清光绪初名中栅子（见《光五图》），继改名新街中栅子，光绪三十年（1904）后栅子拆除，改名中新街。本街为银行区。东侧有私营昌泰银行，抗战中开设；有私营川康平民商业银行，抗战前开设，由原有之川康、平民、商业三银行合并而成；有私营川盐银行分行，抗战前由盐商组成；有私营怡和银行，抗战中开设。街东原有锦新舞台，民国 3 年（1914）由本市商人集资创办，建筑形式新颖，名角云集，后停业拆废。街西启明电灯公司，宣统元年（1909）由陕西商人陈养天等十六人集资创办，宣统三年（1911）开始营业，是继商业场电灯公司①之后而兴起者。其北侧私营华康银行，抗战中开设；又北私营建设银行，抗战中开设；又北私营信华银行，抗战中开设。又有田长兴运输行，托运商货及民间家具、杂件，营运范围为绵阳等川西北各县。

春熙北路 南接春熙南路，北抵总府街，长三百米。民国 13 年（1924）兴建，初名北春熙路，后改名为春熙北路。本街商业主要为匹头（绸缎、呢

---

① 系光绪三十四年（1908）由劝业道倡议集资试办。

绒、布匹等)、百货,多售舶来品。街东南口有来鹤来茶楼,屋顶泥塑白鹤一只为标记,民国 20 年(1931)前后营业兴盛。后街东中段有漱泉茶楼代之而起。茶座出售或租赁报刊,零售瓜子、花生米、薛涛干(成都名牌豆腐干)、灯影牛肉等,颇受茶客欢迎。街东又有若干古旧书店,与西玉龙街、玉带桥街等处古旧书店群交相辉映。1956 年,在春熙北路东段成立了公私合营的成都古籍书店,其北侧有孙中山铜像,民国 16 年(1927)建,初为立像;民国 34 年(1945)改为中服坐像,系名雕塑家刘开渠塑造。街中段东侧有基督教青年会,民初创设,大门原在科甲巷,民国 13 年(1924)设电影院,以后又附设住宿部、会议室、饭馆。青年会北侧为锦华馆西口。① 又北为私营重庆银行分行,原在街西正对春熙东路口之西南银行旧址,民国 34 年(1945)迁此新建大楼,新中国成立后为中国人民银行春熙路办事处所在。北头为大光明钟表行。街西北头有宝成银楼(系春熙南路宝成银楼之分号),抗战前开设。其南有亨得利表行,侧有茶社,商人多聚于此,看相、测字者居多。其南有廖广东刀剪铺,以石柜台为其标记,所售刀剪质地优良。又南为亚新地学社,出售中外地图及地球仪。又南为世界书局。又南为及时钟表眼镜公司,民国 14 年(1925)开设。又南为春熙大旅馆,与本路同时建。又南为中兴日报社。又南为商务印书馆分馆。又南为快活林餐馆,白菜丸子负有盛名,本街建成初即开设,民国 21 年(1932)后歇业。本街建成初,有北京同仁堂分店,后因与成都同仁堂同名而涉讼败诉后改名达仁堂,民国 37 年(1948)又更名为德仁堂,售名贵中药。

支街巷八:

三益公巷 东起春熙北路,西接新街后巷子,长八十米,抗战中新辟。巷北三益公戏院,巷南设有茶园、理发厅、饭馆。民国 30 年(1941)后,此地极热闹。

三圣祠街 东起中新街,西抵暑袜北三街南口,长一百四十米。旧名三圣祠巷,街南有三圣祠。街南侧即为三圣祠街小学校北墙。本巷及西沟头巷多制樟木板箱者。

---

① 原无出口,本路建成后始开通,内多男女高级中式服装店,缝工较贵。

北新街　南接中新街，北抵总府街，长一百七十五米。清光绪初名为小鼓楼北新街，以街南口有小鼓楼得名（见《光五图》）。光绪三十年（1904）小鼓楼拆除，改名北新街。街东有私营大川银行总行，抗战前开设；又有华庆丰银行，抗战前开设；又有私营涪泰银行，抗战中开设。街西有私营济康银行，为二十四军系统军政要员开设；又有私营和成银行，抗战前开设；又有精记饭馆，民国初年开设，菜肴不多，力求精洁，香糟肉、红烧牛肉、粉蒸排骨及小份菜饭皆佳，后停业。

总府街　东接湖广馆街，西接提督东街，长四百米。本街为明代四川都指挥使司（即川省最高军事长官都指挥使之办公机关）所在地。都指挥使司简称都司，亦称阃司，又曰总府，街之得名以此，当系明代旧称。街北东端有福建会馆。其西银元分局，其地在清末为成都小盐商聚集领票处。清末，银元总局于此处兑出银元，收进生银，民国初年撤废。民国 2 年（1913）由私人集资建群仙茶园，自沪聘来京剧"髦儿班"（全为女演员，江浙人称少女曰髦子）于此开演，后移梓潼桥街大观茶园。原群仙茶园改演川戏，后又改为智育电影院。抗战时期，上海影人剧团曾在此演出话剧《日出》《雷雨》等剧，演员有白杨、赵慧琛、谢添、施超等。1962 年智育电影院改建为红旗剧场。又西为九道门槛，为私人住宅，深九进，门槛之数亦九；清末建劝业场时，改建为悦来旅馆。又西有普准堂，为尼庵，清末民初先后于此改建劝业场（后改名商业场）及新集商场。又西为清代商务总局，劝业道成立后废局。又西至北新街北口对门有清课吏馆，为清末定时考核捐班候补州县官员及佐杂人员之场所，后改办官班法政学堂。新中国成立后扩建为礼堂及招待所，20 世纪 70 年代改建为东风饭店。街北西头为成都市总商会，清末设立。街北福建会馆门前小食摊，售荞面及硬面馓子、油茶，终日顾客不绝，会期尤甚。馆西有澹香斋，创自清末，所制眉毛酥（亦名鸡肉饺，为一种咸味糕点）、活油月饼，甚为驰名。有益州参茸庄，售妇科名药定坤丹。街南自东起有畅和轩，以风鸡、风肉、金银肝子驰名。有明湖春饭店、哥哥传餐馆、涨秋餐馆，各有特色。有赖汤圆小食店，专售汤圆，门面狭窄，仅容数桌，顾客伫立等候，终日盛况不减。有上海食品公司，民国 16 年（1927）开设；其斜对面有冠生园，抗战时开设，售广式早点，甚有名。正科甲巷亦有冠生园，售川菜便餐，甚精洁。本街有上海三友实业社成都分店，售国产精纺棉织品如衬衣、汗衫、毛巾等，货真价实，顾客赞赏。本街有西蜀新闻、国民公报两报社，均民初创办。有凤祥银楼，抗战前开设。有杨庆和银楼，抗战中开设。街南茶楼有曲艺场，演出李月秋的清音，曾炳坤的相书，娄外楼、戴质斋的双簧，邹忠新的金钱板。民国34年（1945）后开有白玫瑰、紫罗兰等咖啡茶座。

本街历为城内中心大街之一，与东大街同为闹市，且各业皆备，非若东大街但以匹头为主。

小巷子一　南起总府街，北无出口。

小巷子二　北起总府街，南无出口。旧为锦华馆北口大门一段，后与锦华馆隔断，故成死巷。

地轸板巷　北起总府街，南无出口。巷口有铁匠铺。

昌福馆　南起总府街，北抵华兴上街，长一百七十米。原为昌福印刷公司，北无出口，公司停办后，始接通至华兴上街。馆内有昌福印刷公司及华阳书报流通处。有"师亮随刊社"。社长刘师亮笔锋犀利，文字通俗，批评时政，讥刺权贵，极受市民欢迎。本馆又为银器业聚居之所，抗战中业务极盛。馆内农村荞面馆极有名。又有昌宜电影院，多放映《火烧红莲寺》等神怪武侠片，后演出京剧。又有宜园茶厅。20世纪60年代，昌福馆改建为东风副食品商场。

商业场　南接春熙北路，北抵华兴中街，长一百七十米。清光绪三十三年（1907）劝业道周善培倡议修建，次年落成。初名劝业场，后改名商业场。场东一品香，以荷叶蒸肉、干烧海参著名。场西菜根香所烹鳝鱼、青蛙甚佳。其北味虞轩，锅巴糖、酥糖、鲜花饼、椒盐麻饼、各式月饼极佳。场西又有敬益增京货局销售北京精制之鞋、帽及日用杂品，物善价昂，购者仍多。其北有久成元绸缎庄，专售乐山之机制丝绸，习称嘉定大绸。

支街巷三：

悦来场　南起总府街，北向西转接商业场东口，长九十五米。本场多中服、旗袍缝纫店。抗战时建有沂春浴室，街南口有苏菜馆名四五六者。20世纪50年代曾集中全市名小吃店于此。

新集商场　南起总府街，北向东转接商业场西口，长九十五米。场西美琪咖啡馆，初售西点，营业不旺，改售中式面点。场西有商业场小学，有大光明美发厅及浴室，场北有二泉茶楼。

华兴上街 东接华兴中街，西接兴隆街，长二百一十米。旧为华兴街（见《光五图》），后东段改为华兴上街，西段改为皇华馆街，后仍合称华兴街。街北皇华馆（见《光五图》），乾隆中重修，为朝使驻节之所，凡奉使告祭山川、典试与察吏者皆寓此。王士禛《陇蜀余闻》、陶澍《蜀輶日记》中均言及之。其西警察总局，清光绪二十九年（1903）创设。辛亥革命后，警察总局改为省会巡警总监署（总监为杨维）；继而先后改为省会警察厅、成都市公安局、省会警察局。又西为成绵龙茂道署，清《光绪五年图》称龙茂道，光绪三十年（1904）成都街道图称成绵道，皆简称。清末于此改设巡警道。民初川西道尹公署及北伐后之国民革命军第二十八军司令部皆设此。新中国成立后设东城区（现为锦江区）消防大队于此。街南之聚兴诚银行成都分行（总行在重庆），清末创设，为成都最早之私营银行。新中国成立后设中苏友好协会成都分会及图书馆于此。其西有容照相馆，清光绪末年广东人梁姓开设。又西之泗兴合银楼，清末开设。街南西头，有通惠银行。

纯阳观街 南接华兴街斜对商业场北口，北至慈惠堂街西口，长一百九十米。街西有纯阳观，建于明代，清代重修。民国时，本街为布鞋业聚集之地，质次价廉，顾客亦多。街西有静安别墅旅馆，抗战期间开设，以环境清静、秩序良好见称。民国27年（1938）夏，中共中央代表董必武、林伯渠、陈绍禹（王明）等由陕北去汉口参加首届国民参政会，道经成都，曾住此，并会见各界人士代表。

支街巷二：

永兴巷 东接梓潼桥西街，西接暑袜北一街，长二百五十米。旧为暑袜北一街死巷子。巷南侧即紧临成绵道署后墙，后打通接纯阳观街。巷北有四川洋务局，由四川总督鹿传霖于清光绪二十一年（1895）开办，为清季四川办理洋务之机关；入民国后，改名四川交涉署，后又改为外交部特派交涉员署。机关裁撤后，此房成为潘文华私宅（1951年后改为招待所）。巷内又有英、法文官学堂，清光绪三十年（1904）初办，培养外交翻译人员。又有电话局，其门原在纯阳观街北头路西，后改本街东头路北。

三倒拐街 东起纯阳观街，斜向西北曲折，长一百七十五米（见《光五图》）。街东王包子面店，清光绪中开设，以猪肉包子及香肠著称。

隆兴街 南接纯阳观街，北至骆公祠街西口，长一百七十米。街东旧有团保利民局。

支街巷一：

岳府街 东起隆兴街，西抵暑袜北一街，长一百九十五米。街北岳府箭道。[①] 其东岳府为清陕甘总督岳钟琪（成都人）故宅，遂以名街。宅左有钟琪习射圃，故此街亦名岳府箭道街。其宅后废，原习射处为提标右营箭道。清末又将宅之半并入川汉铁路公司。岳府东为四川铁路公司，所附铁路银行、铁路学校，均于筹建川汉铁路时所设。入民国后，成都市政府原设铁路公司内，后迁忠烈祠，再迁鼓楼南街。其后成都警备司令部迁此。

竹林巷 南接兴隆街，北至东玉龙街东口，长二百三十五米。曾改名金狮巷[②]，后复原名。

支街巷一：

东玉龙街 东接桂王桥西街西口，西接拐枣树街南口，正对康庄街东口，长一百九十五米。传说古解玉溪曾流经此，曲折蜿蜒有若游龙，故名玉龙街。后以街之方位在东，定名东玉龙街。街南有岳府箭道后门（见《光五图》），后改为官报书局；以后，中国航空公司成都办事处设此。街南又有金玉轩，所售醪糟糍粑，味冠全城。

七家巷 南接竹林巷北口，北至新玉沙街，长一百八十米。街东有悦和当。

支街巷三：

新玉沙街 东接东玉沙街西口，西接成平街东口，长一百八十五米。原名玉沙街（见《光五图》），后改为玉沙西街，继改为新玉沙街。据说，唐解玉溪流经此，其沙可以解玉，遂以名街。此说也印证了紧邻的东玉龙街得名传闻。

---

① 清《光绪五年图》注为："今督左箭道。"
② 清《光绪三十年成都街道图》标为金狮巷，又注明即竹林巷。

南小巷　北起新玉沙街，南无出口。旧图未载。

北小巷　南起新玉沙街，北无出口。旧图未载。

福德街　南接新玉沙街正对七家巷北口，北至方正街东口，长一百九十米。街有福德祠，因以名街；讹呼为蝴蝶街。

支街巷一：

方正街　东接方正东街，西接兴禅寺街，长二百米。旧名方正街（见《光五图》），后改名为方正西街，继后又改还原名。明蜀王朱椿世子之师方孝孺曾寓本街，其书斋曰"正学"。方孝孺被明成祖朱棣杀害后，蜀民为纪念这位刚正不阿的大儒，故命名所寓之街为方正街。清光绪年间四川总督丁宝桢病故后，因其政绩卓著，清廷曾为他在方正街建丁公祠，此街遂一度改为丁公祠街；入民国后，恢复方正街原名。街南有基督教会创办之华英女子中学。

石马巷　南接方正街正对福德街北口，北抵马镇街，长一百八十五米。本巷以街中福德祠内有一对高约二尺之石马得名（见《光五图》）。《蜀中广记·名胜记》谓成都北门内石马巷，有石马足陷入地。[①] 同书又谓此石马即五代金马坊中物者，实误。当从何宇度《益部谈资》所言，金马坊旧址在今文殊院东南。本街旧有圣寿寺，创建年月无考，康熙八年（1669）重修，雍正、乾隆时又屡经培修。[②] 其后该寺卖为民居。彼旁为旧火箭局。

支街巷四：

小关庙街　东接马镇街，西至东通顺街，长二百一十米。以街有关羽子关平之庙得名。街北有新关帝庙祀关羽（见《光五图》），光绪三十年（1904）成都街道图作圣帝宫。

小巷子　南起小关庙街，北抵城边空地。旧图未载此巷。

富德里　南起小关庙街，北无出口。旧图未载此巷。

狮马路　南起小关庙街，向北曲折抵城墙边，长二百一十米。民国10年（1921）后成街，以处于狮子巷与马镇街之间，故名狮马路，旧图未载此街。私立中华女子中学曾设此街，抗战时迁外东牛市口水巷子，新建校舍。

---

① 清代据此重雕一对，仍置祠内。
② 参见民国《华阳县志》。

第六节　东五线

南由城守东大街起，北经城守街、科甲巷正街、福兴街、梓潼桥街、双栅子街、桂王桥南街、桂王桥北街、育婴堂街、书院北街，到长巷子抵城墙。共十街，支街巷十四。

城守街　南起城守东大街，北至春熙东路东口，长一百六十米。清城守游击署在街南口，因以名街（见《光五图》）。清末撤废城守游击，民初就城守署址设省立中城小学，后改为四川省图书馆。史学家蒙文通曾任馆长，其高足李源澄任编目部主任。蒙文通发起组织"成都中国史学会"，于此召开成立大会，又创办《图书集刊》。街北端东侧有新明电影院，新中国成立后改为青年宫电影院。

支街巷一：

春熙东路　东接大科甲巷西口，西抵春熙北路，长一百一十五米。街南有岔路，为春熙南路北支段。

清代按察使司署（习称臬台衙门）在此，民国 13 年（1924）改建为街。路北四川财政厅，旧为臬署监狱所在，太平天国翼王石达开、清代残杀东乡县民之四川提督李有恒及反帝民众领袖余栋成均曾禁此监内。抗战时期田赋改征实物，于财政厅内设四川省田赋粮食管理处。新中国成立后，于此改设成都市第一人民医院。

科甲巷正街　南接城守街北口，北至总府街东口，长三百一十五米。科甲是科举之别称，明、清各县举子来省应试者多住此街之旅店，因名科甲巷。科举虽废，街名沿用未改。本街多刺绣、雕刻、木制刀剑、脸壳、手杖等手工业。街西有冠生园，抗战中开设。

支街巷一：

锦华馆　东起正科甲巷，西折通春熙北路，长一百八十米。旧为私人小花园及民房，民初新建为商场，大体仿效商业场，内有理发厅、温泉浴室、缝纫铺、小吃馆、鲜花店。

福兴街　南起总府街正对科甲巷正街北口，北至华兴街口，长一百八十米。旧为兴隆巷，后失火被焚，改建为街，因邻近福建会馆而名福兴街。街多旧式帽（如瓜皮帽等）店兼售军衔标志，可以选购。街西竹林小餐，1953年后迁盐市口，以云片白肉、白肠、罐汤、烧舌尾、烧帽结①著名。

支街巷二：

华兴正街　东接华兴东街，西接华兴上街，长一百九十米。街北有悦来茶园，清末就老郎庙地址改建，演川剧，全川驰名。新中国成立后就地扩建为锦江剧场，现为成都川剧艺术中心；再于其左侧重建悦来茶园。本街又有李记天福堂，所售阿魏丸，治积食疗效很高，川西驰名。又有颐之时餐馆，随堂便餐、预订酒席均佳。街南荣盛饭店豆花甚有名（城守东大街的荣盛饭店除豆花外，蒸炒亦佳）。又有盘飧市腌卤店颇负盛名。旧有聚丰园餐馆，所售填鸭极佳，后迁至祠堂街。

小巷子　南起华兴正街，北抵梓潼桥西街，长一百一十米。悦来茶园即紧临此巷。

梓潼桥街　南接福兴街北口，北至慈惠堂街东口，长一百九十米。清初，街东有梓潼庙，旧名梓潼街（见《光五图》）。庙前原有一桥名梓潼桥，故又名梓潼桥街。街早无桥，当是唐宋故河道上桥名，街名亦沿用不废。街东稷雪面馆，乃布后街荣乐园餐馆所营副业，所售鳝鱼面、撕耳面、米粉及甜咸包子均有名。又有长美轩饭馆，售荷叶蒸肉、肉饼汤、拌牛杂，味皆美；饭则以小碗分蒸。街西式式鲜，清末开设，以鲜花饼著名。街北头大茶铺南有甜食店、火锅店，后者于夏季改售冷饮。

支街巷二：

梓潼桥西街　东接梓潼桥街，西接永兴巷，长一百九十米。旧名梓潼桥（见《光五图》）。清光绪五年（1879）以后改为梓潼桥西街，以与梓潼桥街相区别。悦来茶园在街南侧。

慈惠堂街　东接梓潼桥街北口，西接三倒拐街，长一百九十米。以街有慈惠堂得名（见《光五图》）。慈惠堂建于清雍正十三年（1735），是官办的收养老弱孤寡、赈灾救难的设施，有田产数百亩作为基金。旧址在街北。民国

---

①　猪小肠绕为结，似瓜皮帽顶。

时，其改官办为绅办，公推前清翰林，民初做过四川军政府审计院院长、内务司司长，成都"五老七贤"之一的尹昌龄（字仲锡）任总理。该堂设有工厂、盲人习艺班，是四川著名慈善组织。

双栅子街 南接梓潼桥街北口，北至骆公祠街东口，长一百五十米。本街旧有栅子两道，因以为名。南北街头均有中药铺。

支街巷一：

骆公祠街 东接燕鲁公所街西口，西抵竹林巷，长一百九十米。清嘉庆《华阳县志》据民间传说，谓赵云曾于此建宅；又谓街西之池为赵云洗马处，习称洗马池，亦名子龙塘（20世纪70年代填平），故街名子龙塘街。后因建有骆秉章祠庙，遂改名为骆公祠街。祠东原为本馆已故馆员严谷荪宅，藏书极丰，新中国成立后捐献政府。四川省图书馆即以其宅为古籍部室宇。街北骆公祠之西角有百货厘金总局，始于咸丰时，民国时改称百货统捐局，后拆废。

桂王桥南街 南接双栅子街，北至桂王桥西街东口，长一百九十米。旧名恒隆当街，以街有恒隆当当铺而名（见《光五图》）。街西吴卓夫照相馆，开设于清光绪中，为本市照相业之创始者。此街北口与桂王桥西侧东口，全民族抗战时期《中央日报》《新新新闻》《新中国报》《黄埔日报》《新华日报》等均贴报于墙以展示。

支街巷三：

小巷子 东起桂王桥南街，西无出口。

桂王桥西街 东接桂王桥东街，西接东玉龙街，长一百五十米。街北旧有谢氏祠。晚清流寓成都的"蜀中第一书家"顾复初曾居住此街的"小墨池山馆"。街南有光绪三十一年（1905）彭县起义大同军元帅、老同盟会员、书法家、内江余切（后名公孙长子）私宅。

小巷子二 南起桂王桥西街，北无出口。

桂王桥北街 南接桂王桥南街北口，北至东玉沙街东口，长一百八十五米。街西有天主堂，堂内有桥名桂王桥，街之得名以此（见《光五图》）。20世纪40年代有姊妹产科医院设此街东侧。

支街巷一：

东玉沙街　东接贵州馆街，西至新玉沙街，长一百七十米。清末及民国政要邵从恩（明叔）住宅曾在此街。

育婴堂街　南接桂王桥北街，北抵方正东街，长一百九十米。本街以育婴堂所在得名。街西女婴教养公所为慈惠堂所属单位之一。育婴堂于清雍正年间（1723—1735）创设，民国 14 年（1925）并入慈惠堂。

支街巷一：

方正东街　东接玉皇观街，西接方正街，长二百五十米。原名方正街（见《光五图》），后改为方正东街。街北丁公祠，建于清季，以祀四川总督丁宝桢。祠多花木，又为游览胜地①，民国时拆废。丁公祠内有乐善公所，民初施药。其后丁公祠驻兵，慈善事项移往安徽公所，增设恤嫠、养老、救废疾诸事；及安徽公所为官府拆卖，乃移于文殊院。

书院北街　南起方正东街口，北至马镇街口，长一百九十米。旧为书院街（见《光五图》）②，继改北书院街，后又改名书院北街。街有宝光寺，清嘉庆《华阳县志》云建于明隆庆四年（1570），清康熙、雍正时两次修复。寺有铜造毗卢佛、卢舍那佛、阿弥陀佛及侍者像各一尊，均明代文物。何宇度《益部谈资》谓宝光寺乃故兴福寺，创自唐代。曹学佺《蜀中广记·名胜记》云，兴福寺即昭觉院，民间习称小宝光寺。

支街巷二：

马镇街　东接蓥华寺街，西接小关庙街，长二百五十米。街北叙属中学，抗战时改为省立列五中学，以纪念蜀军政府都督张培爵。③ 新中国成立后曾改为成都市第五中学，今复列五中学名。街北又有第一孤穷子弟教育所，为慈惠堂所属单位之一。

小巷子　南起马镇街，北无出口。

长巷子　南接书院北街，北抵城墙，长一百四十米。巷内有培根小学。

---

① 参见傅崇榘：《成都通览》。
② 与棉花街北边之书院街有别。
③ 张培爵字列五，以其字命名所创办之中学。

第七节 东六线

由南打金街北口起，北经下北打金街、中北打金街、上北打金街、书院正街，抵藩库街。共四街，支街巷七。

下北打金街 南接南打金街北口，北至大科甲巷东口，长二百三十米。下、中、上北打金街旧为一街，后分三段。

清末有由陕西来蓉捶制金箔者在南打金街设店，遂以此艺为街名。后又分为南、北两街。入民国后，曾有原散居各处之银器业二十余家迁此营业。街西有（江西）吉水（县）会馆。

支街巷三：

联升巷 东接锦江街，西抵城守街，长一百九十米。旧系死巷（见《光五图》），后与城守街接通。20世纪80年代初，四川省图书馆于此巷辟正门，原城守街之门则封闭。

小巷子 北起联升巷，南无出口。

大科甲巷 东接江南馆街，西接春熙东路，长一百零五米。街旧多雕刻刺绣业。街南正心堂，清咸丰十年（1860）成立，会员数千人，捐资举办各种慈善事业，如施医、药、棺木、葬地，保产、育婴，年终施米、施钱，平日减价售粮等。堂无常款，随时筹募。本街多售面具、木刀枪、车灯等儿童玩具者。新明电影院（后改名青年宫电影院）紧临正心堂西墙。

中北打金街 南接下北打金街，北接上北打金街，长九十五米。旧为北打金街中段。街东荣生饭铺，为成都最早南堂餐馆之一。

支街巷一：

良医巷 东起中北打金街，西无出口，长一百米。一称晾衣巷。

上北打金街 南接中北打金街，北至湖广馆街东口，长二百一十五米。旧为北打金街北段。街东有古佛庵（见《光五图》），街西有叶氏祠。

支街巷二：

小科甲巷 东起上北打金街，西抵科甲巷正街，长一百七十五米。

湖广馆街 东接棉花街，西接总府街，长一百七十五米。街北有湖广会

213

馆，其西三官堂。又西兴隆庵，旧时为本市副食品最大集市。抗战中，在街南建有蜀一电影院，1982年扩建东风路时，在此改建四川省图书馆。街北东端临书院正街南口转角处，有同仁堂药铺，清乾隆五年（1740）挑药担小商贩江西人陈发光创设，精工制作膏、丹、丸、散，驰名全川，远销湘、黔、陕、甘、青等省，惊风丸、灵宝丸、归脾丸、金灵丹、红灵丹、白痧药、鲫鱼膏、人马平安散等疗效很高，著称于世。20世纪80年代初又于原址开设同仁堂滋补药店，供应十全大补汤、茯苓包子、人参汤圆、虫草鸭子等药膳，名传海内。

书院正街 南接上北打金街，北至华兴街东口，长一百九十米。旧名王道正直街（见《光五图》）。旧时，街南口栅子横匾有"王道正直"四字，因以名街。后改名书院正街，明代宰臣万安侵占大慈寺空地建私宅，嘉靖十五年（1536）又改宅为大益书院，陆琛有《大益书院记》。神宗时张居正秉政，尽毁天下书院，大益亦废，然书院街之名则沿用不改。书院侧有濂洛祠，祀宋代理学家周敦颐、程颢、程颐。及郭相奎督蜀学，改题为"大儒祠"，清初毁。1952年后，此街与长巷子、塘坎街一并拆除，辟为红星中路贯通南北。

支街巷一：

藩署街 东起书院正街，西抵福兴街，长一百七十米。旧无街名（见《光五图》），因布政使司（习称藩台）署在街北，遂以名藩署街。入民国后，省农会设此。

第八节 东七线

由三圣街北口起，北经南纱帽街、中纱帽街、北纱帽街、书院南街、书院西街、惜字宫南街、惜字宫街、庆云南街、庆云北街、五世同堂街、五昭路，北抵昭忠祠街。共十一街，支街巷三十七。

南纱帽街 南接三圣街北口，北至锦江街东口，长一百七十米。纱帽为明代官帽，明代制纱帽业多集此街，故此街名或起于明代。入清后此街帽店但制剧装，又有染纱、棚架业。

支街巷一：

东锦江街　东接西糠市街，西接北打金街斜对联升巷东口，长二百三十米。明代名锦江街，清代改东锦江街①，其间曾改为诸葛井街，后复改东锦江街。街中段北侧有诸葛井祠，明杨名《诸葛井祠记》云："成都锦江街旧有井，其制与他井不同。"可见明时已有此街。街北诸葛井祠，明嘉靖时建。据杨名《诸葛井祠记》，祠由巡抚王大用建。考王之前任为丘养浩，嘉靖二十三年（1544）到任；王之后任为张时彻，嘉靖二十六年（1547）任职，王并未再度任巡抚，则建祠年代当在嘉靖二十三年至二十六年（1544—1547）间。民国《华阳县志》谓万历时建，误。祠于清初毁，后重建。又有谢氏祠。街南有王氏祠，又有洪氏祠。

中纱帽街　南接南纱帽街，北至金玉街口，长一百六十五米。街有清真寺（见《光五图》）。

支街巷四：

江南馆街　东起中纱帽街，西接大科甲巷东口，长二百三十五米。光绪五年（1879）时尚无此街名（见《光五图》）。光绪三十年成都街道图录有其名。街北江南会馆，馆西为五龙宫（见《光五图》）。

兴业里　南起江南馆街，北抵金玉街，长一百米。民国14年（1925）江南馆会首拆会馆改建里弄，取兴家立业之意，故名兴业里。

金玉街　东起纱帽街，西抵中北打金街，长二百三十五米。光绪三十年成都街道图作金鱼街。街北有广西会馆、仁寿宫、浙江会馆，俗称三道会馆（见《光五图》）。清乾隆时，浙江会馆有历朝文魁匾额，上刻浙人某某得中某科举人或副贡，多历年岁，匾额益多，时人誉为"金玉满堂"，因以名街。民国37年（1948）后，《新中国日报》编辑部及印刷部曾设本街广西会馆内。

小巷子　南起金玉街，北无出口。

北纱帽街　南接中纱帽街，北至棉花街东口，长二百一十五米。街东有西禅堂、药师殿（见《光五图》），堂、殿皆沿用古大慈寺庙内殿宇之名。由唐至明，本街地段在古大慈寺内。

---

① 参见民国《华阳县志》。

支街巷二：

棉花街 东起北纱帽街，西接湖广馆街东口，长二百三十五米。街北有巷，北通藩库街。街多经营棉花、棉絮店铺。街北有帝王宫、江西会馆、徐氏祠。又有广益号酱园，创设于清顺治年间（1644—1661），为本市酱园之最早开设者。街北西段有清武英殿大学士卓秉恬故宅，大门额曰相府。其后裔卓雨农精医术，在此应诊。宅内旧址有正兴园包席馆。街北相府东侧于抗战时建有永乐大剧院，演出川剧；新中国成立后改演京剧，1958年改建为东风电影院。街南有卢陵馆（见《光五图》）。

川巷子 南接棉花街中段，长一百九十米。北接爵版街。有无名岔巷二。

书院南街 南接北纱帽街，北至如是庵街，长一百九十米。街东有如来寺（见《光五图》）。旧时书院街南起棉花街东口，北至落虹桥，包括今之惜字宫南、北二街及书院西、南二街（见《光五图》）。书院街得名于明代正德十二年（1517）在此地兴建之大益书院。民国38年（1949），《新中国日报》编辑部及印刷所曾设此街，后迁金玉街。新中国成立后东城区人民政府设此街。

支街巷五：

小巷子 西起书院南街，东无出口。

如是庵街 东起书院西街，西接藩库街，长一百二十五米。旧名书院西街。街南有如是庵。街北有巫氏祠。

藩库街 东接如是庵街，西接华兴东街，长一百四十五米。街北有清布政使司下属布库厅所领广济库，俗名藩库，以此名街。入民国后藩库旧址改设大成中学，校长为徐子休。新中国成立后，大成中学与华阳县中学合并为成都市第三中学。

爵版街 南接川巷子，北抵干槐树街，长一百九十五米。旧讹呼脚板街。街原有印制爵版之店铺，以故得名。又有本馆已故副馆长林山腴故宅，宅有郑孝胥书山翁自拟门联："天爵乃尊，湛冥自贵；大版为业，传颂无穷。"爵版即爵里刺，系书有官爵和乡里的名片。

小巷子 西起爵版街，东无出口。

书院西街 南接书院南街，北接惜字宫南街口，长一百一十米。旧为书院街中段（见《光五图》），后改为书院北街，再改名书院西街。街东普济堂，习称孤老院，清雍正年间创设，原为官办，民国 14 年（1925）归绅办，并入慈惠堂。抗日战争胜利前夕，中国民主同盟四川省支部常于此秘密举行盟员集会，张澜、杨伯恺等到会讲演。1958 年后建成都市第三十四中学于此。

支街巷一：

小巷子 东接书院西街，西无出口。

惜字宫南街 南接书院西街，北至干槐树街东口，长一百二十米。旧为书院街北段（见《光五图》）。惜字宫街紧接本街之北，故本街名惜字宫南街。

支街巷九：

小巷子 东起惜字宫南街，西无出口。

干槐树街 东接惜字宫南街，西接布后街，长一百九十五米。旧为布后街东段（见《光五图》）。民国 10 年（1921），加拿大教会于此建协和女子师范幼儿园，民国 31 年（1942）改名树基儿童学园，1952 年更名成都市第三幼儿园。

布后街 东接干槐树街，西接慈惠堂街东口，长二百二十五米。在布政使司署之后，故名。街南有照磨厅，入民国后改设志诚学院，抗战后改名志诚商业高等专门学校。抗战后期街南中段有成都大舞台，由新又新戏班演出川戏，继改演京剧，后停业。街北荣乐园，为民初继正兴园而起之南堂餐馆，菜肴、餐具均极精美，颇负盛名。20 世纪 80 年代荣乐园迁骡马市街。

长巷子 南起布后街，北抵塘坎街，长一百七十米。1964 年拆除书院正街、长巷子、塘坎街，辟红星中路。

小巷子 南起布后街，北无出口。

燕鲁公所街 东起塘坎街口，西接骆公祠街东口，长一百六十五米。清代河北、山东两省移民在此街建同乡会馆燕鲁公所，因以名街。

燕桂里 南起燕鲁公所街，北无出口，长一百二十米。

塘坎街 南接长巷子，北抵桂王桥东街，长一百五十米。有庆云塘（原系水塘，见《光五图》）在街东南隅，遂以塘坎名街。

小巷子 西起塘坎街，东抵大塘（即庆云塘）边。

惜字宫街 南接惜字宫南街，北至四圣祠街西口，长一百四十五米。旧为惜字宫南街北段。街西有惜字宫（见《光五图》）。宋建禹庙及马务街于此。

支街巷一：

新巷子　东起惜字宫街，西抵长巷子，长二百米。

庆云南街　南接惜字宫街，北至庆云西街东口，长二百一十五米。旧为书院街最北段（见《光五图》），继为惜字宫街，后又以街西有庆云庵，改庆云南街。新中国成立后，成都日报社曾长期设此，后迁红星路二段。

支街巷四：

小巷子　东起庆云南街，西无出口。

庆云西街　东接庆云东街，西接桂王桥东街，长一百九十五米。旧无街名（见《光五图》）。街北有庆云庵，庵西为天主堂，堂西旧有军标箭道（见《光五图》）。原国民政府西南军政长官公署副长官、第九十五军军长邓锡侯曾有住宅在街西口。1952年后建四川人民广播电台于此，后迁红星路二段。

东新街　南接庆云西街，北抵三槐树街，长一百八十五米。习称庆云东新街。清末四川提学使桐城方旭（鹤斋）曾住此街。著名外科医生董秉奇、著名川剧表演艺术家周企何亦住此街。

桂王桥东街　东接庆云西街，西接桂王桥西街东口，长一百七十米。街北旧有提中箭道（见《光五图》）。

庆云北街　南接庆云南街，北至三槐树街东口，长一百六十米。旧无街名（见《光五图》）。

支街巷四：

三槐树街　东起庆云北街北口，西接贵州馆街，长一百九十五米。旧无街名（见《光五图》）。

贵州馆街　东接三槐树街西口，西接东玉沙街东口，长一百九十五米。旧名玉沙东街，街北有贵州会馆及黔南公所（见《光五图》）。民国28年（1939）川康农工学院建于此街，后改为国立成都理学院，迁外西万佛寺。

平安里　北起贵州馆街，南无出口。

天灯巷　南接三槐树街西口，北抵玉皇观街，长一百八十米。1952年后扩展为红星。1964年与新辟红星中路连通，为南北通街。

五世同堂街　南接庆云北街北口，北至玉皇观街东口，长一百九十米。

清代本街有张姓五世同堂，因以名街（见《光五图》）。张姓故宅，清光绪中设经征总局，民国时改设四川法政学校，后又改设省立第一中学，抗战时改为四川省立成都中学，新中国成立后改川西第二中学，1952 年后改为成都市第二中学，1958 年改名成都科技学校，后改回原名成都二中。

支街巷二：

长巷子　东起五世同堂街，西抵天灯巷，长二百米。

玉皇观街　东接城隍庙街，西接方正东街，长二百三十米。街北有玉皇观。抗战时期，四川省军管区司令部设观内。1952 年后辟红星街时将此街分为两段。

五昭路　南接五世同堂街，北抵昭忠祠街，长一百九十米，为民国 26 年（1937）后新辟之街道，因在五世同堂街与昭忠祠街之间，故名五昭路。

支街巷四：

昭忠祠街　东起东较场，西至鎏华寺街东口，长二百五十米。旧无街名（见《光五图》）。街北昭忠祠，为清代祀战死文武官吏之祠堂，街之得名以此。民国元年（1912）聚昌印刷公司设祠内。街北又有军标药局及防剿药局（见《光五图》）。街南西侧有成都市盲哑学校。[1] 其迁外西沙湾后，原址曾办过成都幼师和成都成人教育学院。

鎏华寺街　东接昭忠祠街，西抵马镇街，长一百六十五米。街北有鎏华寺。[2] 寺东有圆通庵。红星街穿此街为两段。

小巷子　南起鎏华寺街，北抵城垣，长二百米。

北鎏新街　南起昭忠祠街中段，北抵城垣，为民国时新建街。

第九节　东八线

由中东大街东口起，北经南糠市街、北糠市街、和尚街、长胜街、毛家拐、天涯石南街、四圣祠南街、四圣祠北街、东较场街，抵昭忠祠街口。共

---

[1]　由中西慈善团盲哑学校与明声聋哑学校合并而成。
[2]　清末为兵营，哥老会众在望江楼对岸购地新建一鎏华寺，石柱为楹，迁原寺神位奉祀，寺后又为成城中学校舍。

九街，支街巷十三，较场一。

南糠市街 南接中东大街正对义学巷北口，北至西糠市街，长一百八十米。旧名糠市街（见《光五图》）。街西有庆胜当铺，铺南有张氏祠。清时本为空坝，售米糠，后建为东、西、南、北四糠市街。

支街巷一：

西糠市街 东接东糠市街，西接锦江街，长一百一十米。街北有广东会馆。本街有章华里，为死巷，民国14年（1925）就大慈寺东禅堂、桑园修建住房，取"文章才华"之意为里名。

北糠市街 南接南糠市街，北至大慈寺街，东抵和尚街，长一百六十米。旧名大慈寺街（见《光五图》）。街西有詹天庙。街东筹边楼，明代建，清重建（均见《光五图》）。筹边楼，唐剑南西川节度使李德裕于节署内建楼曰筹边，后代屡经易地重建，以纪念李德裕（现已不存）。

支街巷一：

大慈寺街 东起和尚街，西抵北纱帽街，长一百八十米。街北大慈寺，唐代始建。

和尚街 南接大慈寺街东口，北至长胜街南口，长一百七十米。本为大慈寺地，明代寺不慎失火，清初全毁，后修复时地址较狭，规制益小。同治六年（1867）僧真印重修大慈寺，原和尚街地段遂在寺外，成为民居。初名东胜街（见《光五图》），后与和尚街两名并存，最后定名和尚街。

长胜街 南接和尚街，北接毛家拐，长八十五米。原名福寿街，民国时改为长胜街。1958年辟东风路时拆除。

毛家拐 南接长胜街，北至福字街西口。南段旧名福寿街。光绪时，毛家拐多毛姓住户。清末至民初三十余年间，娼妓多居此街及邻近之福字街、天涯石街。巡警道周善培仿日本公娼制，令妓院受警察局管理，门钉牌，书曰"监视户"；又名此街曰兴化街，讹呼为"心花街"，又曰"新花街"。然此数街亦有一般民居，并非皆娼家。新中国成立后，人民政府取缔娼妓，安排劳动就业，花街之名亦废。

支街巷二：

书院东街 东接毛家拐，西抵书院南街，长一百米。旧名娘娘庙街（见

《光五图》）。①街北娘娘庙，亦名广生宫。据称，此庙祀蜀汉刘备之孙、北地王刘谌之妻。20世纪40年代曾建电影院，但开张即毁于失火，遂废。

小巷子　南起书院东街，北无出口。

天涯石南街　南起福字街，北至天涯石东街。因有天涯石②在此，故以名街。石今存天涯石小学旁街沿亭内。

支街巷三：

东小巷　西起天涯石南街，东无出口。

西小巷　东起天涯石南街，西无出口。

天涯石西街　东起天涯石南街，西接四圣祠南街南口，长七十米。旧为黄牛店（见《光五图》），光绪三十年成都街道图始标街名。

四圣祠南街　南接天涯石西街口，北至四圣祠西街口，长一百八十米。旧无街名（见《光五图》）。街东有四圣祠，祀孔门弟子曾参、颜回、子路、子游四位。

支街巷一：

四圣祠西街　东起四圣祠南街，西抵惜字宫街，长一百五十五米。旧为四圣祠街之一段（见《光五图》）。

四圣祠北街　南接四圣祠南街，北至庆云东街口，长二百六十米。旧无街名。街北有基督教会所办之仁济医院，习称四圣祠医院，为华西大学医科六、七年级学生实习医院，1952年后为成都市第二医院。医院扩建后大门改开在庆云南街。医院东侧有华英书局，基督教会创设，出版英文书、报。民国30年至34年（1941—1945），英国驻华大使馆新闻处成都办事处设此，经常以茶会招待新闻界和各党派人士、社会名流、学者，散发中英文新闻资料，座谈时局。街南有福音堂，又有牙科医院。

支街巷二：

庆云东街　东起四圣祠北街口，西接庆云西街，长一百五十米。又名落虹桥街。街东端有桥名"落虹"，清末刑场在桥北东较场，犯人押送刑场，已

---

① 应与西城娘娘庙街区别。
② 明代志书作"天牙石"。

经魂飞魄散，遂讹呼"落魂桥"（见《光五图》）。街北官弁学堂，清光绪三十三年（1907）开办，学生大多为绿营员弁及武官子弟，属于地方性军事学堂，仅办了两班。

天涯石北街　南接天涯石南街，北至东较场南面，长二百六十米。旧名小洞庭（见《光五图》）。街北有小洞庭香馆，即清武英殿大学士卓秉恬花园。街东之第三孤穷子弟教育所，原为市政府所办之民生工厂，招商办理，分科招徒学习。后并入慈惠堂。

东较场街　南接四圣祠北街，北至城墙北垣，长六百米。旧为桑田（见《光五图》）。

支街巷三：

小巷子　东起东较场，西无出口。

双凤桥街　东起东较场，西抵五世同堂街，长一百四十米。街中旧有双凤桥。

城隍庙街　东起东较场街，西接玉皇观街，长一百三十五米。街有华阳县城隍庙，康熙年间建，抗战后期建城隍小学。

较场一：

东较场　东北两方靠城垣，西南两方临街。东西长三百米，南北长六百米。光绪二十一年（1895）端午节民俗活动引发的成都教案和宣统三年（1911）辛亥革命后阅兵之变均发生于此，历为军营所在地及演武场。民国22年（1933）蚌埠号邮政飞机在此降落。抗日战争胜利后，联勤总部第四补给区四十四分区司令部设此。

第十节　东九线

由下东大街起，北经油篓街、笔帖式街、东顺城南街、东顺城中街、东顺城北街、水东门街，至马道街北口止。共七街，支街巷二十一。

油篓街　南起下东大街，北至东糠市街东口，长一百一十米。旧为油篓业所在，习称东门一巷子。旧时又为估衣业聚居处。街南有花园，后改为东南美茶社，为估旧市场。街西水月庵，为大慈寺脚庙，庙内有匾，为大慈寺方丈亲笔，曰"白云深处是吾家"。民国初，水月庵为川北游击司令孔正方侵占；后文氏私立存粹国民学校设此，为清季秀才文南芬所办之私塾。街东有"闲居"茶社，为花纱布交易市场，后门通下东大街（据周芷颖提供资料）。

支街巷四：

坛罐窑街 因街东头靠城墙处建有窄门，习称榔榔门。[①] 东起北马道街，西抵油篓街，长九十米，以系制坛罐所在而名街。

东糠市街 东起笔帖式街南口，西接西糠市街，长二百四十米。

北马道街 南起东门城边，北至城边马道。旧为东城马道，在南马道街以北，故名北马道街（见《光五图》）。

小巷子 南接东糠市街，北无出口。

笔帖式街 南接东糠市街东口，北接东顺城南街，长二百七十五米。本街有笔帖式衙署。成都有二笔帖式署，一在此，一在玉石街。清朝朝廷文书用满、汉两种文字书写，故各衙署设掌理满汉文字翻译事务的低级官吏，称笔帖式。笔帖式办公之场所称笔帖式署，因名其所在街道为笔帖式街。

支街巷一：

小巷子 东起笔帖式街，西无出口。

东顺城南街 南接笔帖式街，北至鸿春里口，长一百八十米。原为东顺城街，后析为南、中、北三街（见《光五图》）。本街为东顺城街之南段。

支街巷九：

东小巷一 西起东顺城南街，东抵城墙边。

西小巷二 东起东顺城南街，西无出口。

马家巷 南起东糠市街，北接玉成街，长一百三十五米。

小巷子 东起马家巷，西抵北糠市街。

玉成街 南接马家巷，北抵鸿春里。原为马家巷北段，清代名杀猪巷，民初改名兴隆街，以重名而未通用。民国16年（1927）房屋经纪人夏玉树买旧屋建街房，取名玉成街。

东小巷二 西起玉成街，东无出口。

---

① 成都方言称角落、缝隙或狭窄偏僻处所为"榔榔"。

西小巷二　东起玉成街，西通和尚街。

东川里　东起东顺城南街，西抵玉成街，长一百一十米。

鸿春里　东起东顺城南街，西抵长胜街，长一百八十米。

东顺城中街　南接东顺城南街，北至福字街口，长一百四十五米。

支街巷四：

福寿街　东起东顺城中街，西至毛家拐，长一百八十米。

福字街　东起东顺城中街，西至毛家拐，长二百五十米。

南小巷　北起福字街，南无出口。

北小巷　南起福字街，北无出口。

东顺城北街　南接东顺城中街，北至天涯石东街口，长一百六十五米。

水东门街　南接东顺城北街，北接马道街，长一百六十米。旧无街名。有下水道经此，出城注入油子河。此水东门在新东门附近。金水河穿过城垣水栅处亦称水东门，在老东门南隅、拱背桥东原造币厂东北城墙下。

支街巷二：

天涯石东街　东起水东门街，西抵天涯石北街南口，长一百四十五米。民初开辟武城门（亦作武成门，习称新东门）时建街。街东口外旧有柿子园。

武城门大街　东起武城门，西抵天涯石北街，长一百四十五米。民初开辟武城门并建街。

马道街　南接水东门街，北抵东较场南面，长二百四十五米。平安桥街邻近亦有马道街，同名，故俗称本街为东门马道街以与之区别。

支街巷一：

小巷子　西起马道街，东抵城垣。

以上东城十线，干街八十五条，支街巷一百八十一条，共计二百六十六条；较场一。

第三章　北　城

东以北门线（由北门至玉带桥街）为界，南以北门线外缘（由西玉龙街到羊市街）和西城线外缘（由北门到东城根下街南口）为界，西以大城西垣为界，北以大城北垣为界。

北城干线，分为北门线（由北至南）和北一线、北二线、北三线、北四线、北五线（均由东至西，凡两线间支街皆属之），共六线。

第一节　北门线

由北门起，南向经青果街、北大街、上草市街、下草市街、上锣锅巷、下锣锅巷，西折经玉带桥街，抵西玉龙街东口。共七街。

青果街　北起北门，南至西珠市街口。旧为北大街北段（见《光五图》）。街东旧为青果市，遂以名街。

北大街　北接青果街，南至酱园公所街东口。旧为北大街南段（见《光五图》）。街南口有火神庙，为清代有名木工刘三师（不知其名）主持建立。其后院有花园，名小玲珑。北门米市设庙内，与南门米市为蓉城两大米市。

上草市街　北接北大街，南至通顺桥街东口。旧为草市街北段（见《光五图》），后改玲珑街，后又改名草市街。本街及武圣街口，旧为草市（见《光五图》），因以名街。街东邻近北大街处为火神庙，故曾以庙内小玲珑花园为本街之名。

下草市街　北接上草市街，南至武圣街口。旧为草市街中段（见《光五图》）。1956年，原电影业主集资建和平电影院于街东。

上锣锅巷 北接下草市街，南至东打铜街。旧为草市街南段（见《光五图》）。1956 年建成都旅馆于街北西头，后移下草市街南头。

下锣锅巷 北接上锣锅巷，南至玉带桥街口。旧为锣锅巷（见《光五图》），后改草市街南段为上锣锅巷，本街则改为下锣锅巷。据云清代雍正、乾隆年间平定金川叛乱，打造军用锣锅于此，遂得名。后多改业木器床灶等日用品。有名医沈绍九诊所。

玉带桥街 东由下锣锅巷南口西折至上西顺城街北口。街西口旧有玉带桥，桥早废没，街名沿用。

第二节　北一线

由红庙子街口起，南经东打铜街、正府街、西府街、青龙街，抵东城根下街北口。共四街，支街巷三。

东打铜街 东起锣锅巷，西至线香街。旧名打铜街（见《光五图》）。街北有上马石，在席姓宅前，以备主人上马时踏之。街西头北面，旧有清怡当及廖、易、王、周四氏祠堂。街南有桂花酱园、陈氏祠及眼科名医徐鹤仙诊所。

支街巷一：

线香街 北接东打铜街西口，南至玉带桥街西口。清代制线香业在此街。街邻官府及民国法院，多执讼师律师业及代写诉状者，又名代书街。后以代书街名不雅，又恢复线香街旧名。

正府街 东接线香街北口，西至西府街。本街自宋代以来，历为成都府衙署所在。街北华阳县政府，本五代飞鸾阁遗址，明代为通判署，清雍正中移设华阳县署于此，民国仍旧，称县知事公署，民国 17 年（1928）后改称县政府。[①] 抗战时县政府迁中兴场，原址设水上警察局。其西有四川高等审判厅，又西有成都府知府署，民国时天府中学设此。又有观星台，在知府署

————————

① 参见民国《华阳县志》。

后侧。相传刘备、诸葛亮曾观星于此。① 蜀汉时此地尚为荒郊,刘备、诸葛亮是否于此观星,已不可考。自《太平寰宇记》卷七十二谓蜀汉曾建观星台,后人遂深信不疑,且不断重建。最西有成都县署及府监狱,入民国后均废。

支街巷一:

天成街 北接王府街,南至大福建营巷北口,民国初年新辟。街北头旧有天成机器工厂,清末威远吴天成创设,为本市民办机器工厂之始。

西府街 北接署前街,南至青龙街。街西旧有成都捕厅(见《光五图》)。

青龙街 东接骡马市街,西至东城根下街北口。街北原有水池,传为张仪筑城掘土所成,名龙堤池。唐代以后称为扬雄洗墨池。又传唐开元(713—741)末年,益州长史章仇兼琼夜梦龙女,乃于池边建龙女祠。宋仁宗庆历(1041—1048)时经扩建后改名龙女堂,近左之桥名青龙桥,后来形成之街道即名青龙街。清代于此建墨池书院,后芙蓉书院亦迁此。清末改设成都县立中学堂,民国时又于校侧建成都县立女子中学校。1952年后成都县中学改名成都市第七中学,迁新南门外建校;华西协合高中迁入成都县中学旧址,改名成都市第十三中学。墨池早已不存。街西头有基督教公谊会福音堂,内附设广益小学。20世纪60年代,其改建为西城区青少年宫。街南在清末原有习艺所,入民国后改设南薰中学。抗战时南薰中学迁外西石灰街,遂于原址建省立医院,1955年改为成都市第三人民医院。

支街巷一:

骡马市街 南起羊市街口,北接青龙街口。本街旧有骡马市,因以名街。街东尧光寺,清初建。新中国成立后改建为成都市局级机关办公地,城建局、规划局等设此。街东原有大川饭店,1936年8月群众反对设立日本领事馆事件爆发于此。成都旧俗,凡畜马者,每年农历正月初四必乘马到此街一行。民初尚有此习俗。

---

① 参见清同治《成都县志》。

第三节　北二线

由隆盛街口起，西经武圣街、文圣街、文庙街、厅署街、江汉路、宁夏街，抵西大街东口。共六街，支街巷十五，较场一。

武圣街　东接下草市街，西至北打铜街北口。街南旧有十方堂、卧云庵。十方堂，乾隆五十四年（1789）建，内有铜接引佛、铁韦驮、弥勒佛各一；又铜钟、铜炉均明代文物。[①] 民国元年（1912）此堂由佛教会接管，民国 21 年（1932）于此设四川佛学院，又三年改莲宗院。

支街巷二：

北打铜街　北接武圣街西口，南至东打铜街口。街东无量寿庵，创建年月无考，《光五图》尚无此街。

安全巷　北接文圣街，南至东打铜街西口，为抗战中所辟之火巷子。

文圣街　东接武圣街，西至金丝街南口。街南原有品升街，又名二府巷子，南通正府街，清宣统二年（1910）建高等审判厅，划有厅址。街南旧有郑氏祠，祠西为捐输局（见《光五图》）。

文庙街　东接文圣街，西至铁箍井街口，习称北门文庙前街，以别于在南门者。街北东首为华阳县公署。署西为成都县文庙，清初创建。民国时于街设县农会。1958 年始建成都剧场于街西头，演出话剧。

支街巷一：

铁箍井街　北接文庙街，南至西府街口。街西有铁箍井，因以名街。街南有龙王庙（见《光五图》）。此街糖食店所制米花糖极佳。

厅署街　东接文庙街，西止千祥街口。初无街名（见《光五图》），光绪三十年成都街道图作署后街，以在成都县署后而名。街北旧有华阳厅，即华阳县典史署，习称捕厅。民国时以厅署二字为本街名。街北又有华阳县监狱。[②] 街北又有喇嘛寺，在武担寺南麓，民国时由懋功（今小金县）喇嘛募捐建。

---

① 参见清同治《成都县志》。
② 参见清同治《成都县志》、民国《华阳县志》。

支街巷三：

千祥街 北接厅署街，南至王家塘街东口。原名监墙街。街东旧为成都县监狱西墙，后讹音曰千祥街。

县前街 东接西府街北口，西接千祥街南口，清初于此建县署。清代各种志书谓成都县署在扬雄宅遗址，实则雄宅当在少城西南。街北有清末民初所设之成都县征收局。

青龙巷 北接千祥街南口，南至青龙街。巷口有大井，人称其地大井口。民国16年（1927）广益幼稚园设此巷，1955年改名成都市第五幼儿园。

江汉路 东接厅署街，西至灯笼街北口。原名观音堂前街（见《光五图》），后改苦竹林街，民国26年（1937）后始改名江汉路。

支街巷五：

灯笼街 北接江汉路，南至守经街。原名粉房巷（见《光五图》），后改南段为灯笼街，北段仍旧，民国初统名灯笼街。清末进士、成都县中首任校长（监督）刘彝铭先生宅在此街。

王家塘街 东接千祥街南口，西接灯笼街。旧名灯笼街（见《光五图》）。街北旧有王家塘（水塘），后填平建屋。街南旧多菜圃。

守经街 西口接灯笼街，东口接东城根下街北口。原名守经上街。街南旧有包子店，名冠全市。街北真武宫，相传为明代双佛寺故址，清乾隆二年（1737）旗人倡捐重建。内有钟，铸满、汉文。① 民初曾在此创办勤洁工厂，后废，成为民居。其西为太清宫，清乾隆中为金、银、铜、铁、锡五帮同建之同业公所。②

黄埔路 南接江汉路，北通北较场。旧名观音堂街（见《光五图》）。民国24年（1935），设中央陆军军官学校成都分校于北较场，适当街北，后街更名黄埔路。

昆明路 南接江汉路，北达北较场。原为宁夏街北段（见《光五图》），后改丰豫仓街，民国26年（1937）改名昆明路。街西丰豫仓，为清代官家储

---

① 参见清同治《成都县志》。
② 参见清同治《成都县志》。

粮之所；又有天君庙。街东旧有观音堂巷，堂侧有水塘十余亩；旧又有报国寺、苏氏祠。街北口有马王庙。以上民国时均废，仅见于光绪三十年成都街道图。

较场一：

北较场　西北两方靠城垣，东抵洛阳路北口，南抵江汉路和昆明路北口。民国 26 年（1937）扩充，武担山亦划入范围内，附近五街皆易新名（系黄埔路、白下路、洛阳路、江汉路、昆明路）。较场系旧时操演或比武的场所。清代沿袭旧规，在成都分设东、南、西、北较场，练兵兼驻兵。北较场亦举行乡试武闱，旧有演武厅。清末创设新军，先后于此设武备学堂、四川陆军速成学堂、四川陆军小学堂、四川陆军测绘学堂。民初复办四川军官学校、四川军官速成学校。民国 2 年（1913）以后，军队主力多驻北、西较场。民国 24 年（1935）于北较场改建陆军军官学校分校。武担山原有一巨石传为石镜，圈入军校后，军校于其地建塔，石镜遂不存。考古迹者，唯有据此塔以觅武担所在。

宁夏街　东接江汉路，西南折至西大街东口。清雍正时，甘肃省宁夏府人、天津总兵盛九功眷属于此街建房，遂名宁夏街。本街东段，旧为宁夏街东段（见《光五图》），后改为苦竹林街，民国 26 年（1937）复为宁夏街北段。南折一段，旧为满城小北街（见《光五图》）①，民国时全段复名宁夏街。街西首有四川第一监狱，就原有四川陆军监狱改建。再向西南旧有小街，在满城北垣下，后废。小街南旧有西来寺，入民国后改办学校。再南有欢喜寺。街北口有文昌宫（见《光五图》）。街东有成都市政府地政局。民国 18 年（1929）孙震将军于此街建私立树德中学（1955 年曾改名成都第九中学，1989 年恢复树德中学名）。又，街西曾设私立女子选科师范，不久停办。

支街巷四：

西城角街　东接宁夏街南折段，西通通锦桥，抗战期间就原废之小街开辟。

树德巷　东接宁夏街，西通欢喜寺。巷旧无名，后树德第三小学设此，因

---

① 小北门所在。

以得名。巷西头原有两水塘，塘西欢喜寺，又名欢喜禅林，后划入树德中学。

树德里　东接宁夏街，西通树德中学。以树德中学设此得名。里西西来寺与欢喜寺比邻，皆并入树德中学改建作校舍。

小北街　西接宁夏街，东至灯笼街南口。旧为守经下街。街南即旧满城北垣，城西北角蔬菜市场设此。

第四节　北三线

由灶君庙街口起，西经通顺桥街、楞伽庵街、红石柱街、白家塘街，至洛阳路。共五街，支街巷四。

通顺桥街　东接草市街，西至银丝街北口。清光绪五年（1879）前无街名（见《光五图》），后以本街曾有通顺桥，故命名通顺桥街。街北爱道堂，旧名圆觉庵（比丘尼庵），明末毁，清重建。本馆已故馆员隆莲法师曾长期卓锡于此。

支街巷一：

银丝街　北接通顺桥街西口，南至武圣街。明代银器、银丝业手工作坊多在此街，故以名街。街东旧有量寿庵（见《光五图》）。

楞伽庵街　东接通顺桥街，西至金丝街口。旧无街名（见《光五图》），建楞伽庵后始有此街名，讹呼林檎庵或误书楞枷庵。街北楞伽庵之东侧，有四十炉公所（即铸钱业同业公会），清代炉房合建。1980年基建时，掘出一陶瓷罐，内装骨殖及骨灰，罐有篆文"天福"（936—942），为五代时后晋石敬瑭年号，距今一千余年。

支街巷一：

金丝街　北接楞伽庵街，南至文庙街。明、清时金器、金丝业手工作坊多集此，因以名街。

红石柱街　东接楞伽庵街西口，西至学署街北口。本为文庙后街东段，继名文庙后街（见《光五图》）。后又改名红石柱街。以本街有红石柱得名。此为北门红石柱街，另有同名之街在老东门附近。据传该石柱为古大慈寺山门遗物。后人不察，误言北门红石柱街为大慈寺山门，当依理正之。相传石柱为古碧鸡坊（见《光五图》），其言实不足据。街北昭应祠，即灵隐寺。寺西为东岳庙，清道光八年（1828）建。庙西有基督教礼拜堂。本街有石牌坊一座，传系明代遗物。

支街巷一：

学署街 北接红石柱街西口，南至文庙街。旧成都县教谕署在街东（见《光五图》）。教谕系学官名，主管教导训诫，教谕署习称学署。民国 4 年（1915）改建为北城公园，后改为四川省科学教育馆。

白家塘街 东接红石柱街，西至洛阳路。旧为北门文庙后街西段（见《光五图》），后改名白家塘街。街南旧有水塘，或即宋代碧鸡坊内之池沼遗迹。明代，塘后有一白姓官吏住宅，故取名白家塘街。

洛阳路 北接白下路西口，南至文庙街西口。旧为武担山正街（见《光五图》），后改北段为武备前街，继又改全街为武担山街，复改为仁风里街，最后改名洛阳路。武担山本在街西，建军分校后划入北较场。清光绪时，武担山附近及武备街多娼寮。

支街巷一：

常平巷 东接洛阳路。曾改名五担山巷，后复名常平巷。民国 24 年（1935）建军分校后，巷拆废。

第五节 北四线

由北东街口起，西经酱园公所街、五岳宫街、文殊院街至白下路。共四街，支街巷三。

酱园公所街 东接上草市街北口，西至白云寺街北口。旧名头福街（见《光五图》），后改名酱园公所街。街北酱园公所，清咸丰时酱园行帮公建。[①]

支街巷一：

白云寺街 北接酱园公所街西口，南至通顺桥街西口。街东旧有白云寺，创建年代无考，清乾隆四十八年（1783）曾培修。

---

① 参见清同治《成都县志》。

五岳宫街 东接白云寺街北口，西至金马街北口。旧为头福正街东段（见《光五图》），后改为头福街，后又改五岳宫街。街北有五岳宫。

支街巷一：

金马街 北接五岳宫街西口，南至楞伽庵街西口。五代时金马坊在此，后世遂以为街名。

文殊院街 东接金马街东口，西接白下路东口。旧为头福正街西段（见《光五图》），后改文殊院巷，继改为文殊院街。街北有文殊院。1980年在本街西口掘出一罐古钱币，重数百斤，内有汉代五铢钱、南朝梁太平钱、唐代开元钱。

白下路 东接文殊院街，西至洛阳路北口。旧本菜园，后建为武备街，又名止戈里。民国24年（1935）建军分校后，菜园西部围入校内，东部建为白下路。白下为南京别称，军校本部在南京，分校以为街名，表示此校乃由南京分来者。

支街巷一：

武备街 东接白下路，西至北较场。街旧无名（见《光五图》），清末于北较场设武备学校，始有此称。

第六节　北五线

由北大街西侧起，经西珠市街、珠宝街至西马道街。共二街，支街巷四。

西珠市街 东接北大街，西至头福街口。旧名西珠市巷（见《光五图》）。

支街一：

头福街 北接西珠市街西口，南至酱园公所街西口，清同治《成都县志》已有此街名。《光五图》漏绘。光绪三十年成都街道图作珠市横街。民国街道图均作头福巷。

珠宝街 东接头福街，西至文殊院巷。明代此街为珠宝市。

支街三：

文殊院巷 北接珠宝街西口，南至五岳宫街西口。旧为福善会巷南段。

福善会巷 南接珠宝街西口，北至马道街西口，为旧福善会巷北段。

西马道街　西接福善会巷北口，东至青果街南口。旧名西马道（见《光五图》），后因民房渐多，始有街名。街北近城垣。街东口有弥勒寺。

以上北城六线，干街二十九条，支街巷二十七条；共计五十六条，较场一。

第四章　西　城

北以西门线（由西门至八宝街转东城根上街）为界，东以西城线（由东城根下街至东城根南街）外缘为界，南以君平线（由南较场经石牛寺巷、君平街转半边桥街）外缘为界，西抵西城垣（由上同仁路至西较场西垣止）为界。

西城干线分为西门线（由西至东）、西一线、西二线（由南至北，凡两线间支街皆属之），共三线。

第一节　西门线

由西门起，向东经西大街、八宝街，南折经东城根下街，抵东门街口。共三街，支街巷一。

西大街　西起西门，东至长顺下街北口。清康熙五十七年（1718）建满城，街被划入。西门原名清远门，因名清远胡同（见《光五图》），民国时更名西大街。

街中段为旗兵正黄旗头甲驻区。1958年建四川省歌舞团于街北。已故著名生物学家周太玄曾有私宅在街北共和里。

八宝街　西接西大街，东至东城根下街北口。为满城时名顺城胡同，入民国改名笆笆巷，后改名八宝街。1958年建红光电影院于街南。

东城根下街　北接八宝街东口，南至东门街东口。满城时无街名，入民国后名东城根下街。1963年建四川省曲艺团于街东南头。

支街巷一：

东半节巷　东接东城根下街，西向无通路。满城时名永安半节胡同。

第二节　西一线

由宁夏街口向南，经长顺下街、长顺中街、长顺上街、通顺桥街、小南街，抵君平街口。共五街，支街巷二十三。

长顺下街　北起西大街东口，南至西马棚街东口。长顺上、中、下三街，满城时为旗兵驻地，无街名，民国时名通顺街，取"长久通顺"之意。后再改长顺街，分为上、中、下三街。

支街巷六：

西半节巷　西起长顺下街北口，东向无通路。

东二道街　西对西二道街东口，东至东城根下街。满城时名永庆胡同。街中有里仁坊，一名里仁胡同（见《光五图》）。1958年，新中国成立后的成都第一所民办中学东风中学创办于街北。

上半节巷　西对三道街东口，东向无通道。满城时名仁里胡同（见《光五图》）。

过街楼街　西对四道街东口，东接东城根下街。满城时名永兴胡同，又名集贤胡同（见《光五图》）。因街有过街楼房，故名过街楼街，后楼房拆除。街中通东二道街者名横过街楼。满城时为镶黄旗头甲驻地。东头永兴坊（见《光五图》）。

红墙巷　西对竹叶巷东口，东接东城根下街。满城时名集贤胡同，又名吉祥胡同（见《光五图》），为镶黄旗三甲驻地。东头名永祥胡同。西头有关帝庙、永安坊。因临街有一堵红墙，民国时改名红墙巷。东头巷北之"担担面"小吃店很有名，为成都市名小吃之一。1956年，其营业发展，迁提督街。

东马棚街　西对西马棚街东口，东接东城根下街。满城时名仁德胡同（见《光五图》）。街有旗兵马号（棚）。满城时为镶黄旗界。街北第一师范学校，民国元年（1912）开办，民国7年（1918）改设外国语专门学校（著名作家巴金等曾在此学习世界语），民国20年（1931）再改设省立女子中学校，1952年后改为成都市第一中学。

长顺中街　北起槐树街东口，南至支机石街东口。

支街巷五：

东门街 西对槐树街东口，东抵东城根下街南口。满城时名五福胡同（见《光五图》）。街东即满城之迎祥门（见《光五图》）。[1] 同治《成都县志》正文误作受福门，又将祠堂街口之受福门误作迎祥门，同书《满城图》不误。街有八旗蒙古固山公所（见《光五图》）。

长发街 西对吉祥街东口，东接东城根中街。满城时名长发胡同（见《光五图》），民初改名长发街。其名出自《诗·商颂·长发》之"长发其祥"。[2] 满城时为正白旗头甲驻地，街西头有发育坊（见《光五图》）。

黄瓦街 西对奎星楼街东口，东接东城根中街。满城时名松柏胡同（见《光五图》），清末民初办少城小学堂于此街，后改黄瓦街小学、少城中学。成都市满蒙学会设于此街。

娘娘庙街 西对栅子街东口，东接东城根中街。满城时名积善胡同，又名育婴胡同（见《光五图》），为正白旗二甲驻地。东头有德善坊（见《光五图》）。街东口有娘娘庙，供奉送子娘娘。应与东门娘娘庙街（书院东街）区别。街东头之吴抄手面食店，民国20年（1931）开设，为成都名小吃之一。中共四川省委早期领导人杨闇公、吴玉章曾居本街。

商业街 西对实业街东口，东接东城根中街南口。满城时街北有副都统衙门，因名副都统胡同（见《光五图》）。民国初于副都统衙门旧址创办商业专门学校，因改名商业街。民国20年（1931）后，商专校址改建励志社，为高级招待所，抗日战争后期又为美国空军在蓉休假娱乐处。中华人民共和国成立后，其地改建为中共四川省委办公大楼。

长顺上街 北起支机石街[3]东口，南至祠堂街西口。将军衙门后墙在街西段南侧。

支街巷九：

多子巷 西对泡桐树街东口，东接东城根上街北口。满城时名太平胡同（见《光五图》），民国初名刀子巷，以巷内旧时满营开炉铸锻刀枪兵器得名。

---

[1] 即大东门。参见清同治《成都县志·满城图》。
[2] 此"长发"之"发"繁体作"發"，有书作"髪"者乃误。
[3] 有作"支矶石"者，乃误。

传闻民国24年（1935）四川省政府主席刘湘居此时，以"刀子"二字不吉利，其子又无多，故改曰多子巷。东头旧有永安坊（见《光五图》）。

仁厚街　西对支机石街东口，东接东城根上街。满城时名仁厚胡同（见《光五图》），为镶红、镶蓝二旗驻地。东头有固山公所、德润坊（见《光五图》）。

桂花巷　西对宽巷子东口，东接东城根上街。满城时名丹桂胡同。因有桂花多株，故名（见《光五图》）。民国时先改名桂花街，后以与南门桂花街同名，改为桂花巷。满城时为镶白旗二甲驻地。

斌升街　西向将军衙门后墙左侧，东接东城根上街。满城时名斌升胡同（见《光五图》），为镶白旗三甲驻地，有镶白、正蓝满洲固山公所、延寿坊、马号。街东口有第三小学堂，光绪二十九年（1903）开办，为变法初办学校之一。街北原有四川大学、华西大学中文系教授庞石帚住宅。新中国成立后于本街及方池街均发掘出大量唐代开元通宝及乾元重宝，并有琥珀；沙层堆积很厚。据市文管处石湍云，可能为旧时南市所在地。

东胜街　西向将军衙门左侧，东接东城根上街。满城时街北有左司衙门，遂名左司胡同（见《光五图》）。民国初为纪念辛亥革命胜利，因本街位于将军衙门东侧，故名之为东胜街。民国时，左司衙署改建民宅，后设沙利文餐旅馆，民国37年（1948）四川省参议会由纯化街迁此，新中国成立后曾为成都市政协所在地。满城时镶白旗佐领、防御、骁校三署均设此。街为镶白旗界，有马棚。与斌升街间之东头有堆卡、箭道、西神祠。街东口有资属中学，民国初开办。街西口有刘文辉（第二十四军军长、西康省主席）所办私立建国中学，民国20年（1931）开办。抗战中因避空袭，其初迁温江，继在本市外南另建新校舍，1952年后改为成都市第十五中学。

将军街　西向将军衙门左辕门，东接东城根上街。满城时名永安胡同（见《光五图》），又名正蓝旗蒙古胡同。民国时名猫猫巷，四川军务督理杨森居此时更名将军街。传闻川人谓杨森为耗子精，森遂恶猫字，乃改街名。在将军衙门后有八旗官厅。四川大学教授、文字学家赵少咸（世忠）曾住此街。

永兴街　西向南折接祠堂街，东接东城根南街。满城时名永兴胡同（见《光五图》）。

牌坊巷 西向南折接祠堂街，东接东城根南街。满城时名永顺胡同（见《光五图》），民国时先名牌坊巷街，后去街字。

祠堂街 西向金河街东口，东至东城根南街南口。满城时名喇嘛胡同，一名蒙古胡同，又名东门街（见《光五图》），为正蓝旗三甲地界。街东头旧为满城南段之东门，名受福门。清同治十年（1871）总督兼将军吴棠创少城书院于街东路北，书院以西有昭忠祠、康阜神祠、文昌宫。民国23年（1934）街东北侧建锦屏戏院，一名新又新大舞台，新中国成立后改为四川电影院。街东头北侧又有邱佛子便饭馆，售豆花、烧肉等，皆小份盛碟，中置菜油，小炉上保温，人多嗜之。主人邱姓蓄有胡须（胡子），成都人读"胡"为"佛"，故谐音佛子为店名。街北又有聚兴诚银行办事处。民国37年（1948），四川省通志馆由学道街迁此街之北。街南有武圣宫，原为清真西寺，康熙五十七年（1718）建满城时，寺迁大城西御街。相传八旗官兵曾为年羹尧建生祠于此，祠堂街即因此得名。年获罪后，祠乃改建武圣宫。往西有荷池、奎阁、石舫（见《光五图》）。民国时有聚丰园餐馆通荷池，接石舫。再西为少城公园（今人民公园）大门。公园对门曾有民营飞越汽车公司，营业亏损，不久歇业。公园内北部广场有辛亥秋保路死事纪念碑。公园大门西侧有"庶几"小餐馆，再西数十步有努力餐饭店，皆车耀先所创设。前者新中国成立前歇业，后者至1984年移建于临小南街北口处。公园大门东侧有四川美术协会，新中国成立后建为成都市图书馆。本街有生活书店、开明书店、北新书店、正中书局等大小书店十余家，号称文化街。抗战中《新华日报》成都办事处设于此街北侧，位于永兴街口与牌坊巷口之间。营业部兼售中共七大文献及马列书籍，并在公园门口设报架。民国35年（1946）春，国民党策动学生游行反苏，捣毁办事处，报纸未因此停售。国共和谈破裂后，警备司令严啸虎通知办事处主任杜桴生限期离蓉，办事处关闭。新中国成立后于街北建成都市美术社，分摄影、字画、文物等部门。新中国成立后，四川省博物馆曾设人民公园内，20世纪60年代迁人民南路四段，2008年再迁浣花南路浣花溪公园旁，并更名为四川博物院。

通顺桥街 北起祠堂街西口，南至永清巷西口，与北门通顺桥街同名。有小石拱桥跨金水河上。

支街巷二：

永平街 西向横通顺街东口，东通拱背桥（与东门拱背桥有别。桥东通公园）。满城时名永顺胡同，民国改永平街，旋废。街东头有德化坊（见《光五图》）。民国时街头东划入少城公园区域。

永清巷 西向方池街东口，东左折通永顺桥（跨公园西侧之小溪上）。满城时名永清胡同，民国改永清巷，旋废，巷东头划入少城公园。

小南街 北起方池街东口，南至旧满城通阜门（见《光五图》），习呼小南门。街东有中心小学，民国24年（1935）开办。又有市立医院，抗战时期创设。

支街巷一：

仓房街 西起小南街南口，东抵满城内半边桥城垣下。满城时，金河南岸有三街并列：一曰头甲巷子（即永顺胡同），二曰顺桅杆巷子（即永清胡同），三曰仓房巷子（即永济胡同）。民国元年（1912）四川省政府收三街基地建为公园，旧有街巷遂废。

第三节　西二线

由西大街西口起，南经上同仁路、中同仁路、下同仁路，过金花桥抵西较场南面城垣。共三街，支街巷二十五，较场一。

上同仁路 北起西门口，南至西马棚街西口。此路分三段，旧名西城根街（与少城东城垣拆后建街为东城根街相对而言），满城时为旗兵驻地。路中连实业街西口处，民初曾办同仁工厂，收纳旗民习艺，取"一视同仁"意，路因此得名。

支街巷七：

西二道街 西起上同仁路北口，东向东二道街西口。满城时名清白胡同（见《光五图》），一名永清胡同，后因列于沿少城街巷次序之第二而得名。东二道街、三道街、四道街得名皆因此。满城时为正黄旗二甲驻地。街南、北均有水塘。

三道街 西起上同仁路，东向上半节巷西口。满城时名忠孝胡同（见

《光五图》）。清代街西头折而北又折而西，名清顺胡同。满城时为正黄旗三甲驻地（见《光五图》），街西口为镶黄二旗驻地。

四道街　西起上同仁路，东向过街楼街西口。满城时名联升胡同（见《光五图》），又名四道街，民国时仍沿用旧名。街西段又名兴发胡同，左折而西通上同仁路一段名兴仁胡同。满城时为正黄旗头甲驻地。西头有堆卡。街北有固山公所、关帝庙。街东头有考试院川康考铨处，民国30年（1941）设。1957年建四川省皮肤病研究所于此街。

竹叶巷　东向红墙巷西口，西无通路。满城时名忠义胡同，民国初改下半节巷。因此名不雅，成为戏谑用语。民国12年（1923）有姚某居此巷，以其安徽桐城故乡有竹叶亭，因请于政府改为竹叶巷（此据本馆已故馆员朱良甫遗笺）。满城时，巷东口有关帝庙。

焦家巷　西起上同仁路西口，东向红墙巷西口。满城时名上升胡同（见《光五图》），又名焦家巷，民国时但曰焦家巷。焦家巷烤红苕为成都名小吃。清道光、咸丰年间（1821—1861），巷西口有苏将军宅。苏为额苏哩氏，亦姓焦，焦家巷名本此。满城时为正黄旗头甲驻地。巷西头有正黄旗及正红旗箭道。巷西头路北曾有四川大学中文系教授张怡荪、李培甫私宅。

西马棚街　西起上同仁路南口，东向东马棚街西口。满城时名西马棚胡同（见《光五图》），一名西马房街，又名广德胡同。满城时为正黄旗二甲地界。西口为正白一旗。街东头有马号，西头有骥圈。

槐树街　西起中同仁路北口，东向东门街西口。满城时名槐树胡同（见《光五图》）。街口及中段有槐树多株，民国初即改街名为槐树街。满城时东口为正红旗地界。本街西头路北曾有前成都大学教务长、四川大学法学院院长吴君毅（永权）宅。院内有银杏、苍松各一株，年代久远。

中同仁路　北接上同仁路南口，南至实业街西口。

支街巷五：

吉祥街　西起中同仁路北口，东向长发街西口。满城时名通顺胡同，又名吉祥胡同（见《光五图》）。民国时先名新巷子，后改吉祥街。满城时为正红旗二甲地界，东头有堆卡。四川省立会计专科学校曾设此街，首任校长为会计学家杨佑之。

奎星楼街 西起中同仁路，东向黄瓦街西口。满城时名光明胡同，又名魁星楼胡同。街东头分歧形如裤管，习称裤子街。民国时建房日多，岔巷不存，此街东西即大体成一直线。西头有关帝庙，内有奎星阁，故又名奎星楼街穿巷子。街东头路南曾有四川大学教授魏时珍（嗣銮）私宅。

栅子街 西起中同仁路，东向娘娘庙街西口。满城时街中有里仁坊，因名为里有仁风胡同。西口为正黄旗二甲地界。街中段北侧有一小巷，名小通巷，设有女子自治布厂，所织土布，美观结实。主持合并师大、成大、公立四川大学三者为四川大学之张铮曾住此街。

实业街 西接中同仁路南口，东向商业街西口。满城时名甘棠胡同，因街北有八旗官学，亦名官学街。民初官学旧址改办女子实业讲习所，故改名实业街。满城时为正红旗地界，东头为镶白旗。正红旗佐领署、防御署、骁骑署均设此街。民初街北创办同仁工厂，收纳旗民习艺，民国 10 年（1921）后停办。街北又有六先生祠，祀范镇、范祖禹、张栻、魏了翁、李道传、焦定，系民国 6 年（1917）时，耆老徐炯（子休）、曾鉴（叕如）等建，后废。抗战期间，于街北西头建省立传染病院，后迁花牌坊，旧址交与下汪家拐街迁来之妇婴保健院，新中国成立后改为成都市第二妇产科医院。

泡桐树街 西起中同仁路南口，东向多子巷西口。满城时为镶红旗一甲地界。因街西头有里仁坊，又名仁里胡同（见《光五图》）。街中有大泡桐树，民国时改名泡桐树街。

下同仁路 北接中同仁路南口，南向金河街西口。路西有支机石庙，清康熙六年（1667）建。庙址即严真观旧址。唐宋以后，传说严君平卖卜于此。内有巨石，谓支机石。[①] 支机石庙后为关帝庙（见《光五图》）。民国 12 年（1923），以二庙地改建森林公园，俗称支机石公园。全民族抗战爆发后设防空司令部于此，继又划归空军层板厂。新中国成立后于本街南建成都制药厂。

支街巷十三：

支机石街 西接下同仁路北口，东向仁厚街西口。满城时名仁里二条胡同（见《光五图》），又名君平胡同，相传严君平卖卜于此；建满城后，于其

---

① 支机石后移外西文化公园。

南垣外另建君平街以资纪念。抗战时期曾先后设国民参政会川康建设期成会（后改名川康经济策进会）、川西区办事处于本街五十五号李璜住所。街东段有汲古医学社，系名中医张先识创办。再东有名医罗品三夫妇诊所。

宽巷子 西起下同仁路，东向桂花巷西口。满城时其因与邻近街巷相较为宽，习称宽巷子，后名兴仁胡同（见《光五图》）。民国时仍恢复宽巷子旧名。满城时，街西口为镶红旗一甲界。街西面有蚕桑局。

窄巷子 西起下同仁路，东向将军衙门右侧。满城时，以本巷较窄，习称窄巷子，后名太平胡同（见《光五图》）。民国时，仍复名窄巷子，满城时街西口为正红旗。

井巷子 西起下同仁路，东向将军衙门右侧。满城时名如意胡同，一名明德胡同（见《光五图》）。街中有水井，因名井巷子。满城时街北有明德坊。

西胜街 西起下同仁路，东向将军衙门右侧。满城时名右司胡同（见《光五图》）。辛亥革命后，为纪念革命胜利改名西胜街，以在将军衙门之西而称。街北在明代尚有石犀寺即晋之龙渊寺，唐之空慧寺，唐代曾更名圣寿寺。寺内有石犀，传为秦蜀郡太守李冰所作。康熙五十七年（1718）建满城，于寺址建右司衙门；另于南较场北建石牛寺（石犀寺后又习呼为石牛寺），石犀仍留右司内，另雕石牛置石牛寺。光绪末年于右司衙址创办第二小学堂，入民国改省立第一中学，后改为私立协进中学，再改为清协联中，1952年后改为成都市第二十八中学。满城时镶红旗佐领、防御骁骑署均设此街。光绪二十九年（1903）于街东口创设八旗高等小学堂，民国改少城小学。又，《蜀中广记·名胜记·成都府》云："圣寿寺后有邓艾庙，为有识者撤去。明县令雷叔闻于此结诗社，名曰竹林。"邓艾庙之建、毁年代均不可考。宋代麻市在圣寿寺前。

柿子巷 西起下同仁路，东段南折通金河街中段。满城时名柿子街，又名太平胡同。东口有水池名琥珀江（见《光五图》），后渐淤平。巷内有大柿子树一株，因以名巷。有名骨科医生杜自明诊所在此巷。

新西门街 西起通惠门口，东至金花桥南端。民初辟新西门（通惠门）后，始有街名，后改名通惠门街。满城时，西面傍城垣为镶白旗地界，西南为正蓝旗一甲地，次为镶红旗一甲，再次为镶蓝旗一甲，街南东头为西较场大营门。新西门以北城垣下有拱洞，置铁栅，为金河入城口，习呼水西门。

金河街　西起下同仁路南口，东至通顺桥街北口。街西口有金花桥跨金水河上，其东有板桥，一名红板桥，再东有节旅桥。[①] 此处旧无街名，民国始以金河名街。金河街之东一段后又名顺河街。清同治《成都县志·津梁》云："金花桥在县西二里，一名曰市桥，传汉司马相如宅在桥西，有琴台古迹。"[②]明洪武中设中卫于今西胜街与金河街之间。清将军衙门在金河街之东头。又节旅桥南岸有圣寿祠，其东有龙王庙（见《光五图》），入民国均废。

横通顺街　西头右折北向金河街，东接小南街向永平街西口。满城时名永东胡同，俗名大坑沿后街，又名通顺胡同（见《光五图》），亦称横小南街。

方池街　西起锦江街东口，东接小南街，向永清巷西口。满城时名钟灵胡同，俗名大坑沿街，又名方池胡同、庙巷子胡同。街北有荷池，为公地，民国时李家钰将军圈入私宅。东头南面有钟灵坊，西头南面有永乐坊。新中国成立后四川省总工会设于此街。

锦江街　西起西较场东侧，东至方池街西口。满城时名永盛胡同，又名永发胡同。民国时改后子街，继改名锦江街（与东城东锦江街有别）。耆老曾鉴（奂如）住宅在此街。

蜀华街　西起西较场东侧，东至小南街。满城时名翠柏胡同（见《光五图》），民国时名厅子街。街南有私立蜀华中学，民国21年（1932）创办，因改街名蜀华街。1952年后改成都市第十四中学。街南原有大水塘，民国22年（1933）后逐渐填平。

包家巷　西起西较场东侧，东接小南街。满城时名永明胡同，又名永兴胡同、聚元胡同。因蒙古巴岳特氏住此，巴字又可译作包，遂名为包家巷。巷东头原有聚元胡同（见《光五图》），由聚元胡同西去至西较场右后方一街，名永盛胡同，有马号。永盛北，平列一街名永发胡同（见《光五图》）。以上各街除包家巷外，民国时均逐渐变为军营或菜圃，仅有僻巷相通。巷西口有省立女子职业学校，民国10年（1921）以后开办。南侧有四川陆军医院，民

---

① 参见清同治《成都县志》。清《光绪五年图》误作节里桥。
② 故迹早不存，志书乃追怀古事，非清代尚有。

国 20 年（1931）后成为军队营房，民国 30 年（1941）后，四川省军管区司令部由玉皇观迁此。新中国成立后改建为居民住宅。巷南东头有四川医学专门学校，并附设医院，民国时创设；民国 27 年（1938）改为甫澄（刘湘字）纪念医院，旋停办。医专后改为医士职业学校，专门训练助产士，新中国成立后改建为成都市第一妇产科医院。巷西头路南为名厨师黄静宁宅。黄于此开设姑姑筵订席馆（不售门市零餐），菜肴精美而价昂，平民不敢问津。黄宅西为菜圃。民国 21 年（1932）秋私立敬业中学迁此建新楼，后迁外东天仙桥，再迁外南肖家河。

较场一：

西较场　北以新西门街南侧为垣，西至城垣，南连菜园，东接锦江街、蜀华街、包家巷西口。较场南部为营房，历为驻军之所。民国 24 年（1935）蒋介石来成都时，其"军事委员会特务团"驻此。民国 38 年（1949）12 月初，胡宗南部之成都防卫总司令部亦设此。新中国成立后为解放军成都军区后勤部驻地。西南隅旧城墙仍在。

以上西城三线，干街十一条，支街巷四十九条，共计六十条；较场一。

第五章 南 城

西以君平线（由西南两较场间城垣起，经石牛寺巷、君平街、陕西街西头北折，经半边桥街抵西御西街口）为界，北以南城线外缘（由西御街至东御街）和东门线外缘（由东门至盐市口）为界，东以大城东垣为界，南以大城南垣为界。

南城干线分为君平线（由南至北）、南一线、南二线、南三线、南四线（由西至东，凡两线间支街皆属之），共五线。

第一节 君平线

由西、南两较场间起，北经石牛寺巷，西折经君平街，至陕西街西口再北折经半边桥街，抵西御西街西口。共三街。

石牛寺巷 北至君平街西口，南抵南城城垣。本为君平街西段。巷为少城南面城根，建满城时以古石犀寺址改建右司署，另于本巷建石牛寺（参看"西胜街"条）。寺址原为空地，建寺后有民居，因名巷曰石牛寺巷。巷已废。

君平街 西起石牛寺巷北口，东至陕西街西口。满城君平胡同（民国时名支机石街）相传为严君平卜肆所在，建满城后另于城之南垣外建君平街。刘沅《石犀记》《石犀考》有记载。街西头南面有崇善局，民国8年（1919）刘仲翰创建。其东有私立成公中学初中部。又有建本小学，原设文庙西街县文庙内，民国27年（1938）后迁此。

半边桥街 南起陕西街西头，北至西御西街西口。半边桥跨金水河，满城水栅建于桥上，桥之东半属大城，故名半边桥。桥西南为少城公园后门，

246

后门内西侧有国术馆，民国 20 年（1931）秋曾设抗日义勇军训练班于馆内。民国时街多布鞋业，质次，价较廉。街东头为少城小餐，南侧有王胖鸭店均驰名四方。少城小餐东有小吃店，取名口叩品，亦为趣谈。

第二节 南一线

由君平街东口起，东经陕西街、梨花街、锦江桥街、古卧龙桥街、学道街、督院街、东升街、红石柱横街、锐钯街，抵磨房街南口止。共九街，支街巷十七。

陕西街 西接君平街东口，东至三桥正街南口。街中因旧有芙蓉桥（其地不可考），故街曾名芙蓉街。清康熙二年（1663）陕西会馆迁此，始改名陕西街。街北有岱庙，传为五代后蜀时建，明洪武间重修。内有铁铸孔子像，铜铸地藏、东岳像，铁铸男女跪像并十殿塑像，清初毁，康熙中重修。又有陕西会馆，为康熙二年旅川陕人共建。又有药王庙，清康熙中巡抚张德地（本名刘格）建。街北有基督教卫理公会福音堂，原名美以美会福音堂。附设爱智书报社，售小说及报刊。又有教会设立之五官科医院，名存仁医院。1952 年后，该院并入四川医学院附属医院五官科，旧址改建为四川省高等教育局。其西为新华通讯社四川分社。街南有教会设立之华美女子中学，抗战期间，燕京大学曾寄设于此。1952 年后改为成都市第十中学。又，东头有启化小学及幼幼幼稚园，均为美以美会所设。街北中段有川军师长张清平私宅，甚华丽，蒋介石于民国 24 年（1935）来成都时以此为行馆。街南有刘文辉将军私宅，20 世纪 60 年代曾设为知识青年上山下乡办公室。

支街巷六：

观音巷 北接陕西街，南面不通。抗战时期辟火巷子通文庙后街。

狮子巷 北接陕西街，南头折通忠孝巷。原系死巷，后延伸，遂通忠孝巷。又名相友巷，取"友善相交"之意。

忠孝巷 南接陕西街，北通天灯巷（后改名南灯巷）。巷原不通（见《光五图》），民国 24 年（1935）后，始与天灯巷、相友巷沟通。

三桥南街 在金水河南，南接红照壁街东口，北至跨金水河之三桥。街西韦驮堂，旧为关帝庙，清康熙时造韦驮像，始易名。清末，警察分局设此，民国仍旧。桥上旧有鸽市。20世纪30年代车耀先开"努力餐"餐馆于此（后迁祠堂街），名医李斯炽设诊所药店于此街。1954年建四川剧场于街西南头，由四川省人民艺术剧院演出话剧。其北为芙蓉餐厅，再北曾有成都市第一门诊部。

三桥正街 在金水河北，南接三桥，北至西御街东口，1952年后扩为人民南路之一段。街西北口有新华书店，街东北口有成都百货大楼。

染房街 西接三桥南街北口，东至锦江桥街北口。骨角小手工业多聚此街（后为小商品市场）。始建于清光绪末年之成都女师附小在街南侧。街南有小巷通梨花街，名染房横巷。

梨花街 西接三桥南街，东至锦江桥街南口。街北华阳中学，旧为潜溪书院，原设外东净居寺侧之潜溪祠，清道光中始迁设于此。光绪三十年（1904）改华阳县立小学，后又改为华阳县立中学，新中国成立后与大成中学合为成都市第三中学并迁至布后街。1963年后原址办人民南路中学，后又改为成都师范附小。街南有东岳庙、南岳庙（见《光五图》）。

锦江桥街 西南接梨花街东口，东北接染房街东口之锦江（即金水河）岸。街东口有锦江桥，跨金水河上。金水河曾被称为锦江（详见本书《水道篇》），故桥以锦江为名，又以桥名为街名。本街东段原为粪草湖街北段，西段原为转轮藏街西段，中段则系新开，合三段而成锦江桥街。街西有锦江里。1959—1963年此街与粪草湖街、烟袋巷为成都最大的自由市场，交易农、副产品。

支街巷二：

转轮藏街 西接锦江桥街西口，东接粪草湖街南口，原接梨花街口（见《光五图》），因新建锦江桥街，原街西段改为锦江桥街西段，所存一段改名转轮藏街。街北有南脚店，为行庄转运货物往来住宿之所，继为骡马店；又有康氏祠。街西头北面旧有地藏庵。宽霖法师有言："地藏王菩萨大转法轮，故曰转轮。"此为本街得名之由。

粪草湖街 南接转轮藏街东口，北至卧龙桥街西口。相传街本有池，唐大慈寺中粪便船经此入金水河，故名粪草湖（详见本书《水道篇》），后世遂以为街名。按理其绕道运输大费周折，显系讹传。街北旧有老油房巷，建锦江桥街时巷不存，其地成为街之一部分。

古卧龙桥街 西接锦江桥街，东至青石桥北街南口。街中有卧龙桥，跨金水河上，因以名街。街北有三邑公所，即川北会馆。民初中华书局在馆内设分局，春熙路建成后，迁至春熙路北段，仍保留卧龙桥旧店为分店及堆栈。

支街巷一：

青石桥北街 南接古卧龙桥街东口，北至西东大街东口。其南即青石桥中街。清之青石桥街纵贯南北（见《光五图》），后分为南、北、中三街。青石桥古名龟化桥（详见本书《水道篇》）。街东有白衣庵。

学道街 西接青石桥北街南口，东至走马街东头。清代提督学院衙门在街北，后改提学使司衙门，民国时改办高等工业专门学校，抗战时迁城外，后四川省通志馆曾迁此，新中国成立后四川省教育厅设此。学院东首有宪历局，清代每岁历书、时宪通书，均由此分发各县印行。院西首有府试考棚，清代成都府属十六县文童在本县应县考获中后，来此应府试。宪历局前面设雨棚，为应试童生之休息处。清末及民国时，本街多有售石印及木刻本之书肆。

支街巷一：

走马街 南接督院街，北接中东大街东口。街西旧有普贤庵、九道门坎院子、萧长兴药号、马正泰绸缎庄。药号创自清道光末年，初营浙、广药材，继设门市。马正泰营机织摹本、宁绸，自产自销，擅名一时。街西北头曾设宝元蓉百货公司，与中东大街门市部相通；又有私营汇通银行总行。街东有邮政一支局。

督院街 西接走马街南口，东至南打金街南口。清四川总督衙门设此，故名督院街。街北四川总督衙门即明代巡抚都察院及清初四川巡抚署故址。明嘉靖《四川总志》载："按察司前街，巡抚都察院设此。"故本街即明代按察司前街。清顺治时，四川巡抚高民瞻建巡抚署于此。清初四川总督（后改川陕三边总督、川湖总督、川陕甘总督、川陕总督）曾驻西安、重庆等地，于本街西南设总督行署（约当南府街北面）。至乾隆十三年（1748），专设四川总督并兼理巡抚事，故裁巡抚，抚署即为督署。入民国后，四川督军署、四川省长公署、四川省政府先后均设此，抗战期间四川省政府曾迁外西茶店子叶家大院子。新中国成立后，川西行政公署设督院街，后为四川省人民政府所在地。署东为川康绥靖主任公署。新中国成立后，旧址并入川西行署，临街大门封闭。1980年另建大厦为四川省人民代表大会常务委员会。街南有祈水庙，清康熙七年（1668）巡抚张德地建，清末营务处设此。民国初为军队营房，后设三军（即国民革命军第二十四、二十八、二十九军）联合办事处。后裁撤，于其地设教育厅，后改设民政厅。

街南（督院对面两侧）旧有二巷，无名，后名东、西龙须巷。东巷中有天主堂（见《光五图》），清咸丰时法国传教士所建，为法国教堂设在省城之最早者。本街实为一街又二巷。

支街巷一：

南打金街　南接督院街东口，北接城守东大街东口。旧时，街东有基督教福音堂，附设女子学校，后又设明德幼稚园。街西有玉隆园面馆，以南虾包子见长，清宣统元年（1909）开设，店主韩玉隆。后面馆改名"韩包子"，闻名蓉市。

东升街　西接南打金街，东接三圣街南口。旧名毗桥巷。民间传说毗桥旧为毗水所经，故名；但所谓"毗水"或是"郫水"之讹，郫水即李冰所凿之郫江。郫江不经此，流经此一段者为唐之解玉溪，前代人或误认为郫江，于是以讹传讹至于近代。民国时期东升街北有基督教女青年会。

支街巷一：

三圣街　南接东升街东口，北接上中东大街东口。因此街旧有之火神庙与东南里之东岳庙、下东大街之城隍庙成品字形，本街处于三庙之间，故习称三圣街。[①]火神庙建于清乾隆间，道光二十三年（1843）重修。民国办小学于此，后为三圣街小学；20世纪80年代改为东城区青少年宫。街西有宫保府，即清昭勇侯杨遇春宅。街中段西侧为黄家巷，西头不通。

红石柱横街　西接三圣街南口，东接义学巷南口。街南为红石柱正街，

---

① 　此三圣指火神、东岳、城隍三神，与署袜中街三圣祠之三圣不同。

故此街名横街。相传唐大慈寺正门在此。街西侧旧有六棱形红石柱一根，柱端有石狮。街北有督中协署，民国时改建为崇德里。

支街巷四：

崇德里　南接红石柱横街，北通中东大街，旧为督中协治所，民国时有王崇德者在此建屋，遂名曰崇德里。抗战时期著名作家李劼人主事之嘉乐纸厂办事处设于巷内。

义学巷　南接红石柱横街东口，北至中东大街东口。清代有人在此建义学，因以为巷名。巷东有竖指禅院。[①]

红布正街　西接义学巷东口，东接磨房街北口。旧连红布横街为一街，后始分为横、正二街（见《光五图》）。此街明代犹在城外，为娼妓聚居处，相传娼家悬红布为帘，外出以红布条扎于一绺头发之内，故名红布街。[②]

红布横街　南接红布正街东口，北接下东大街。旧为红布街东头一段（后分为横街）。

锐钯街　西接红石柱横街东口，东至磨房街南口。相传大慈寺鼎盛时，寺僧在此练锐钯、流星等兵器。街南旧有秦楚庙，后建为小学，1980年划入成都市第二十二中学校区。街北有菩提庵、大清庵。又街中北侧有草院小巷，北口不通。

支街巷一：

磨房街　南接锐钯街东口，北接红布正街东口。街旧多磨房业，或谓大慈寺兴盛时设磨房于此，因以为名。街中旧有大石磨，传为寺中物，民国13年（1924）以后修建房屋埋入地下。

第三节　南二线

由上南大街北口起，东经红照壁街、状元街、西丁字街、东丁字街，折一洞桥街南口。共四街，支街巷十四。

---

① 清《光绪五年图》名竖指庵。
② 参见陈祥裔：《蜀都碎事》、民国《华阳县志》及本书《城垣篇》。

红照壁街 西起上南大街北口，东至光华街南口。街南有红照壁，正对皇城门，为明蜀王城外照墙。据明正德《四川志》及嘉靖《四川总志》载，王城之南有石屏，其后培修涂以赭泥，俗呼为红照壁。民国时为盗砖者拆毁。街南有长元里，无通道。街南东头有万里香干杂铺，所售辣椒面极负盛名。街北有成都女师附属小学，旧址为清代将军署所辖理事府，为专理满汉军民诉讼事件之司法机关。新中国成立后女师附小旧址改建四川省人民艺术剧院，与人民南路街西之四川剧场相通。1958年拆通本街东段，新辟纵贯南北之人民南路。1964年四川省政协迁本街东头南侧，21世纪初又迁至锦里东路。

支街巷一：

光华街 南接红照壁街东口，北至锦江桥街南口。锦江桥街南口旧为转轮藏街西口（见《光五图》）。转轮藏街西段改为锦江桥街，故与锦江桥街南口相接。20世纪70年代拆除街房，建居民住宅大楼，另辟一新街与烟袋巷接通。

状元街 西接光华街南口，东接烟袋巷南口。旧名磨子街，后改状元街（见《光五图》）。街有护国庵、河南会馆（见《光五图》）。街北护国庵侧，昔为明状元杨慎（升庵）故居。清代查礼宦蜀，曾租住此房，去蜀时特为之建状元坊，街以此得名。南城营木器业者多聚此街。

支街巷一：

烟袋巷 南接状元街东口，北接转轮藏街东口。街西有巷，旧不通，后与光华街东侧死巷沟通，但未命名。

西丁字街 西接烟袋巷南口，东接青石桥南街南口。街北有陈氏祠。

支街巷五：

安居巷 南接西丁字街，西通华严巷。西头旧无通路，后始接通。

青石桥南街 北起青石桥南端，南接西丁字街东口，西接向阳街东口。原为青石桥街之南段。街西有高记味根酱园，园主好结交名士。抗战时期，清末探花商衍鎏曾寓居园后高宅。

华严巷 东接青石桥南街，西通烟袋巷。华严、安居、烟袋三巷，旧均为死巷，后始沟通。

向阳街 东接青石桥南街，西接烟袋巷北口。旧名刀子巷，后改向阳街。

街南有刁氏祠。

青石桥中街 南接向阳街东口，北接卧龙桥街东口。本街原为青石桥街之中段（见《光五图》）。青石桥在中街、南街之间。

东丁字街 西接青石桥南街南口，东至一洞桥街北口。街南有仁里巷。街北两湖公所，抗战时改建为华瀛大舞台，曾先后演出京剧、川剧及豫剧。新中国成立后，大舞台为成都市杂技团驻地。街北又有刘氏祠及清周当铺。

支街巷七：

一洞桥街 南接东丁字街东口，北至新半边街。街北口有桥，跨金水河，街以桥得名，与外东牛王庙街东之一洞桥街同名。街东有天主堂。

太平巷 东接一洞桥街，西头北折至西半边街。以巷西头有跨金水河之太平桥得名。

西半边街 东接一洞桥街北口，西接青石桥中街南口。旧曰半边街，后加西字。街北有大悲庵，又有李氏祠、张氏祠、陈氏祠。

东半边街 西接一洞桥街北口，东接老半边街南口。旧无街名，后名东半边街。

老半边街 南接东半边街东口，北至督院街西口。旧名半边街（见《光五图》），后改名老半边街。

以上三街多为长机业（丝织）汇集地，以其傍金水河，便于洗濯。三街因皆濒金水河，只半边有街房，故名半边街。

老古巷 南接西半边街东口，北接学道街。讹呼为老虎巷。

小淖坝街 西接一洞桥街南口，东头分为二：其一接前卫街，其一北抵金水河岸。街基旧为淖塘，后因淤积，逐渐为民居。建屋时因应地形以择屋址，故房舍均不整齐。

第四节　南三线

由上汪家拐街起，东经下汪家拐街、文庙后街、纯化街、盐道街、南府街、东府街、中莲池正街、前卫街、王家坝街、下莲池街，至东小巷止。共十街，支街巷二十五。

下汪家拐街 西接上汪家拐街北口，东至横陕西街南口。汪家拐旧只一街（见《光五图》），后分为二。本街初名上汪家拐，后又易上为下。上汪家拐南口对面有汪家花园，一名九曲祠，在上莲池西岸。是街当为汪姓聚居处，因以得名。省立南城小学曾在此街，抗战中迁城外。四川省立妇婴保健院曾设此处，后迁实业街，旧址改设四川省立成都高级医士职业学校。1983 年，其改为四川省卫生管理干部学院。

支街巷一：

横陕西街 南接下汪家拐街东口，西接君平街东口。旧只一街（见《光五图》）。民国 13 年（1924）重修四川通志局设于此街，通志局总裁为宋育仁，修成志稿三百二十三册。

文庙后街 西接横陕西街南口，东到上南大街南口。因街在成都府文庙后面，故名。清光绪末年，陆慎言等于街北创办淑行女学堂。初只有小学，嗣后增设师范班，后又扩展中学班。民国元年（1912）改为四川省立第一女子师范学校（重庆设省立第二女子师范学校）。成都有女学校，此为最早。抗战时期四川省临时参议会寄设于女师校址。新中国成立后，四川省公安厅设于女师校东侧。校西侧有吴氏祠。

支街巷二：

上南大街 南接文庙后街东口，北接红照壁街西口。南大街旧只一街，后分为三，本街为原街之南段。本街清代名赤里街，民国时乃更名。街西旧有督左副总府（见《光五图》）。街东利宾筵腌卤店颇负盛名。

天灯巷 南接上南大街北口，北接忠孝巷南口。旧系死巷（见《光五图》），后通忠孝巷，改名南灯巷。

纯化街 西接上南大街南口，东至指挥街南口。俗名南门三巷子（见《光五图》）。清人刘沅（字止唐）宅在街南，其孙、民国时耆老刘豫波（名咸荥）亦住此宅。街北有延庆寺，元末创建，清重建，康熙、雍正间曾两度修葺。[①] 明杨慎《金山慈航侨记》亦云延庆寺为蜀城古寺。清光绪末，该寺开办十二学堂、乐善公所、艺徒学堂。宣统元年（1909）十二学堂停办，另开办

———————————

① 参见清嘉庆《华阳县志》。

储英两等学堂。民国时刘鉴泉（名咸炘）在此设尚友书塾。寺左，光绪末有第九学堂（见《光五图》）。四川省议会在街北西头，旧为清督右副总府（见《光五图》）。清末设咨议局于此，民国时改省议会。后于此设国民党四川省党部。新中国成立后于旧址改建为红照壁礼堂，大门开在红照壁街，1963 年礼堂划归四川省政协；后礼堂拆除，修建川信大厦。四川省参议会亦曾设纯化街，后迁东胜街。清督左箭道在纯化街北（见《光五图》），民国 10 年（1921）后改建为民居，名南昌里。武庙亦在街北，清道光时建，民国时改名关岳庙，庙内附文公祠。因光绪中道员文某曾惩办该庙恶僧，为民除害，遂为文某建祠。又奉化馆亦在街北，清季为西陲土司入贡人员住宿之所，民国时废为民居。1958 年修建锦江礼堂、宾馆，延伸人民南路，本街拆除几尽，唯西头尚余民房数家，东邻盐道街处尚余一小段，系四川人民艺术剧院宿舍。

支街巷三：

青莲巷 南接纯化街，北至红照壁街东口。旧无通道（见《光五图》），民国 10 年后，紧临此巷之旧督左箭道改建民居，始通至纯化街。传说李白（号青莲居士）在成都时曾居此巷，故名青莲巷。

南昌里 南接纯化街，北头东折接青莲巷。民国 10 年后督左箭道改建民居，始有此里，后遂成通巷。1958 年建锦江礼堂划入建筑范围，此巷全部拆除。

指挥街 南接纯化街东口，北至状元街东口。街有明指挥使衙署（明制，都指挥使下设若干指挥使），因以为街。民国 20 年（1931）左右，著名作家李劼人于此街开设"小雅"餐馆，匪徒疑李因此获厚利，绑架其子。李举债以赎，遂不敢再开业。

盐道街 西接指挥街南口，东接新开街南口。清盐茶道署在街北，街之得名以此。街北原有省立第一师范学校即在盐茶道衙门旧址，民初此处为高等师范学校。民国 7 年（1918）高师迁旧皇城，一师校始迁此，抗战时期易名为四川省立成都师范学校，新中国成立后改名为川西成都师范学校，1952 年后再改名成都第二师范学校，1962 年迁至成化街。原址于 1962 年秋改办盐道街学校，为十年一贯制实验学校，1978 年分为盐道街中学与盐道街小学。街南旧有本馆已故馆长潘大逵私宅，1953 年后建四川人民出版社于此。

支街巷一：

新开街　南接盐道街东口，北接西丁字街东口。街北旧有杂院巷，街南宋家巷，皆死巷。

南府街　西接新开街南口，东至横丁字街南口。街北有川主宫，民国时办南府街小学于此。清初曾设川湖总督行署府于成都（时总督驻重庆），本街在行署府之南，故名南府街。清末疮科名医黄雅亭于街南己宅应诊，子孙世继其业。

支街巷三：

飞龙巷　南接南府街，北接东丁字街。旧名青龙巷，民国 26 年（1937）后通南府街，更名飞龙巷。

穿院坝　北接南府街西口，南抵南城垣。

横丁字街　南接南府街东口，北接东丁字街东口，与东丁字街成直角，故称横丁字街。

东府街　西接横丁字街南口（南府街东口），东至中莲池正街西口。旧无街名（见《光五图》），后乃名东府街。后又将东段改名中莲池正街。

支街巷一：

保全巷　北接东府街，南至城垣，旧名太平巷。

中莲池正街　西接东府街东口，东接前卫街西口。本为东府街东段。街南民宅后有莲池广十亩，位于南门上莲池之下方，故曰中莲池。上、中、下三莲池传为李冰所凿郫江故道淤塞后所留潴池。

支街巷二：

大塘坎街　北接中莲池正街西口，南抵城垣。旧名莲池巷（见《光五图》），以在中莲池西，故名。与庆云街南塘坎街区别。

中莲池街　北接中莲池正街，南至城垣。中莲池在街西后面（见《光五图》），池至民国时逐渐填平而建民宅。1953 年后四川省地方志编纂委员会曾设此街。

前卫街　西接中莲池街东口，东接丝棉街南口。明初，成都设五卫，前卫在此街，故名。又讹呼为蔷薇街。此街当为在明代前卫遗址上新建者。街北有杨遇春故宅，为杨氏三宅之一（三圣街、前卫街、文庙前街三处各一宅）。新中国成立后为省政府宿舍，后为四川省军区后勤机关驻地。又，利贞当铺在此街。

支街巷五：

斧头巷 南接前卫街西口，北至光大巷西口。旧名三倒拐。以地形似斧头，故取名斧头巷。

光大巷 西接斧头巷北口，东接丝棉街北口。地处总督衙门对面，以为得显赫盛大之风，故名光大巷。

余庆桥街 南接斧头巷北口，西北至老半边街南口。余庆桥在街南头。跨金水河上。桥名取"积庆有余"之意。街以桥得名。

丝棉街 南接前卫街东口，北至光大巷东口。街北口有古卧龙桥跨金水河上。清代丝棉业多集于此，故以名街。成都著名小吃八号花生米最初在此街八号首家出售。

四维街 南起新南门口，北接丝棉街南口。民国 26 年（1937）辟新南门后始有此街。此街取《管子·牧民》"国有四维……一曰礼，二曰义，三曰廉，四曰耻"句意命名。新南门名复兴门，原并列双门洞，出入分道。

王家坝街 西接丝棉街南口，东至铜井巷南口。街中旧有王姓大院坝，因以为名。王为清光绪二十九年至三十二年（1903—1906）的四川总督锡良属吏。王姓大院坝在街东头南面。军右千总署、砖巷子均在街南。抗战期间，上海光华大学迁蓉曾设于此街，后迁新西门外郊区光华村。

支街巷七：

铜井巷 南接王家坝街东口，北接龙王庙街东口。巷内有一水井，井底铺置有孔铜板。巷内素面馆极有名。

龙王庙南街 东接铜井巷北口，西接丝棉街北口。以正街有龙王庙得名。街东口有景云桥，跨金水河。街中段有板板桥跨金水河。

龙王庙正街 东接耿家巷南口，西接南打金街南口。街东头北面有龙王庙，明嘉靖十六年（1537）建，清雍正、乾隆时皆重修。街因庙得名。庙有明万历二十五年（1597）所铸铜燔炉（新中国成立后送存四川省博物馆）。街北旧有薛氏祠、钟氏祠、印氏祠。有私立离山初级中学在钟氏祠内，为族人捐资兴办，后为龙王庙正街小学。龙王庙正街东头一段至红石柱正街一段，旧为龙王庙东街，西段名龙王庙西街。龙王庙南街与正街夹金河两岸东西向。

耿家巷 南接龙王庙正街，北接东升街东口。清光绪时，巷内住户多耿姓，故名耿家巷。

红石柱正街 南接龙王庙东口，北接红石柱横街，得名与横街同（见《光五图》）。

拱背桥街 东接至城墙，西接红石柱正街南口。光绪三十年（1904）成都街道图标作铁板桥街。街北旧有胡氏祠，清光绪三十年东文学堂设此，为学生留学外国作准备；同时创设军医学校于此。1956年于街北新建成都市第二十二中学。水东门在本街东口南面，金水河经此出城入油子河。城垣水门设铁栅，名铁窗，启栅则运燃料船可经此溯金水河至四川机器局（造币厂前身）。机器局在街东头，金河南岸，清光绪三年（1877）四川总督丁宝桢奏设，初只造枪弹。光绪二十三年（1897）又附设四川银元局，造银元、铜元。继又在外东建新厂为兵工厂，此则名老厂，先后又称四川银元总局、铜元局、造币厂等。新中国成立后于故址先后建电机厂、金河小学（后划入成都第二十二中学）。

南马道街 南起水东门城边，北至城边马道，长一百一十米，旧为马道。

下莲池街 西接铜井巷南口，东至东岳庙。池在街南背面。东岳庙在街东口外、机器局左侧。庙南旧有东岳庙前街、后街，均早废。新中国成立后于此建华洋制药厂。街东为成都市第一中心小学，后镋钯街小学并入。

第五节　南四线

由南较场东北角起，东经复兴村、文庙西街、文庙前街，至东桂街东口止。共四街，支街巷十七。

复兴村 西接菜园，东至文庙西街西口。旧名石牛寺街（见《光五图》）。石牛寺建于清代康熙以后。康熙中建满城时，将西胜街古石犀寺划入，乃于此另建石牛寺。石犀没土不易动，遂于石牛寺内新雕一石牛。街北东头有尊经书院，清同治十三年（1874）创办，王闿运曾作山长，培育不少人才。光绪二十八年（1902），四川总督、署成都将军奎俊奉旨将锦江书院、尊经书院和四川中西学堂合并，开办了四川历史上第一所具有近代意义的高等学校——四川通省大学堂，地址在南较场原尊经书院。同年底，新任四川总督岑春煊遵清廷指令，改该大学堂名为四川省城高等学堂。同时，在原文翁石室与锦江书院旧址开办了四川历史上第一所具有近代意义的中等专业学校——成都府师范学堂，由岑春煊兼任总理，礼聘著名学者赵藩担任堂长；光绪三十年（1904）改为成都府中学堂。进入民国后，成都府中学堂先后改名为成都联合县立中学、成属共立中学、成属联立中学等。① 民国 20 年（1931），原文庙旧址的前半部分并入学校。民国 29 年（1940），学校更名为四川省成都石室中学；新中国成立后又易名为川西石室中学；1952 年，再改名为成都市第四中学，原文庙旧址的后半部分也并入学校。1983 年，恢复成都石室中学旧名。

民国初，四川省城高等学堂停办。其后，省长公署及四川讲武堂曾设此。民国 15 年（1926），该校校产、校址由创办于贡院的成都大学继承。民国 20 年（1931），成大、师大及公立四川大学合并为国立四川大学，其理学院设此处。民国 33 年（1944）后，设大学先修班及川大夜校于此。新中国成立后，五〇二厂设此时，发掘出大量矿渣，经化验为铁、锌，并杂有蜀汉钱币，疑其是汉代工官遗址所在。复兴村街南为南较场故址。南较场北抵石牛寺街南，南抵城垣，西接菜园，东抵上莲池西。清末及民国时为南城之大操场，各校学生常于此开运动会，军队亦来此操练。民国 24 年（1935）、25 年（1936）暑假，四川省政府曾于此进行全川大中学生集中军事训练。

文庙西街 西接复兴村东口，东至文庙前街西口。街南之上莲池，即江渎池。唐高骈筑罗城，开清远江，使李冰所开内江水改由城北而东汇于合江口。池或是内江改道后所残存之水。池西汪家花园即汪九曲祠。街北梓潼宫，为明代庄、顾二氏所建，以祀文昌，清代重建。清之四川省城高等学堂分设中学（即附中）于此。辛亥革命后，高等学堂停办，分设中学学生并入文庙前街成都府中学堂。民国时，夏斧私等于分设中学旧址创办成都公学，后改名私立成公中学。街北有江渎庙，上莲池在庙前。街北又有华阳县文庙，庙右侧有六公祠、昭忠祠、华美学堂。

---

① 几次易名，主要缘于经费问题。

支街巷四：

落酱园巷 北接文庙西街，南头不通，为一死巷。巷之得名无考。据说因清代状元骆成骧曾住，又名骆状元巷。

无名小巷 北接文庙西街，南通上莲池。在落酱园巷之西，二巷东西平行。上莲池畔有清代状元骆成骧宅。

上汪家拐街 南接文庙西街，北至下汪家拐街西口。

何公巷 南接文庙西街东口，北至文庙后街西口。巷东有明末成都府学教授何忠夫妇墓。墓在巷东石室中学内，墓碑嵌于墙垣，赵熙书。巷因何氏得名（新中国成立后改名石室巷）。巷西华阳县学署，民国 30 年（1941）设盲哑学校。民国 38 年（1949）华阳县中高中移此。

文庙前街 西接何公巷南口，东接中南大街南口。成都府文庙在街北，即隋、唐周公礼殿故址。又据明《天启成都府治图》，明代文庙故址即在此街。石室中学在街北，即汉文翁石室故址。宋元祐（1086—1094）中建范文正公祠、韩忠宪公祠于此。杨遇春故宅在街南，习呼宫保府。清末，其后裔捐屋为铁道学堂校址，入民国改设电报局。成都府文庙、名宦祠、乡贤祠、府学署均在街北。罗氏祠、张氏祠、曾公祠均在街南。民国时期将军唐式遵、李家钰私宅和刘文彩私宅在本街。名医曾彦适宅在街北里仁巷（死巷）口。

支街巷十：

轿铺巷 北接文庙前街，南无出路，巷甚短。

里仁巷 南接文庙前街，北近文庙后街，乃死巷。与大红土地庙街之里仁巷同名。

孟家巷 南接文庙前街，北接文庙后街。

上莲池北街 北接文庙前街，南接上莲池正街东口。上莲池正街在南头，故此曰北街。旧名上莲池横街。

上莲池正街 东接上莲池北街南口，西至上莲池东岸。街以池得名。莲池在街北侧。

中南大街 南接文庙前街东口，北接文庙后街东口。

下南大街 北接文庙前街东口，南抵老南门口。街西有无影桥，为下水道暗桥。街西有离明祠，明嘉靖（1522—1566）中建，清康熙、乾隆间重修。

俗呼为火神庙。民国时南门米市设此，为城内两大米市之一（另一在北门火神庙）。街西又有十方堂庙宇，清末警察派出所（分署）设此。

西都街 东接下南大街南口，西抵上莲池畔。旧名西马道街（见《光五图》）。南接城垣，旧为马道，故名。

金字街 西接下南大街南头，东至治平巷东头。旧名南门一巷子（见《光五图》）。1958 年修建锦江宾馆时拆除其东段。

东都街 西接下南大街南口，东至治平巷东口。旧为马道，成街后名东马道街（见《光五图》）。1958 年修建锦江宾馆时拆除。

东桂街 西接中南大街南口，东至桂花街南口。旧名南门二巷子（见《光五图》）。街北旧有文昌宫，民国 3 年（1914）设中国红十字会成都分会于此。街南劝学所，光绪三十三年（1907）设。民国 18 年（1929）始改名华阳县教育局。1958 年修建锦江礼堂、锦江宾馆时拆除本街，仅余西口一小段。

支街巷三：

桂花街 南接东桂街东口，北至纯化街东口。1958 年修建锦江礼堂时拆除大部，仅剩街房十余家。

瘟祖庙街 北接东桂街东口，南抵城垣。街南有瘟祖庙。民国 7 年（1918）于庙内设华阳县工会。本街与西御河边街在新中国成立前均为雇奶妈、仆妇及买丫头之场所，号曰"人市"。1958 年扩展人民南路时街亦拆除。

治平巷 西接瘟祖庙街，东头南折抵城垣。

以上南城五线，干街三十条，支街巷七十三条，共计一百零三条；较场一。

以上城内五区段共干街一百七十八条，支街巷三百七十七条，共计五百五十五条；又较场四，旧皇城一。

第六章　外　东

西以东城外垣为界，东以街尽为界，南以东南城外角锦江北岸为界，北以东北城垣外角为界。

外东干线分为外东线（由西至东）、外东一线（由西至东南，凡交叉街皆属之），共二线。

第一节　外东线

由东门外起，经月城街、新城街、天福街、芷泉街、紫东楼街、正紫东街、牛王庙上街、牛王庙下街、一洞桥街、一心桥街、大田坎街、德胜上街、德胜下街至牛市口。共十四街，支街巷二十八。

月城街　西起东门口，东南接清安街北口，月城拆除后就其基址建成本街。

新城街　西接月城街东口，东斜接东门大桥西头，月城拆除后就其基址建成。东门大桥旧名长春桥（见《光五图》）。

支街巷十六：

清安街　北接月城街南口，南接王家巷西口。街西有三圣宫及天主堂。街名取"清洁平安"之意。本街多木料行，制作并出售棺材。

王家巷　西接清安街南口，东接珠市街。

青莲街　北接清安街南口，南接川巷子西口。清光绪时街旧有观音堂，香火甚旺，观音塑像坐青色莲台，即取街名为青莲街。

川巷子　西接青莲街，东通大安街，旧名川门道。

珠市街　北接新城街东口，南抵大安街北口。街西有水神祠，旧名浙水乡祠，明万历十九年（1591）建；又有船行公所。此街临河原为猪市，街多猪屎，俗称猪屎街，后以街名不雅，改为珠市街，旧又为炭市。

大安街　北起川巷子西口，南接大安横街东口。旧为珠市街之一段，民国时改名大安街。金水河由水东门出城与府河合流处原有一石拱桥，名下里桥，后改名大安桥，桥已消失，街名尚存。安顺桥之故桥在本街南口。南河口在街南，为锦江与油子河合流处。唐剑南西川节度使韦皋曾建合江亭于此，宋成都知府吕大防重修之，20世纪80年代重建。其附近为唐代船官住所。清代船行公所亦设此，为川江航行船舶之起点。

大安横街　西起青莲横街东口，东至安顺桥街北口。街北大佛寺在安顺桥口，明崇祯七年（1634）创建，清康熙四十八年（1709）重建。大佛系铁铸，高丈余，阔半之。[①]

三元巷子　北接青莲上街，南折接三元正街西口。

青莲横街　西接三元正街东口，东抵大安横街西口。街西观音堂佛像自南台寺移来。

三元正街　西起建国东路东口，东至青莲横街西口。旧时，以农历正月十五为上元，七月十五为中元，十月十五为下元。每届三元节日，善男信女多集于此焚香化帛（纸钱），遂习称此街为三元街。

天仙桥街　南接珠市街北口，北接护城街南口。民国20年（1931）于街东建兆丰面粉厂。此街原名茗粥巷，巷有明代修建之庙宇茗粥庵。又街南有天仙桥。

杨家巷　西接天仙桥街，东抵油子河岸。

护城街　南接天仙桥街北口，北至迎曦下街南口。

迎曦下街　南接护城街北口，北至迎曦上街南口。日升自东，东方街道先睹晨曦，故以名街。

迎曦上街　北抵东安街，南接迎曦下街北口。

东安街　西起武城门口，东至望平街北口。

---

① 参见清嘉庆《华阳县志·寺观》。

天福街 西起长春桥（东门大桥）东口，东接芷泉街西口。街中有天福楼。

支街巷七：

水津街 北起天福街西口，南抵水井街西口。滨油子河，有渡口。

三多巷 西口滨油子河东岸，东至椒子街。

九如巷 西口接油子河东岸，东至椒子街。街西有邵南祠（见《光五图》）。

椒子街 北接均隆街南口，南抵天福街东口。街西有启明电灯公司发电厂。本街多刀剪、铁器业。

均隆街 北接望平正街南口，南抵椒子街北口。原名兴隆街。街西有北康庙。

望平正街 北至东北郊区，南接均隆街北口。街北有天祥寺古庙。

望平横街 西接望平正街北口，东至郊区。

芷泉街 西接椒子街南口，东至紫东楼街西口。本街名原为茝泉街，乃清乾隆时翰林院编修顾汝修居蓉时，取茝（香草，如白芷）厌臭，以泉克火之意。因"茝"为生僻字，1981年在地名普查中改"茝"为"芷"（白芷），写作"芷泉街"。

支街巷一：

香巷子 北接芷泉街东口，南抵郊区。旧为水果交易市场。

紫东楼街 西接芷泉街东口，东至正紫东街西口。旧有紫东楼，取"紫气东来"之意。

正紫东街 西接紫东楼街东口，东至牛王庙上街西口。北去二里许有点将台、较场坝，相传为明代古迹。

支街一：

白家巷 北接正紫东街西口，南至郊区。

牛王庙上街 西接正紫东街东口，东至牛王庙下街西口。街北有牛王庙。

支街巷二：

牛王庙后街 在牛王庙上街之北，庙地之后，东西皆田野。

年丰巷 北起牛王庙上街东口，南至莲花池郊区。清代、民初莲花池畔为刑场。莲花池东南之普慈寺，旧名净胜院，唐、宋饯行多在此。清嘉庆《华阳县志》引宋汉仲明诗："城东萧寺无人问，几度曾因送客来。"据此可知，寺之创建至迟在宋代。明初重建，万历（1573—1620）中曾修钟楼、屏墙。寺有释迦牟尼、接引佛，文殊、普贤菩萨铜造像各一，阿难、迦叶尊者铁造像各一。

牛王庙下街　西接牛王庙上街东口，东至一洞桥街西口。牛王庙原只一街，后分为上下两街。

一洞桥街　西接牛王庙下街东口，东至一心桥街西口。与城内一洞桥街同名。

一心桥街　西接一洞桥街东口，东至大田坎街西口。

大田坎街　西接一心桥街东口，东至德胜上街西口。一洞桥、一心桥、大田坎三街，旧多空地，建筑少。抗战中城内大公司、大商号、私营银行多在此购地建仓库、设堆栈、修宿舍，遂成新兴之重要街道。

德胜上街　西接大田坎街东头，东接德胜下街西口。原为华阳县德胜场（乡镇），划归成都市后，改名。

德胜下街　西接德胜上街西口，东至牛市口。德胜上、下街原多中、小旅店，为往来东大路①行商、旅客之投宿点。

支街巷一：

水巷子　南接德胜下街，北抵田野。巷东有私立中华女子中学，抗战时期由城内狮马路迁此。

牛市口　西接德胜下街，东抵老成渝公路起点。旧为华阳县德胜场牛市，民国25年（1936）在街西设汽车东站，为成都通向川中、川东、川南、小川北之起点。

第二节　外东一线

由水井街起，经双槐树街、金泉街、星桥街、伴仙街、王化桥上街、王化桥下街、古佛寺街、宋公桥街至石佛寺街。共十街，支街巷十三。

---

①　成都去简阳、资中、内江以至重庆之大道。

水井街 西接水津街南口，东抵双槐树街西口。本街与水津街、珠市街均在府河边，码头甚多，运货力夫甚多。街多炭铺、柴店。街北有荧惑宫[1]，又有真武宫。新中国成立后，群众川剧团始演出于本街的望江剧场。

支街巷一：

上河坝街 北接水井街西口，南至南河街北口。原系荒旷之地，民初形成街道。北门河边亦有上河坝街。

双槐树街 西接水井街东口，东至金泉街西口。街之东北侧空地名莲花池。

支街巷三：

黄伞巷 北接双槐树街西口，南抵南河口街西口。民间相传，清乾隆时翰林院编修顾汝修住此巷内，家有御赐黄缎伞一柄，巷之得名以此。但据民国《华阳县志·人物》载，汝修未曾受此赐。又相传清康熙帝有子住此巷，赐有黄伞；亦谓巷曲折似伞柄。皆不足据。旧有船渡通。

大同巷 北接双槐树街西头，南抵南河口街。旧名大坟包，民国25年（1936）统一制发门牌时，更名大同巷。

南河口街 西接上河坝街南口，东至中河坝街西口。

金泉街 西接双槐树街东口，东至星桥街西口。清光绪时即有此街，街有水井，井水格外清冽，取"清泉珍贵如金"之意以名街。

支街巷六：

存古巷 北起金泉街西口，南抵锦官驿。旧名猫猫巷。

孙家巷 北起金泉街，南抵锦官驿东口。

锦官驿 西起存古巷南口，东抵下河坝街西口。清初曾在此设驿站，名锦官驿。

中河坝街 西起南河口街东口，东至锦官驿。

青龙正街 南接金泉街西口，北抵田野。街北有地藏庵。清光绪时名青龙巷，巷南口有雕刻龙形之砖牌坊，龙头似自巷出。后以与城内青龙巷重名，改青龙正街。

---

[1] 即火神庙。《史记·封禅书》中有荧惑星，道教以之为南方火德星君，为火神。

青龙横街　西起青龙正街，东抵田野。

星桥街　西接金泉街东口，东至伴仙街西口。旧有过街横桥，名"星桥"，民国 15 年（1926）建马路时拆除。街以桥得名，桥废而街名不改。

支街二：

下河坝街　西起锦官驿东口，东至星桥街东口。街旧有川主庙在宏（洪）济桥（九眼桥）北头之东北，庙前为公路，滨府河。

宏济路　南起星桥街东口，北抵郊区，抗战时期开辟。因桥得名。路南口宏济桥，桥拱列为九洞，为锦江上最大石拱桥，有"长虹卧波"之誉。其全长约一百二十米，明万历二十一年（1593）由四川布政使余一龙建；清乾隆五十三年（1788）由四川总督李世杰初修时，改名九眼桥。1992 年拆除。2001 年于距原址地一千九百米处重建。

伴仙街　西起宏济路南口，东至青龙巷南口。

支街巷一：

青龙巷　南起王化桥街西口，北至田野。与城内青龙街之青龙巷重名。

王化桥上街　西起青龙巷南口，东至王化桥（讹呼为黄瓜桥）。

王化桥下街　西起王化桥上街，东至古佛寺街西口。

古佛寺街　西起王化桥下街，东至宋公桥街西口。街北古佛寺，旧有明成化三年（1467）铁铸佛像一尊，又有六朝铜佛一尊。

宋公桥街　西起古佛寺街东口，东至石佛寺街西口。

石佛寺街　西起宋公桥街东口，东至銮华寺。銮华寺面向锦江东岸，抗战时私立成城中学迁此。1952 年后，该校改为成都市第十九中学。

以上外东二线，干街二十四条，支街巷四十一条，共计六十五条。

第七章 外 北

南以北城外垣为界，北抵驷马桥街为界，东以东北城垣外角为界，西以西北城垣外角为界。

外北主线只一线，由北门外起，经天星桥街、簸箕上街、簸箕中街、簸箕下街、豆腐街，至驷马桥街止。共六街，支街巷十。

天星桥街 南接北门，北接油子河南岸。旧无街（见《光五图》），拆除月城后建街。其西北旧有天星桥，因以名街。

支街巷三：

月城街 东接天星桥街，西接上河坝街。其地旧为北门月城，月城拆除后建街。与东、西门月城街同名。

上河坝街 东至天星桥，西至城边荒地。街为本市木材集散市场，凡从松（潘）、理（县）一带沿江漂运木材到成都者，均交易于此。街南水神寺，亦名祈水庙，清初木行共建，历有培修。街北大南海，旧为游宴之所。其西傍万福桥有陈麻婆豆腐店，新中国成立后迁入城内西玉龙街。又西之万福桥，跨油子河上，北通金华桥街。桥架木为之，上覆以屋，新中国成立后改建钢筋水泥桥。

下河坝街 西接天星桥街，东头尽处为菜园。街北有临江寺，其铁铸焚炉、香炉、钟、鼎皆清代雍正、乾隆间遗物。后庙宇大部已作菜市，所存只前殿及正殿两楹。

簸箕上街 南接油子河北岸，北至张家巷西口。旧为簸箕街南段。街西旧有簸箕石，街以此得名。此街历来为本市干菜货业集散之地，经营以地方土特产品、海产品为主。街东有广福寺，为外北有名寺庙，创建年月无考，有清康熙二十二年（1683）四川按察使胡升猷所题匾额。

支街巷五：

曹家巷　西接簸箕上街南口，东口入郊区。巷内有烟码头，北道经营叶烟者，旧多集此。

金华街　东接簸箕上街，西口入郊区。街中有金华桥，因以名街。街北有桓侯庙、甘露寺、东岳庙。街西口外约里许有白马庙，明参政郭斗建，清初毁，后重建。[①] 寺旁明王懋墓，清刘沅有碑记。

任家湾街　东南接金华街，西口入郊区。

城隍庙巷　东接簸箕街，西口至绳溪。巷为城隍庙出入要道，因以为名。巷西出有小桥，跨绳溪上。桥北有小南海，又有北海樽酒饭馆，为城隍庙后花园，民国 31 年（1942）辟为游宴之地，名绳溪花园，新中国成立后改城北花圃，20 世纪 70 年代扩建为体育场。西侧即成都城隍庙，创建年月无考，清代历有培修。内有铁燔炉，系明天启七年（1627）铸；庙中十殿泥塑像极生动；门外有大石狮一对。1956 年后庙改作商场，石狮迁置望江楼公园大门外。

张家巷　西接簸箕上街北口，东入郊区。巷内旧有法国领事馆，后迁入城内铁脚巷（即上翔街），原址改为天主堂，附设有微生物研究所。

簸箕中街　南接张家巷西口，北至梁家巷东口。旧为簸箕街中段。街西丞相祠，祀诸葛亮，由明代四川巡按（朝廷所派监察御史）吴之皞创建。[②] 清重建，清同治《成都县志》误谓建于蜀汉末。其侧有金绳寺。民国 33 年（1944）于此建成都市立中学，1952 年后改成都市第六中学。又本街有文昌宫、昭忠祠、九皇宫。北门外长途汽车站曾设此街路西。

支街巷一：

梁家巷　东接簸箕中街北口，西接郊区。1952 年后建通向火车北站之人民北路，本巷西口即与人民北路相连。本巷旧为通新繁县道路之起点。

簸箕下街　南接梁家巷东口，北至豆腐街南口。旧为簸箕街北段。本街有武曲宫，清康熙末、雍正初时川陕总督年羹尧建；露泽寺，道光十三年

---

① 参见清同治《成都县志》。
② 参见明天启《成都府志》。

（1833）陕西旅蓉同乡人公建；甘露寺，道光十三年山西旅蓉同乡人公建。^①中段东侧有迎恩楼，为清代地方官员迎接诏书之处。又有清华中学，民国26年（1937）创立。街西有北坛，据《成都县志·舆地·祠庙》载，旧名山川坛，嘉庆十六年（1811）礼部来文正名为神祇坛。坛内供奉木主三：中曰风云雷雨之神，左曰本境山川之神，右曰本境城隍之神。北坛乃习称。清代为成都、华阳两县官绅祭神之坛。

支街巷一：

李家巷　西接簸箕下街，东入郊区，1953年后辟为一环路大道。

豆腐街　南接簸箕下街北口，北至驷马桥街。

驷马桥街　南接豆腐街北口，北口入郊区。街中有驷马桥。街东北三里许有昭觉寺，1975年成都市动物园由百花潭迁此寺旁。出街北约二千五百米处有凤凰山。

---

① 参见清同治《成都县志》。

第八章　外　西

东以西城外垣为界，西抵犀角河为界，南抵西南城垣外角为界，北抵西北城垣外角为界。

外西干线分为外西线、新西线（由东至西），共二线。

第一节　外西线

由西门口起，西经西月城街、石灰中街、石灰下街、乡农市前街、乡农市正街，至犀角河止。共六街，支街巷二十三。

西月城街　东起西门口，西抵石灰中街东口。民国时拆除月城后建街。

支街巷三：

石灰上街　北接西月城街，南抵城壕，过河上小拱桥与石笋街通。石灰上、中、下三街，旧为石灰交易市场所在，石灰店铺集中于此，故名。

西月城巷　南接西月城街，北折曲折通饮马河街。

饮马河街　南接西月城街，北通向田野，东折拐弯与西月城巷通。街滨护城河东岸，曲折不直。清代满城旗兵在东马棚养马，常到护城河饮马，街之得名以此。

石灰中街　东接西月城街（在护城河上有桥与西月城街紧连），西抵石灰下街东口。

支街巷三：

石笋街　紧沿护城河西岸，北接石灰中街，向南曲折通向席草田，街东有小拱桥跨护城河上，通石灰上街。古石笋街废弃后，遂以石笋名此街。

北巷子 南接石灰中街西口，北抵金仙桥。金仙桥北向里许旧有万福寺，唐代名净众寺，宋名净因寺。民国36年（1947）于其地建成都理学院，新中国成立后合并于四川大学，校舍划归成都铁路局。又西北约十里有九里堤，唐高骈建。民国35年（1946）有杨某于侧近河滨经营花圃，名劲草园，招徕游客。新中国成立后，成都市园林局将劲草园扩建为九里堤苗圃。

南巷子 北接石灰中街西口，南抵三洞桥北口，后延伸与西安路连接，西去里许有前蜀王建墓（永陵），明、清人误谓此乃司马相如"抚琴台"且为诗咏之。至民国30年（1941）始知其为王建墓葬。

石灰下街 东接石灰中街西口，西抵乡农市前街东口。此街又名花牌坊。清道光年间本街有刘姓女，于未婚夫死后终身不嫁，朝廷准建牌坊以旌扬。石雕花卉精美，习称花牌坊。坊早已不存。

支街巷十：

林巷子 北接石灰下街，南通田野，巷内民居少，竹木成林，习称林巷子。

王家巷 北接石灰下街，南通田野。

协合村 北接石灰下街，南连菜园。原无民居，抗战时期形成聚居村落。

都司巷 北接石灰下街，南通田野。巷口有都司庙。

永安巷 北接石灰下街，南通田野。抗战时期形成街巷，取"永久平安"之意，名永安巷。

无名巷 南接石灰下街，北通田野，为外西米市。1953年后命名为江源巷。

交通巷 南接石灰下街，北通田野。1976年初，成都印刷二厂在本巷修建宿舍楼时，出土一批西周时期兵器，以带蚕纹的铜戈最富价值。

南薰巷 南接石灰下街，北通田野。旧无此街，抗战中，城内青龙街私立南薰中学迁此新建校舍，因以名巷。1952年后改为成都市第二十三中学。

西林巷 南接石灰下街，北通田野。巷内有西林寺，巷之得名以此。

丁家巷 南接石灰下街，北通田野。旧时，巷内住户多姓丁。

乡农市前街 东接石灰下街，西连乡农市正街。旧为西乡农民买卖农具、出售手工篾货及家禽、蛋类之市集。原为乡农市街，后分前街、后街、正街。

支街巷二：

乡农市后街 南接乡农市前街，北向曲折通往田野。

老炭巷 北接乡农市前街，南通田野。

乡农市正街 东接乡农市前街，西接犀角河街东口。街南为成灌路长途汽车站，旧名车码头，抗战时改名乡农市正街。

支街巷四：

文家巷 南接乡农市正街，北行数十米向西拐弯又南折通往乡农市正街。抗战时，本处旷野有文某买地建房十余间，后住户增多，形成街巷，习称文家巷。

互利正街 南接乡农市正街，北通田野。原无此街，抗战期间互利信托公司于乡农市正街北面田野中买地建房，名互利村，始形成街巷。1909 年创办之疯人院建于此，新中国成立后更名为成都市精神病医院，现名成都市第四人民医院。

互利横街 为穿过互利正街东西延伸之横街。

泰安里 北乡农市正街，南通田野，为抗战期间新建之小街，取"国泰民安"之意为里名。

犀角河街 东接乡农市正街，西抵犀角河东岸。原为一块突出之沙湾地带，一小溪流经此地，形似犀角，因名犀角河；街即以河命名，俗称为"洗脚河"。过犀角河可通往郊区营门口，再西可到茶店子以至金牛坝。

支街巷一：

向家巷 南接犀角河街，北通田野。旧时该巷全部房产均为向姓所有，故习称向家巷。

第二节 新西线

由新西门（通惠门）起，西经十二桥街，至街尽为止。共一街，支街巷二。

十二桥街 东起新西门（通惠门）口，西抵郊区。民国 2 年（1913）辟新西门，于护城河上建桥以通往来，名十二桥。民国《华阳县志》未言得名由来。或谓当时附城各桥序列第十二得名；或谓此桥风光得扬州二十四桥风景之半，故曰十二。1952 年后十二桥街延伸至一环路西段，沿路有成都中医学院（现为成都中医药大学）、中医学院附属医院、四川省人民医院等新楼房。

支街巷二：

环城右路　南起十二桥街口，北至三洞桥南口。民国 20 年（1931）后，筑成土路，名环城马路，后改建为西安路。路南有枣子巷。1957 年后于此设四川省社会主义学院。

环城左路　北起新西门口，沿城外垣南抵宝云庵。民国 2 年（1913）辟新西门后，沿城垣筑成土路，为花会交通要道，历有培修，遂成通衢。由通惠门外西南沿城垣行二里，有宝云庵，创建年代无考，清康熙年间（1662—1722）重修。由庵西向有遇仙桥跨西壕上。过桥约十步，有马长卿所建双孝祠，多花木，称为马家花园，民国时废弃，后改为沙利文郊外饭店，新中国成立后成都市话剧团设此。由此右折约五十步有二仙庵，西邻为青羊宫。遇仙桥东南浣花溪与西濠水交汇处名百花潭[①]，南岸有邓锡侯别墅曰康庄，中有桉树，为成都植桉之始。新中国成立后建动物园于百花潭侧。1976 年动物园迁外北昭觉寺后，此地扩建为百花潭公园。由此再南行一里许旧有五块石。青羊宫之西二里余有草堂寺及浣花草堂。

以上外西二线，干街七条，支街巷二十五条，共计三十二条。

---

① 真正之百花潭在杜甫草堂南，久已湮塞。

第九章　外　南

北以南城外垣为界，南以街尽为界，西以西南城垣外角为界，东以东南城垣外角为界。

外南干线分为外南线（由北至南）、外南一线（由西至东）、新南线（由北至南）、新南一线（由西至东），共四线。

第一节　外南线

由南门外起，经桥北正街、桥南正街、浆洗上街、浆洗中街、浆洗下街，至洗面桥街南口止。共六街，支街巷十四。

桥北正街　北起南门，南至万里桥（习称南门大桥）。街北段本为月城，拆月城后辟为街。万里桥在街南端。

支街巷六：

城边街　东接桥北正街，西入郊区。民国 26 年（1937）后新建。

三官堂街　西起桥北正街，斜向东北抵城垣，有三官堂小庙。①

柳荫街　东接桥北正街，西口入郊区。街中有桥名柳荫，街以此得名。枕江楼餐馆在街东口，紧临万里桥，面锦江，民国 3 年（1914）开设，凭栏可望江景，所售醉虾负盛誉。新中国成立后餐馆歇业，改为旅馆。

同兴街　西接桥北正街，东至下河坝街西口，街后滨锦江。20 世纪 70 年代，同兴街、下河坝街、建国西路改建为滨江路，路南沿锦江北岸辟为滨江公园。

---

① 20 世纪 60 年代扩建桥北正街，修居民大楼时拆除

下河坝街　西接同兴街东口，东至建国西路西口。旧为桑园、菜圃，民国26年（1937）后始成街。民国15年（1926）有罗福安诸人于此开办云锦缫丝厂。

建国西路　西接下河坝街东口，东至建国路。旧无街，民国26年（1937）后始有街。街南濒锦江岸有竟成园餐馆（新中国成立后迁至总府街）、茶园，夏季营业特盛。

桥南正街　北接万里桥，南至染靛街东口。唐代新南市在此一带。

支街巷四：

染靛街　东接桥南正街南口，西至倒桑树街东口。旧名西巷子。此街清代为染靛业集中地。

倒桑树街　东接染靛街西口，西至上桑里东口。原为染靛街西段。街南有净土寺，清宣统（1909—1911）初曾于此设实业机械厂，民国21年（1932）改为造枪厂。宣统二年（1910）此街曾办有德兴丝厂，旋停办。民国17年（1928）又有黄德钦等在本街开办民生丝厂。清末，本街住户多种桑养蚕，路旁有一桑树长势特殊，倾斜如将倒伏，民间习称此街为倒桑树街。

上桑里　东接倒桑树街西口，西至江滨路。江滨路在市郊，有路无街。距此约里许旧有五块石，各高丈余，围倍之，今已不存。

凉水井街　北接染靛街西口，南至川康公路（1954年后延伸至西藏，改名川藏公路）干道。以街中有井得名。街西南百步许有空军机械学校，民国26年（1937）建。空军机校东北侧有小巷名杀牛巷，为宰牛屠场。川康公路南站旧设于本街南口。武侯祠、惠陵距此约半里许。民国29年（1940）于惠陵右侧建成刘湘墓园（1953年改为南郊公园），墓园右侧创办私立甫澄中学以纪念刘湘（刘湘字甫澄）。1952年后，中学旧址改建为西南体育学院（1956年更名为成都体育学院）。其西北有空军子弟学校，后扩充为中学。东南为都江电力分厂。武侯祠与五块石之间旧有白药厂，清光绪七年（1881）四川总督丁宝桢开办。

浆洗上街　北接染靛街东口，南至浆洗中街北口。浆洗街原为一街，民国初年始分为上、中、下三街，此即原街北段。清中叶起，皮革手工业多集此街，延至民国时，街以硝制皮革之浆洗工序得名。街西有血清示范厂，民国 26 年（1937）建。新中国成立后由本街南口西折新辟南郊路接川藏公路干道。

浆洗中街 北接浆洗上街，南接浆洗下街北口。旧为浆洗街中段。街西有兽疫防治处，民国 26 年建。民国时骨粉手工业集此街。

支街巷二：

浆洗后街 西通浆洗中街北头，东通黉门后街。巷道交错，街不平直。出口系浆洗中街东侧一楼房下之过道。

桓侯巷 西接浆洗中街南口，东入郊野。巷内有桓侯庙（俗呼张爷庙），后建桓侯巷小学。庙后有张飞衣冠墓。墓东有放生池。

浆洗下街 北接浆洗中街，南至洗面桥街北口。旧为浆洗街南段。街东有基督教神学院；次东为广播电台，民国 24 年（1935）建，其两天线塔极高，曾为行人远望识别方位之标志。

支街巷二：

肥猪市街 东接浆洗下街南口，西头抵郊野。旧时为南区猪市。街北建国中学，系民国 27 年（1938）由城内东胜街迁此。1952 年后，建国中学改为成都市第十五中学。

利民巷 西接浆洗下街南口，东至田野小路。抗战时期，为便利群众避敌机空袭疏散郊外，辟此小巷。

洗面桥街 北接浆洗下街，南抵市郊。洗面桥在街北口。过桥西折再南向拐弯为新蓉村，抗战时期修建，有四川省银行办公处、宿舍及私立敬业中学。街南端路东有衣冠庙，传庙后土堆为关羽衣冠冢。过此往南为通向神仙树、石羊场之乡村大路。

第二节　外南一线

由桥南正街南口起，东经黉门街、小天竺街，至大学路东口。共三街，支街巷十三。

黉门街 西接桥南正街南口，东至小天竺街西口，旧名东巷子。旧时，称士子考上秀才为"身入黉门"，黉门即学宫。清宣统二年（1910）存古学堂开办时，校舍在国学巷与此街之间，乃命名为黉门街。街南弟维小学，民国20 年（1931）基督教会创办。新中国成立后弟维小学改为成都市东城区第五中心小学。

支街巷五：

小税巷 北接黉门街，南抵菜园。抗战时期菜地建房后，南无出口。巷西侧有弟维小学校舍及附设之幼儿园，有过街木天桥及石天桥连着东侧校舍。巷口以东为小天竺街，以西为黉门街。"税"音 tuì。《礼记·檀弓上》："小功不税。"此"税"即丧礼规定的追服。但究竟何以"小税"名巷，待考。

黉门后街 西接浆洗后街，东通国学巷。多菜园，民居较少。街在黉门街背后，故名。

坛神巷 南接黉门街东头，斜对小税巷口，北至金沙寺街西头。巷中仅有坛神庙。

大悲巷 东接坛神巷北口，西至桥南正桥，西段濒锦江岸，只路南有房屋。巷内旧有大悲寺。

金沙寺街 西南接坛神巷北口，东北至锦江南岸。街西北有金沙寺，其地明代尚为锦江中沙洲，后与南岸连接。

小天竺街 西接黉门街，东至大学路西口。街北有浙江会馆曰小天竺[1]，为旅蓉浙人所建。街之得名以此。园内有黄桷树二株，年代久远。民国 20 年（1931）后，先后于其地设大华中学、西南美专、浙蓉中学，1952 年后改为成都市第二十五中学。

支街巷七：

国学巷 北接小天竺街，南通华西坝。民国初存古学堂并入四川国学院，故以国学二字名巷。清代杨遇春别墅在巷内，有观稼亭。杨遇春后裔捐屋作存古学堂。民国初并入国学院，再改国学专门学校址。民国 16 年（1927）改为公立四川大学之中国文学院。民国 20 年公立四川大学并入国立四川大学后，此地改设川大附属高中，校门移小天竺街。民国 24 年（1935）附属高中停办，改设私立济川中学，1952 年后改为成都市第十六中学。

---

① 浙江省杭州西湖附近有天竺山名胜，又有"天竺三寺"古刹。

电信路　北接国学巷，南抵九如村。原多菜圃。抗战时期，民居增多，始成街巷。九如村在小溪南，抗战时期始有人建房，但尚未形成街巷，溪上有小桥与电信路通。其西有肺病疗养所，属华西大学新医院（今四川大学华西医院）。

公行道　西接电信路北头，东向再南折抵老老桥。旧为溪边土路小巷，抗战时期住宅日多，形成街道。公行道四号原为民国时四川省政府主席官邸，1952年后云南省驻川办事处设此。

中学路　西接电信路，东过老老桥接田野。抗战时期修建，街在华西协合高中之后，故名中学路。四川大学理学院原院长郑愈曾在东头购地建私宅及花圃。

小学路　西接电信路，东抵幼幼桥，抗战时期修建。街南有陈筑山创立之中西人文研究学会，1952年后改设四川医学院神经精神科，今属四川大学华西医院。

金陵路　西接幼幼桥，东抵田野。抗战时期，南京金陵大学迁成都，在此建校舍，形成街道。民国35年（1946）金大迁还南京，遗址改设小学。路南原有华大牧场，饲养良种奶牛。

南虹路　南接小天竺街，北抵锦江南岸，以南头旧有南虹游泳池得名。又有南虹艺术专科学校（1940年创建），于新中国成立后与他校重组为成都艺术专科学校，后于1953年撤销。其地与本街大部于1980年划入扩建后的成都气象学院（今成都信息工程大学）。

大学路　西接小天竺街，东至南台路。华西协合大学（1952年后改为四川医学院）在路南，故名大学路。路两旁皆华西大学校址。其地本为农田、村舍，清末民初，美、英、加基督教会合力于此购地七八百亩，陆续开办华西协合中学、华西协合大学、华西师范学校、高琦中学、华西神学院、加拿大学校（专供外籍儿童入学）。民国26年（1937）又创建华西新医院、护士学校、牙科医院。抗战时期，金陵女子文理学院、齐鲁大学迁此建临时校舍。俗呼此地区为华西坝。协合中学及公行道、中学路、金陵路习称华西后坝。

支街巷一：

南台路　西接大学路东口，东抵西北路。旧为土路，多菜圃、空地，辟新南门后，始有民居。路西头原有南台寺，其地宋、明两代皆为绅宦别苑。张献忠入蜀曾统兵驻此，因号御营坝。路北原有南台小学，教师由华西协中学生义务充任，校长兼做工役，学生多附近农村贫苦子弟。路东口旧有水上警察学校。

第三节　新南线

由新南门外起，南经建国路至西北路南口止。共二街，支街巷十。

建国路　北接复兴门（新南门），南至复兴桥。民国 27 年（1938）建街。复兴桥在建国路南口，跨锦江上，与复兴门同时建，为通华西坝、新村一带要道。本为木桥，后改建为钢筋水泥桥。

支街巷一：

建国东路　西接建国路，东至三元正街。原为附城菜圃，民国 28 年（1939）后新建街。

西北路　北接复兴桥，南口通向郊区。民国 27 年（1938）新建街。西北路以东至九眼桥培根火柴厂一带地区，旧皆农田。民国 27 年（1938）筹建新村，将此一带划入新村范围，分段招人购地自建，路为新村西界。

支街巷九：

临江西路　东接西北路，西至金沙寺街东口，路北滨锦江南岸。民国 27 年（1938）后新建街。路南有华西大学临锦江之后校门。南虹游泳池大门亦在路南。

十七街　北接临江西路，形成丁字，南至南台路西口。民国 27 年（1938）后新建街。

十七巷　东接十七街，西向南折通临江西路。民国 27 年（1938）后逐渐形成。

西北支路　西接十七街，东至西北路，街甚短。民国 27 年（1938）后建。

临江东路　西接西北路，东接万年桥街。路北滨锦江南岸，民国 27 年后新建，原为江边荒地。

万年桥街　西接临江东路，东接太平上街，北滨锦江。旧安顺桥在本街东头北口，跨锦江，架木为之，上覆以屋。民国 36 年（1947）成都水灾，桥被冲毁。后于太平上街东头北口另建新桥。砌石为墩，横木为桥，不再覆屋。

太平上街　西接万年桥街，东接太平中街，北滨锦江。东头北口有新安顺桥。

太平中街　西接太平上街，东接太平下街，北滨锦江。

太平下街　西接太平中街东口，东至太平南街。旧有太平巷在街南，出入口在太平下街，形似两巷，实为一街。街东口北侧紧接九眼桥南端。

第四节　新南一线

北滨锦江，西接新南线，东至四川大学校园，南抵田野，为新村范围。新村干线三条：致民路、龙江路、新生路，皆由西向东。其他街巷分别隶属三路。共三街，支街巷十三。

致民路　西接西北路，东至太平南街。此为新村主要干道，是新村道路最长者。民国 27 年（1938）辟新南门后建此路，取"致民以治"之意。建新村时初步规划，从东到西以两位数之序次命名，为十一、十二、十三、十四、十五、十六街（本节叙述为由西向东）。大街皆横贯致民、龙江两路，南至新生路。

支街巷十二：

十六街　南接龙江路西头，北穿致民路，接临江东路。

十五街　南接西北路南段，北过龙江路、致民路，接临江东路。

十四街　南接新生路西口，北过龙江路、致民路，接临江东路。

十三街　南接新生路，北过龙江路、致民路，接临江东路。

十二街　南接新生路，北过龙江路、致民路，接万年桥街。

十一街　南接新生路，北过龙江路，接致民路。

太平横街　南接老马路，北过致民路至太平中街西口。因与太平中街成直角，故名太平横街。

老马路　西接太平横街南口，东至太平南街，东口与培根路西口斜对，旧为田野间通往太平南街之老路，抗战时期始有人购地建房，乃有街名，但仍菜圃多、民居少。街西头路南有成茂师管区司令部。

太平南街 北接太平下街东口，与太平下街成直角，南接新太平南街。原名横街子，后改名太平南街。九眼桥在街北口。四川大学校址在太平南街以东沿锦江南岸一带。民国 24 年（1935）校长任鸿隽主持在此创建校舍，民国 32 年（1943）迁入。原川大校舍在旧皇城及南较场，民国 28 年（1939）8 月迁峨眉山麓，民国 32 年（1943）春迁返成都。先是在民国 10 年（1921），太平南街至锦江南岸一带已有农业专门学校，又称蚕桑专科学校，后并入川大为农学院。川大校门在望江楼公园西面锦江南岸。

白塔寺街 西与太平南街北口紧接，街北滨锦江。街南东头有回澜塔。明万历二十一年（1593）与宏济桥同时建，明末毁，清重建。塔后有回澜寺，习称白塔寺，街因名白塔寺街。民国时，塔残存七级，破败不可登。民国 34 年（1945）左右，附近棚户失火，塔全毁，寺亦不存。街东一大片旧为乱坟包，丛葬四川军阀混战中死亡士兵。新中国成立后，本街改建为望江路，直达望江楼公园大门。望江楼公园西侧有雷神庙（新中国成立后并入公园，改建为展览厅）。

培根路 西接太平南街，东至川大铮园。路南旧有培根火柴厂，因名培根路。火柴厂于清光绪三十年（1904）创办。初名惠昌火柴厂[①]，民国 13 年（1924），因厂址租借期满，惠昌火柴厂遂由著名慈善家尹昌龄主持的慈惠堂接办，改名为培根火柴厂。抗战后期民盟领导人张澜任慈惠堂董事长，曾住厂内，直至民国 35 年（1946）秋季离开成都。慈惠堂总干事兼火柴厂厂长王干青（后为十二桥烈士之一）为中共地下党员，亦住厂内。火柴厂成为中共地下党及民主同盟重要据点之一。

新太平南街 北接太平南街南口，南接郊区。旧为通往三瓦窑之郊区道路，无街。民国 32 年（1943）川大迁回成都外东新校舍，后校门在路东，附近渐有民居和店铺，命名为新太平南街（新中国成立后又向南延伸建文化路、劳动路）。本街往西与新村相接。

龙江路 西接西北路，正对南台路东口；东至十二街南口，与致民路平

---

① 参见傅崇榘：《成都通览》，清宣统元年（1909）刊印。

行，为新村次要干线。路西头有文英小学。1952 年后，该校改为龙江路小学[①]。1964 年龙江路小学迁于现址（临江中路八号）。

新生路 西接十二街南口，东至新太平南街，与龙江路平行，为新村次要干线。西头路南有四川审计处，往东为省立技艺专科学校。后经三次改名与合并，于 1959 年升格更名为四川音乐学院。中段路北有梅园。往东为华云庵，民国 27 年（1938）北平朝阳学院曾迁此，民国 30 年（1941）朝阳学院迁渝后改作川大员工宿舍，1952 年后改建为成都市殡仪馆。

支街一：

双齐路 北接新生路，东折通新太平南街。旧无街，抗战后期始有人于此建住宅。民国 37 年（1948），川大校长黄季陆于路南建校长住宅（新中国成立后为川大退休教授宿舍，改名璧还村）。又路南旧有德元寺，俗名红瓦寺，明代古刹，相传明蜀王常游此寺。寺附近多明蜀王府内侍墓，俗呼太监坟。附近头瓦窑为明蜀王府烧陶器之地。

以上外南四线，干街十四条，支街巷五十条，共计六十四条。

以上城外四区段，共干街五十一条，支街巷一百二十六条，共计一百七十七条。

总计城内城外九区段，共有干街二百二十九条，支街巷五百零三条，共计七百三十二条；又较场四，旧皇城一。

---

① 或云龙江路小学前身为 1939 年开办的十一区二小。

附录一 成都街道改造略况

成都各街巷原来比较窄狭。商业较盛街道，夏季由沿街店铺集资搭过街凉棚。又街巷或有栅门及牌楼者，路面则全用石板、石条铺砌。民国 13 年 (1924) 杨森强令各街店铺向后退缩，加宽路面，以便通行汽车，于是栅子、牌楼均被拆除，亦无法再搭过街凉棚。路面改为三合土。民国 20 年（1931）以后又逐步变为碎石路（新中国成立后扩展路面，铺设柏油）。扩修街道之后，人力车（习称黄包车）遂取代肩舆。又满城房屋前有薄木条为栅形以为装饰。以前满城住宅面积，不以亩分计，而以甲计。一甲地即一名披甲旗兵应分得之一片土地。不同之旗，一人所得份地不同。马甲（骑兵）所得大于步甲（步兵）。又正黄、镶黄、正白谓之上三旗，所分地在满城北段，地面较大，大者每甲有七八十平方丈，小者六十多平方丈；镶白、正红、镶红谓之中三旗，所分地在满城中段，地面较小，大者六十平方丈，小者不过五十平方丈；余为正蓝、镶蓝，谓之下二旗，所分地在满城金河以南，地面较大，但极卑湿。此等规划，经历一百余年，渐有变化。清末，有兼并他人份地者；辛亥（1911）以后，满城旗人土地准许买卖；民国 2 年（1913）拆除满城城墙，汉人多迁居满城内购地建屋，满汉畛域遂消失。

附录二 清同治十年（1871）
成都县属街道名称

本篇所记街名，多为清光绪以后始见于城市图者。至于古街坊，民国《华阳县志·古迹一》所载者有：赤里街、君平街、北街、马务街、国清寺街、天涯石街、观街、三井道、石笋街、石马巷、红布街、红照壁街、书院四街、前卫街、指挥街、文翁坊、金马坊、万秀坊、书台坊、金城坊、忠义坊、际会坊、宋公坊、度人坊、状元坊、南川王府石坊、顾公坊、岑公坊等。又陆游言及木行街，杜甫诗有碧鸡坊。

又明、清志书唯同治十年修之《成都县志·街巷》载有当时街巷名称（不包括华阳县及满城街道）。现抄录于次：

贡　牌[①]

东鹅市巷	永清街	板桥街	西辕门街	东辕门街	贡院街
西御街	兴隆街				

南　牌

东御街	锦江桥	卧龙桥	青石桥	状元街	丁字街
向阳街	烟袋巷	染房街	梨花街	转轮藏街	光华街
陕西街	半边桥街	君平街			

---

① 牌为保甲组织。

中　牌

南暑袜街	北暑袜街	沟头巷	九龙巷	鱼市口	西顺城街
东华门	兴隆街	东御河	大有巷	小红土地庙	中顺城街
上翔街	皮房街	提督西街	观音阁	太平街	提督东街

北　牌

鼓楼街	升平街	梓潼街	童子街	康公庙街	会府四街
白丝街	梵音寺	三元巷	大墙后街	内姜街	兴隆街
青果市街	菜市街	新开寺	女儿碑	东岳庙	古佛庵
珠市街	珠宝街	北顺城街	文殊院	头福街	锣锅巷
红庙子	草市街	老关庙	铜丝街	济裕街	

府　牌

白云寺	楞伽庵	金丝街	圆觉庵	金马街	白家塘
银丝街	打铜街	十方堂	文圣街	文庙街	学署街
品升街	骡马市	青龙街	青龙巷	西府街	正府街
铁箍井	山西馆	上升街	玉龙街	玉带桥	线香街
羊市街	小东门	平安桥	大树拐	西城墙街	字库街
五福街	守经街	灯笼街	宁夏街	王家塘	苦竹林
武担山	高家口街	后子门	九思巷	东二巷	西二巷
西御河	碑亭子				

附录三　1950—1984年成都市区
街道之重大变迁

本篇主旨在叙述1949年前事。然1950年至1984年之重大变化亦当略涉。兹但述新兴之各大干线。

一、贯通南北之干线

人民路　自火车北站南下绕贡院故址之东以达其南（1969年后新辟展览馆西侧自北向南之单行道，东侧为自南向北单行道），再南行至火车南站。全路又分为北（南至新华路口）、中（南至展览馆南广场）、南三路。

解放路　自驷马桥向西南曲折而达武侯祠，分为北（南至草市街）、中（南至盐市口）、南三路。

红星路　自八里庄南行以达新南门外磨子桥，分北（南至新华东路口）、中（南至蜀都大道口）、南三路。

红星路在解放路东，人民路在解放路西。三路如川字形，皆沟通南北。

二、贯通东西之干线

胜利路　东起牛市口，西抵通惠门外，分为东（西至东大街）、中（西至盐市口）、西三路。

新华路　东起二号桥，西达通锦桥，分东、西两路（锣锅巷北口分界）。

红光路　乃将旧有之青龙街、八宝街、西大街、石灰街、花牌坊、营门口、茶店子、金牛坝等街面加宽，合称红光路。

东风路　自总府街东至双桥子，不分段。本路在胜利路之北、新华路之南。红光路偏居西方，如向东延伸，则位于新华、东风两路之间。

以上四路为沟通东西方者，与南北之三路垂直。

三、环城干线

一环路与二环路　一环路围绕市区，越此路皆为近郊区。二环路为一环路之外圈，圈外为远郊区。

附录四　1983 年东、西城区路、街、巷、居民区标准名称

　　1982 年 12 月和 1983 年 1 月，成都市东、西城区政府，根据国务院有关指示精神，对市属街道、河流、桥梁名称进行普查厘定。兹将所定街道名称录于后。①

一、东城区

1. 人民东路街道办事处

人民东路	东华正街	东华南街	东华北街	宾隆巷	兴隆巷
叠湾巷	大有巷	东鹅市巷	东御街（原胜利西路一段）		

下西顺城街（原解放中路五段）

2. 人民南路街道办事处

状元街	新光华街	指挥街	盐道街	桂花街	纯化街
东桂街	东都街	青莲巷	治平巷	火洞子巷	

金字街（原金子街）　　　　　　　　红照壁街（原解放中路七段）

滨江路一段（原滨江路）　　　　　　滨江路二段（原滨江路）

人民南路二段（原人民南路三段）　　上南大街（原解放中路七段）

中南大街（原解放中路七段）　　　　下南大街（原解放中路七段）

---

① 河道、桥梁名称已见本书《水道篇》。

3. 二仙桥街道办事处

二仙桥东路	二仙桥西路	二仙桥北路	二仙桥东一路
二仙桥东二路	二仙桥东三路	二仙桥南一路	二仙桥西北路
二仙桥西北一路	二仙桥西北二路	二仙桥北一路	二仙桥北二路
二仙桥北三路	下涧槽路（原下涧槽）		下涧槽一坪路
下涧槽二坪路	下涧槽三坪路	下涧槽四坪路	下涧槽五坪路
下涧槽中坪路	海滨湾路（原海滨湾）		海滨湾支路
二仙桥西一巷	二仙桥路（原二仙桥）		

4. 小天竺街街道办事处

人民南路三段（原人民南路四段）　　大学路（原红专中路）

中学路	小学路	南虹路	南台路	金陵路	临江路
电信路	新南支路	金沙寺街	国学巷	坛神巷	小税巷
大悲巷	十七巷	公行道	九如村	放生池	张爷庙

小天竺街（原红专中路）簧门街（原红专西路）　簧门后街　十七街

5. 王家坝街街道办事处

红星路四段（原红星中路四、五段）　王家坝街　王家坝后街　督院街

前卫街	龙王庙正街	龙王庙南街	红石柱正街	下莲池街
老半边街	余庆桥街	拱背桥街	建国东街	建国东后街
教练所街	教练所前街	教练所后街	铜井巷	斧头巷
东龙须巷	西龙须巷	耿家巷	光大巷	东南里

6. 天涯石北街街道办事处

天涯石东街	天涯石南街	天涯石西街	天涯石北街	四圣祠南街
四圣祠西街	四圣祠北街	书院西街	庆云南街	落虹桥街
北顺城街	水东门街	武城大街	迎曦上街	迎曦下街
东安街	东安北左街	东安北右街	福字街	中道街
中道后街	惜字宫南街（原惜字南街）			

7. 牛市口街道办事处（原胜利口街道办事处）

东大路（原胜利东路一段）	宏济东路
一洞桥街（原胜利东路一段）	一心桥街（原胜利东路一段）
一心桥南街	一心桥横街
大田坎街（原胜利东路一段）	得胜上街（原胜利东路一段）
得胜下街（原胜利东路一段）	得胜新街海椒市街（原海椒市）
米市坝街（原米市坝）	鸡市街
胜利街	文化街
东永安街	莲花村上街（原莲花村）
莲花村下街（原莲花村）	莲花村东街（原莲花村）
莲花村南街（原莲花村）	莲花村西街（原莲花村）
莲花村北街（原莲花村）	莲花村东一巷（原莲花村）
莲花村东二巷（原莲花村）	莲花村南一巷（原莲花村）
莲花村南二巷（原莲花村）	莲花村南三巷（原莲花村）
莲花村南四巷（原莲花村）	莲花村西一巷（原莲花村）
莲花村西二巷（原莲花村）	莲花村西三巷（原莲花村）
莲花村西四巷（原莲花村）	莲花村西五巷（原莲花村）
莲花村西六巷（原莲花村）	莲花村北一巷（原莲花村）
莲花村北二巷（原莲花村）	莲花村北三巷（原莲花村）
莲花村北四巷（原莲花村）	莲花村北五巷（原莲花村）
牛市口（片名，原胜利口）	上水巷
下水巷	陈家巷
林家坡工农村	联盟村
羊子市巷（原羊子市）	席草田巷（原席草田）

8. 双桥子街道办事处

双桥路	经华路	东风路三段	双桥路南一街
双桥路南二街	双桥路南三街	双桥路南四街	双桥路南五街
双桥路南六街	双桥路北一街	双桥路北二街	双桥村

双林村　磨子村　双桥子（片名）

9. 水碾河街道办事处

水碾河南一街　水碾河南二街　水碾河南三街　水碾河北一街
水碾河北二街　水碾河北三街　水碾河（片名）

10. 东丁字街街道办事处

自强路　东丁字街　西丁字街　横丁字街　青石桥南街
青石桥中街　古卧龙桥街　新半边街　向荣桥街　粪草湖街
东府街　南府街　新开街　向阳街　小淖坝街
中莲池正街　中莲池横街　大塘坎街　小塘坎街　清平巷
保全巷　飞龙巷　安居巷　华严巷　烟袋巷
公平巷　老古巷　穿院巷（原穿院坝）
大小院巷（原大小院坝）

11. 东糠市街街道办事处

东风路一段　东糠市街　书院东街　书院南街　北纱帽街
中纱帽街　江南馆街　金玉街　玉成街　毛家拐街
东安南街　东顺城南街　东顺城中街　笔帖式街　大慈寺街
和尚街　护城街　天仙桥前街　天仙桥后街　天仙桥横街
马家巷　杨家巷　茗粥巷　章华里　兴业里

12. 东风南路街道办事处

东风南路（六五厂一福利区）　东风路南一街（六五厂一福利区）
东风路南二街（六五厂一福利区）　东风路南三街（六五厂一福利区）
东风路南四街（六五厂一福利区）　东风路南五街（六五厂一福利区）
东风路北一街（六五厂二福利区）　东风路北二街（六五厂二福利区）
东风路北顺街（六五厂二福利区）　白腊村居民点（原白腊村）

13. 伴仙街街道办事处

龙舟路	伴仙街	王化桥上街	王化桥下街	古佛寺街
化成寺街	宋公桥街	石佛寺街	工农院街	三官堂街
吟龙巷	顺江路（原顺河街、河边街）		新桂村正街（原新桂村）	

新桂村东一街（原新桂村）　　　　新桂村东二街（原新桂村）

新桂村东三街（原新桂村）　　　　新桂村东四街（原新桂村）

新桂村西一街（原新桂村）　　　　新桂村西二街（原新桂村）

新桂村西三街（原新桂村）　　　　新桂村西四街（原新桂村）

14. 沙河铺街道办事处（原沙河堡街道办事处）

古雅坡路（原古雅坡）　　　　　　静居寺路（原净居寺）

上沙河铺街（原上沙河堡街）　　　中沙河铺街（原中沙河堡街）

下沙河铺街（原下沙河堡街）　　　沙河铺横街（原新修街）

大营门街（原大营门）　　　　　　沙河铺新村（原上沙河堡新村）

马家沟　　　　五福村　　　　静居村

15. 芷泉街街道办事处（原胜利东路街道办事处）

天福街（原胜利东路二段）　　　　芷泉街（原胜利东路二段）

紫东楼街（原胜利东路二段）　　　紫东正街（原胜利东路二段）

牛王庙上街（原胜利东路二段）　　牛王庙下街（原胜利东路二段）

牛王庙后街	牛王庙巷	一环路东四段	光明路	水津街
向明巷	全心巷	年丰巷	香巷子	建设南村

建设北村

16. 和平街街道办事处

红星路一段（原红星中路一段）	新华东路一段	五昭路	和平街
桂王桥东街	桂王桥南街	桂王桥西街	桂王桥北街	庆云西街
庆云北街	昭忠祠街	玉皇观街	北鋻新街	东城拐下街
冻青树街	东玉龙街	燕鲁公所街	五世同堂街	城隍庙街

东较场街　　　东新街　　　　竹林巷

17. 建设路街道办事处

二环路东二段　　建设路　　　建设西街　　　建设中街　　　建设巷

新鸿村　　　　　圣灯村　　　新鸿路　　　建设南路　　　建设南支路

建设北路二段　　建设北路三段（原厂北路）　建设南街（原沙河边下街）

建设北街（原沙河边上街）

18. 府青路街道办事处（原红星北路街道办事处）

驷马桥路　　一环路北四段　　二环路东一段　　二环路北二段　　府青巷

八里庄路（原驷马桥路）　　　府青路二段（原红星北路）

府青路三段（原红星北路）　　府青路东街（成都量具刃具厂宿舍区）

府青路东一街（成都量具刃具厂宿舍区）

府青路东二街（成都量具刃具厂宿舍区）

府青路东三街（成都量具刃具厂宿舍区）

府青路东四街（成都量具刃具厂宿舍区）

府青路东五街（成都量具刃具厂宿舍区）

府青路东六街（成都量具刃具厂宿舍区）

19. 春熙路街道办事处（原中新街街道办事处）

春熙路东段　　春熙路南段　　春熙路西段　　春熙路北段　　北新街

中新街　　　　商业场街　　　锦华馆街　　　城守街　　　三圣祠街

正科甲巷　　　大科甲巷　　　联升巷　　　　新集场巷　　　悦来场巷

新街后巷子　　红星路三段（原红星中路三段）

总府街（原东风路二段）　　　城守东大街（原胜利中路二段）

20. 盐市口街道办事处（原南暑袜街街道办事处）

锦江路（原解放中路五段）　　交通路　　　　青年路

上东大街（原胜利中路三段）　　　　转轮藏街（原解放中路五段）

光华街（原解放中路五段）　　　　　　　暑袜南街（原南暑袜街）

暑袜中街（原中暑袜街）　　　　　　　　暑袜北三街

走马街　　　梨花街　　　荔枝巷　　　南沟头巷　　　西沟头巷

横九龙巷　　青年里　　　锦江里　　　南新街　　　　青石桥北街

学道街　　　染房街　　　染房横街（原横染房街）　　盐市口

21. 致民路街道办事处（原红专东路街道办事处）

致民路（原红专东路）　　　新南路（原红星南路）　　　龙江路

临江东路　　　新生路　　　太平上街　　　太平中街　　　太平横街

青莲上街　　　青莲下街　　　青莲横街　　　大安正街　　　大安横街

三元正街　　　三元横街　　　万年桥街　　　十一街　　　　十二南街

十二中街　　　十二北街　　　十四南街　　　十四中街　　　十五中街

十五北街　　　十一巷　　　　十四巷　　　　观音阁巷

华大里（原新华大路）

22. 莲花池街街道办事处

一环路东五段　宏济上路　　　宏济中路　　　宏济新路　　　莲花池街

水井街　　　　双槐树街　　　金泉街　　　　星桥街　　　　青龙正街

青龙横街　　　锦官驿街　　　南河口街　　　外东上河坝街　中河坝街

外东下河坝街　孙家巷　　　　大同巷　　　　黄伞巷　　　　存古巷

青和里南段　　青和里西段　　青和里北段

23. 梓潼桥正街街道办事处

梓潼桥正街　　梓潼桥西街　　华兴正街　　　华兴上街　　　华兴东街

暑袜北一街　　暑袜北二街　　双栅子街　　　纯阳观街　　　三倒拐街

慈惠堂街　　　如是庵街　　　干槐树街　　　藩署街　　　　藩库街

岳府街　　　　隆兴街　　　　布后街　　　　福兴街　　　　华兴街

永兴巷　　　　不穿巷子　　　穿巷子　　　　新巷子

红星路二段（原红星中路二段）　　　　　爵版街（原脚板街）

24. 望江路街道办事处

望江路	一环路南段	劳动路	文化路	群众路
老马路	培根路	民主路	白塔寺街	红瓦寺街
太平巷	史家巷	白塔巷	与文里	白塔村
和睦村	共和村	竹林村	太平下街	太平南街

太平南新街（原新太平南街）　　　　法云庵路（原法云庵）

致民东路（原红专东路）

25. 猛追湾街道办事处

一环路东一段　　　一环路东二段　　　一环路东三段　　　建设北路一段

府青路一段（原红星北路）　　猛追湾街（原猛追湾）　　猛追湾南街

26. 椒子街街道办事处

椒子街	均隆街	均隆河边街	望平正街	望平后街
望平横街	望平河边街	东风路北一巷	东风路北二巷	福德巷
围房巷	三多巷	新华南路	东风路居民点	布坝子街
天祥寺街	天祥寺横街（原高坟坝街）		天祥寺河边街	

东风路二段（原东风路四段）　　　　点将台街（原点将台居民点）

点将台东街（原点将台居民点）　　　点将台西街（原点将台居民点）

点将台横街（原点将台居民点）　　　较场坝街（原较场坝居民点）

较场坝东街（原较场坝居民点）　　　较场坝西街（原较场坝居民点）

较场坝中街（原较场坝居民点）　　　较场坝横街（原较场坝居民点）

较场坝东一街（原较场坝居民点）　　较场坝东二街（原较场坝居民点）

较场坝东三街（原较场坝居民点）　　较场坝东四街（原较场坝居民点）

较场坝东五街（原较场坝居民点）　　较场坝西一街（原较场坝居民点）

较场坝西二街（原较场坝居民点）　　点将台东一巷（原点将台居民点）

点将台东二巷（原点将台居民点）　　点将台西一巷（原点将台居民点）

点将台西二巷（原点将台居民点）　　点将台北一巷（原点将台居民点）

点将台北二巷（原点将台居民点）

27. 锐钯街街道办事处（原胜利中路街道办事处）

锐钯街	东升街	三圣街	红布正街	红布横街
磨房街	月城街	北城街	南纱帽街	南马道街
油篓街	清安街	珠市街	北马道街	南糠市街
西糠市街	北糠市街	红石柱横街	东锦江街	群力巷
坛罐窑巷	义学巷	东大街（原胜利中路一段）		

下东大街（原胜利中路一段）　　金河边街（原御河边街）

大草院巷（原大草院坝）　　　　小草院巷（原小草院坝）

崇德里（原崇德前、后里）

28. 跳伞塔街道办事处

人民南路四段	一环路南二段	一环路南三段	小天二路	小天三路
小天四路	小天五路	小天六路	小天七路	小天八路
小天九路	小天二巷	小天三巷	小天四巷	小天五巷
小天六巷	小天七巷	小天八巷	小天九巷	

29. 跳蹬河街道办事处

跳蹬河路（原跳蹬河）	跳蹬河南路	跳蹬河北路
槐树店路（原槐树店）	沙板桥路（原沙板桥）	多宝寺路（原多宝寺）
多宝寺南路	崔家店路（原崔家店）	崔家店南路
崔家店北一路	崔家店北二路	新鸿南支路
新鸿北支路	二环路东三段	万年场上街（原万年场）

万年场下街（原万年场）

二、西城区

1. 人民北路街道办事处

金华街	万福街	成华街	成华西街	成华南街
上河坝街	后河边街	任家湾街	新村河边街	北较场后街
西北桥边街	万担仓路	皂角巷	城隍巷	长春巷

金华巷	成华巷	白马巷	白马前巷	白马一巷
白马二巷	白马三巷	白马四巷	白马后巷	火巷子
城华北巷	白马寺街（原白马寺）			

大南海巷（原大南海）　花圃路（与解放路街道办事处分管）

花圃北路　人民北路一段（原人民北路二段）

2. 上汪家拐街街道办事处

君平街	西都街	柳荫街	城边街	陕西街
横陕西街	文庙前街	文庙后街	文庙西街	上池正街
上池北街	羊皮坝街	上汪家拐街	半边桥南街	南城塘坎街

人民南路一段（原人民南路一、二段，与祠堂街街道办事处分管）

外南人民路	相友巷	落酱园巷	观音巷	仁义巷
忠孝巷	南灯巷	孟家巷	轿铺巷	石室巷
小巷子	水巷子	百花新村	鸿雁路（原火巷子）	

君平巷（原火巷子）

3. 乡农市街街道办事处

金鱼街	互利正街	互利横街	沙湾正街	前进路
平福路	江源巷	交通巷	南薰街	新一巷
水井街	王家巷	西林巷	黎家巷	都司巷
丁家巷	永安巷	松如巷	文家巷	向家巷
林巷子	泰安里	马河湾	前沙湾	后沙湾
协和村	金鱼村	互利西二村	铁路新村	乡农市后街

乡农市街（原红光西路一段）　　　　花牌坊街（原红光中路二段）

犀角河街（原红光西路一段）　　　　明星巷（原明星寺谢家院坝）

一环路西三段（与西安路街道办事处分管）

一环路北一段（与北巷子街道办事处分管）

4. 火车站街道办事处

北站东一路	北站东二路	北站西一路	北站西二路
北站西一巷	北站西二巷	北站西三巷	杨柳村

西北桥北街（原西四街）　　　　荷花池路（原荷花池）

木综巷（原西北村）　　　　肖家村一巷（原肖家村）

肖家村二巷（原肖家村）　　　　肖家村三巷（原肖家村）

肖家村四巷（原肖家村）　　　　人民北路二段（原人民北路一段）

一环路北二段（与人民北路街道办事处分管）

二环路北一段（与驷马桥街道办事处分管）

5. 北大街街道办事处

新开寺街	下河坝街	北月城街	东珠市街	西珠市街
灶君庙街	北东街	酱园公所街	鼓楼北四街	通顺桥街
卫民巷	东马道街	西马道街（与白家塘街街道办事处分管）		

北大街（原解放中路一段）　草市街（原解放中路一段）

6. 北巷子街道办事处

金仙桥上街	金仙桥下街	王爷庙街	石笋街	西体路
西体北路	通院路	新华西路三段	南巷子	北巷子
杀猪巷	筒车巷	西坛神巷	卧牛巷	通锦村
世外村	殷家沟	席草田	劳动人民第二新村	

西月城街（原红光东路一段）　　　　石灰街（原红光中路一段）

饮马河上街（原饮马河）　　　　饮马河下街（原饮马河）

通锦路（包括原铁路新村37—60幢）

7. 白家塘街街道办事处

白云寺街	头福街	珠宝街	文殊院街	五岳宫街
金马街	红石柱街	楞伽庵街	白家塘街	银丝街
金丝街	正府街	北打铜街	东打铜街	线香街

西玉龙街　　　天成街　　　　福善巷　　　　文殊院巷　　　　同福巷

大福建营巷　小福建营巷　福安街　　　　照壁巷　　　　安全巷

新华东路四段 大井巷　　　鸡市巷　　　　玉带桥街（原解放中路三段）

白下路　　　人民中路二段（原人民中路一段）

人民中路三段（原人民中路一段）

8. 东通顺街街道办事处

正通顺街　　　东通顺街　　　横通顺街　　　北通顺街　　　喇嘛寺街

玉泉街　　　　铜丝街　　　　帘官公所街　　兴禅寺街　　　方正街

方正东街　　　福德街　　　　育婴堂街　　　北书院街　　　鎏华寺街

马镇街　　　　小关庙街　　　小关庙后街　　东城拐街　　　拐枣树街

狮马路　　　　石马巷　　　　狮子巷　　　　七家巷　　　　内北巷子

仁寿里　　　　富德里　　　　新华东路二段

9. 西安路街道办事处

十二桥街　　　金沙桥街　　　西屠场街　　　抚琴台街　　　观音阁前街

观音阁后街　　二道桥街　　　三洞桥街　　　新罗路　　　　西安南路

西安中路　　　西安北路　　　冰岛路　　　　枣子巷　　　　西安南路一巷

西安南路二巷　　西安中路一巷　　西安中路二巷　　西安中路三巷

西安中路四巷　　西安中路五巷　　西安中路六巷　　西安中路七巷

西安中路八巷　　西安北路一巷　　西安北路二巷　　西安北路三巷

劳动人民新一村

10. 西御河沿街街道办事处

西御河沿街　　　东御河沿街　　　羊市街　　　　上升街　　　　大红土地庙街

东御河街　　　马道街　　　　寿安街　　　　平安桥街　　　大树拐街

金家坝街　　　西华门街　　　西皇城边街　　西御河边街　　字库街

东垣街　　　　横金家坝街　　五福街　　　　人寿巷　　　　平安巷

林家巷　　　　里仁巷　　　　东二巷　　　　西二巷　　　　九思巷

羊市巷　　　鹦哥巷　　　五福巷　　　东城根中街　　　人民西路

人民中路一段（原人民中路二、三段，与白家塘街街道办事处分管）

东城根下街　　老东城根街（原东城根下街）

横东城根街（原东二道街1—28号）

11. 青羊正街街道办事处

青羊正街　　　青羊后街　　　青羊横街　　　西城边街　　　望仙场街

百花东路　　　百花西路　　　浣花南路　　　浣花北路　　　一环路西二段

青羊正街右巷 铁匠巷　　　百花村　　　　草堂路

草堂东路（原瘟祖庙街）　　光华村街（原光华村）

青华路（原成温公路）

12. 驷马桥街道办事处

驷马桥街　　　洪山路　　　田家巷　　　平福巷

横桥街（原横桥子街）

解放路一段（原解放北路一段、解放北路二段部分）

13. 忠烈祠西街街道办事处

忠烈祠西街　　梵音寺街　　鼓楼北一街　　鼓楼北二街　　鼓楼北三街

忠烈祠东街　　忠烈祠南街　　忠烈祠北街　　红庙子街　　　内姜街

童子街　　　　马王庙街　　　康庄街　　　　梓潼街　　　　升平街

白丝街　　　　忠烈祠坝街　　新华东路三段 光明巷　　　　二巷子

文明巷　　　　锣锅巷（原解放中路二段）

14. 祠堂街街道办事处

将军街　　　　东城根南街　　西顺河街　　　半边桥北街　　永兴街

永靖街　　　　小南街　　　　横小南街　　　方池街　　　　小河街

蜀华街　　　　小西巷　　　　牌坊巷　　　　包家巷　　　　后包家巷

祠堂街（原胜利西路二段）　　西御街（原胜利西路二段）

15. 浆洗街街道办事处

浆洗上街（包括原解放南路1—15号、2—66号）

浆洗中街	浆洗下街	浆洗后街	洗面桥上街	洗面桥下街

洗面桥横街（原洗面桥下街1—17号） 肥猪市街 肥猪市横街

染靛街	倒桑树街	凉水井街	体院路	农村一路
农村二路	农村三路	农村四路	农村五路	农村六路
一环路南一段	一环路西一段	农村巷	桓侯巷	杀牛巷
大通巷	利民巷	元通巷	清洁巷	建国巷
建国一村	建国二村	新民村	朴家村	民主一村
民主二村	新华村	青龙村	樊家堰	槽营坝

周家碾　　武侯祠大街（原解放南路）　桓新巷（原桓侯巷新村）

珠宝巷（原烧房巷、杀牛巷）

16. 斌升街街道办事处

斌升街	东胜街	西胜街	仁厚街	商业街
实业街	支机石街	泡桐树街	东城根街	西城根街
商业后街	下同仁路	桂花巷	多子巷	柿子巷
宽巷子	井巷子	窄巷子	民生里	长顺上街

长顺中街（与黄瓦街街道办事处分管）　金河街（原胜利西路三段）

栅子街（与黄瓦街街道办事处分管）　通惠门街（原胜利西路三段）

17. 黄瓦街街道办事处

长发街	过街楼街	横过街楼街	东门街	槐树街
西二道街	东二道街	东马棚街	西马棚街	三道街
四道街	横四道街	吉祥街	长顺下街	奎星楼街
黄瓦街	上同仁路	中同仁路	同仁路（原同仁巷）	
红墙巷	焦家巷	小通巷	竹叶巷	西半节巷

上半节巷

18. 曹家巷街道办事处

马鞍东路	马鞍西路	马鞍北路	外曹家巷	内曹家巷
曹家巷工人村	曹家巷一街坊	曹家巷二街坊	曹家巷三街坊	

19. 新华西路街道办事处

王家塘街	千祥街	西府南街	西府北街	宁夏街
铁箍井街	灯笼街	小北街	署前街	西城角边街
昆明路	洛阳路	树德巷	青龙巷	西城巷
王家塘巷	灯笼巷	共和里	树德里	庆宪村

新华西路二段　西大街（原红光东路二段）　八宝街（原红光东路一段）

青龙街（原红光东路一段，与白家塘街街道办事处分管）

新华西路一段（与白家塘街街道办事处分管）

守经街（包括原大光街）　　　　　　西城角巷（原西城角）

羊市北巷（原羊市巷28号）

20. 鼓楼南街街道办事处

鼓楼洞街	鼓楼南街	古中市街	上翔街	太平街
玉石街	小红土地庙街	兴隆街	大墙东街	大墙西街
三桂前街	三桂中街	三桂后街	永安街	炮厂坝街
中山街	体育场路	建业里	三多里	亲仁里

提督街（原东风路一段）　　上西顺城街（原解放中路四段）

中西顺城街（原解放中路四段）

21. 解放路街道办事处

爱民路	先锋路	一水巷	二水巷	铲布巷
顺沙巷	红花巷	簸箕巷	绳溪巷	张家巷
马鞍山	红花村	一环路北四段	互助路（包括原三道龙门）	

解放路二段（原解放北路二段）　　城隍东巷（原城隍巷1—59号）

一环路北三段（与火车站、人民北路街道办事处分管）

杂考篇

　　成都一名，早在《山海经》中即已著录。近人每受疑古思潮影响，将《山海经》定在战国时期，大悖古人一致推崇为"禹益之书"的说法。观此书中所有地名，晋代郭璞作注时仅能辨别三分之一；而现存战国诸子书以及《国语》《左传》等史籍，其中地名识别绝无此种现象。客观上已足证书中记载内容，远远早于战国。此外，书中诸多观念，如对各种生物之描述以及所录神话、巫术表现，前后汉史家司马迁、班固皆十分骇异，乃至不敢转述。若此书果出自战国，与马、班相去不过五六百年，文化观念何至如此悬殊？故《山海经》必为早于商代之遗书，当自不待言。今考证古蜀史者，多依傍之以为实录。书中材料之文化意义，已为更多学人所接受。

　　自 1986 年广汉三星堆发现两大器物坑，出土众多金、铜、玉质的精美礼器，使全球对成都平原之晚商古国，刮目相看。随后，岷江两岸又相继发现四千余年前古城址不下7处。成都西郊磨底河流域，2001年以来又发现金沙文化遗址，上承三星堆文化，下启望丛蜀国之绪。由此更足以说明，成都史迹极其古远，早已超出以往学术界已知之外。

20世纪下半叶以来，成都城区先后有多次重要考古发现，其最著者有羊子山土台、十二桥商代木结构干栏式建筑、商业街战国大型船棺群以及城区各地出土铜器上众多战国时巴蜀图符（或云文字）等。众多考古文物，已使古蜀史册记载的缺失，得到相应弥补。

进入有文字历史之时代，成都古迹往往在文献中多有著录，甚至传为佳话。本篇除补叙成都重大考古发现外，兼以文献所载古迹，证述各个历史时期和城市风貌，并在考证中，特别注意以下各点：

一、选择重要坐标点，以推测各种古迹方位。本市最重要之坐标点有五。一为武担山，二为惠陵。后者为蜀汉至今未变之古迹。前代文献多谓惠陵距某地若干里，故可以惠陵为坐标点，推测某遗址在今何处。三为今天府广场电讯大楼。建楼时其地掘得石狮，或谓此地即唐代狮子门，亦即节度使署前门所在。由秦至五代重要官署宫殿，均与唐节署同在一地。四为合水尾，即今安顺桥稍东两江合流处，据此可以确定古合江亭、合江园遗址。五为今正府街，宋代以后，成都府、成都县衙均在此一带。由宋迄清各种文献记载某地方位、距离，皆以此为起算点。

二、成都城垣及水道历有变更，宋末至清初，两遭兵燹，破坏极大。其后名胜古迹往往用原名易地重建，如碧鸡坊有二，玉局观有四。故考述时不应将同名异地者强合为一，以免混淆。

三、考述古迹时不仅应据地志与方志，更应以正史为准。例如《太平寰宇记》引《周地图记》，谓奉萧道成之命建先主祠者为益州刺史傅覃；但证以《南齐书》应是傅琰。宋以后各种文献皆据《太平寰宇记》误说，本篇此处以《南齐书》为准。

四、由于方志有时因夸耀古迹，往往对早已不存之物，仍加著录。乍看，似觉修志时尚存，其实实物早已不存；或其物虽存，形状已变，而志书仍记其原貌，故与实际不符。如五块石，据明嘉靖《四川总志》载，为五石分列地面，乃昔日相叠垒之五石倾圮之形，而明天启《成都府志》图仍据古籍绘为相叠之形。

五、对方志考述不详之处，或者有意将邻境古迹纳入本地等情况，本篇则按实事求是之精神，不从其说。

六、对于后世附会假托之古迹，均系根据各个时代不同之文献，互相参校，以窥见其演变之经过。例如洗马池（子龙塘），清康熙以前各种文献均未提及，清嘉庆《四川通志》但称相传为赵云故宅遗址；次年所修《华阳县志》，则进一步加以肯定。类似情况，均逐一叙述，以见原委。

本篇所列名胜古迹，以曹学佺《蜀中广记·名胜记》为依据，而稍有增损。

第一章　重大考古发现

第一节　金沙遗址^①

2001 年 2 月，成都西郊青羊区金沙村修建蜀风花园城大街，在开挖排水道时发现大量器物与象牙。经成都市考古队正式发掘，初步发现各类文物一千三百余件，有些器形或纹饰，与广汉三星堆器坑出土文物相似。经专家考证，金沙遗址时代当在商代晚期至西周早期，与三星堆文化时代相接。这表明三千多年前的古蜀人，已在成都市区范围内进行建设和开发。

经此后数年科学发掘得知，金沙遗址范围北至蜀汉路、西至三环路、南至清江路、东至青羊大道，面积达四平方公里以上，应是平原中心一大都邑。

遗址中心现有磨底河自西向东穿过。其南北两部为古蜀人居住区，发现房址多处，朝向基本上为西北—东南，与地面倾斜走向一致，亦顺应水流方向。房屋结构为木骨泥墙，屋顶盖草。最大房屋宽近八米。居住区周围有大量灰坑。另有储藏物品之窖穴；亦有极其简单之小陶窑，烧制陶器。

遗址中部近磨底河处，发现数处墓地，当为墓葬区。随葬器物甚少，有些墓穴全无殉葬器件，可见当时蜀人对身后事并不重视。此区附近又有祭祀区，发现大量器物，在一处约三百平方米范围内，堆积有大量野猪獠牙、鹿角等物，以象牙堆积坑最为惊人。在一已遭破坏之象牙坑内，即有象牙近一百根，长者达一米五，坑内同时埋有四川年代最早之漆器。

---

① 此节金沙遗址资料，俱采用成都市考古研究所等编著《金沙淘珍——成都金沙村遗址出土文物》，文物出版社 2002 年版；成都市文物考古研究所编著：《金沙考古发现：走进古蜀都邑金沙村》，四川文艺出版社 2006 年版。

遗址出土器物多小巧精致。金器中有一直径十二点五厘米之圆形金饰，中心镂空并有十二条涡状牙纹，象征太阳光芒；四周镂有四只翔鸟。故称"四鸟绕日金饰"，习称太阳神鸟徽记。其艺术之精湛，叹为观止。后来不仅成都市用之为市徽，且被国家文物局定为中国文化遗产标志。

金带饰中，以环成直径二十厘米左右之箭射鱼鸟金冠带最为重要，足证金沙文化与三星堆文化为同一体系。因其上所刻四组人头像及箭穿鱼鸟图纹，与三星堆一号坑所出金杖上所刻，全然相似；另有两件长近二十二厘米之金带，上刻图纹皆为相背的两条长鼻白鼳，可证器物主人，当与长江中下游文明有所联系。

在四百七十件铜器中，有一高近十五厘米之青铜立人，手形与三星堆二号坑大铜立人极为相似。此铜人冠上的漩涡状牙，亦象征太阳光芒。脑后垂有一股辫发。其双手上抬，左右手指皆圈作圆环，似有某种巫术含义，推测为具有宗教权力之上层贵族。

铜器中之有领璧形器，上刻三只飞鸟，与四鸟绕日金饰图案一致，亦当为崇日性质。

五百三十五件玉器中，有一通高二十二点三厘米的十节玉琮，与浙江良渚

太阳冠铜立人图

文化同类器物完全相似，可证古蜀与吴越文化亦有关联。类似玉琮尚有多件，唯尺寸略小。其余戈、圭、璋之类较多，且有一长三十厘米之梯形玉牌，有缘有槽，不知为何物，亦从未见他处有出土者。另有三厘米大小之淡绿玉贝，镂刻甚为精美。

二百二十三件石器中，有虎、蛇、龟等造型；而八件石跪人，则更为形象生动。其高度均在二十厘米左右，发式特殊，有两股辫发垂于脑后，顶上则张开成书页状，双手反缚于背后，表情愁惧，故当为替代人牲之奴隶或俘虏写照。此类石跪人，广汉三星堆遗址及成都方池街遗址中曾出土过。时代

石跪人像（金沙遗址出土）

多为商末周初。

2006 年 6 月，国务院将金沙遗址列为第六批全国重点文物保护单位予以公布。

第二节　羊子山土台与十二桥文化

成都北门外驷马桥北一公里处有一直径一百四十米、高约十米之土丘，名为羊子山，其西北有凤凰河蜿蜒南去而入沙河。1953 年起，砖厂即于此土丘挖土烧砖。至 1956 年初，此丘已残高七米五，面积缩为四十平方米左右。当时砖厂取土时忽现一段石璧。经考古人员正式发掘，发现为有规则之夯层，乃断定此丘原为上古方形土台，方位为西北五十四度。土台中心三十一点六米见方，乃用砖坯砌成围墙，层层夯土，层层上收。推测此台共有三级，每级高约四米，则台高约十二米，台坡倾斜长度约五十五点五米。多数学者认为，土台始建当在商末，其废置年代在秦代。土台性质多认为乃上古祭坛，用以沟通天人。然此后土丘并未加以保护，很快挖尽，土台今已无存。

1985 年 12 月，在市政建设中发现成都通惠门西郊河西岸、十二桥西侧，有一商代建筑遗存。经此后两年两次正式发掘，揭露面积一千八百平方米，发现有洪水冲塌之大量木结构房屋构件，其中有未经加工、且带树皮之圆木，亦有经过加工之方木及木板，并残存有竹笆、茅草等遗物。方木两端皆有榫接痕迹。故知原先此处为一居住区或大型聚落，因处于水泽较多之地，须先打密集木桩，在其上榫接或绑扎地梁，再铺支架圆木及木板为房底，周边立柱

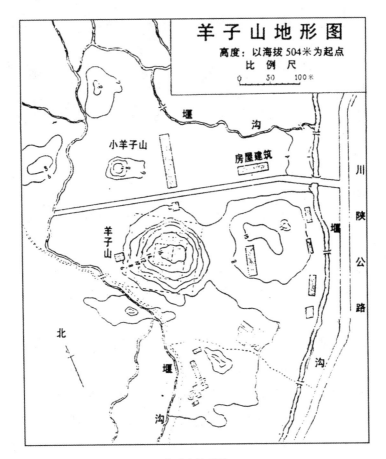

羊子山地形图

羊子山土台示意图

为墙骨，扎竹笆涂泥而成墙垣，在柱顶榫接加梁，形成具有一定层高之建筑，习称"干栏"。若将众多建筑加以恢复，则可发现此类房屋高度不下三米，且其中有开间十二米之大屋，或为当时之宫殿。

考古人士推测，当初此处聚落，已是人口集中之经济文化中心，则其社会已进入较为先进之阶段。因 20 世纪 80 年代条件所限，尚难以将此商代建筑群依原貌恢复而建博物馆供参观、研究，遂于原址复土填埋，其地作市考古研究所用房，不建楼房，待今后有条件时，再作恢复之计。

自羊子山至十二桥，地形为一呈东北—西南向月牙形冈垅状台地，为民众聚居之区。在此区域内的抚琴小区、青羊小区、新一村、中医学院、西安路、横小南街、方池街、君平街、指挥街、岷山饭店等处，先后发掘出大批文化遗存。石器有石璧、石斧，陶器有高柄豆、小平底罐、鸟头柄勺、尖底罐等。以此为代表的文化遗存被命名为"十二桥文化"。它上承三星堆文化，下延至春秋前期。2001 年 6 月，国务院将十二桥遗址列为第五批全国重点文物保护单位予以公布。

第三节　商业街大型船棺群

2000 年 7 月，位于商业街的中共四川省委机关食堂拟重建，挖基时发现大型船棺群。经考古人员全面发掘，得知其地当为战国早期一长约三十米、宽约二十米之竖穴合葬墓坑，其中有船棺及独木棺十七具，最大一具长十八点八米、直径一点七米，另有三具亦属巨棺。所有棺木，皆为楠木整体刳凿而成，棺下垫有约十五排枕木；因众棺早已被盗，除六具保存相对完好外，其余棺木上均留有盗洞。故推测此大墓若未遭破坏，则葬具当超过三十具。除古蜀王陵外，恐民间绝无如此规模。四川各地发现众多春秋至秦代船棺，早期多半体形单薄，形如独木舟；中期则船棺两舷加高，两端齐平，上有棺盖；晚期船棺端部尖削上翘。商业街棺木两端平整，底部亦经过整修，棺盖为整木从中锯开，剖面光平，未见斧削痕迹，故当时应有铁制锯器。船棺四周涂有青泥以防腐，实已较为先进，当属晚期葬具。因此设想其当为蜀开明王朝时代陵寝。

船棺中出土漆器较多，包括耳杯、几案、瑟、编钟基座及木梳等，工艺颇为精美，为四川地区同期漆器中之罕见者。由此推测，应属宫廷用品。此外，尚有青铜兵器、工具、陶器、竹木器等。

基坑之南，发现有方木榫接成矩形框架，东西长约十五米，南北宽约七点五米。其东西两侧又有类似边厢，疑与古代陵寝"前朝后寝"有关。因遗址为现代街区，居宅密集，难以扩大发掘，此陵寝总体范围及其形制，仍属扑朔迷离。

2001年6月，商业街古蜀船棺合葬墓被国务院列为第五批全国重点文物保护单位予以公布。

第二章　古蜀遗踪

第一节　武担山与石镜

成都城西北隅之武担山、石镜及五丁担之有关记载，皆见于《华阳国志·蜀志》：武都有一丈夫，化为美女，蜀王（开明）纳以为妃，因不习水土而死。蜀王因遣五丁往武都担土，为妃作冢。又云此冢"盖地数亩，高七丈，上有石镜"。今此土阜犹在，土质与成都之土不同，历时过久，屡经侵削，山阜体积日小，高度不及二十五米。关于此土阜故事当然为上古传说；但成都地势平坦，突兀此一高耸土阜，亦当可疑。又据宋罗泌《路史》，梁武陵王萧纪曾发掘得玉石棺，中有美女如生，掩之而建寺其上。可见此山在六朝、唐、宋时皆有僧寺，名武担山寺，亦名咒土寺，为当时名胜。山为椭圆形，中有鞍陷，东西凸出。此二凸出之处，亦名东台、西台。唐人段文昌有《五担西台诗》，宋人陆游亦有"东台西台雪正晴"之句。元、明以后，已无僧寺，唯土阜尚存。

石镜传在此山西台院暑雪轩中，又名蜀镜。《路史》及《太平寰宇记》卷七十二与宋祁《蜀事补亡·武担》诗，皆有记载。《路史》云"镜周三丈五尺"，则其直径在一丈以上。《太平寰宇记》云："厚五寸，径五尺，莹澈可鉴。"依据实际情况，当以《太平寰宇记》所言为是。唐人苏颋《武担山寺》诗，杜甫《石镜》诗，皆将石镜之平坦圆滑，比之为月轮，而薛涛诗则比为妆镜。此石圆形光洁，半埋土中，似为人工琢磨之墓石。后经掘出，系一腰鼓形之大石，因埋于土中，仅露顶部圆形，故后代遂误为石镜（墓前或墓顶立石，系古蜀遗俗）。抗战中，陆军军官学校改武担山街为洛阳路，新建瞭望塔于山顶。石镜为塔基所埋,不能复见。

另与此山相关者为二石。据《华阳国志》所述古时神话,蜀国力士五丁挑土之担,亦为巨石所制,后折断,一在武担山,一在城北毗桥。此武丁担之石,已毁于公孙述时。毗桥之石,据《太平寰宇记》卷七十二云宋代犹存,但今俱已不存。

第二节　石　笋

本馆已故馆员李思纯《石笋》一文谓,石笋初见于《华阳国志》,谓为开明时代蜀王墓上物,长三丈,重千钧。五代时杜光庭《石笋记》则谓只高丈余。陆游《老学庵笔记》卷五也曾提到石笋,足见南宋时尚在。元人费著《蜀名画记》谓孟昶应荆南高氏(当是高从诲或高保融)之请,命画师画双石笋以贻之。元代以后,石笋不见于记载,或谓已颓圮于护城河中,数十年前水枯犹可见。又有人谓石笋尚存于某家后园,而未能实指其处。清陶澍《蜀輶日记》云:石笋即支机石。其言实不可信。成都平原系少石地区,似此高大石笋,自系古蜀时从他处运来置于墓上者。此为一种大石文化之遗迹。

石笋街(指今成都市老西门外之石笋街)即石笋所在地。此街得名甚早,刘禹锡《新修福成寺记》已著其名。其后又见于陆游《剑南诗稿》与元代所修《宋史·丁黼列传》。此街亦即《华阳国志》所言之笋里。杜甫《石笋行》序谓在少城西之金容坊。石笋街之名,沿用至今未改。

考石笋为古蜀遗物。据徐中舒《巴蜀文化初论》及《巴蜀文化续论》言,古蜀势力最早奄有今全川及湖北部分地区,其后巴人崛起,蜀人乃西退至今川西、川南,故四川各地均有石笋。如陆游《入蜀记》所言,夔州白帝庙有三石笋。《蜀中广记·名胜记》谓忠州"巴台下江中,有石圆光如镜,旁有五石笋簇之"。成都石笋街之石笋,不过千百中之一耳。杜甫《石笋行》谓"益州城西门,陌上石笋双高蹲",自注"高丈余"。当时尚未扩建罗城,而隋杨秀所筑新少城又尚在,则杜甫所见者,当在新少城之西。刘禹锡《福成寺记》所言"益州石门街大逵坦然,西驰曰石笋街",与杜所言方位同。杜光庭《石笋记》谓石笋在子城西通衢,高丈余。当时罗城已经扩建,子城即原有之秦城。二杜所记方位相近，又均言笋高丈余，挺然耸峭，则光庭所见，即老杜所咏者，实应在罗城之内。北宋乐史《太平寰宇记》卷七十二又谓"武担山俗曰石笋"。疑乐史撰志时，杜光庭所见石笋或已不存，故有此误解。成都城西北隅本有地角石，王均与宋军作战时，石被战火所毁，《石笋行》所咏之笋是否亦有同样遭遇？陆游《老学庵笔记》卷五曰："成都石笋其状与石笋不类，乃垒数石成之。"是则陆放翁所见，与二杜所言"挺然耸峭"者，绝非一物，惜放翁未言笋之所在。又据《宋史·丁黼列传》："领兵夜出城南迎战，至石笋街兵败。"此为南宋末年之事，则南宋人所言石笋及石笋街，实在罗城城外，与二杜所记方位完全不同。可能古蜀墓葬不止一处；尽管老杜所见之笋确实已毁，亦可别指一笋以当之。南宋之石笋街，即今老西门外之石笋街。明何宇度《益部谈资》谓笋已不存。明天启《成都府志·艺文》载杨维淳《石笋》诗云"我来访遗迹，渺茫怅风浦"，亦为石笋不存之证，故疑此笋毁于南宋末年蒙古军攻城时，或被碎为炮石。天启《成都府志·古迹》、嘉靖《四川总志·古迹》、清康熙《成都府志》《读史方舆纪要》卷六十七及宣统元年印行之《成都通览》第一辑，均谓石笋在府城西门外，乃追述古迹。又，陈世松《成都石笋的下落》（载《社会科学研究》1980 年 6 期）谓石笋在今石笋街与西屠场街交界之居民住宅前水井内，实为残存根部。后人于此凿井，笋根成为井之边壁。陈氏曾实地考察，所言自属可信。至于民国《华阳县志》谓石笋当在城南者，乃是有意将古文物移至华阳县境，实不足信。

第三节　天涯石、地角石、天牙石

故籍所记有成都天涯石、地角石及天牙石，大都为民间相传，多神奇之说。宋朱秉器《漫记》谓天涯石在"蜀城东隅，高二丈，厚仅半尺，瘗根土中，曳之皆摇摇可引，撼之则根不可穷。地角石在罗城内西北角，高三尺余。王均之难，为守城者所坏（当时之炮即发石机，毁石作炮弹），今不复存矣"。明人陆深《蜀都杂抄》："天涯石在城东门内宝光寺之侧，有亭覆之。"宋人张世南《游宦纪闻》："在成都闻有天涯石、地角石。暇时及阅图书，乃知天涯石在中兴寺。又有天牙石，在大东门，对昭觉院，高六七尺。有庙，在市人汤家园。地角石旧有庙，在罗城西北角，王均之乱，为守城者所坏，今不存矣。"明末清初谈迁《枣林杂俎》卷下："成都有天涯、海角二石。天涯石在中兴寺，故老传云：人坐其上则脚肿不能行，至今人不敢践履。海角石在罗城内西北隅角，高三尺，有庙，今不存。"所谓海角石，当即地角石，明人著作不过追记往事。嘉靖《四川总志·古迹》及天启《成都府志·古迹》但记有"天牙石"之名，均曰在"府治（即成都府署，在今正府街）东"。此石至今尚存，在天涯石小学旁街沿建亭以护。又民国《温江县志·杂识》谓温江"旧有天涯石，清初毁"。足见天涯石不仅成都有之，温江亦有，但均应为古蜀国墓石。

第四节　支机石

支机石现存成都文化公园内，高不足两米，为不规整之方柱形，一面有圆锥形浅窝，一棱有长方形凿痕，乃 1958 年由城内移来。郑德坤《四川古代文化史》第三章《大石文化遗迹》："成都现存的武担山的石担（即石镜，石担不在墓上）、支机石、五块石，应当也是蜀的遗迹。"徐中舒《巴蜀文化初论》征引郑说，足见此石亦古蜀国墓上之物。细察石质，不类成都东郊一带之红砂石，当是自外县运来者。傅崇榘《成都通览·古迹》称"亦当年之陨星也"，实属臆测之论，不足为据。

此石经后人逐步神化，遂失去本来面目。现据各种文献，钩稽探索，简述其演变过程于后：

一、张华《博物志》言：张骞奉命探求黄河源，遂得见织女星。此为最先将张骞与织女星牵连在一处者。杜甫《有感》诗"乘槎断消息，无处觅张骞"，即是据《博物志》而发为歌咏者。

二、既将张骞与织女星牵连在一处，遂进一步构为织女将支机石赠予张骞之说。而严君平又早已被后人点缀为神仙式人物，则再进一步谓石已转入君平手中。故岑参《卜肆》诗："君平曾卖卜，卜肆著已久。至今杖头钱，时时地上有。不知支机石，还在人间否？"据此诗可见唐时已有此传说，唯尚未构成君平得石之详细经过。再观岑诗，岑参虽咏此石在君平卜肆，然恐并未见到实物。

三、唐代晚于岑参之赵璘所撰《因话录》："今成都严真观有一石，俗呼为支机石，皆目云：当时君平留之。"足证唐时建于卜肆遗址之严真观内，已出现所谓支机石。此石至宋尚存，故宋祁《成都》诗谓"云藏海客星间石"，自注"成都有一石，人传严君平所辨星石，今在严真观"。宋祁《蜀事补亡诗·严真》谓"支机石在年年长"，是彼又确信在严真观中者即支机石。然宋人习见之另一种支机石，则为方二寸之小石，用以垫尸床者，且笑成都人指某巨石为支机石者为妄说。如朱秉器《漫记》云："元丰末，有人以昭陵玉匣《兰亭》与支机石赍入京师。王钦若谓曾亲见。支机石方二寸，不圆，微剢……余在成都见西城石犀寺后严真观故址废圃墙隅有石，粗如砂砾，高六七尺许，围如柱础。蜀人相传为支机石，尤可笑也。"是则名为支机石者，有大小迥然不同之二物。至于成都支机石，由宋至1958年以前均在今支机石街西面空地，亦即在古严真观遗址上。明、清各种志书均有记载。明《天启成都府治图》及清光绪时成都街道图均绘有此石。

四、支机石虽被神化，然描绘为威严而不可侵犯之物，则自杜光庭《道教灵验记》始。其言为："太尉敦煌公好奇尚异，令工人镌取支机一片欲为器用，椎凿之际，忽若风雾坠于石侧，如此者三。公知其灵物，乃已之。至今所刻之痕在焉。复令穿掘其下，则风雷震惊，咫尺皆暗，遂不敢犯。"[1]

五、其实，此痕与圆窝可能由别种原因所造成，可从古代武器中得到启示。《说文解字》："旝，建大木，置石其上，发以机，以追敌也。"此种发石机，后人称为"炮"。西晋潘岳《闲居赋》中"炮交石雷骇"，即指此，唐宋时为常用之器。再观陆深《蜀都杂抄》："支机石……近土有一窝，傍刻支机石三篆文，似是唐人书迹。想曾横置，故刻字如之。"既曾横置，则必系于发石器上，有如系于井上桔槔一头之石，盖借此巨石之力，以抛出"炮"石者。所谓支机，乃支发石机。至于凿痕与圆窝，当是使用或移动时所造成，有如今武侯祠中三绝碑在前代曾经移动，其上亦有凿痕者然。因此可以假设，此一古蜀墓石，或被用于支垫发炮石机，因此得名。后遂成为置于严真观中之神物。

---

[1] 《蜀中广记·名胜记》。

六、明曹学佺《蜀中广记·人物记·严遵（君平）》中，引前人编造之张骞与严君平晤谈故事："初，博望侯张骞使大夏，穷河源，归舟中载一大石，以示君平。君平咄嗟良久曰：'去年八月有客星犯牛、女，意者其君乎？此织女支机石也。'博望侯曰：'然，吾穷河源至一处，见女子织锦，丈夫牵牛。吾问此何地？女子答曰：'此非人间也，何以到此？'因指一石曰：'吾以此石寄汝舟上，汝还以问蜀人严君平，必为汝道其详。'君平曰：'吾怪去年客星入牛、女，乃汝乘槎已到日月之旁矣。'遂相与诧异。"实则张骞卒于西汉元鼎四年（前113）。扬雄为严君平后辈，卒于天凤五年（18）[①]，年七十一岁。又据《华阳国志·先贤志》，君平卒时年九十岁，且言扬雄闻而悼惜。扬雄四十余岁乃至长安，又若干年君平方卒，则君平约长雄四十余岁。据此推算，君平出生时，张骞已殁多年，二人何能对语？

七、清同治《成都县志·艺文》载许儒龙《锦城器物小记》：此石既被目为神物，清代遂有人建小屋覆之，又有人向之焚香祭祷，且有老妪居此司香火。

总之，此一古蜀墓石，始则被用为发石机上之附属品，继又被利用为佐证神话故事之实物。其言虽不可信，但此一文物，仍应保护。盖古蜀遗物在成都者，现仅存此件与天涯石；历代以诗文歌述者，指不胜屈。故文化公园立栅以护之。至于石上所刻三字，则早已磨灭。现石前石碑，有新刻"支机石"三字，系移至文化公园后所刻，以乐游人者。

第五节　五块石

数十年前，有将成都民谣刻印出售者，首二句有云："一进东门天涯石，二出南门五块砖。"所谓五块砖在南门外之西，青羊宫之东南，武侯祠之西北，乃五块巨石。谓之"砖"者，意在免与首句末字同音耳。陆游《老学庵笔记》卷五谓：成都石笋乃垒数石而成。明《天启成都府治图》绘五石相叠若塔形，当是据何宇度《益部谈资》所言"岂即石笋年久倾断置此乎"一语，

---

① 参见《汉书·扬雄传》。

而摹效其未断前之形状。其实明嘉靖《四川总志·山川》已明言"五块石，府城南二里，石有五块，（各）高一丈"，足证嘉靖时已是五石平列地面，并非相叠若柱。前人记载五块石者，或虚构为神奇之说。明何宇度《益部谈资》："云石下有海眼。"又云："五丁所置，下有海眼。"明陆深《蜀都杂抄》："或云其下有一井，相传以为海眼。"明人王士性《入蜀记》曰："或云：其下海眼也，每人启之，风雨暴至。"

至于此石来历，则又各说不一。何宇度谓"五丁所置"；陆深谓"其南即汉昭烈陵，予疑是当时作陵时所余"；王士性则谓"不测所自始"。五丁乃神话中人，自不可信。谓为建刘备惠陵时余料，亦非确论。盖成都不产石，由别处运石，必先于产地剖之以便运输，而五块石皆未剖之巨块。是上述二说皆不足据。陆深在同书中又言"嘉定州之金银岗，亦有所谓五块石"。又据今人调查，成都外北亦曾有五块石遗迹。简阳、资阳亦有五块石。[①] 再者，东北哈尔滨附近亦有小地名曰五块石，虽石已不存，然必先有其物，乃有此名。又安岳城西亦有"五块石"，乃用人力将山顶石劈为五块，如盘中盛果实之状；城南有"金花山"，状亦如是，二者遥遥相对。由是观之，五块石分布甚广，非成都所特有。

《孟子》："域民不以封疆之界，固国不以山溪之险。"所谓封者，云梦出土《秦律》有言："盗徙封，赎耐（剃去鬓发之刑）。可（何）如为封？封即田千（阡）佰（陌）顷半（畔）封殴（也）。且非是而盗徙之，赎耐，可（何）重也？是不重。"又，《左传·隐公元年》及《周礼》皆记有掌封之封人，足见先秦时各国田间阡陌皆以封表其界，且有专人掌管。再观马王堆三号汉墓出土之西汉初年驻军地图于接近敌方处绘有"封"（如留封、昭封等）。《说文》言古文"封"之左部"圭"，"古文封省"，亦象垒石之形；则所谓封，或亦垒石而成。又霍去病败匈奴后，封狼居胥山而还。此皆足证边防要地立石为"封"。然成都并非边陲，自不需此。如为阡陌间之界标，则又不必用此巨石。

五块石又非古蜀王墓上物，因嘉定（今乐山）、资阳、安岳及东北皆有五

块石，其地均距古蜀国都城甚远，蜀王何至远葬于其地？纵为墓石，亦非王墓上物。

推想五块石或为古蜀人祭祀时之祭坛遗迹。现此石业已不存，今武侯祠西尚有以五块石名地者，其位于五块石遗址之南。清光绪五年、三十年及民国时所绘各种成都地图上，亦标有五块石位置，均可供研究者参考。

第六节　李冰石犀

李冰凿离堆建成都江堰后，曾立石人、石犀，作为观察水情之标志。民间传为神话，谓李冰与江神有约，又谓石犀可以镇水精，故石犀刻立一事必然存在。馆员李思纯遗著《石犀寺与石犀》一文考证说，成都有石犀寺，原址实在西胜街。石犀见唐代杜甫《石犀行》诗。据明曹学佺《蜀中名胜记》，石犀位置在寺之正殿左阶。从石犀位置所在，可以证知此地即为古成都少城西南的市桥门（石牛门）；又可证实西胜街之西，即唐末筑罗城前的内江故岸。石犀在清末犹存，高七八尺。其躯略大于常牛，首西向，风化后尚存轮廓。民国时省立第一中学设于斯地，拟改名为石犀中学，未果。抗战中，其地曾驻兵，利用犀身建台，升降旗帜。至1952年，石犀已剥落不成形，仅存顽石一堆。是时成都第二十八中学（今树德协进中学）兴建教室，石工乃改犀身为石条，以砌阶沿。

石犀寺在晋代名龙渊精舍，后名龙渊寺，唐名空慧寺，后改圣寿寺。因有石犀，故又习称石犀寺。陆游《老学庵笔记》卷五谓石犀状似牛，故后世又称为石牛寺。石犀表达民间一种平息水患之期盼，故杜甫《石犀行》云："蜀人矜夸一千载，泛溢不近张仪楼。"岑参《石犀》诗："江水初荡潏，蜀人几为鱼。向无尔石犀，安得有邑居。始知李太守，伯禹亦不如。"明嘉靖《四川总志·古迹》谓"石牛，在成都县邓艾庙南"，此庙在石犀寺北。天启《成都府志·祠庙》："圣寿寺……中有秦太守所凿石犀。今在殿前，俗呼为石牛寺。"清许儒龙《锦城古迹小记》云："旧藩司署旁有石牛寺……石牛在殿后……康熙五十七年（1718）创建满城界，以造营署……石牛隔后圃中。"所谓后圃，即新建右司衙门之后圃，右司所在地为右司胡同，民国时改名西胜街。清刘沅《成都石犀记》谓"在成都将军衙门内",又所作《石犀考》谓在将军署侧。其语皆不明晰,且又二说歧异。后人或据刘文,认为石犀在右司东方之将军衙门内。实则此两官署并不毗连,谓在将军衙门内者实误。兹特辨明。

至于所谓海眼即龙渊井,在石犀寺内。清康熙《成都府志·山川》:"龙渊井在圣寿寺大殿内。"建满城时迁寺,而井至民国时尚存。

民国2年(1913)于右司西方掘出一石犀。此石犀在今西胜街西侧近同仁路处,与原在石犀寺(故址在今成都树德协进中学)内者东西并列,则唐杜甫《石犀行》所言三犀得其二矣。

1973年11月修建天府广场东侧电信大楼长话机房时,发现地基深处埋一石兽。《成都城坊古迹考》初版记为:"解放后修建电讯大楼时,掘得一石狮,则(宣华)苑之瑞兽门当在斯。因石兽甚重,未能移出,而施工又甚迫促,乃留于原处,其上即为大楼基脚。"当时疑为石狮,而施工人员则疑为石象或石马。2010年10月,按城市规划拟拆除大楼修建大剧院,至2013年1月将石兽吊装出土,发现为红砂岩雕成之石犀,身长三米三,宽一米二,高一米七;重约八点五吨;腰背有沟,臀部浑圆,四肢粗壮,身上右侧刻有卷云纹,左侧有凿痕、磨刀痕。据考古地层学判断,石犀所处地层出土蜀汉瓦当和铺地砖,其处或为蜀汉宫廷,但在西晋时被毁。根据石犀造型古朴、刻纹粗犷判断,其制作年代上限可至秦汉时期。晋代后石犀沦于路旁之闲置物。

第三章　汉唐旧迹

第一节　古代集市

　　成都建城以后，即重视发展商贸事业，西部少城内，有盐铁市官及长丞。南部商区，"修整里阓，市张列肆"①。李冰所建成都七桥中有市桥，即位于西南集市区内。成都地区出土东汉画像砖中即有集市图影。晋左思《蜀都赋》描述市场之盛："市廛所会，万商之渊，列隧百重，罗肆巨千；贿货山积，纤丽星繁。"晋李特政权时期，童谣有"江桥头，阙下市"之语，集市当在江桥北头，市有门阙。故当时主要市场，在城南郫江、流江沿岸。汉代向南扩展，唐代南市又广于汉代。杜甫《春水生》诗："南市津头有船卖。"今西较场、宝云庵一带为前代集市区，后来又辟新南市，延至南门外锦江南岸。五代杜光庭《道教灵验记》："韦皋节制成都，于万里桥隔江创置新南市，发掘坟墓，开拓通街。水之南岸，人逾万户。"宋陆游诗中屡屡提及南市。

　　唐宋成都集市，每月俱有其重点，略与季节相应。元末明初陶宗仪《说郛》引唐宋《成都古今记》称：

正月灯市	二月花市	三月蚕市
四月锦市	五月扇市	六月香市
七月七宝市	八月桂市	九月药市
十月酒市	十一月梅市	十二月桃符市

---

① 《华阳国志·蜀志》。

宋黄休复《茅亭客话》云："每岁二月望日（十五日），于府治东大慈寺前鬻蚕器，谓之蚕市。"宋祝穆《方舆胜览》云：

> 成都，古蚕丛氏之国，其民重蚕事，故一岁之中，二月望日鬻花木、蚕器，号蚕市。五月鬻香、药，号药市。冬月鬻器用者，号七宝市。俱在大慈寺前。

宋代地方官多有咏蚕市诗，如田况蚕市诗题，即有《五日州南门》《九日大慈寺前》《二十二日圣寿寺前》，还有《重阳市州南门药市》诗，可见商贸集市设有多处。今人王文才考成都蚕市共有十处：圣寿寺、龙女祠、五门、严真观、大慈寺、宝历寺、青羊市、学射山、通真观、乾元观。元人费著《岁华纪丽谱》记宋代成都时尚："七月七日晚宴大慈寺设厅，暮登寺门楼，观锦江夜市。"

今人王文才《成都城坊考》述及成都南市、新南市以外，又有旧州市。南朝梁李膺《益州记》称"汉旧州市在（市）桥南"。既称旧市，则晋宋以来应当新设西市，应为宋吴师孟《导水记》所言少城西北大市桥之市。《北梦琐言》卷七谓勾孔目"家在成都西市"，《茅亭客话》卷四谓陈损之孙"住西市，造花为业"，皆可为证。又成都出土东汉画像砖，有一题为"北市"者，四面有门，门内纵横主道划为四区，区内各有店楼三列，共十二街，皆东西向。《道教灵验记》又言："成都景云观，旧在新北市内。节度使崔公置新市，迁于大西门之北。"《录异记》卷七亦云："新北市昺，景云观旧基"，可证成都并有新旧北市，在城市区西北。此外又有东市。《神仙感遇传》谓成都人杨初居于东市，又谓洛带人牟羽宾行至大东市北街。《茅亭客话》卷三提及"东市国清寺街""大东市有养病院"。

除十二月市以外，王文才考得文献中尚有米市。《茅亭客话》言及"成都南米市桥"，市在大城东南隅。又有炭市，见《太平广记》卷一百六十三引《王氏见闻录》。又有麻子市，陆游诗题有"昔在成都，正月七日圣寿寺麻子市，初春行乐处也"，诗句有"城南麻市试春行"。复有渔市，陆游《晚步江上》诗："万里桥边带夕阳，隔江渔市似清湘。"

诸市皆有固定日期，如蚕市期有正月五日（五门）、正月十五日、二月二日（宝历寺）、二月八日（大慈寺）、二月十三日（圣寿寺）、三月三日（龙兴观）、三月九日（大慈寺）、三月二十七日（龙女祠）等。四郊集市，另有会期，称为草市。唐陈谿《草市记》："昔武侯以蜀胜脆，故令邻邑，翌日为市。"此种短期集市，又称疡市。《青箱杂记》卷三："蜀有疡市，而间日一集，如疡疟之一发。"

根据前代集市遗迹，亦可窥见成都商业发展之轨迹，故对研究地方经济史不无小补。

第二节　严君平宅及卜肆

严君平本名庄遵，字君平（班固《汉书》为避帝讳改庄为严），西汉成都人，为扬雄之师，以易卜隐于市肆，著有《老子指归》。其故居在城西。梁《益州记》言："雁桥东，有严君平卜处。"五代《道教灵验记》谓："君平卜肆，即今成都小西门之北、福感寺南，严真观是也。有严君通仙井，《图经》谓之严仙井。及支机石存焉。"据《茅亭客话》卷五提及"延秋门内严真观前蚕市"，延秋门即小西门。宋祁《补亡》诗"金雁桥边台观存"，故宋代当有君平卜台。陆游《严君平卜台》诗注："台后有大井，名通仙井，相传君平所浚。"数说皆合。其地当在今君平街一带。

第三节　文翁石室与周公礼殿

今成都市南大街之西，为文庙前街，前街之北为文庙后街。文庙前街北侧西段，有成都市石室中学。清代之成都府文庙及锦江书院故址，现均在此校内；而此校所在为两千年前文翁石室之遗址。后人又建周公礼殿于其侧。

西汉景帝末年至武帝时，文翁为蜀郡守，选郡县小吏至长安学习；又修学官（学校）于成都市中，招下县子弟为学员，成为地方官府最早建立学校者之典范。文翁建校时以石为屋，后人称为"石室"，又名玉堂。文翁殁后，即于石室立像祭祀。东汉灵帝中平年间（184—189），学校失火焚毁，唯石室尚存。① 献帝时，蜀郡太守高朕重建石室，并筑礼殿以祀周公，此为礼殿之起源。时在兴平元年（194）。

西汉末，公孙述据蜀称帝，在成都立太学，当是以文翁所创之郡学升级而成。东汉时复为郡学。东汉益州刺史本治雒城（今广汉市雒城镇）。刘焉为益州牧，先治绵竹，后迁治成都，于是旧有之蜀郡学遂升为州学，而另建郡学于流江（今锦江）南岸。于是成都有州、郡两种学校。《华阳国志·蜀志》误谓"州夺郡文学为州学，郡乃于夷里桥南岸道东边起文学"，遂使后人误认为城内者非州学原址，亦即非文翁石室旧基。其实文翁及高朕所建者均在郫江之北，地在秦城南垣外。② 蜀汉时其又为太学所在地。《华阳国志·后贤志》谓文立"少游蜀太学"，是为蜀有太学之证。

三国钟会灭蜀汉时，用隶书在礼殿木柱上题字，追美文翁、高朕。字在南宋时犹存。③ 礼殿为木质建筑物，低檐方柱，柱上小下大，为汉代建筑款式。此殿至元代曾毁圮，后来重建。

礼殿在晋、隋时犹祀周公，至唐初始改祀孔子，更名"大成殿"，仍有晋、唐壁画。五代孟蜀时又建石经堂。自广政七年（944）迄十四年（951），刻石千余块，共刻儒经十种，立于石经堂内；又画古圣贤图像一百六十六人于堂内。后人称石经为"广政石经"。北宋时又增刻儒经三种。历代石经皆立于太学，足证此地实为孟蜀文学所在。

石室有古柏，宋苏轼《送家安国教授成都》诗："苍苔高朕室，古柏文翁庭。"李石亦有《古柏》诗咏之。

元代于此地建石室书院。④ 明代设成都府学于此。据明《天启成都府治图》所绘，明代书院、府学、文庙所占地面甚为广阔，其建筑物已抵南方城墙。

明末屡经兵祸，石经残毁甚多。清顺治二年（1645）孔庙失火自焚。次年全城被毁，更荡为平地。顺治十八年（1661）动工重建孔庙，至康熙二年

---

① 参见《元和郡县志》卷三十一引李膺《益州记》。
② 宋人李石《秦城二绝》诗自注，已明言石室紧临城垣。
③ 参见楼机《汉隶字原》及宋人李石《殿柱记》，《殿柱记》见洪适《隶释》，又载《全蜀艺文志》卷三十五。
④ 参见《元史·王守诚列传》及王沂《伊滨集》。

（1663）方完工。

清康熙四十三年（1704）四川按察使刘德芳在孔庙西侧旷地创建锦江书院，其地适为文翁学校遗址。再据旧有记载以推度古代建筑之原方位，则文翁石室在北，应在锦江书院之北半部，高朕石室应在锦江书院之南半部，礼殿应在锦江书院之东，正当清代成都府文庙大成殿。石经与石经堂在礼殿东南，应在清代大成殿之东南。清嘉庆《华阳县志》有锦江书院鸟瞰图。

锦江书院于清光绪二十八年（1902）改为成都府师范学堂，光绪三十年（1904）改为成都府中学堂。本馆副馆长林山腴先前任府中学监督。入民国后，原高等学堂分设之中学并入此校，郭沫若、王光祈、李劼人、魏时珍等均为分设中学转入之学生。民国 2 年（1913）废府，该校改名成都联合县立中学校，继又改为成属共立中学、成属联立中学、石室中学等。民国 20 年（1931）文庙前半部并入学校。新中国成立后，学校又接收文庙后半部，改名为成都市第四中学，1983 年复名石室中学。

《太平寰宇记》卷七十二引任豫及李膺两《益州记》言及石室，均可参证。民国《华阳县志·古迹三》及成都联中编纂之《石室纪事》记载石室尤详。至于石经残片，则藏四川博物院。

2010 年 11 月，天府广场东御街老百货大楼挖基时，发现东汉《李君碑》和《裴君碑》。由碑文得知，东汉阳嘉二年（133）冬建立纪念太守李君之碑文；本初元年（146）夏洪水大至，将碑冲倒。此时蜀郡太守裴君即命五官掾加以修复，可见立碑处必距河流不远；又因初建时由文学掾领衔，修复时由学校经办，则碑必立于当时学校附近。今两碑出土于天府广场东南侧，故东汉时应有"成都二江"之一在此经过，岸边不远有一官学，疑即文翁石室原址所在。

按西汉景帝时始建蜀郡官学，即文翁石室，位于成都郡城南。据《元和郡县图志》引李膺《益州记》，灵帝中平年间发生严重火灾。兴平元年（194）太守高朕修复，增建石室、馆舍，"循旧筑周公礼殿"，故文翁石室仍在原处。至东汉晚期益州占用为"州学"，蜀郡即在"夷里桥南岸道东边"另修郡学，西与锦官城为邻，成为新的石室，大体近于今文庙街石室中学。《华阳国志》提及成都县令冯颙"立文学，学徒八百人"，新的石室应是冯颙主持修建，故桓帝时成都已有州、郡两级官学。四川大学张勋燎等教授皆有论述：李君、裴君在职时代，成都仅有一处官学，而文翁石室亦未遇火，故两碑出土处并无第二所郡学可举，应即文翁石室故址。1987 年温少峰、孙卫瑄《成都秦城、隋城城址的复原标定与论证》一文也认为，文翁石室原在明代蜀王府范围内，依据是明正德《四川志·成都府·山川》所载"菊井，在蜀府萧墙内，即旧府学之前"；所谓"旧府学"，应即文翁石室故址。

第四节　司马相如宅与琴台

历代盛称之琴台，即司马相如与卓文君居住之地，六朝至唐、宋皆为名迹。宋以后虽荒芜不存，然其大概方位犹可追溯。《太平寰宇记》卷七十二引陈寿《益部耆旧传》："（相如）宅在少城中笮桥下百步许。"《蜀中广记·名胜记·成都府二》引王褒《益州记》："司马相如宅在州笮桥北百步许。"又引李膺《益州记》："市桥西二百步得相如旧宅，今海安寺南有琴台故墟。"足证相如宅在市桥之西、笮桥之北，当在今通惠门之东，即原有之金水河上金花桥一带。其地实在秦汉少城之外。汉代城小人多，民居在城外近郭处，亦为当时常情。此地在二江之间，又可北望城郭，南瞩村野，实有山林隐逸之趣。

晋葛洪《西京杂记》谓相如夫妇在成都卖酒。梁载言作《十道志》谓"琴台即相如与文君贳酒处"。唐人（如李商隐）据此歌咏，于是卓文君在成都当垆之说，几成定论。其实不然，《史记·司马相如列传》明言当垆卖酒之地在临邛，继得卓王孙赠金，文君乃与相如归成都，买田宅为富人，未曾卖酒于成都。又，相如、文君俱好琴，既为富人，必择取宅中或宅旁地建亭榭，为鼓琴雅地。其后六朝人仰慕遗风，踵事增华。据唐卢求《成都记》言，梁武帝之侄萧渊藻镇蜀，乃"增建楼台，以备游观……隋蜀王秀更增五台，并旧台为六焉"，足见琴台在萧梁时已成为名胜。至唐代则已趋荒凉，徒为登临凭吊之地。唐岑参《司马相如琴台》诗："相如琴台古，人去台亦空。台上寒萧条，至今多悲风。荒台汉时月，色与旧时同。"高适《同群公秋登琴台》诗："古迹使人感，琴台空寂寥。静然顾遗座，千载如昨朝。"宋代其地更荒废不堪，宋祁《司马相如琴台》诗："故台千古恨，犹对旧家山。"田况《题琴台》诗："游人不赏凌云赋，只说琴台是旧基。"均描绘出当时景象。唐卢求《成都记》又言琴台早被人挖掘，"得大瓮二十余口，盖所以响琴也"。

明曹学佺《蜀中广记·名胜记·成都府二》从祝穆《方舆胜览》之说，且引其原文云："琴台后为金花寺，城内者非其旧也。金花寺以晋胡佛持金花玉像住此，故名。（曹）按：即今之金泉铺矣。"可知宋以后琴台改为金花寺。但曹氏又云"城内者非其旧也"，可知明代后期，城外有金花寺，但相如琴台遗址绝非曹氏所谓之金泉铺。金泉铺今名土桥，在出老西门之西十五里处，距汉城太远。又明代后期，在城内别有新金花寺，亦称为相如故宅。此新金花寺，据明天启《成都府志·祠庙》载，寺当近金花桥。明正德《四川志·成都府·关津》言，"金花桥在中卫后街（今之金河街）"，其地约在古代市桥之西，与相如琴台遗址吻合。又据清同治《成都县志·古迹》"琴台"一条，明人陈鎏于嘉靖时曾在城外建坊，以为纪念，然建坊处实非琴台故址。今则城内之新金花寺亦早消失，仅存金花桥之名。

近代人因不悉琴台所在，而王建墓前石人又已湮没，不知其为坟墓，遂误指此一高阜为相如琴台。直至王建墓文物出土后，乃知其误。

第五节　子云亭与墨池

张仪筑城取土，遗坑成为千秋、万岁等数池。《华阳国志·蜀志》《水经注·江水》均已言之。与扬雄有关者则有墨池。

据《汉书·扬雄传》，扬雄曾居成都，至于宅在何处，说法不一。《太平寰宇记》卷七十二曰："子云宅，在少城西南角，一名草玄堂。"宋何涉《墨池准易堂记》云："扬雄有宅一区，在锦官西郭隘巷，著书，墨池在焉。"二者所记，均为宋代以前之古迹。所谓少城，即筑罗城后被称为少城之秦城。其西南角，当在市桥附近，距今西胜街不远处。但晚唐郑晧撰《蜀记》，则谓子云宅在秦大城内唐节度署西北二里二百八十步，其方位在今之青龙街，与《太平寰宇记》之说不同。《太平寰宇记》系追记早期古迹，《蜀记》所言者为扩筑罗城以后之情形。成都若干名胜古迹，均随城垣水道之变迁而易地重建，子云宅即是一例。因系易地重建，故有城西、城北两处。城北即郑晧所言者，在龙堤池畔之龙女祠旁。龙女祠当是因龙堤而得名。再观唐岑参《龙女祠》诗，不言池旁有子云宅，足证盛唐时尚不认为扬雄宅在龙堤池边。晚唐以后，扬雄宅旧址遂被指在龙堤池畔，此池又称洗墨池。《蜀记》又称：城北之扬雄宅为草玄亭，言扬雄曾于此草《太玄》。高惟幾《扬子云宅辨记》云："中兴寺，即西汉末扬雄宅。南齐时有僧建草玄院，以雄于此草《太玄》也。"所谓中兴寺，在龙堤池旁。此乃寺僧慕雄名而建院者，实则据《汉书·扬雄传》载，《太玄》乃雄晚年在长安所作。然蜀人于成都建草玄亭以资纪念，亦未可厚非。宋代以来，均认为龙堤池即洗墨池，子云宅即在此池旁。而晚唐以前被认为在少城西南角者，遂被遗忘。至五代前后蜀时，城北扬雄宅与墨池皆废，建为仓库。宋初，李顺与宋军在成都交战，仓地悉焚。李顺败后，官府又在其地建营坞，此时唯中兴寺尚存。池亦湮塞。宋庆历八年（1048）高惟幾恢复墨池，又在池北建准易堂，绘扬雄像于堂内；又于池心筑台，构亭其上，名曰"解嘲"。[①] 元初，蜀帅纽璘曾请以文翁石室、扬雄墨池、杜甫草堂皆列于学官，并以私财建三书院。[②] 此为墨池有书院之始。明弘治（1488—1505）初，蜀王府承奉宋景复加修建，有书堂、书楼，内藏经书万卷。

成都知府耿定力又在墨池畔立碑，上刻"墨池"二字。万历年间池又荒废，布政使程正谊再次修建，池北有草玄堂。池岸皆用石砌，绕池构栏，池前建西蜀子云亭，规模更超于前，时范涞撰有《修草玄堂记》记其事。据明《天启成都府治图》，洗墨池畔扬雄故宅，明代已包在成都县署之内。至清初，墨池淤淀，其故址改作民居。清道光元年（1821）学使聂铣敏谋建书院，乃购墨池故地民房三大院及空地数亩，以中院作为墨池书院，左为东园，右为廉泉精舍，就原有堂庑斋舍，增修成讲堂学舍；其余地面分建亭榭、菜圃，以花草竹木为点缀。聂去后，书院败坏。咸丰二年（1852），官府将拐枣树街侧之芙蓉书院，迁至墨池之西。光绪二十九年（1903），其院改为成都县小学堂，三十二年（1906）又改为县立中学堂；民国元年（1912），又改称成都县立中学校。墨池旧迹，日益缩小，仅留一小塘，位于学校北部，新中国成立

---

① 参见何涉：《准易堂记》，《全蜀艺文志》卷三十九。
② 参见张雨：《句曲外史诗集》卷五。

后填为操场，子云亭则划入成都县女子小学内，后改为成都县立女中。民国35 年（1946）春，成都县政府迁至外西茶店子，采纳县绅文天龙等之建议，将子云亭拆迁至茶店子横街。

第六节　张仪楼与散花楼

张仪筑城时，既有城门，则必有城楼，惜文献不足，无从知其究竟。两汉之交公孙述在成都称帝时，曾造十层赤楼。[①] 东汉初吴汉焚其宫室，十层赤楼当不能幸免。蜀汉时，刘禅好兴土木，城楼亦当有所修饰。蜀亡后不久，张载至成都，作《登白菟楼诗》："重城结曲阿，飞檐起层楼。累栋出云表，峣巘临太虚。"左思据张载提供资料所作《蜀都赋》亦云："结阳城之延阁，飞观榭乎云中。"所谓阳城，即少城东南隅之阳城门，约在今成都市文庙后街邻近汪家拐处，此即蜀汉之阳城门楼。萧梁时李膺作《益州记》："少城有九门，南面三门，最东曰阳城门，次西曰宣明门，蜀时张仪楼即宣明门楼也。"据此可知，张仪楼之名始于蜀汉。宣明门之位置，当在今成都市汪家拐与文庙西街之间。白菟、张仪二楼相距不远，又有屋宇相连（即重阁复道），则两者可分为二，又可合而为一。在李膺之前，任豫所撰《益州记》称："诸楼年代既久，榱栋非昔，唯西门一楼，虽有补葺，张仪时旧迹犹存。"足见在任豫时，张仪楼已非蜀汉及晋初时景象。至于"张仪旧迹"，只能解释为张仪时城楼故址。东晋时，桓温平夷少城，原有各城楼亦随之而毁。李膺所记者，当据史籍追述往事。隋蜀王杨秀展筑城垣，实即重建少城，于是张仪楼故址，又重现华丽之张仪楼。《元和郡县志》卷三十一曰："成都西南楼百有余尺，名张仪楼，临山瞰江。"杜甫《石犀行》亦言及此楼。岑参《登张仪楼》诗："传是秦时楼，巍巍至今在。楼南长江水，千古长不改。曾是昔时人，岁月不相待。"又《陪狄员外早秋登府西楼呈院中诸公》诗："常爱张仪楼，西山正相当。千峰带积雪，百里临城墙。烟氛扫晴空，草树映朝光。车马隘百井，里闾盘二江。"段文昌《晚夏登张仪楼呈院中诸公》诗："重楼窗户开，四望

---

① 参见《华阳国志·公孙述志》及《后汉书·公孙述列传》。

绝尘埃。远岫林端出，清波城下回。乍疑蝉韵促，稍觉雪山来。并起乡关思，销忧在酒杯。"张仪楼与后起之散花楼，均在郫江之北，登楼瞻眺，能见二江双流城下之景致，故为登临胜地。唐高骈使郫江改道，虽风光非昔，然两楼在宋代仍旧存在。陆游纵有《张仪楼》诗，终究不若唐诗之脍炙人口。南宋末成都全毁，故明代《蜀中广记·名胜记》及天启《成都府志·宫室》所言之"张仪楼即宣明门楼也"，乃据古籍追记古事，明代实无此门及此楼。清代方志所言亦系抄袭明人之语，实际情况，并不如此。

散花楼，据王象之《舆地纪胜》载："散花楼（隋）开皇时建，乃天女散花也。"则此楼在唐代亦为游览胜地。李白有《登锦城散花楼》诗："日照锦城头，朝光散花楼。金窗夹绣户，珠箔悬琼钩。飞梯绿云中，极目散我忧。暮雨向三峡，春江绕双流。今来一登望，如上九天游。"又《上皇西巡南京歌》："北地虽夸上林苑，南京犹有散花楼。"至于此楼位置，祝穆《方舆胜览》云："锦楼在成都县龟城上，唐建。前瞰大江，西眺雪岭，东望长松，二江合流；一曰锦江楼，一曰散花楼。"龟城即秦大城，则散花楼当在今成都市烟袋巷附近。至于锦江楼，《方舆胜览》既言"一曰锦江楼，一曰散花楼"，则二者绝非一楼之异名，其位置当在散花楼之东或西。锦江楼之创建年代，赵抃《成都古今集记》云："白敏中尝赋诗其上。旧记谓路岩所建，非也，路岩在敏中之后矣。"武元衡有《中秋夜锦楼望月》诗。武元衡于唐元和二年（807）任剑南西川节度使，足见锦楼之建，当在此以前。锦楼与散花楼相距既近，则二者又当如白菟楼与张仪楼之可合为一或分为二，故民国《华阳县志》谓锦楼即散花楼之别名。以上诸楼，皆可观赏江景，与今望江楼足以先后媲美。

南宋末年，成都被毁，诸楼亦均不存。明代重建城垣时，将东面迎晖门楼名为散花楼。[①] 又城之东北角有亭，明正德《四川志·城池》及嘉靖《四川总志·建置沿革》与天启《成都府志·宫室》，皆谓散花楼在城之东北隅，乃是误以此亭为散花楼。清代志书如康熙《成都府志·宫室》及嘉庆《华阳县志·古迹》等，又系承袭天启《成都府志》之误说。清代城之东北隅，实未建亭。

---

① 参见曹学佺：《蜀中广记·名胜记》。

第七节　摩诃池与宣华苑

摩诃池在秦至隋之大城西，为蜀王杨秀展筑子城南、西二隅取土之处。故址在大城西接近新城方位，即明蜀王府所在地，今为成都人民南路之四川科技馆及其四周一带。前蜀时此池向北扩展至今正府街一带。宋代缩小，仅有隋唐原来面积。此池之得名，据卢求《成都记》："隋蜀王秀取土筑广子城，因为池。有胡僧见之曰：'摩诃宫毗罗。'盖摩诃为大，宫毗罗为龙，谓此池广大有龙，因名摩诃池。"《太平寰宇记》卷七十二曰"昔萧摩诃所置"。考萧摩诃终身未曾至蜀，且摩诃为梵文译音，崇佛者可以此为人名或池名，摩诃池与萧摩诃固无涉也。《资治通鉴·唐纪》咸通十一年胡三省注，已言非萧摩诃所开矣。

在唐代中叶，此池已为泛舟游览胜地。杜甫《晚秋陪严郑公摩诃池泛舟》诗："湍驶风醒酒，船回雾起堤。高城秋自落，杂树晚相迷。坐触鸳鸯起，巢倾翡翠低。莫须惊白鹭，为伴宿青溪。"武元衡《摩诃池》诗："摩诃池上春光早，爱水看花日日来。秾李雪开歌扇掩，绿杨风动舞腰回。芜台来往空留恨，金谷时危误惜才。昼短欲将清夜继，西园自有日徘徊。"高骈《残春遣兴诗》："画舸轻桡柳色新，摩诃池上醉青春。不辞不为青春醉，只恐莺花也怪人。"由以上诸诗之描绘，可以窥见当年池堤与林园之胜。

五代时，王建改摩诃池为龙跃池。前蜀永平五年（915）九月蜀宫失火全毁，由旧节署改名之皇宫，皆为灰烬。王建于同年起，在旧宫之北建新宫，次年九月完成。王衍于乾德元年（919）改龙跃池为宣华苑，又大兴土木，环池建宫殿，至乾德三年（921）完工。其延袤十里，有重光、太清、延昌、会真之殿，清和、迎仙之宫，降真、蓬莱、丹霞、怡神之亭，飞鸾之阁，瑞兽之门（唐名狮子门，王建改为神兽门）。土木之功，穷极奢巧。新中国成立后修建电讯大楼时，掘得一石狮，故知此苑之瑞兽门，当在斯地。因石兽甚重，未能移出，而施工又甚迫促，乃留于原处，其上即为大楼基脚。又清吴任臣《十国春秋·前蜀·后主本纪》载，王衍于乾德二年（920）三月，筑子城（即秦大城）西北夹寨，引水入大内御沟，东流出仁政殿。后蜀承其旧规，花蕊夫人《宫词》第三十三首："水车踏水上宫城。"由此可知摩诃池池面扩大。宋祁《摩诃池》诗："十顷隋家旧凿地。"陆游《摩诃池》诗自注："蜀宫中旧泛舟入此池，曲折十余里。今府后门已为平陆，仍犹号水门。"府，即宋成都府署，方位在今正府街。足证此池扩大后，已由今四川科技馆一带，向北延伸至正府街。宋诗所言十顷，正是其面积，但又误认为隋代即有千亩。隋池不过五百亩左右而已。池之东、西、南三面皆为宫殿。故《宫词》第十首："三面宫城尽夹墙，苑中池水白茫茫"；第五首："岛屿亭台尽改张"；第七首："满堤红艳立春风"；第二十五首："内人追逐采莲时"；第六十七首："傍池居住有渔家"。此又可见池中有岛屿亭台，池畔有堤，池中种荷，且有渔家捕鱼。此为摩诃池之极盛时代。

后蜀既亡，宫殿多被拆毁，以其材为木筏，运物资东下。[①] 未拆之屋宇，宋官吏亦不敢居住，以免有僭妄之嫌。夹城引水渠道，亦逐渐淤废，昔日繁华之地，顿呈荒凉景象。及至宋太宗时，成都数经兵燹，其后张詠又大加拆毁，昔日繁华荡然无存。北宋时宋祁《览故蜀宫城有感》诗云："国破江山老，人亡岸谷摧。鸳飞今日瓦，鹿聚向时台。故苑犹霏雪，荒地但劫灰。赭遗糊处壤，阗记数残枚。"又《摩诃池》诗："清尘满地君知否，半是当年浊水泥。"足见池面已经缩小。南宋时范成大《晚步宣华苑》诗云："乔木如山废苑西，古沟临水静鸣池。"陆游《花时遍游诸家园》诗云："宣华无树著啼莺，惟有摩诃春水生。故老犹言当日事，直将宫锦裹宫城。"均写出其荒废情景。又陆游《登子城新楼遍至西园池亭》诗有"一支春水入摩诃"句，足证南宋时之摩诃池虽已缩小，仍能恃雨水维持湖面，与唐代情景相似。

明代建蜀王府，填去池之大半，然残余部分犹为风景优美之地。天启《成都府志·艺文》载曹学佺《蜀府园中看牡丹》诗："锦城佳丽蜀王宫，春日游看别苑中。水自龙池分处碧，花从鱼血染来红。"可见此池仍可作游玩之地。至清初成都全毁，此池犹存。清人彭遵泗《蜀碧》载明末清初吕潜《哀蜀藩诗》，有"摩诃但有支机石，尚其铜驼卧草根"之句。清建贡院，余水仍在严肃堂前西北隅。贡院面积约五百亩，据此推测，则隋、唐时池之大小或

---

① 参见《十国春秋·后蜀·后主本纪》。

与此相近。民国 3 年（1914）始尽填作军队操场。此一千三百余年之古池，遂无迹可寻矣。又《资治通鉴·唐纪》咸通十一年胡三省注："池在今成都县东南十二里。"谓池在元初成都县治东南，然里数有误。明清志书更多误记，如天启《成都府志·关梁》误谓城东二十里之跃龙池为摩诃池；嘉靖《四川总志·山川》、康熙《成都府志·山川》亦有同样之误记。《成都通览·古迹》则为两可之说，谓摩诃池在城东二十里，又云"相传在今之皇城内"。此均因未留意杜诗及前后蜀与宋代文献之故。又陶澍《蜀輶日记》，以五代北郊之芳林苑为宣华苑，亦误。

2014 年 5 月，在成都后子门体育场南侧考古发掘中，于地基七米深处发现摩诃池之东南部遗迹。在摩诃池东南岸又清理出一处唐代院落遗址，由踏道、天井、小十字路、井台、排水沟等所组成，均系砖筑。砖上可见模印的卷草、花卉、菱纹等图案。

第八节　筹边楼

唐代严武任剑南节度使时，曾于厅壁绘《岷山沱江画图》，杜甫有《奉观严郑公厅事岷山沱江画图十韵》，可证。此图实即军用地图。严武曾锐意经营西山地区，故绘此图以作筹边参考。唐文宗大和四年（830），李德裕任剑南西川节度使。时成都初经南诏入侵，百端待理，为作长远规划，乃复建筹边楼。楼中按与南诏犬牙交错山川险要者绘之于左，与吐蕃相接者绘之于右；其部落多寡，道路远近，均召习边事者与之指划商订，预为进战退守之备。时女诗人薛涛有《筹边楼》诗赞其事：

　　　　平临云鸟八窗秋，壮压西川四十州。
　　　　诸将莫贪羌族马，最高层处见边头。

李德裕所建筹边楼内之绘图与严武厅事图作用相同，而更为完备。唐节署在今成都市四川科技馆东一带，楼之遗址当在其附近。前蜀以唐节署为皇宫，永平五年（915）失火全毁。王建旋即修建新宫，是否复建此楼，文献无考。宋既灭蜀，拆毁殿宇作筏以运物资。王建即使重建过，亦当被拆毁。宋淳熙三年（1176），四川制置使范成大重建筹边楼。陆游曾为之作《记》，略谓李德裕楼故基已不可考，但言在"子城西南隅"。南宋末，成都全毁，楼自然不存。

明代亦有筹边楼。曹学佺《蜀中广记·名胜记》谓在都察院之东。明《天启成都府治图》写作镇边楼，位置与曹学佺所言者合。民国《华阳县志·古迹》谓当在大慈寺前，明天启《成都府志·宫室》谓在"府治西"者实误。明代成都府署在城之西北方，距都察院甚远，且在其西。诸书均未言明楼系何时何人所建。明亡后成都全毁，此楼亦不存。

清康熙五年（1666）巡抚张德地重新建楼，题为"古筹边楼"，地址在抚署之东。宣统元年（1909）之《成都通览·古迹》："李文饶（德裕之字）筹边处，即今东门内之铜钟阁。"清代所建之楼在北糠市街东侧，至民国时尚在，后因扩展街道，修筑马路拆毁。宋、明、清之筹边楼，均系袭旧名而重建者（当系托名唐李德裕筹边楼而仿建）。

第九节　合江亭与合江园

唐代中叶，市区逐步向东发展，东郊新建大慈寺及解玉溪，即其迹象。

唐剑南西川节度使韦皋既凿解玉溪，又于郫江（府河）与流江（南河、锦江）汇合处建合江亭，其地在今安顺桥稍东之锦江北岸。此亭遂与郫江北岸之张仪楼、散花楼，构成一条自西向东之风景线。其后又于亭旁增筑楼阁台榭，参植美竹异卉，号为合江园，成为游览胜地。[①] 读者试观今望江楼公园及崇丽阁景象，即可想见当年合江园之盛况。

晚唐筑罗城，改郫江，即令张仪、散花等楼为之失色。改道后之郫江，仍于合江亭下与流江汇合，二江拱亭之景象如故，于是合江园更是游人如织，至宋代而益盛。当时又有商舟渔船错落其间，点缀景色。[②] 远航之船，或泊于

---

①　参见蔡迨：《合江园记》。
②　参见吕大防：《合江亭记》。

此。于是合江亭下成为万里桥东又一饯别之地。① 惜至南宋时，尚未于亭下建跨流江南北之桥，故陆游尚须由合江园涉水，以达南岸之赵园。②

南宋末，成都全毁，亭园皆不存。明代于其地设锦官驿。③ 清代于此征收船舶税，后来其地但有民居，两江合流处，仅存三角形空地一小片而已。1989 年，成都市人民政府于滨江东路重建合江亭，本馆馆员赵蕴玉（1916—2003）为之作记。今日合江亭已成为二江汇合处一大胜景。

第十节　碧鸡坊与金马、碧鸡祠

西汉时，益州刺史部之越巂郡青蛉县（今云南大姚县）同禺山上，露天铜矿及碧石在阳光照耀下闪烁发光，远望之若金色马、碧色鸡，遂相传其地有金马碧鸡之神。事为宣帝所闻，欲迎其神，故命王褒前往祭祀。王褒尚未至山，即死于道途。④

王褒虽卒，然蜀中仍盛夸金马碧鸡，故左思《蜀都赋》有云："金马骋光而绝景，碧鸡倏忽而曜仪。"其后，在成都遂出现以"碧鸡"二字为名之坊。梁李膺《益州记》："成都之坊百有二十，第四曰碧鸡坊。"坊始建于何时虽不可考，然至迟在李膺时已有。杜甫《西郊》诗："时出碧鸡坊，西郊向草堂。市桥官柳细，江路野梅香。"此为最早见于歌咏者。市桥在今成都市西胜街南。杜甫在城内无住所。然杜甫初至成都时，节度使裴冕与之有旧交。据朱鹤龄判断，《西郊》诗作于上元元年（760）。再考上元元年、二年时，杜甫赠诗之陶、王二少尹及蜀将花惊定（花卿）以及上元二年（761）始任节度使之高适，其治事厅所均在西川节度使署，即今四川省科技馆东侧。杜甫与裴、陶、王、高皆有交往，常至节署，回草堂均路经碧鸡坊。诗云"时出"，即不止一次。又据此诗，可见过碧鸡坊后即达市桥，再循流江北岸而至草堂，则碧鸡坊当在今东胜街一带。又薛涛晚年厌弃繁华，卜居碧鸡坊，足见此地乃

---

① 参见范成大：《吴船录》。
② 参见陆游：《合江亭涉江至赵园》诗。
③ 参见曹学佺：《蜀中广记·名胜记》。
④ 王褒其时乃往山上祭祀，非在长安或成都遥祭，亦未曾在成都建祠。后世相传王褒之"祭文"，乃是伪托。见《汉书·王褒传》及《汉书·地理志》《续汉书·郡国志》及《华阳国志·南中志》。

一宁静之居民区。此处可称唐碧鸡坊。此坊在晚唐时已经毁灭。

高骈《请筑罗城表》:"(南诏兵)围合而闾井焚烧,更无遗堵。"雍陶《蜀城感事》:"番兵依汉柳,蛮旆指江梅。战后悲逢血,烧余更见灰。空留(石)犀压怪,无复酒除灾。"参证杜诗"市桥官柳细,江路野梅香",知雍陶所言战地在流江北岸及市桥一带,石犀在空慧寺内,寺址在今西胜街。又据宋人计有功《唐诗纪事》卷五十六雍陶一条,谓此诗作于文宗大和三年(829),当时南诏曾进攻成都。《资治通鉴·唐纪》咸通十一年(870)亦载:"西川之民闻蛮(南诏)寇将至,争走入成都……(节度使牛)丛恐蛮至,预焚郭外。"此皆唐碧鸡坊已毁之证。

宋代又另有一碧鸡坊。王灼《碧鸡漫志·序》:"日日醉踏碧鸡三井道。"三井道,即三井观所在地。范成大《晓诣三井观》诗:"宽闲古城东。"蹇汝明《钝庵记》:"王姓居在成都北郭,当京蜀孔道。后又在碧鸡坊之别业创钝庵,距旧居约百步。"由此可见,宋时碧鸡坊在罗城北部,又位于三井观之西,绝非杜甫所经之处。宋赵次公《西郊》注谓"碧鸡坊在成都城北",乃误以宋坊解释唐诗。如取道城北,可由今老西门以达草堂,不必经市桥而循流江。

宋人何以不在唐坊原址重建?其理亦至简单。盖高骈筑罗城,郫江改道,唐坊所在,无复昔日风光。罗城北部,本为秦城北郊,扩城后变为新兴之区,其地又有沼泽,可于此布置风景。宋坊虽名为坊,实乃公园。据宋孙松寿《成都碧鸡坊李氏石君》诗,知当地有一石假山。王灼《碧鸡漫志》言:碧鸡坊有露香亭、红云岛。又陆游《花时遍游诸家园》诗"走马碧鸡坊里去,市人唤作海棠颠",足见宋坊实为游乐胜地,与唐坊之为宁静居民区者,大异其趣。

在宋碧鸡坊附近,又有金马碧鸡祠。王象之《舆地纪胜》言:金马碧鸡祠在金马坊,宋时赐名昭应庙,封其神为灵光侯。又《蜀梼杌》卷上,记前蜀时有金马坊。足见祠与坊,皆建于宋代以前,或在扩筑罗城之后。

南宋末年,成都全毁,碧鸡坊、金马坊、金马碧鸡祠想已不复存。至明代,对于宋金马坊所在地,遂有不同说法。曹学佺《蜀中广记·名胜记》谓在石马巷。何宇度《益部谈资》谓在金马街。然石马并非宋代金马坊遗物,当以何宇度说为是。又天启《成都府志·祠庙》："昭应祠治内金马坊侧。"明祠乃在宋祠旧址所建，今之金马街，又是清代于明金马街故墟上建立者。据以上诸证，可知宋碧鸡坊当在今白家塘一带。此地 20 世纪 60 年代尚有沼塘，或即宋代沼泽残迹。又曹学佺《蜀中广记·名胜记》谓碧鸡坊在城南，清雍正《四川通志·古迹》与曹说同。此均据杜诗而推断者，可以解释唐坊所在地，而不能兼及宋坊。其与赵次公之以宋坊解杜诗者，均非确论。

宋坊毁后，四川制置使余玠于重庆建金碧台。[①] 此或者意在怀念成都金马、碧鸡两坊。元军攻占重庆时，此台亦毁。

民国 13 年（1924）所修《崇宁县志·古迹》："碧鸡祠，在县北七里，即汉时祀金马碧鸡之神处，今为五显庙。光绪中昭觉寺方丈欲住锡于此，大新庙宇，复署曰碧鸡祠，以志王子渊先生遗迹。"此说仅能代表此僧与修志者之意见。

第十一节　縻枣堰与縻枣亭

縻枣堰，即今西北郊之九里堤。晚唐时高骈扩展城垣，在此筑堰以节制郫江水源，其后历代皆有整修。宋何涉《縻枣堰刘公祠堂记》谓：知成都府事刘熙古于宋太祖时，因江水溃堤，曾进行大修，其功至巨。张咏《益州重修公宇记》、吴师孟《导水记》、李新《后溪记》、吕大防《合江亭记》、陆游《江渎祠记》皆记先后修治縻枣堰事。宋人怀念刘熙古，曾于堤上为之建祠。

南宋时，四川制置使范成大"筑亭于縻枣堰下"，于是此地遂成为游宴之所。[②] 宋末成都被毁，亭亦不存。

明正德《四川志》、嘉靖《四川总志》、天启《成都府志》及清代康熙《成都府志·山川》、雍正《四川通志·津梁》谓縻枣堰为诸葛亮所筑者，实据民间传说。后人曾在堰处建诸葛庙。

---

① 参见曹学佺：《蜀中广记·名胜记》。
② 参见杨甲：《縻枣堰记》。

第十二节　铜壶阁与西楼、东园

高骈筑罗城后，子城西北部变为新市区。宋代，高级官署多设其间，于是又出现一批新兴名胜之地。其后又在西北郊建糜枣亭，风景区遂扩展至城外。

铜壶阁　为贮滴漏计时工具之所，作用同于今之钟表。宋仁宗庆历四年（1044），知成都府事蒋堂建铜壶阁于"府（成都府衙，位置在今正府街）门稍东垂（约）五十步"，置铜壶于阁内；采伐江渎庙及惠陵附近乔木为材料。[1]故铜壶阁建筑雄伟，可供居民瞻望，有如今电讯大楼之钟楼。崇宁元年（1102）失火被毁。政和元年（1111）知府吕拭重建。吕拭《铜壶阁记》载："通阁上下一十有四间，其高一丈六尺有五寸，广十丈，深五丈有六尺。"此阁毁于南宋端平二年（1235）蒙古军攻成都时。

西　楼　原在成都府衙之北。宋人吴师孟有《重修西楼记》记之："每春月花时，大帅置酒高会于其下五日，纵民游观宴嬉"，后渐朽败。宋嘉祐六年（1061）知府吕大防重建。此楼亦毁于南宋末年。

东　园　为宋益州路兵马钤辖厅后园，有池亭台榭、名花美木。此园为钤辖种湘所建，宋李良臣《钤辖厅东园记》曾记其盛：

> ……唯旧有池，泉窦堙塞，涸为枯泥。偶新泉破地而出，从而导之，则故泉继发……因筑堂其北，名之曰双泉，挟以二轩：曰锦屏，以海棠名；曰武陵，以桃溪名。梁池而南为亭，曰寒香，以梅名；后为茅亭，曰幽芳，以兰蕙名。池东为大亭，曰三雨，以桃、杏、梨名。池南两亭，东西对峙，曰绿净，曰连碧。双泉之北，有老柏数十株，巨干屹立，为亭其中，曰翠阴。复楼其东，曰朝爽。西因垣而山，曰五峰，下曰五峰洞。前为山馆，水绕环之，宛如山间也。于是来游者舍辔而入门，则尘容俗状，如风卷去。俯清泉，弄明月，睇层峦之峨峨，悦鸣禽之啁哳，

---

[1]　参见《宋史·蒋堂列传》。

风露浩然，烟云满衣。主宾相视，仰天大笑，初不知其身之在锦官城中也。①

南宋末年，铜壶阁、西楼、东园皆毁于战火，后世亦未重建。

第十三节　学射山与江渎庙

学射山即今北郊凤凰山，初名斛石山，又作石斛山，先后还有星宿、威凤等名。梁李膺《益州记》："斛石山有两女冢。"② 唐代为演武之地，又可供游乐。薛涛有《石斛山晓望寄李侍御》《石斛山书事》等诗。《资治通鉴·后梁纪》又记，王建于此陈兵耀武。至宋代成为较射游乐之地，遂有学射山之名。故《太平寰宇记》卷七十二曰："学射山一名斛石山。"成都人每年三月三日登山竞射。③ 田况有《三月三日登学射山》诗，赵抃有《次苏寀游学射山》诗。较射时山上设彩棚射场，有乐女记射筹，复有管弦酒食以助余兴。于是游乐之意义又重于演武。

据辛德源《至真观记》及唐人卢照邻《黎君碑》所记，山上有道教庙宇，名至真观。清嘉庆《四川通志·寺观》称：（隋）开皇中建，或云后周（北周）建。辛德源既已著文，则至迟在隋代已有此寺。五代时道士杜光庭撰《录异记》，谓唐高宗时道士黎元兴曾培修扩建。其时又有传说谓道士张伯子于三月三日在此跨赤虎升天。世人又据此于三月三日游山进香。④ 故习射者亦于是日登山较技。

明代此山划为蜀王府墓葬区后，即成为禁地。习射、游山之风遂绝。⑤

清代凤凰山为丛葬地。光绪二十九年（1903）于此设军营。民国时军队多驻城内，凤凰山营房多数颓毁。民国20年（1931）以后，凤凰山被辟为飞机场。

---

① 《全蜀艺文志》卷三十四。
② 《太平寰宇记》卷七十二。
③ 参见费著：《岁华纪丽谱》。
④ 参见文同：《学射山仙祠记》。
⑤ 参见《蜀中广记·名胜记》。

山之东南，有万岁池（又名白莲池），相传张仪筑城时于此取土，遂成为池。其晚唐时在罗城内，秦时则在城外。万岁池乃城北供灌溉之陂池，唐节度使章仇兼琼曾维修。唐代有人构老叟于此化为龙以降雨之神话故事，遂名为龙渊池；又因在城北，遂习称为北池。唐、宋时屡加疏浚。① 此池今存，改为养鱼池。

山之附近又有五代时之芳林苑。② 清陶澍《蜀轺日记》认此为摩诃池之宣华苑，实误。

江渎庙，《史记·封禅书》记其始建于秦代。《汉书·郊祀志》："秦并天下，立江渎庙于蜀。"可见江水有祠，秦汉皆然，其祠专主江水之神。汉代以后，大江为四渎之一，即以为江神之总称，遂混山川为一神。③ 但民间又谓江神为奇相，《史记·河渠书》正义引《风俗通》佚文，谓李冰与江神皆化为牛，斗于江干。《蜀梼杌》卷上谓奇相为古震蒙氏之女，窃黄帝玄珠沉江而死，化为此神。诸说不一，均属神话。唯历代王朝，皆以祀江神为重典，乃至加以秩封。成都江渎庙之创建时间，考诸记载，最早为隋代开皇二年（582），唐天宝六载（747）重建。④ 宋初又重新改建。⑤ 宋仁宗、高宗两朝，均加以培修。⑥ 明代铸神像及巨钟。明亡后祠被火毁，像与钟尚存。清康熙六年（1667）复加重建。民国 13 年（1924）庙为军阀所卖，移明代铜铸神像及铁铸侍女及花枝于少城公园（今人民公园）内之通俗教育馆，其铜钟、铁瓶、铁香鼎、铁燔炉亦同时移置。像、物均为明成化七年（1471）所铸造。

此外，尚有数事可记：江渎庙内有李顺画像。陆游《老学庵笔记》卷五曰：江渎庙（在今文庙西街）北壁外，南宋时尚存壁画，中绘一美髯丈夫，踞胡床坐，从者甚众。邦人云：此即李顺遗像。由是可知李顺之起亦非偶然，其必有过人者，故能为众所归附，乃百年之后，人犹追慕之如此。又据《四川大学学报》1979 年第 3 期载吴天墀《王小波李顺起义为什么在川西地区发

---

① 参见《宋史·王刚中列传》。
② 参见清同治《成都县志·古迹》。
③ 参见晋庾仲康：《江纪》。
④ 参见李景让：《南渎大江广源公庙记》。
⑤ 参见苏德祥：《新修江渎庙记》。
⑥ 参见陆游：《江渎庙记》。

生》一文考证，李顺曾在青城县一带进行二郎神祠祀活动，借以联系民众。宋朝统治者自认以火德王。李顺祭祀二郎神与其绘像事见于江渎庙中，或与此有关联，似有崇信水德，以水制火之意。又庙中松柏，年久成为巨材，北宋时蒋堂伐此庙及惠陵乔木以建铜壶阁，蜀人怨之。[①] 元末明初陶宗仪《南村辍耕录》卷二十七"金果"一条谓："成都江渎庙前有树六株，世传自汉唐以来即有之。其树高可五六十丈，围约五六寻，挺直如矢，无他柯干，顶上才生枝叶若棕榈状，皮如龙鳞，叶如凤尾，实如枣而加大。每岁仲冬，有司具牲馔祭毕，然后采摘，金鼓仪卫，迎入公廨。差点医工以刀逐个劙去青皮，石灰汤焯过，入熬熟令蜜渍浸五七日漉起控干，再换熟蜜。如此三四次，却入瓶缶封贮进献。不如此修治，则生涩不可食。泉州万年枣三株，识者谓即四川金果也。蕃中名为苦鲁麻枣，盖凤尾蕉也。"又明末清初谈迁《枣林杂俎》卷下谓："成都城内西南江渎庙有六树，高十余丈，围约三四寻，挺直如矢，无他柯干，巅生枝叶若棕榈状，肤龙鳞而叶凤尾，实大于枣。岁仲冬，祭而始采。"陶宗仪所谓树高五六十丈，近于夸大，谈迁所记较为可信。所谓汉唐以来即有之，亦未可尽信，盖宋祁、陆游等人咏江渎诗均未言及此树，疑此树乃元朝所植。又据谈迁之言，六树明末尚在。其后全城化为灰烬，树必同归于尽，故清人无言及者。

　　江渎庙本建于郫江北岸。唐高骈筑罗城后，江废。其故道淤塞未尽者积水成池，适在庙前。此即唐代以后之江渎池（近世呼为上莲池），五代时池广数十亩。孟蜀中书令赵廷隐起南北精舍于池上，千梁万栋，备极奢丽。宋代官吏，每于此避暑。文彦博于祭江渎庙后，会宾游赏。陆游有《江渎庙纳凉》诗："雨过荒池藻荇香，月明如水浸胡床。天公作意怜饥客，乞与今年一夏凉。"又《感旧绝句》："半红半白官池莲，半醒半醉女郎船。"则此池在南宋已渐趋荒凉；至于池中种荷，则至迟在陆游时已如此。后世遂呼为上莲池。据明正德《四川志·成都府·山川》、嘉靖《四川总志·山川》及清康熙《成都府志·山川》，均言池广二十五亩。清末及民国时街道图绘有此池。池在民国 13 年（1924）时仍有荷，然已无泛舟观赏者。其后但植高笋。抗战期间为

---

① 参见《宋史·蒋堂列传》。

垃圾堆弃之所，后更逐步填平，构屋于上，莲池即已无旧迹可寻。

明正德《四川志·成都府·山川》谓江渎池上"昔有二亭"。既曰"昔"，则修志时亭已不存。此后方志，虽有同样记载，然皆不过追怀古迹而已。

第十四节　前后蜀及明蜀王府苑囿

五代时成都城南、城西均为御苑，至宋陆游《梅花绝句十首》自注："成都合江园，盖故蜀别苑，梅最盛，自初开，监官日日报府。报至五分，则府主来游宴，游人亦竞集。"范成大《吴船录》："（合江）亭之上曰芳华楼，楼前梅甚多。"合江园近于今府河、南河二江交汇处。陆游《故蜀别苑》诗自注："故蜀别苑在成都西南十五六里，梅花至多，有两大树，夭矫若龙，相传谓之梅龙。"所谓成都西南，即府署（在今正府街一带）西南十五六里，方位在昔万里桥东西两面之锦江南岸地带。

明代别苑又为蜀王外囿，名为中园。因五代时梅树遗留不多，乃改种梨树。清人费密《荒书》："中园者，蜀王外囿，有梨花千余。孟蜀时老梅卧地，谓之梅龙。成都俗以三月三日于此走马饮酒为戏。"此外言及中园者，尚有清人刘石溪《蜀龟鉴》、彭遵泗《蜀碧》等书。《蜀碧》谓"中园是先主（刘备）练兵处"。但其说不见于正史，疑为蜀人之传说。

张献忠曾驻军于此。费密《荒书》言张献忠"尽伐梨树，益广其地作宫室，筑驰道，练兵于此，名御营"。《蜀碧》称："立大营十、小营十二于南门五里外。中置老营，献自居之，名为御营。"今华西后坝原有一圆形土台，高丈余，凡三级，下阔上狭，群众呼为"将台"或"点将台"，当是张献忠阅兵台；清人尚称献忠营地所在为御营坝。清代于御营坝之东北部建南台寺，为游览胜地。张问陶曾于此集会作诗，并绘有《南台秋禊图》。此后成都人又泛称原御营坝一带为南台寺。清末，基督教会于此陆续建立各级学校，其最高级者为华西大学。成都人遂习称此一带为"华西坝"。抗战时期，华西大学之南，新建民房甚多，于是又习称新屋所在地为华西后坝。

前后蜀又有城北苑囿，称芳林苑，在学射山侧，唯远不及城南别苑之盛。

第十五节　回澜寺与回澜塔

宋代于今九眼桥南建有东山白塔寺。当时其地无桥，此寺亦非风景区。此后寺毁，或由于南宋末战争之故，后人亦无知者。至民国 11 年（1922），其地发现宋乾道时（1165—1173）断碑，乃知宋有此寺。[1]

明万历二十一年（1593）四川布政使余一龙建洪（宏）济桥（即九眼桥），于桥南之东侧建回澜塔。李长春《新修洪济桥回澜塔记》详记其事。此为合江亭毁后，又一新建之登临胜境。塔旁有寺。据民国《华阳县志·艺文·古碑记》"以寺前即回澜塔得名"一言推之，回澜寺之建当在建塔之后。

明崇祯十七年（1644）张献忠入成都，战火炽烈，不久此塔遭毁。又二年，成都全毁，寺亦不存。

清乾隆三十年（1765），四川总督开泰重建回澜寺，又于寺之东侧，建三级亭式楼阁，名为同庆阁，民间呼为白塔，又称白塔寺。清嘉庆《华阳县志》卷二有寺阁鸟瞰图。塔在新中国成立前数年失火毁坏。寺址现为民居，所在街道称为白塔寺街。

第十六节　鼓楼、碑林与煤山

鼓楼即谯楼，守城者可于此眺望，发现情况。据明《天启成都府治图》上所绘，明代成都有大小两鼓楼，小者在东。清代鼓楼，即在大鼓楼遗址上重建，又称韵远楼，为胜迹之一。楼上悬有巨钟，钟上有唐"贞观四年造"等字，原置于净众寺。唐会昌年间（841—846）毁佛弃寺，但大慈寺为玄宗敕建，可以不毁，寺僧乃将此钟移入大慈寺。大中年间（847—859）又将钟还净众寺，直至全民族清雍正年间（1723—1735），岳钟琪又将钟移往鼓楼，用以报火警，叩之声闻数里。后因其声哑，乃改鸣铁炮，直至全民族抗战前始停用。清嘉庆《四川通志·寺观》与同治《成都县志·寺观》"净众寺"一

---

[1]　参见民国《华阳县志·古迹》。

条，所载略同。唯《四川通志》谓城外西北隅万佛寺有大钟，考万佛寺即古净众寺，故所述大钟原委皆一致。本馆人员曾前往查看，见大钟为青铜质，有阴文铭识，虽甚模糊，亦可辨识。其一面刻"贞观四年造"；另刻"嘉靖戊午蜀府承奉正谷藩□□□重建造"。又一行为"嘉庆戊寅五月二十一日立"。下署："四川提督罗思举以守备周□□监工"。足证此钟即使为唐代净众寺之物，亦经过明清两代之改铸。新中国成立后拆除鼓楼，钟移放文殊院内。

碑林系清康熙七年（1668）李翀霄修建贡院时，集蜀王府废墟中残存之碑碣，立于至公堂左而成。翀霄有《树集棘院旧碑碣记》："成都废邸旧多前代碣石，集诸家名笔盖累累矣。今既改建棘闱，余每一游览，见残碣鳞次，倾卧荒苔。拂拭读之，皆前贤手泽，因而叹息不能置。忆昔有慕兰亭、钟楷（钟繇正书）者，或发冢以求之。乃种种旧迹，铁画银钩，龙跳虎卧，忍令其灭泯于蔓草荆榛为牧童樵子所狎侮乎？爰是捐资嘱两邑令募工鸠匠，固植而树立之，覆以缶檐，列于至公堂之左，以资文苑胜观，俾古人毫沈之灵不与彩云俱化。后之览者，或有取乎斯举焉。遂勒石以纪。时在康熙七年岁次戊申暮春。"李调元《井蛙集记》："古石刻二十有三，在废藩府中，后改为贡院，于瓦砾中得之。皆古名书，内有仙笔。四川按察使李翀霄竖之至公堂左为文记之。"嘉庆《成都县志·金石》亦录此文。

其后又增列清果亲王允礼等书碑，后人均未加保护，早已不存。上述两记，仅称道碑文书法，未记其内容。雍正以来所修省县方志亦未著录，碑又不存，致世人不知其详。

煤山在贡院内东北隅。或谓其地为清代宝川局铸钱时所弃炉炭余烬堆积而成，或谓为明蜀王府台榭余基。此山之中部稍低，远望之似分为二，故清光绪三十年成都街道图标志其北段为大煤山，南段为小煤山。民国21年（1932）冬，刘文辉、田颂尧两军战于城内，煤山乃制高点，遂首先成为争夺目标。刘文辉以每人银元二十枚之赏格，在军中募得敢死队百余人，一举攻占。登山者不及二十人，余皆战死，死者袋中银元，尽被生者搜去。继则全城激战，人民生命财产损失极重。事后蓉人痛定思痛，又归咎于此山，乃倡议铲除，以为无此山则永无战祸，遂组成"铲高委员会"；还拆售后子门城砖及基石作铲山费用。此山遂夷为平地，而后子门亦不复存在。

第十七节　洗马池与黄忠墓

洗马池又名子龙塘，相传为三国名将赵云（字子龙）洗马处；实则蜀汉时此地僻在东郊，赵云如欲洗马，不必舍郫江而远至此间，且《太平寰宇记》《蜀中广记·名胜记》、天启《成都府志》、康熙《成都府志》均无洗马池之名。清嘉庆二十一年（1816）成书之《四川通志·古迹》云："相传为汉赵顺平侯遗迹。"同年修《华阳县志·古迹》则作肯定语："赵云故宅，旁有子龙塘。"清嘉庆时周东屏曾居池上，构为亭榭，周氏遂世居其地。同治时周宅为恒容斋所有，更名芙蓉池馆。顾复初曾作《芙蓉池馆记》，言此池广达二十余亩，楼台亭榭皆就势构建。四川总督骆秉璋死后，四川提督周达武购得此屋为骆建祠，称骆公祠。祠在子龙塘街，街亦更名骆公祠街。清末改为迎宾馆，民国时改为学校。建骆公祠时此池尚在，中有荷花，可泛舟其中。至民国时池益缩小，池畔之祠曾作成都市参议会会址。新中国成立后在此设小学，街名改为和平街。此池填为操场。

《三国志·蜀书·黄忠传》不言黄忠葬于何处。其实，当时黄忠原籍并未入蜀汉版图，彼自当葬于成都。历代方志均未记其墓址所在。清刘沅作《募修黄刚侯墓碑记》："公墓始出之时，庸者犁田而得砖，利其砖而深之，则复得多砖，其巨且完者皆争取之矣。有小石碣，题曰汉刚侯黄公讳某之墓，杂于甓骼之间，盖当时以傅圹门者。乡人见之，畏其泄也，并藏此碣。门人某生实目击其事。十余年来，求之愈坚，讳之愈甚，几几乎并其地而亦不可得。道光庚戌（1850），庸者无心漏言于人，愚闻而设法诱告之：古墓成田，不知何自，奚足罪焉，于是购其地，拾其骸，偕同人棺殓如礼，复其墓而新之，然石碣竟无可迹。"刘沅所记，殊觉迷离。至于所谓小石碣上文字，但言黄忠之谥爵，而不记其生前官位，亦不类汉人书碑习惯。且黄忠死于昭烈帝时，至后主景耀三年（260）乃获赐谥，距黄忠殁后已四十年，葬时墓碑，何得先有谥号？然因刘沅之举措，世人遂认为所得者真为黄忠遗骸。同治《成都县志·陵墓》亦据此著录："黄刚侯墓，县西十里化成桥侧。"刘沅之子桂文于同治时募款建庙，且作《建修黄刚侯墓祠碑记》："道光庚戌，先君得遗骸于民田，率同改葬。"文中称，桂文又集资建庙。同治《成都县志·陵墓》："同治八年（1869），各大宪捐廉买伍家梁子窑田，交绅士某等经整收租，以作春秋祭扫之赀。"

本馆馆员韦介立在 20 世纪 50 年代曾亲往调查，撰有《汉黄忠墓》一文，言墓在成都老西门外左侧方，地名鸡冢树，距市约七里，现改名黄忠村，属成都市郊区，村小学在焉。出西门，道经茶店子、沙堰子，前往墓所。墓周长四十七步，左右前后存有小柏树，前右方四株、左方九株，后右方九株、左方九株，共三十一株。墓前有石碑，字径四寸。右后方十余步，有享殿三楹，厨房一间。享殿正中有龛，塑有黄忠戎装坐像一尊，高约六尺。龛右有碑："清光绪十四年（1888）戊子十月双江刘桂文建"。题为《建修黄刚侯祠碑记》。黄忠村小学即设在享殿。

此墓实为附会之古迹，但既已传播远近，亦应著录。

第十八节　禹庙与川主庙

成都禹庙，创始于宋代，改建于明代，迄清代尚存。今城内东北隅之四圣祠与惜字宫，即其故址。

传说大禹生于四川石纽（今汶川、北川皆有其地）。其治水之功，著于全国。蜀人所崇祀之杰出人物又有蜀王蚕丛与开明，亦及于李冰。南齐永明时（483—493）始兴王萧鉴为益州刺史，立蚕丛祠于圣寿寺（今西胜街）。宋《太平寰宇记》称，唐李德裕重修李冰祠，在府（即节署，在今四川科技馆东侧）西南三里，独未见禹庙著录。成都禹庙之祠，考之记载，实始于宋人，有张俞之文可证。

张俞为北宋仁宗时人，有《上蜀帅书》，力主建禹庙以崇祀先贤。其书中要语云："今淫鬼无名，飨蜀民之祀者殆将千百。郡县犹能存之而神。禹为蜀人，江、汉为蜀望，曾不得享蜀之祀若一淫鬼。斯阙礼之甚者，俞尝恨焉。"又云："若谓斯言可采，斯庙可成，宜载事于金石，则明公之德无尽。"明曹学佺《蜀中广记·名胜记·成都府》引此文又加按语："按此禹庙立于成都之始也。"据此，则成都禹庙实创始于北宋仁宗时。

北宋仁宗时大圣慈寺尚属全盛之时。此寺唐代划地千亩，寺北括有今四圣祠、庆云庵一带。宋代禹庙即就大圣慈寺北部旷地而建。寺内本容许以寺之余地奉祀古帝王将相，例如有玄宗御容院与韦南康王祠，可知其时禹庙，当建于寺中北部旷地。又，清嘉庆《四川通志·祠庙》云"惜字宫一名集圣宫，古禹庙也"，可知今四圣祠，即根据古代集圣宫之名而得。度于大禹之外，尚附祀古之圣哲不少。可见北宋初所立禹庙，实在今四圣祠一带。

明宣德十年（1435），大圣慈寺大火。火灾后第四十六年，即成化十七年（1481）始修复。此次修建，大圣慈寺北界大为减削，退缩至书院街以南。于是以前附于寺中的禹庙，遂脱离大圣慈寺而独立。明代火后新建之禹庙，较旧址偏南少许，清代因之，不在四圣祠旧址，而在今之惜字宫地区。明天启《成都府志·祠庙》云："禹王庙，府治东，万历七年（1579）建，都御史罗公瑶、御史何公汝成、虞公怀忠，先后经营培建。布政刘公庠、李公江发帑金嘱成都知府张大器修建。"可见庙于万历时又曾经进行整修。

曹学佺《蜀中广记·名胜记·成都府》云："禹庙今在城东北之马务街，岁久倾圮。余以万历辛亥（1611）始克修复。仍以蚕丛、李冰二神配于东西庑。"可知今之惜字宫街，明代名马务街，而庙以大禹为主祀，仍配享诸神，保持集圣宫之制度。清嘉庆《四川通志·祠庙》云："惜字宫，古禹庙也，前殿祀仓颉，中殿祀禹王。明成化时建。"嘉庆《成都县志·祠庙》所记略同，又谓名集贤宫。

清代惜字宫（本为禹庙）沿明代之旧，康熙五十九年（1720）按察使高其佩重建。乾隆十一年（1746）华阳知县安洪德重修。嘉庆十五年（1810）又修一次，故规模不小。清代以前殿所奉仓颉为主祀，故改称惜字宫。今庙址仍存，但已荒废。此庙附近一带，尚名四圣祠街、惜字宫街。清末外国传教士曾建医院于此，1959年加以扩建，改为第二人民医院。

另，本馆馆员涂在潜曾对禹庙有笺证二则：其一，《华阳国志》言：蜀中山川神祠皆种松柏，王浚以为非礼，皆废坏烧除，取其松柏为舟船，唯不毁禹王庙及汉武帝祠。王浚此时为蜀郡刺史，正治成都，可见禹庙三国时已有。其二，宋张俞上蜀帅书，已言及马务街，其为宋时街名无疑。马务，如今之马局，五代以来即有此称，至南宋犹然。

　　至于川主庙，为民间祭祀李冰之祠庙。李冰建都江堰为民造福，民众尊之为川主，故州县皆有川主庙。成都南府街有川主庙，唐代已有。近所存者为清代所建。

第四章　游览胜地

第一节　武侯祠与惠陵

武侯祠为成都市南部重要风景名胜，占地三万七千平方米，现建有武侯祠博物馆，保存三国文武官塑像四十余尊，为全国重点文物保护单位。内有惠陵，为刘备葬所。

据《三国志·蜀书》，章武三年（223），昭烈帝崩后葬于惠陵，甘皇后同葬。吴皇后殁，亦葬于此。陵在今成都市锦江南岸倒桑树街之西，南郊路之北。《太平寰宇记》卷七十二所记方位与之相合。南宋时，四川制置使王刚中重修先主庙，任渊作《重修先主庙碑记》，中有"成都之南三里所，邱阜巍然曰惠陵者，实昭烈弓剑所藏之地"等语。明代张时彻复修先主庙，所作碑文中征引任渊记文（碑在今成都武侯祠内），或不明"弓剑"二字本义，误认为此乃假墓。其实则任渊之文先言"后世有读其遗书、过其陵庙者，未尝不咨嗟流涕，尊仰而怀思之也"，然后乃言及惠陵。渊何尝认为此非真墓！所谓"弓"，乃神话传说中之黄帝乌号弓[①]；"剑"则为象征刘姓皇权之所谓斩蛇剑。如薛道衡《文帝诔》"哀缠弓剑"，杜甫《送覃二判官》诗"先皇弓剑远"，亦指已死之皇帝。任渊用此典故，乃仿效隋唐人笔法，不过谓刘备已如黄帝之"成仙上升"，以称誉之而已。

刘备初葬时，按照汉代体制，应有原庙在墓前。《三国志·蜀书·二主妃子传》载诸葛亮上后主表"园陵将成"，即兼指墓、庙而言。此庙在蜀亡后，

---

① "乌号"典出《淮南子·原道训》和《史记·封禅书》，原指良弓。

352

自然年久朽败。今惠陵前之小屋，尚略具原庙体制，不过较为狭小而已。

南齐高帝萧道成命益州刺史傅琰于陵东七十步立先主祠。此见《太平寰宇记》卷七十二（是书误作傅覃）。据《南齐书》，时任益州刺史者为傅琰。萧道成在位为公元479—482年，建祠当在此数年内。以后历代之昭烈武侯合祠，虽屡经改建，但地点一直未变。

蜀汉时，曾于沔阳（今陕西勉县）为诸葛亮建庙，后世累经改修，今尚存。建庙事见《三国志·蜀书·诸葛亮传》及裴注引《襄阳记》。西晋末，李雄据蜀，建诸葛亮庙于少城。据宋祝穆《方舆胜览》载，庙在宋成都府署（今正府街一带）西南二里，其位置应在今东城根街与商业街东口衔接处。此庙宋初改名乘烟观，继改为朝真观，但仍于其中祀诸葛亮。[①] 此庙南宋末年被毁。清代又重建诸葛井祠、外北丞相祠、九里堤诸葛庙，并在提督东街建三义庙，祀刘、关、张及诸葛。

据杜甫《古柏行》"先主武侯同閟宫"，则至迟在盛唐时先主庙与武侯祠已合为一体，有如现今昭烈庙与武侯祠之共在一处。

宋代先主庙在中，其东为后主祠，西为武侯祠。[②] 后成都知府蒋堂撤去后主祠。

明初，蜀献王朱椿认为君臣宜有区别，乃撤去武侯祠，将诸葛亮像位移至昭烈殿内东侧，张时彻《重修先主庙碑记》有记。嘉靖时，巡抚王大用认为诸葛亮应有专祠，乃建祠于浣花溪上草堂寺东，人称"浣花武侯祠"。张时彻继任后，撰文立碑，即《新建诸葛忠武侯祠碑记》。此外，王大用于锦江街建诸葛井祠，杨名有《诸葛井祀记》载其事。建祠当在嘉靖年间（民国《华阳县志》误作万历时）。北门外及九里堤亦有丞相祠及诸葛庙。明亡后，以上祠庙全毁。

清初巡抚张德地培修惠陵，立有碑记。康熙十一年（1672）总督蔡毓荣于惠陵之东重建先主庙，以其后殿为武侯祠。道光时，刘沅主持修葺。民国11年（1922）川军总司令刘成勋再加修缮。成勋自称为刘备之后，庙门新置

---

① 参见魏了翁：《朝真观记》。
② 参见吴曾：《能改斋漫录》、赵抃：《成都古今集记》、田况：《儒林公议》、任渊：《重修先主庙碑记》。

一匾，题"汉昭烈庙"，下款书"四十八代裔孙成勋献"。

武侯祠自清代新建以来，有竹树亭台之胜，历为城南游赏之地。祠之西端有荷花池，乃清乾隆时住持道人张清夜所凿，今尚存。

祠中今存数碑，东西分列。最古者为唐元和四年（809）成都尹武元衡、节度掌书记裴度、营田副使柳公绰等为崇祀诸葛亮而立。裴度撰文，公绰书，名工鲁建刊石，即世所称"三绝碑"。此碑至明宪宗时，经滕嵩补刻。[①] 次则为明代张时彻碑，清代蔡毓荣碑、于养志碑、宋可发碑、鄂山碑。祠内有铁鼎三，其中有铭文者二，乃明成化时之物。诸葛殿北壁外面有明人张应登诗石刻。

祠内旧多古柏，屡见于前人诗文。唐宋时，祠前两株古柏传为诸葛亮手植，语见卢求《成都记》、田况《儒林公议》。杜甫《蜀相》诗中"锦官城外柏森森"者，即谓此。后人对此树又附会若干神话。古柏至明嘉靖时尚存，后不知何时被人砍伐，故万历中王士性入蜀已不及见。[②] 20 世纪 30 年代初尚存巨柏数十株，乃清代所植，民国时多被驻军砍伐，今尚存十余株。

祠内铜鼓乃西南兄弟民族之物，传为"诸葛铜鼓"，实与诸葛亮无涉。

据《太平寰宇记》卷七十二载，唐节度使李回为惠陵置守陵户。张德地《重修昭烈陵碑记》："仍饬守僧，勿使樵牧夫敢有或迩。"当时有僧人于陵旁建茅屋供佛像，德地遂命此僧兼司守陵。至张清夜主持武侯祠后，皆由道士管理。新中国成立后由武侯祠文物管理所经管，并新建文物陈列室。后又将"三义庙"移建于祠之后园，并在祠左围墙外修建仿古一条街，名曰"锦里"，为成都旅游之胜地。

第二节　杜甫草堂与百花潭

杜甫草堂位于西郊浣花溪畔，占地二十二万平方米。正门有大廨、诗史堂、柴门、工部祠等建筑在一条中轴线上，两侧对称配其他建筑。

---

① 参见钱大昕：《潜研堂金石跋尾》。
② 参见王士性：《入蜀记》。

杜甫旅居成都时，构草堂于浣花溪畔，即《卜居》所谓"浣花溪水水西头，主人为卜林塘幽"者。宅南为古百花潭。故《怀锦水居止》诗云："万里桥西宅，百花潭北庄。"在杜甫旅居时，已先有百花潭之名。此与吴中《冀国夫人任氏碑记》所言任氏浣衣百花满潭之神话故事无涉。今杜甫草堂即在旧址上重建，唯旧潭已淤为平陆。明嘉靖时筑龙爪堰，浣花溪主流尚远在草堂之南；但于堰侧导一支流，蜿蜒于草堂之南。2003 年于草堂南门外新辟浣花溪公园，挖凿巨池，广植林木；以后又建诗歌大道，塑三百多位历代著名诗人雕像，透溢出成都这座"诗歌城"的文化底蕴。

宋陆游《老学庵笔记》卷一谓杜甫另有一草堂，在万里桥西，其说实不足信。民国《华阳县志》谓陆说可信，无非欲为华阳县添一古迹而已。

杜甫居此时，是否已先有一草堂寺，迄今尚无定论。杜甫去后，其宅归节度使崔宁。崔宁妻任氏，后世称为浣花夫人，曾舍宅为寺，即梵安寺，亦即后代草堂寺之前身。

宋何宇度《益部谈资》谓其地有桃花寺，是一尼庵，亦不足为信，前人已加辨正。

草堂及其后身梵安寺，唐末荒芜。辛文房《唐才子传》云："韦庄（唐末进士）初来成都，寻得杜少陵所居浣花溪故址。虽芜没已久，而柱砥犹存，遂重作草堂而居焉。"宋元丰年间（1078—1085），吕大防知成都府，于梵安寺旁重建草堂，并绘图于其中，又称工部祠堂。胡宗愈继任，又加石刻杜诗于壁。南宋时堂倾壁圮。绍兴九年（1139）四川制置使张焘重修，并断石为碑，刻杜诗于堂之四周。[①] 端平三年（1236）蒙古兵入成都，城郭尽毁，而草堂独获保全。元至正元年（1341）追谥杜甫曰文贞。其后都元帅纽璘之孙，复以私财创建少陵书院于此，元末复废。明洪武二十六年（1393）蜀王朱椿于荒废故址重建草堂。方孝孺作碑记。其后数次营缮，培护甚勤。弘治十三年（1500）、嘉靖二十五年（1546）两次整修，规模尤为宏大，不啻重新再造。万历三十九年（1611）华阳知县何宇度摹刻杜甫像于石。清初，总督蔡毓荣在废墟上重建，毓荣及巡抚罗森均有碑记。乾隆四十三年（1778）杜玉

---

① 参见喻汝励《重修草堂记》。

林自谓为杜甫裔孙，特加培修。嘉庆十七年（1812）川督常明又重修，并以陆游配享①；且绘草堂图刻石，以志其胜。光绪初，复以黄庭坚配享。黄、陆在宋代诗人中推为大家，生平遭际，颇类杜甫，又皆客居四川，故配祀甚当。至民国时，军队常设营于此，斩伐竹木，摧剥堂庑，遂成荒凉景象。唯蓉城旧俗，必于正月七日"人日游草堂"，此风迄今犹盛。新中国成立后大加修缮，并专设纪念馆，有杜甫及唐宋文人塑像，又陈列杜诗各种版本。老一辈革命家游草堂者多有题咏，手迹均珍藏其中。

梵安寺本杜甫宅所改建。宋代吕大防重建杜甫草堂于寺西，与寺比邻。故其后有称为草堂寺者。如陆游《谒杜少陵草堂祠堂》诗："结庐浣花里，终陨耒阳乡。至今草堂寺，名与山水长。"明初薛瑄《游草堂记》复谓："草堂寺者，盖自子美之草堂而得名也。"明嘉靖《四川总志》又言："梵安寺，成都治西南五里，人呼为草堂寺。"至清康熙十年（1671）总督蔡毓荣重修此寺，则定名为益州草堂寺（清康熙三年，僧澹竹已开始建寺，蔡毓荣复恢宏屋宇），而梵安寺之名遂废。今之草堂寺，乃清乾隆至民国时数度增葺充实而成者。

浣花夫人祠乃为纪念任氏而建者。郑昈《蜀记》谓夫人舍宅为寺，故在庙中建祠纪念。《新唐书·崔宁列传》谓：西川节度使崔旰（后更名崔宁）入朝，杨子琳乘虚突入成都。任氏出家财募兵击之，子琳败走，蜀人为祠以祀之。建祠后，成都人于每年四月十九日（传为夫人诞日）来此遨游。明代易遨游日为三月三日，后在清代改为正月七日，乃据高适与杜甫人日（正月初七）唱和诗意，与浣花夫人无涉。今草堂内尚有浣花祠。

关于草堂、百花潭、草堂寺、梵安寺、浣花夫人祠，何明礼《浣花草堂志》及成都杜甫纪念馆编纂之《史略》与本馆编纂之《杜甫年谱》均有记载。又《草堂》创刊号郭世钦《成都草堂遗址考》亦可参证。本馆已故副馆长林山腴有《工部草堂考略》一文，兹敬录于此，以飨读者。

---

① 参见曹六兴：《重修草堂碑记》。

工部草堂考略

草堂寺在成都，世旧以杜工部著称。自杨升庵据李善注《文选·北山移文》引梁简文帝《草堂传》称："汝南周颙昔经在蜀，以蜀草堂寺林壑可怀，乃于钟山雷次宗学馆立寺，因名草堂，亦号山茨。工部草堂之称，实本于此。近时赵尧生撰记刻石，并从而张之。① 顾考公客秦州诗已有《西枝村寻置草堂》地事。则草堂计划，公之蓄于胸久矣！"杜甫《秦州杂事诗二十首》之十四亦曰："何当一茅屋，送老白云边。"故其后居夔州，在瀼东、西者，亦号草堂。其不因周颙也明甚。即使卜筑适当其地，亦必寺自为寺，堂自为堂。况以公卜居后诗考之，《南邻》《北邻》、朱阮《斛斯》② 历历可做，而无一言及寺者。公是深通禅悦之人，暂住新津，尚游四安、修觉，所至梓、阆，则牛头、兜率、惠义莫不有诗。③ 岂有初来所居僧榻，独不回心初地耶？草堂与寺，其辨甚明。公以唐肃宗乾元二年（759）入蜀，二千年来风景不殊。白沙翠竹，遂得擅此江村之胜焉！

草堂既非周颙之旧，前段业已说明。顾是否公之旧址，则更当证以公诗。先求浣花溪潭所在。《卜居》云："浣花溪水水西头，主人为卜林塘幽。"他如"野老篱边江岸回，柴门不正逐江开"，"二月六夜春水生，门前小滩浑欲平"，"南市津头有船卖，无钱即买系篱旁"，则草堂必在江上，江必绕草堂而去明矣。自近人误指宝云庵后江水深回处题碑命为百花潭，流俗不辨，懵然从之。则百花潭北庄

---

① 《南齐书·周颙传》：颙随益州刺史萧惠开入蜀，为厉锋将军，带肥乡、成都二县令。时尚在刘宋末。其尝爱草堂，必为令时也。肥乡无考。
② 即《闻斛斯六官未归》及《过故斛斯校书庄》。
③ 即《和裴迪登新津寺》《游修觉寺》《上牛头寺》《望牛头寺》《上兜率寺》《望兜率寺》《惠义寺送少尹赴成都》《惠义寺园送辛员外》。

当在城内而不必时出碧鸡坊矣，岂其然乎！① 百花潭、浣花本是一地。据《寰宇记》称：浣花溪在成都西郭外，属犀浦县，一名百花潭。② 故工部诗亦有"南京犀浦道，四月熟黄梅。湛湛长江去，冥冥细雨来"之句。可以证草堂虽在成都，而西与犀浦县境相接。百花潭更在草堂上流可知。③ 再以元费著《岁华纪丽谱》考之：四月十九日，浣花佑圣夫人诞日，太守出笮桥门，至梵安寺，谒夫人祠。就宴设厅，既宴登舟，溯流至百花潭，观水嬉竞渡。官舫民船乘流上下或幕帘水滨，以事游赏，最为出郊之胜。以溯流二字推之，则百花潭在草堂之上，毫无疑义矣。

百花潭之说既明，则浣花不必再辨。顾工部居草堂，前后不过五年。中间徐知道反，又避兵梓、阆将两年。然取集中诗论之，则心实未忘草堂。如《舍弟占归草堂检校聊示》云"东林竹影薄，腊月更须栽"。《将赴草堂途中寄严公》云"锦官城西生事微，乌皮几在还思归"。至于夔州《怀锦水居止》、潭州《追酬故高蜀州人日见寄诗序》皆可想见也。

顾至宋代，浣花溪之游虽盛，而表彰草堂者颇少。读宋子京一诗可以略推其概。发端云"君不见少陵草堂背西郭，浣花溪水流堂脚。竹寒沙白月凄清，莫问四松霜草薄"。此则工部旧日草堂，江绕堂下，与第二段所说正合。后乃云"祇今桤木平桥路，笼竹和烟杂江雾。野僧作屋号草堂，不是柴门旧时处"④。则在宋时，草堂已废不葺，而僧辈乃就其附近筑寺，似即如今地址。后来寺虽改名梵安，野老妇孺耳熟旧名，则仍呼为草堂耳。

① 按：作者所言"城内"，应是晚唐所筑罗城之内，老杜时今百花潭东北一带尚在城外。又考证草堂者如不明唐代百花潭所在而误认为杜甫草堂在今百花潭畔之宝云庵一带，则更谬矣。盖斯地在唐代为闹市区，杜甫岂肯卜居于此？如草堂竟在商场，则杜诗"盘飧市远无兼味"，"不嫌野外无供给"，"锦里烟尘外，江村八九家"等语又如何解释？且宝云庵在唐时少城之南，何以杜诗又曰"东望少城花满烟"？杜诗又曰"舍南舍北皆春水"。考当时之郫江，即李冰所凿，晚唐时废弃者，距今百花潭甚远，其间有商肆骈立。而今日由老西门外南流注于今百花潭之水，即西濠，为晚唐时高骈所开者，杜甫时尚未开凿。则"舍北"之"春水"岂非虚语？
② 参见《太平寰宇记》卷七十二。
③ 江水来自西方，至此迂曲。杜宅在潭北，溯流乃达。
④ 即宋祁：《蜀事补亡·草堂》。

元代都无可考。至明，蜀献王始有祭工部文："先生距今之世数百年而成都草堂之名至今日而犹传。予尝纵观万里桥之西浣花溪上，寻草堂故址，黯衰草兮寒烟，是以不能无所感也。于是命工构堂，辟地一廛，匾旧名于上"①云云。是草堂元季已废，由献王复立也。弘治（1488—1505）中，巡抚都御史钟蕃叹其朽坏，倡议重修。门临官道，望之翘然。筑祠三楹，中奉遗像。其后巡按御史姚礼复加规划，祠后更筑书院。楹如祠数，左右各翼以屋，引水为槛流，桥其上以通往来。榜前门曰浣花深处，院后隙地尽以属之，规制益宏。其东则选释氏之徒居之以奉香火。缭以周垣，名花时果杂植垣内，又其东偏为池，引桥下水注池中。荷芰交加，鱼鸟上下相乐也。其外则树以桤柳，如子美草堂之旧。此杨文忠廷和所记碑②云云。是即今之草堂。其后杜朝绅《存梅亭记》、刘大谟《草堂别馆记》因是已。③

此外则冀国夫人祠亦为浣花溪古迹，乃《岁华纪丽谱》所称佑圣也。夫人任氏，为西川节度崔旰（崔旰后改名崔宁）妾。大历二年（767）旰入朝，以弟宽为留后。而泸州刺史杨子琳率精骑数千，乘机突入成都，宽与战不利。夫人出家财数十万，募兵得数千人，出击子琳，破之。诏封冀国夫人。④民戴其德，后遂祠之浣花溪。相传夫人家在溪旁。未嫁时遇异僧请之浣衣，俄而花浮溪上，"浣花"之名以此。记之聊广异闻。"佑圣"之号，疑是宋封。至明，唯杨升庵杂记称：成都浣花溪有石刻浣花夫人像。三月三日为夫人生辰，倾城出游，则与费著"四月十九诞日"者小异。入清迨二百年，光绪中，黄祥人（即黄云鹄）观察始嘱草堂寺僧于杜祠左竹林隙地，创筑一院奉祀夫人。俞曲园、钱铁江两先生皆有联刻楹。此亦似应随草堂恢复者。

---

① 《全蜀艺文志》卷五十。
② 即《重修杜工部草堂记》，载《全蜀艺文志》卷三十九。
③ 两文载清同治《成都县志·艺文》。明正德《四川志》卷二十九《成都文词》载有熊相《重修浣花书院记》。熊相谓明初于此设浣花书院，正德时已垣败屋颓，相乃命成都知县张纶重修之。
④ 冀国夫人之封号，系出自野史，新旧唐书无记。

第三节　望江楼与薛涛井

望江楼公园位于东门外锦江畔，园内建有望江楼、濯锦楼、吟诗楼等。薛涛井传为唐代女诗人薛涛汲水制笺之处。

本馆馆员彭芸荪遗著《望江楼志》[①]，于望江楼、薛涛墓、薛涛井均有精确考述。关于薛涛墓，此书据郑谷《蜀中》诗，断定在成都西郊。原文云：

> 郑谷诗云："小桃花绕薛涛坟。"不知唐时墓在何处？然谷诗有"朱桥直指金门路"句。金门即唐时西郭金雁门，据此则涛本居浣花溪，又筑楼碧鸡坊，俱在城西，疑墓亦在溪坊近处。

郑诗："渚远江清碧簟纹，小桃花绕薛涛坟。朱桥直指金门路，粉堞长连玉垒云。"玉垒山在今都江堰市，当于成都西边城墙上遥望；金雁门则与今老西门方位相当。疑真薛坟在王建墓一带，是否为前蜀修王建墓时所夷平，已难考证。至于薛涛井附近之薛坟，《望江楼志》言："及明人置薛涛井于东郊，因此涛墓点缀名胜，是明时造墓，于此可知。"实际此一薛坟在明代尚不甚知名，何宇度《益部谈资》虽曾言及，而曹学佺《蜀中广记·名胜记》"成都府"条及明天启《成都府志·古迹》但言薛涛井（天启志且标井名于附图上）而不言其墓，便是明证。此墓本在民房之侧，后并入四川大学，"文化大革命"期间曾被铲平，于旧址上建川大教学仪器厂。

关于薛涛之生卒年，研究者有不同说法。《望江楼志》认为卒时年仅四十余，又指出旧有文献谓卒年七十三者，乃误认薛涛《贼平后上高相国》诗所指相国高崇文为高骈所致。此问题未有定论。

又郑谷诗所言小桃花，陆游《老学庵笔记》卷四曰："初但谓桃花有一种早开者耳。及游成都，始识所谓小桃者，上元前后即著花，状如垂丝海棠。"《蜀中广记·方物记》谓即樱桃。明、清人咏薛涛及薛涛井者，或误认为小桃

---

① 四川人民出版社1981年版。

花即桃花，故特予辨正。

薛涛井旧名玉女津，水质甚好，现已枯竭。井在今望江楼公园内，本为明蜀王府仿薛涛法造纸笺之地。据唐、宋人记载，薛涛用浣花溪水造纸笺，其地当在杜甫草堂附近，远在今望江楼之西。明代因唐百花潭渐淤积，水源不畅，不便沤浸造纸原料，乃于玉女津造纸。玉女津本渡口名，又泛指江畔一带，其地即今望江楼下之锦江南岸，故后人以津指井。当时于每年三月三日取津侧甘泉井水，特制仿薛涛笺二十四幅（遂名此井为薛涛井），以十六幅贡京师。[①] 又明人王士性《入蜀记》云："过濯锦桥三里，至薛涛井，水味甘冽。"明天启《成都府志·古迹》："薛涛井旧名玉女津，在锦江南岸，水极清澈，石栏周环，为蜀藩制笺处，有堂室数楹，令卒守之。"王士禛《陇蜀余闻》"薛涛井在万里桥东锦江之涘"，又足证所见者即明代之薛涛井。清人于井旁立碑，题"薛涛井"三字，款书"康熙甲辰（1664）三月立"。不知何人手笔，今此碑尚在。又陶澍《蜀輶日记》："井水芳冽，惟节署（指总督署）得用之，每日汲取十余斛。"20世纪40年代，城内某茶舍亦运此井水烹茶，以飨茶客。新中国成立后为保护古迹而围以护栏，禁取井水。又，张问陶有《咏薛涛酒》诗。陶澍复记薛涛井附近有酿薛涛酒者，味不佳。此后无人再言及薛涛酒，当是未再酿售。

清嘉庆《华阳县志·古迹》："嘉庆十九年（1814）布政使方积等于（薛涛）井旁修建亭台。"然据同书《薛涛井图》载，则井及方积所建屋宇，实为其侧雷神庙之附属品。民国《华阳县志·古迹》："陶文毅公（澍）《蜀輶日记》称：井旁修竹曲径，疏篱小亭及石刻万里桥边女校书一诗。是昔时已为名胜，后渐废圮。《澹秋集·薛涛井诗序》可证也。光绪初，县人马长卿以回澜塔（即同庆阁）毁后，而县中科第衰竭，乃创议于井前造崇丽阁以代之。阁凡五级，碧瓦朱栏，舥棱壁当，井干六角，塔铃四响，登高眺望，江天风物，一览在目矣。阁成，因即其旁构吟诗、濯锦两楼及浣笺亭、五云仙馆、流杯池、泉香榭、清婴室诸胜，由此遂为都人游宴饯别之所，民间则呼之为望江楼。"崇丽阁形状乃仿同庆阁（嘉庆《华阳县志》有图）而更宏伟者。阁

① 参见王士禛：《池北偶谈》。同书又记王士禛曾见井旁雕镂精丽之造纸石臼。

建成于光绪十五年（1889）。四川省人民政府已故参事梁伯言曾有《成都近郊名胜望江楼沿革考》曰："又闻父老传说：……时总督为刘秉璋，落成之日，大宴宾客幕僚于此。席间占一联云：'望江楼上望江流，江楼千古，江流千古。'……望江楼之名遂自此盛传人口。"有释崇丽阁之名者，一谓本诸左思《蜀都赋》中"既丽且崇，实号成都"二语；一谓本诸班固《西都赋》"肇自高而终平，世增饰以崇丽"之意。民国17年（1928），此处辟为郊外公园。新中国成立后建为望江楼公园，原仅十余亩，后扩大约十倍，植各种异竹，与草堂、武侯祠均为本市最有名之游览胜地。

第四节　永陵与孟知祥等墓

五代前蜀主王建墓，史称永陵，位于西郊三洞桥处。现为全国重点文物保护单位。

据《新五代史·王建传》及《蜀梼杌》卷上载，王建墓名永陵，而陆游《剑南诗稿·游后陵诗题》："（后陵）一作厚陵，永庆院在大西门外不及一里，盖王建墓也。有二石幢，犹当时物，又有太后墓。琢石为人马甚伟。"所言太后，当是王建妻周氏。建即帝位，立为皇后。王建死后数月，周氏亦卒。王衍并未尊周氏为太后；谓为太后墓，乃宋代人呼之。陆游既称永陵为后陵，则太后墓当在其前，即在永陵之南。此墓在南宋尚存，其后不知何时夷平。明天启《成都府志·陵墓》、清康熙《成都府志·陵墓》所记与陆游同，且载其语，实则清代已无石马石幢石人等物，志书乃抄袭前人之语。清同治《成都县志·陵墓》不知王建字光图，既称此为王光图墓，又谓他处别有王建墓，当属误记。又王建墓因年久荒芜，而墓前石幢石人又早已湮没，遂有人误认为此土阜为汉代抚琴台遗址。民国30年（1941）掘防空洞时，无意中发现墓内建筑，乃知所谓抚琴台实为王建墓。经当时四川省博物馆呈请保护现场，继于民国31年（1942）进行正式发掘，至同年9月底完毕。乃知全墓结构分为前、后、中三室，门皆拱式，楣上残余壁画少许。成都五代壁画尚存者唯此而已。中室最大，用以置棺，前后室略小，三室之间皆有木门，髹以朱漆，又有镀金铜乳钉。前室有巨锁，室内仅有少许镀金之铜铁环，故知此墓曾经被盗。中室正中为棺台。台之左右，各有石刻金甲武士六人，作扶棺状。甲有绊，形似今之裤带绊。《资治通鉴·唐纪》谓罗绍威使人潜断魏博牙兵之弓弦甲绊（昭宗时事），于此可得印证。甲士躯大如常人三分之二，下部已为淤土所掩。台之边缘镶嵌雕刻石板，上部镂龙，下部镂莲花，中部镂舞女与奏乐女，东西各十人。两端有乐舞女各二人，四周共二十四人。不同乐器与舞姿，皆有助于考古学者之研究。其台面为文石，四周白而中心蓝，棺置其上。发掘时棺已不存，仅余木质碎块少许及水银残汁，骸骨不见。棺台后有灰色沙石大圆盆。中贮红色圆形之璧盆。两侧置瓷灯。后室有月台，其下端有雕刻巨石三块：中为盘龙，左右为狮。月台边缘有玉册，排列为二行，每行有玉简五十三块，以长方形木匣贮之。玉简一为《哀册》，一为《谥册》。两册皆云："光天元年……哀子嗣皇帝臣（王）衍"。玉册之后为王建石雕坐像，高如生人三分之二，隆鼻大眼，襆头蟒衣。衣上蟒绣系画成，已甚暗淡。像垂脚坐椅上，足证五代时即连帝王亦改席地而坐为垂足高坐之式。像前木匣中贮玉刻谥宝，文为："高祖神武圣文孝德明惠皇帝谥宝"。其旁玉璧棺及像上所悬丝质华盖、帷帐皆已朽落。全墓四壁及顶部全用石砌。此墓自初葬（918）至发掘（1942）历时一千零二十四年。发掘时因历年已久，砖缝雨溜积漏，室内淤塞约五分之四，久经爬梳乃得清除。《五代史》及《十国春秋》均言周氏合葬永陵。发掘王建墓时，不见有周氏遗物，且王建墓并无耳室。合葬之说似不可信。至于周氏墓，则尚未发现。

新中国成立后对土阜已加培护，又修葺墓道，安设电灯，以便参观。墓中文物除零星小件藏于四川省博物馆（今四川博物院），玉带以复制品陈列外，余均如原式陈列墓中。盛玉册之匣与王建坐像，四川省博物馆有复制品藏馆内，发掘出的墓前石人安置于墓园内。1990年，成立王建墓博物馆，1998年，更名为永陵博物馆。

后蜀主孟知祥墓，名和陵，位于北郊磨盘山（即回龙山）。志书原有记载，但不能确知墓所。1970年冬，当地农民改土时发现其墓。次年4月由四川省博物馆与市文化局发掘清理，现为全国重点文物保护单位。

孟墓分为墓道及墓室二部，皆用青石条砌成。墓室为穹隆结构，墓门为牌楼式，有石浮雕及彩绘壁画。室内棺台上有浮雕花纹及武士。发掘时，又在室内发现孟知祥《哀册》《谥册》残片及其妻后唐福庆长公主李氏墓志铭。此墓曾被盗掘，故所获文物不多。四川博物院藏有此墓详细资料。

明太祖朱元璋第十一子朱椿，始封为蜀王。明天启《成都府志·陵墓》记载，献王朱椿墓在天回山左；又载有僖、和、怀、惠、昭、成、康等蜀王及崇宁、崇庆、南川、黔江、汶川、永川、德阳、庆符等郡王墓及蜀庄世子、内江世子、内江长子墓。其中除崇宁、庆符、永川三郡王墓在外县，余均在成都。《蜀中广记·名胜记》谓明代以学射山（凤凰山）为蜀王府葬地。历代蜀王墓于明亡后被掘，墓址亦多不可考。民国《华阳县志·古迹》仅记有僖王友壎、怀王申钺、惠王申凿、昭王宾瀚、端王宣圻墓。1979 年以来，在龙泉驿区十陵镇发掘清理出明僖王墓和昭王墓，其中从僖王墓之碑文，知僖王实名友壎，《明史》误作友壎。当时发掘时墓门尚完整，又获得石刻武士像。在此前后还陆续发现十多座明蜀王家族的墓葬胜迹。现蜀王陵群为全国重点文物保护单位。1972 年复于北郊凤凰山发现朱椿之子朱悦爤墓。悦爤为世子，未继王位即死，死后谥为庄世子，以王礼葬于此地。墓室用琉璃砖瓦建成，俨然地下宫殿。墓曾被盗。尚余车马陶俑、冕服、弓、刀等文物。此又可以证实天启《成都府志·陵墓》所言庄世子墓在成都之记载。现蜀庄王陵（朱悦爤墓）亦为全国重点文物保护单位，并入十陵镇明蜀王陵群，属同一保护单位。

第五章　宗教寺庙

第一节　道教宫观

四川为道教发源地之一。东汉末年张陵于大邑鹤鸣山创天师道，即《樊敏碑》所称"米巫"，成为初期道教。《华阳国志》《晋书·载记》言，两晋之交的成汉李雄之所以能据有全蜀，多赖天师道教主范长生（又是成汉丞相）之力。《颜氏家训·书证》等谓长生曾为《道德经》与《周易》作注，则此人不但是教主，还是学人。长生由青城山迁往成都，其寓所已不可考。较早道教宫观，以严真观、玉局观、青羊宫著名。严真指西汉庄遵，世称严君平，乃东汉人避明帝讳而改庄为严。此人乃道家，当时并无道教，系被后人强奉为"严真"而已。

一、严真观

已故馆员李思纯撰有《严真观与支机石》一文，略称：清代八旗驻防城之南（今人民公园之南），有街名君平街。按西汉蜀人严遵，字君平，成都人。认君平街梓潼宫，即为严遵故居，亦即六朝、唐、宋的严真观所在，似乎合理，其实不确。晚唐高骈未筑罗城以前，其时内江未徙，君平街即郫江流域所经，何能为西汉严遵所居之地？清代君平街，乃清初康熙时为修筑八旗驻防地，新迁驻防城内古迹于城南而仍加以旧称，以略存旧日名迹于仿佛者。其实西汉的严遵宅，与晋、唐的严真观真址，乃在驻防城内的君平胡同，即今支机石街之西段，恰是清以前的原址所在。严遵为西汉卖卜为业之人，长于老庄之学，深通数术，其学实近于道家。晋、宋六朝以来，天师道流行，严遵遂为道教徒所尊奉，故称"严真"。自六朝至于唐、宋时，成都人士就其故居所在，进行崇奉。六朝至唐，其地称为君平卜肆（唐岑参有《卜肆》诗）；晚唐、五代成都道教徒杜光庭等大宏其教，遂改为严真观。《锦里耆旧传》云："君平宅今为普贤寺。"《太平寰宇记》卷七十二云："君平宅在益州西一里。"曹学佺《蜀中广记·名胜记》云："严君平宅即城南严真观。"宋、明以来，记载益多，成为名迹。虽称城南，而实指支机石街一地。至于清代君平街附会为严真观之梓潼宫，则据清人毛振翮碑记，其实乃明代庄氏祀文昌神之所。《华阳县志》亦云："严君平亦姓庄，此地实自庄氏自记为君平后裔以祀文昌者。"故可知其绝非古代严真观旧址。

本馆已故馆员涂在潜曾对李思纯文有笺注数条，大意如下：

其一，《华阳国志》言严君平有祠，东汉末年蜀郡太守王商所立。

其二，严真观起于何时，是否即普贤寺？五代以前似尚不见于记载。如以为严真观即普贤寺，最早也只能认定为唐末五代间创立，还不能上推至六朝。

其三，严君平宅即城南严真观，自是误认梓潼宫为严真观；但谓支机石街即严真观的故址所在，亦即严君平宅的旧迹，在郫江未改道以前，实在还无法说明以上三个问题；同时也可断定严真观不是普贤寺。

其四，支机石、严真观，大约都是五代初道士弄的玄虚。不过谁先谁后，倒是可以考究的问题。但总的说来，似乎均与严君平宅不在一处。

按《蜀中广记·名胜记》引《益州记》曰："雁桥东有严君平卜处，土台高数丈。"无论此是李膺或任豫之《益州记》，均为关于君平卜肆之最早记录。同书又引五代人张彭《锦里耆旧传》："严君平卜肆之井犹存，今为严真观。"此乃关于君平卜肆所在之可贵记载。考今成都支机石街西段为君平居处之说，较为可信。至于土台，当是高骈筑罗城削平各丘阜时被夷平。又清代修满城时，乃于其南垣外立君平街，街南建梓潼宫，刘沅《成都石犀记》可资佐证。

二、玉局观

汉末张陵创五斗米道（天师道）时，立二十四治为传教点。《云笈七签》卷二十八云："治应天二十四气，合二十八宿，付天师张道陵奉行布化。""二十四治"分上、中、下各八治，其下八治之一为玉局治（化），亦名玉女化，设在成都，后乃修建宫观。宋彭乘《修玉局观记》称："斯化密迩府署（节度使署），制度仅存。自东汉权舆，皇唐崇饰。"此观创自东汉之说，固不可信，当是建于唐代。《成都古今集记》已明言开元中，道士罗上清请重修殿宇，本名玉局治，因避高宗讳，改名玉局化，是其一证。《修玉局观记》又云："王氏（王建）窃据，广其阃阈，坏此殿堂，并为内禁，寻与府库，悉为灾焚。"《茅亭客话》："王先主霸盛之后，展筑子城西南，收玉局化起五凤楼。"据此，则玉局化在前蜀皇宫之西南，实在罗城之内，为王建所毁。《修玉局观记》又言："后主（王衍）因其旧规，复创祠宇。"此观遂成为有名道教宫观，由朝廷派官提举。彭乘未明言复建者在何处，遂引起后世若干争论。《太平寰宇记》卷七十二："玉局坛在城南玉局观内。"《蜀中广记·名胜记》引此文时改作"城北"。苏轼《送戴蒙赴成都玉局观》诗："拾遗（杜甫）被酒行歌处，野梅官柳南郊路。闻道华阳版籍中，至今尚有城南杜。我欲归寻万里桥，水化风景暮萧萧。"此诗所指皆城南景象，野梅、官柳均见于杜甫《西郊》诗中，官柳在市桥，野梅在锦江畔。又陆游曾提举玉局观，常经笮桥入城。笮桥在近代成都南较场与西较场之间。可以推断柳堤（即今柳荫街）侧之锦江北岸，彭乘所记之玉局观当在此地。

明曹学佺《蜀中广记·名胜记》引《寰宇记》云："玉局坛在城北柳堤玉局观内。按今往新繁路自堤上行十二里，有赛云台足以当之。"明天启《成都府志·祠庙》："玉局观府城北二十里。"二者一自城西北之堤起算，一自城垣起算，里数虽异，方位则同。宋、明人所记皆亲见者；宋人谓在城南，明人谓在城北，足证宋明各有一玉局观，名同而地异。当是宋代之玉局观，在南宋末时成都被毁后，明人易地重建。曹引《太平寰宇记》作"城北"，非误据讹本，即是有意改窜。民国《华阳县志·古迹四》谓后人误据《太平寰宇记》"城北"之说，实乃误信曹学佺语。如谓宋之玉局观在城北，与苏诗、陆诗均无法吻合。清同治《成都县志·寺观》谓"玉局庵……有燔炉一座，铸明成化十九年（1483）字"，足见明建玉局观之时间，不晚于是年。

清嘉庆《四川通志·寺观》："玉局观在县北二十里，内有玉局坛。"又引《大清一统志》："在府城南杨柳堤。"《四川通志》未言究竟在城南或城北。同治《成都县志·寺观》谓玉局庵在县北六甲六里。同书《县境图》所绘玉局庵在九里堤诸葛庙南、万佛寺西北，距省城不足二十里。"通志"与"县志"歧异，正可说明一事，即明之玉局观在明亡后已毁，至清嘉庆时尚未复建，故《四川通志》并录不同之二说，以追记古迹；实则修志时并无此观。其后于九里堤南新建玉局庵，此为嘉庆二十年以后之事，同治十年以前更名易地重建。同治《成都县志》虽载玉局庵地址，但又征引"通志""玉局观在县北三十里"之说，并未明白指出清之玉局庵乃更名易地重建者。

又据清四川按察使黄云鹄《彭游行记》："光绪乙酉（1885）九月十八日，复自成都启行，出北门过万福桥，五里至玉局观，僧寿山迎入，茗话于落成……又五里至王家桥。"说明玉局观在清光绪十一年（1885）前不久，已易地重建落成于成都出北门过万福桥五里处。玉局观时由僧人寿山住持。

从以上记述，可综括为：唐有玉局化，宋、明有玉局观，清有玉局庵。名称虽异，皆据所谓老子为张陵讲经之神话而建者。四代之庙，各在一地。成都名胜古迹易地重建者甚多，此不过其中之一例。因彭乘《修玉局观记》未明言王衍于何地重建，遂引起后世"城南""城北"之争。

据《成都通览》第二辑载，清宣统元年（1909）时成都有道教徒二百六十六人。

三、青羊宫

扬雄《蜀王本纪》谓老子为关尹喜著《道德经》，临别时言："子行道千日后，于成都青羊肆寻吾。"后人遂以"青羊"二字，为道教宫观之名。《老子》《道德经》书中并未言及神仙。《庄子·养生主》且明言："老聃死，秦失往吊之。"《史记·老庄申韩列传》中所记老聃虽寿，亦不明确。西汉文帝、景帝之际，虽崇尚黄老，但并未形成一种宗教，故道家与道教亦不相涉。而老聃来成都，当系后人假托故事，实不足信。其与王浮虚构老子化佛故事，皆非信史。

东汉末张陵在蜀创天师道，成为道教之雏形。其后天师道流传蜀土，然未普遍建立宫观。至唐代尊老子李耳为李氏始祖，尊之为玄元皇帝，令天下诸州皆置道观，诸路各设玄元皇帝庙，并为老子设像，于是成都建立紫极宫。[①]成都之玄中观，唐僖宗入蜀后，改称青羊宫。观址本甚狭小，四周尽为菜圃。据僖宗《改玄中观为青羊宫诏》，改为青羊宫后，大兴土木，备极壮丽，顿成巨观。乐朋龟《西川青羊宫碑铭》有记。青羊之名，当是据《蜀王本纪》之说，而又附会道教说法，谓老子命青帝子化为青羊，老子乘之至成都等情节而命名者。

五代至宋，青羊宫成为游览胜地。陆游诗"当年走马锦城西，曾为梅花醉似泥。二十里中香不断，青羊宫到浣花溪"，可为其证。陆诗之"二十里中香不断"，乃是描写当时江上游乐情景，五代时已有此风，至宋犹然。《蜀梼杌》卷上："王衍出游浣花溪，龙舟彩舫十里绵亘，自浣花溪至万里桥。"庄季裕《鸡肋篇》："成都浣花自城去僧寺凡十八里，太守乘彩舟泛江而下。两岸皆民家，绞络水阁，饰以锦绣。"此皆江中泛舟情景与两岸景色，非谓青羊宫与浣花溪之距离。

明蜀王朱椿重建青羊宫，营造亦甚美。何宇度《益部谈资》谓其规模不减两京。清初毁，犹存铁铸花二株，烛台二座，皆正德时物。清康熙七年（1668）巡抚张德地捐修三清殿。嘉庆《四川通志》及同治《成都县志·艺文》并载张德地《重修青羊宫碑记》。其后，华阳知县安洪德于乾隆六年（1741）重修，由武侯祠道士张清夜主持其事。清夜后又于此收徒。其后，道士秦复明于嘉庆十三年（1808），道士陈教忠于同治十二年（1873）均踵事增建，殿宇至今犹存。刘沅有《重修青羊宫碑记》志其事。

明时青羊宫为道纪司所在地。[②]其正殿内有铜羊。《蜀中广记·器物记》："有青铜铸成羊，其大如麋。"清康熙时，王士祯亲见庙内有铜羊，未言其状，不知是否与曹学佺所言者一致？清雍正元年（1723），张鹏翮于北京市肆见一铜兽，意为青羊宫旧物，因购运还蜀，置青羊宫内。实则此兽非羊，仅一角，四足为爪而非蹄，其状与《汉书·郊祀志》所言之麃近似，亦有人谓为效十二生肖之像，上有隶书"藏梅阁珍玩"五字，或谓是宋贾似道家或明时严世

---

① 参见封演：《封氏闻见记》。
② 参见明天启《成都府志》。

蕃家熏炉，今已不见其字。前四川省通志馆濮冠云曾言其见字后，于报上撰文，谓此乃严世蕃家故物，不久即被道士用布涂生漆掩盖其文字。今漆布均不存，字亦不见，疑已被铲去矣。至于明代之铜羊，或为张献忠熔各寺神像及器物以铸钱时熔毁。成都人皆视张鹏翮购回之铜兽为神物，谓摸抚之能治百病，久而铜兽光可鉴人。清代又有信士铸一铜羊献置殿内。张鹏翮购回者，虽非明代铜羊，亦属珍贵难得之熏炉样品。王士祯又言青羊宫有石羊一。20世纪80年代中修建文化公园时掘得石羊，旋埋土内；埋处为文化公园茶馆地下。

青羊宫后部有紫金、降生、说法三台。台之土基，据考古家鉴定，乃唐代陶瓷器窑遗址，至今犹可见无数陶瓷器碎片杂于泥土中。青羊宫内又有"唐王殿"，此名在志书中实无所据。考玄宗、僖宗时，均未曾住此庙内。对杜甫《中丞严公雨中寄见忆一绝奉答二绝》"雨映行宫辱赠诗"之行宫，朱鹤龄谓在城内，绝非节署至草堂途中之青羊宫。今人认为乃节度使署前楼，因玄宗曾于此宣诏。

现青羊宫占地面积约十二万平方米。中轴线上建筑有山门、混元殿、八卦亭、三清殿、斗姥殿、紫金台、降生台和说法台等，为清代康熙以后重建，当代又多次修葺。1983年，青羊宫被国务院确定为汉族地区道教全国重点宫观。2002年，青羊宫公布为四川省文物保护单位。

四、二仙庵

二仙庵与青羊宫毗邻。所谓二仙，指吕洞宾与韩湘子。清同治《成都县志·祠庙》："孚佑真君（吕洞宾）庙在西南四甲五里，即二仙庵。"此庵为四川按察使赵良璧于康熙三十四年（1695）创建，初名青羊二仙庵，祀吕洞宾及韩湘子。建此庵盖作为道士陈清觉修养之所。[①] 关于此庵之建立，成都民间有一段传说，谓成都将军某于西门外城濠畔，见二乞丐涤砂锅于渠中，翻折锅底向外，砂锅柔若布袋，以为遇仙，遂建此庵。实则建庵时尚未设成都将军；未见二仙庵创建碑记者，不免误信其说，兹特辨明。其后四川布政使孔

---

① 参见赵良璧：《新建青羊二仙庵碑记》及陈清觉：《新建青羊二仙庵功德碑记》。

繁均、按察使高其佩，于康熙六十年（1721）重修；至乾隆四十一年（1776），住持道士吴本固复加修葺。洪成鼎《重修二仙庵碑记》有记，现碑已不存。嘉庆十四年（1809）四川布政使方积，请准饬建崇祀专祠，于每岁春秋仲月（二月、八月）致祭，列入祀典，庵门亦悬"纯阳观"匾额，但仍名二仙庵。[1] 道士张永亮于道光十三年（1833），阎永和、张锡荣于光绪十九年（1893）均曾先后培修。[2]

此庵为道教著名十方丛林。大殿匾刻有清四川总督兼成都将军崇实亲书"十方丛林"四字，并有跋语。此庵又为道士习经之所。至民国 4 年（1915），由住持道士阎永和等发起编纂并雕刻的《重刊道藏辑要》历时十五年而告竣工。经版现存青羊宫印经院。成都道观向无传戒者，住持道士宋惠庵至北京白云观学戒，数年而归，遂于光绪十四年（1888）开始传戒。

二仙庵在青羊宫东侧，仅隔一墙，每年花会期间游人极多。新中国成立后，拆除隔墙，此二道观合为一体，成为文化公园。又移十二桥烈士墓至二仙庵侧，支机石亦由城内移置于文化公园内。前述青羊宫、二仙庵各碑碣匾对，原均在庙内，现均不存。

1949 年，二仙庵内有常住道士六十多人，后来大多返回原籍。1958 年青羊宫、二仙庵改建为文化公园，道众成为园林工人。2002 年，进一步落实宗教政策，将文化公园内二仙庵主体建筑区域划归青羊宫，使青羊宫、二仙庵两道观成为一个整体。现在二仙庵主要建筑有大山门、灵官殿、钟鼓楼、吕祖殿、斗姥殿、九皇殿、百神殿、藏经楼等。

第二节　佛教寺院

一、石犀寺

石犀寺遗址在今西胜街。民国《华阳县志·古迹》："寺起于何时，迄无定词。以今度之，或始于有石犀时。"石犀乃李冰开二江时所立，当时佛教尚

---

[1] 参见方积：《孚佑帝君吕祖庙碑》。
[2] 参见芮福森：《重建二仙庵吕祖殿碑记》。

未东来，且石犀立于河岸滨水处，实与建寺之事无关。后世所见石犀，乃在寺之大殿前，当是高骈废郫江后，乃扩旧河床为寺基；因石犀在寺内，世人遂以为寺名。明天启《成都府志·祠庙》谓其"建于东汉"，清嘉庆《四川通志·寺观》谓建于汉代，均不可信。明《蜀中广记·名胜记》载："本晋王羽宅，后舍为寺，改名龙渊，殿有水眼如井，云与海通。曹学佺所见之井乃高骈废郫江后，故道残余之水池，井至民国时尚存。《高僧传》谓晋惠持入蜀，止金渊精舍，即其地也。其后改名空慧（寺）。隋赐蜀王（杨）秀竹园六十顷，此地属焉。唐仪凤二年（677）敕天下七寺建塔立石柱二，度僧常七百人，（此）寺其一也。会昌（841—846）中废，至大中元年（847）李回重建，摹万里桥南元和（唐宪宗年号）圣寿寺额竖此，故曰圣寿寺，字则僖宗御书也。"《蜀中广记·名胜记》中之"僖"字实误，当是唐宪宗所书。唐代应避渊字，龙渊寺改名"空慧"，当在唐初。李回重建时，又以圣寿为名。清嘉庆《四川通志》谓"唐改空慧为龙渊"者误。同书又谓："宋真宗大中祥符（1008—1016）间移圣寿寺额于此。"其言实无依据，然民国《华阳县志·古迹四》谓"祥符"二字为僖宗年号者亦误（僖宗年号为乾符）。圣寿寺之名，遂沿用至明代。宋陆游《老学庵笔记》称为石犀寺，当是采用民间习惯称呼。陆游又言石犀状如牛，故后世又称为石牛寺。又《蜀中广记·名胜记》称：石犀寺一名石牛寺，今寺正殿阶前有石状如犀尚存，额曰圣寿寺。可知明代虽已称为石犀寺或石牛寺，但未正式更名。

据《大唐大慈恩寺三藏法师传》及唐《续高僧传·玄奘传》载：玄奘曾住此寺，且受戒于此。又据吴任臣《十国春秋》载：孟蜀宰相王处回舍宅以广寺基，并建屋四百楹。于是发展至三十六院，与大慈寺东西并峙，号为成都第二大寺。宋代又为蚕市所在[①]，至元明渐衰。清初成都全毁，此寺亦不复存。清康熙五十七年（1718）建筑满城，寺之旧地在将军衙门及东西胜街部分均被占用，但残存今君平街及其南一隅，遂于其地建石牛寺。原有石犀太重，难以移动，乃别制一新石牛。清末于其地建尊经书院，而此寺遂废。

据故籍所载，圣寿寺壁画甚多，详见黄休复《益州名画录》。

---

① 参见费著：《岁华纪丽谱》。

二、大慈寺

大慈寺为唐代成都第一大佛寺。民国《华阳县志·古迹》记载甚详，兹择录其文：

> 大慈寺，治东糠市街。《大清一统志》："在华阳县（署）东。唐至德（756—758）中建。明皇书大圣慈寺额，即此寺也。《旧志》[①] 引《佛祖统纪》称："唐元（玄）宗幸成都，沙门英幹施粥救贫馁；敕建大圣慈寺；凡九十六院，八千五百区，并书大圣慈寺四字额。"《志》又云："寺明宣德乙卯（1435）毁于火。至正统丙寅（1446）重修。清初又重修。韦皋、苏轼有记，田况、贯休有诗。"而《蜀中名胜记》云：大慈寺唐至德年建，旧有肃宗书大圣慈寺四字，盖敕赐也，故会昌（841—846）不在除毁之例。与《一统志》及《旧志》称元（玄）宗敕赐者不同。然寺始至德则一。至德为肃宗年号，或实为肃宗书亦未可知也。[②] 寺为县中浮屠之最胜者，又不经会昌诏毁，故历唐、宋、五代、元、明数百年间，其壁画梵王帝释、罗汉、天女、帝王将相，瑰玮神妙，不可缕数。至于寺院之宏阔壮丽，千楹万栋，与夫市廛百货珍异杂陈，如蚕市、扇市、药市、七宝市、夜市，莫不麇集焉。综其所由，则文湖州（指文同）言最为近之。观其《彭州张氏画记》云："蜀自唐二帝（指玄宗、僖宗）西幸，当时随驾以画待诏者皆奇工。故成都寺宇所存诸佛、菩萨、罗汉等像之处，虽天下号为古迹多者，尽无如此地所有矣。后历二伪（指前后蜀）至国（宋）初，其渊源未甚远，故称绘事之精者，犹斑斑可见。"湖州此言虽不为大慈发，而成都佛寺更无逾于大慈者。则其名笔夥颐，自当出诸寺之上也。故自黄休复《蜀中名画记》、范成大《成都古寺名笔记》，莫不怵于祸乱，惜古迹之沦亡而致叹于淳化盗发二州之余者，无非大慈所有也。则其全盛时当何如哉！降至今日，非记载所及，殆无人知此寂寞萧

---

① 指清嘉庆《华阳县志》。
② 肃宗即位后，尊玄宗为太上皇，蜀地遂改用肃宗年号。或谓当时玄宗犹控制剑南道，建寺时玄宗尚在成都，何致遥请肃宗书额？此四字当是玄宗手笔。

寺，为唐、宋两代画苑高手所萃也。兹为分别院阁以年代先后，疏记其可考见者于左，以贻世之考古者。虽未还九十六院之旧，复万堵之观，要亦存其梗概焉。

民国《华阳县志·古迹》对九十六院曾大力考索，考得者有下列七十一院：

大圣慈寺	前寺	普贤阁	鲜于院	百部院	千部院
白马院	承天院	中寺	文殊阁	华严阁	文殊阁院
西大悲院	大将院	药师院	瑞像堂	六祖院	保福院
大轮堂	极乐院	四绝堂	石像院	慧日院	吉安院
寿宁院	东观音堂	土地堂	华严院	兴善院	西林院
大悲阁	揭谛院	宝胜院	弥勒院	锦津院	东律院
灌顶院	如意轮院	楞严院	甘露寺	承天院	起悟院
石经院	三学院	僧迦和尚堂	崇福禅院	崇真禅院	竹溪院
维摩诘堂	观音院	炽盛光院	经楼院	资福院	嘉佑院
玄宗御容院	念经院	中和胜相院	玉溪院	延祥院	大将堂
揭谛堂	正觉院	水陆院	雪峰院	应天寺	萧相院
方丈院	多利心院	超悟院	宣梵院	严净院	

四川省文史研究馆馆员冯修齐对此七十一院重加考证，计不应列入"院"者五处，重复列入者六处，院中的阁、堂九处。除去这二十处，仅有五十一院。又，新考得二十八院，共计七十九院。[1]

韦皋镇蜀时曾加修葺大慈寺。[2] 其又凿解玉溪流经寺前，更成胜境。寺前不仅有大市集，且为游乐之地。相传今粪草湖街，当时为与解玉溪相连之小湖，寺中粪便经此运走，可以想见僧侣之多。寺中尚有唐南康郡王（韦皋）

---

① 参见《成都大圣慈寺九十六院新考》，《蜀学》第四辑，巴蜀书社 2009 年版。
② 参见韦皋：《再修大慈寺普贤菩萨记》。

祠。其北部旷地，宋代建有禹庙。寺在唐代极盛时占地千亩，至宋未衰。明代成都僧纲司设此。明宣德十年（1435）失火，至成化十七年（1481）始修复。修复时，北界大为减削。清初成都全毁，寺亦不存。康熙十一年（1672），成都昭觉寺丈雪通醉禅师之法眷懒石觉聆禅师任大慈寺住持。康熙十四年（1675），大慈寺重建工竣。其后逐渐荒废，仅存简陋殿宇一二栋及铜佛一尊，四周皆民房、农圃、荒滩。同治六年（1867）僧真印发愿重修，迄光绪四年（1878）始完工，然亦仅占地四十余亩。

寺极盛时，西抵今锦江街、江南馆街、金玉街、棉花街一带[①]，北至天涯石北街、四圣祠、庆云庵街，东抵城垣一线，南至东大街。

大慈寺虽屡经火灾，然寺前夜市[②]之风，至民国时尚存。

成都人曾有一种传说，谓今大慈寺铜普贤像座下有海眼，移此像则成都将陆沉。像原在寺之第五重殿后，高二丈五尺。背刻"永镇蜀眼　李冰铸"。此实为韦皋所铸普贤像，铭文乃冒秦蜀郡守之名。像以铜皮杂泥土制成。1958年10月开辟东风路，此像适在路南，有碍交通，乃被拆毁。

又，前人或书为"太慈寺"，民间又呼为"太子寺"，或与无相禅师（新罗太子）有关。

民国28年（1939）3月，北平故宫博物院七千二百八十七箱国宝文物运抵成都，在大慈寺存放达十三个月。1962年9月，四川省佛教协会成立，会址设大慈寺，1965年迁往文殊院。1967年大慈寺为成都警备区司令部驻地，1983年改建为成都市博物馆（后迁址天府广场西侧）。2004年4月大慈寺恢复开放为佛教寺院，2007年6月1日公布为四川省文物保护单位。

三、万佛寺

万佛寺在六朝时名安浦寺，又名再兴寺。唐至北宋则名净众寺，一称竹林寺。南宋至明初名净因寺，习惯上称为万佛寺，历来为城西名胜。相传此寺建于汉延熹年间（158—167），然据清光绪八年（1882）出土残佛石像，有

---

① 商业场及红旗剧场附近，曾发现卧佛头像，如为大慈寺物，则寺址亦曾达其地。
② 夜市实在今东大街一带。

刘宋时元嘉（424—453）年号者，则寺当建于南北朝时。

唐开元十六年（728），新罗僧人无相至成都，重兴此寺。寺有巨钟，唐武宗毁天下佛寺时，钟移入大慈寺。宣宗再兴佛教，钟仍还万佛寺，至清雍正时（1723—1735）迁置于鼓楼；新中国成立后移藏文殊院。

此寺经唐末及五代时一再培修，并增建唐杜邠公（杜悰）祠及宋张文定（张方平）祠于庙内。[①] 禅院幽深，松竹交茂，林泉之胜屡见于郑谷《西蜀净众寺松溪入韵》、李洞《宿成都松溪院》、田况《正月二十八日谒生禄祠游净众寺》诸诗中。《十国春秋》载："僧可朋，丹棱人，与欧阳炯善。夏日炯与僚友纳凉净众寺，依林亭，列樽俎，众方顾饮自若，寺外耕者曝背烈日中耕，耘田击鼓。可朋在座，作耘田鼓诗献炯，有'农舍田头鼓，王孙筵上鼓。击鼓兮皆为鼓，一何乐兮一何苦'等语。炯遽命众宾撤饮。"

元末明初，改名净因寺，俗名万佛寺。清同治《成都县志·寺观》作万福寺。明洪武二十二年（1389）蜀王朱椿多游其地，故有遗像在寺中，当时犹号为竹林寺。时用建蜀王府承运殿之副材修葺此寺，更为寺置焚献田地。正德时寺失火被焚，唯大殿尚存。万历（1573—1620）初续修华严、净土二阁及廊庑并铸铜佛像。[②] 清顺治三年（1646）时寺全毁。康熙初重修，名为万佛寺；康熙五十三年（1714）建大殿，然终未能恢复前代旧观。抗战期间，树德中学疏散至此；民国 36 年（1947）改建为四川理学院。此千余年之古寺，遂成历史陈迹。

四、多宝寺

多宝寺在外东跳蹬河附近。民国《华阳县志·古迹》云寺为魏晋时宝掌禅师道场。唐显庆（656—661）中重修，道因法师藏经于此。其后李俨为撰碑记，即今传世之欧阳通所书《道因法师碑》也。寺于明正统（1436—1449）、崇祯（1628—1644）及清康熙（1662—1722）、雍正（1723—1735）间屡有废兴。龛前石幢二，圆盖方棱，高三尺许，围径二尺有余。另一前镌

---

① 参见《锦里耆旧传》。
② 参见黄辉：《重建万佛寺碑记》。

佛顶尊胜陀罗尼咒，后有明代释口量所撰《多宝寺石幢记》；其一前镌《妙法莲华经》，乃清雍正中立，后亦有记，失撰人名氏。记中叙述寺迹及释百城为里人攀留来主兹寺。丈雪《华阳多宝寺重建记》："大清康熙庚午（1690），百城（印）著禅师者，年逾古稀，弗忍瞻彼遗徽，膜地重建"。《旧志》[①]："纂修潘时彤有《双石幢记》，即记其乾隆中游此寺于尘霾荆棘中获见石幢。而寺之兴建始末亦赖以显于世焉……顾寺虽古，以僻在郊外，游赏所不至，渐即颓废。然林树蓊翠，清渠环之，亦伽蓝胜地也。入民国后，以事没官[②]，斩伐一空，寺址遂尽，仅余一殿。路人犹知为多宝寺云。"

多宝寺在 20 世纪 30 年代改建为多宝寺小学，50 年代相继作为戒烟（鸦片烟）所、保和乡政府。2003 年沙河整治工程开始，多宝寺建筑拆除，地面纳入川西客家文化广场。其遗址在今成都东郊多宝寺路沙河西畔。

五、宝光寺

成都宝光寺在城内书院街。民国《华阳县志·古迹》谓建于明隆庆四年（1570），清康熙十二年（1673）、雍正十三年（1735）两次修缮。寺有铜造毗卢佛、卢舍那佛、阿弥陀佛及侍者像各一躯，均为明时文物。民国《华阳县志·古迹》又据《益部谈资》及《蜀中广记·名胜记》，谓寺创于唐代，本名兴福寺。后者又谓天涯石在寺内。此寺民国时尚存，基宇狭小，亦无庭园之胜。因与新都宝光寺同名，市民又称小宝光寺。

六、金绳寺

金绳寺在外北簸箕街西侧，为唐代东禅院故址。五代时僧人贯休居此。王建时改修龙华道场[③]，又尊贯休为禅月大师。宋咸平四年（1001）重修。大中祥符元年（1008）赐名金绳院，当取意于《法华经》所谓"黄金为绳"。仪陇亦有金绳寺，取意同。该院前临绳溪，相传水中有金绳，可见而不能取；实则溪中二小泉伏流，交互激荡，日光下照，因反射而映为金色，视之若绳。

---

① 指清嘉庆《华阳县志》。
② 住持僧豁然戒律不严，军阀遂乘机夺其庙产。豁然姓包，因此还俗，回南溪原籍
③ 参见张唐英：《蜀梼杌》卷上及宋人杨亿：《金绳院记》。

世人或误谓寺因此而得名。南宋建炎时（1127—1130）寺用为官舍。乾道时（1165—1173）造五百大阿罗汉像。[①] 于是栋宇宏丽，设像庄严，一时为诸寺之冠，元代遂为游宴胜地。《岁华纪丽谱》云："二月八日观御街菜市，早宴大慈寺之后厅，晚宴金绳院。三月九日观御街药市，早晚宴如二月八日。冬至后一日，早宴于金绳寺，晚宴大慈寺。"清初寺毁，康熙四十三年（1704）重建。嗣后历代有补葺。民国24年（1935）变为民居，33年（1944）于其地创建市立中学。有名之"市中事件"即发生于此。

七、金沙寺

清嘉庆《华阳县志·寺观》谓："金沙寺建自汉唐，旧名宝莲堂。尝有高僧来游，示圣灯之异。其地随水消长，盛涨不没。明嘉靖戊子（1528）重修。杨慎有记，谷睿有跋，贾肇琦等有诗。"民国《华阳县志·古迹》："寺在江洲上。《蜀中名胜记》称：南门外有江洲，其处俗呼为七星滩，中有金沙寺者，即谓此矣。升庵（杨慎）有记，乃为寺桥慈航而作。谷睿跋则述寺本末为详。"民国《华阳县志·古迹》又附录明代谷睿《金沙寺碑阴跋》："盖金沙禅寺寓万里桥之侧，肇自汉、唐以来，称之曰宝莲堂。神异高僧恒游于此；逸人墨客，览兴于斯，诚胜迹也。嘉靖戊子岁，予停骖少憩，既睹旧址荒凉，廊庑颓败。适逢禅僧无影崇教，延僧拓境阐范。遂告曰：山寺之废久矣，诚可悲惜。尝有圣灯之兆，水泛汹涛，浪临基址，随势起复，遇诸耆耋，询以金沙鼎新，则国储益贮矣。予遂起经营，修葺观音殿宇，塑装无量寿佛，鼎盖左右禅室。使向之废坠者得以崇观矣。至甲寅岁（1554）启国捐资，遣官率匠建立龙神祖师殿堂，暨修桥梁，庄严佛像，集有德行，缁流焚献，制度焕然。落成刻石，属典膳所葺理，以彰胜迹，用垂永久。"

此寺在近世已不存。状元洲因河道变迁，已与锦江南岸陆地连成一片，不可复识。当地有一街，尚以金沙寺为名。寺既建于洲上，则以寺为名之街。

---

① 参见姜如晦：《金绳五百阿罗汉记》。

八、延庆寺

延庆寺在城内纯化街，清嘉庆《华阳县志·寺观》谓建于元末。清康熙、雍正间两度修缮。民国《华阳县志·古迹》谓："寻杨升庵《金山慈航桥记》称：蜀城古寺以金沙、石犀、大慈、净众、金绳、延庆并举。则寺亦县境名刹也。道光以后，双流刘止唐（沅）先生筑槐轩讲学，与寺相值。寺即多由槐轩门下培葺。而先生之孙咸炘就寺立尚友书塾焉。"

名书家颜楷曾在寺内鬻书。1958年修建锦江宾馆，纯化街房屋拆除几尽，以其址为宾馆基地，寺亦不存。

九、净居寺

民国《华阳县志·古迹》谓：净居寺"治东城外五里。《旧志》①云'创建年月无考'。按：《益部谈资》云：'仙宫佛院，成都颇盛。半创自蜀藩献王时。既累代藩封，又中贵从而增益之。殿宇廊庑，华丽高敞。观如玄天、云台，寺如昭觉、金像、净居、净因（原注：俗名万福）、金沙；庙如昭烈；宫如青羊。俱不减两都规模，足供游眺。'则知净居实始于明，其后承奉正宋璟复增饰之。及惠王改葬濂溪（宋濂）于此，因就寺宇以祠奉之也……王士禛《秦蜀驿程记》云：'过新桥至净居寺，气象疏豁。入山门为明王殿，次弥勒殿，次大雄殿，皆有画壁。最后藏经阁。西出为文殊殿，即宋（濂）、方（孝孺）二公祠，有宋文宪公（濂）像。殿后文宪墓，高如连阜，其上修竹万竿，扶疏栉比，无一枝横斜附丽，想见先生清风高节，而终不免于文种、南阳之叹，为可悲也。前有成化二十二年丙午（1486）经筵讲官吏部左侍郎彭华撰《潜溪先生迁葬记碑》，四川按察使周蕙书。苔蚀斑驳，未能细读。寺僧普光贻佛果禅师《语录》。门人季守戒咸瑛治具清风亭。亭下为明月池，荷叶田田，菡萏已花，颇起故园之思。'《陇蜀余闻》云：'文殊殿即宋、方二公祠，今惟文宪像存。'按阮亭（王士禛）所记，似当时谒宋祠者必由净居寺入。所谓清风亭、明月池者，皆属净居寺。而今则寺隔一墙，在祠之右。或即安洪

---

① 指清嘉庆《华阳县志》。

德创书院更划佛殿为沙门住持处也。"后祠渐荒废，祠产为净居寺僧所侵吞。华阳知县安洪德于清乾隆十二年（1747）清理祠产，以其资建潜溪书院，至道光时迁入城内。书院旧址于民国时陆续拆除或改作别用，尚余潜溪书院石碑一座。"文化大革命"中碑不存。民国时寺屋改为学校，新中国成立后名静居寺小学。成渝新公路经过书院旧基之北侧，公路旁有新建商店，宛如一街，名为静居寺街。"静"乃"净"之讹。至于宋濂墓，现已不存。

十、昭觉寺

成都佛寺之盛，在唐代首推大慈、圣寿二寺，近世则推昭觉、草堂二寺及文殊院。

昭觉寺在成都外北，位于川陕公路之东。唐代眉州司马董常舍宅为寺，名为建元寺。唐末僧人了觉住锡于此，正值僖宗入蜀，了觉以说法为其所重。僖宗遂大新寺宇，赐名昭觉寺。其缔构绍嗣之由，相国萧遘有记。宋代犹存孙位画《行道天王》，浮邱先生《松柏》，张南本画《水月观音》及张询于寺大悲堂后所画早、午、晚三景山水，向为人所称道。王建据蜀，更特加优礼，由是昭觉寺香火日盛。[①] 宋崇宁（1102—1106）中，高僧圆悟克勤禅师住持此寺，名播海内。四方参学之徒，自远而至，奔集其门，斋僧常达千人，一时昭觉法席之盛，冠于西南。其寺宇恢宏，几与大慈寺比美；而风景清幽，尤为各寺之冠。时人游踪至此，每有流连忘返之感。故范镇《游昭觉寺》诗云："炎蒸无处避，此地忽如寒。松砌行无际，石房禅自安。鸳鸯秋沼涨，蝙蝠晚庭宽。登眺见田舍，衡茅半不完。"陆游《饭昭觉寺抵暮乃归》诗云："自堕黄尘每慨然，携儿萧散亦前缘。聊凭方外巾盂净，一洗人间匕箸膻。静院春风传浴鼓，画廊晚雨湿茶烟。潜光寮里明窗下，借我逍遥过十年。"清初战火之余，全寺荒废达二十年。康熙三年（1664），丈雪通醉禅师归蜀，始力图复兴。其披荆斩棘，惨淡经营积四十年。中间曾得吴三桂之助，金儁《重建昭觉寺法堂碑记》有"赖平西亲藩（平西王吴三桂）同刺史张公及司府文武共襄盛举"等语，即指此。寺之正殿梁上有吴三桂题名，丈室中有陈圆圆供养

---

① 参见李畋：《昭觉寺碑记》。

丈雪之黄缎僧鞋。后又获按察使李翀霄扶持，于是规模初备。至乾隆时，佛殿、禅堂、僧房、客舍达千余间，壮丽辉煌，甲于本市各丛林。

此寺大殿建筑四角之后两柱，下不接地面，乃建房时木工特意为之，以示其技艺超群。故此寺有人称"跷脚寺"，其实此柱并不承受任何重量。寺内有铁铸燔炉、莲炬，皆明蜀王府太监宝典张禹所造，此乃兵火后之孑遗。

1949年末，成都昭觉寺有僧众八九十人，自耕东庄田地七十余亩和寺内菜地。1951年华阳县青龙乡开展"土地改革"，东庄四十二人分得水田四十二亩。昭觉寺在"文化大革命"中受到严重破坏，后曾一度被改为北郊公园，1975年建为成都市动物园，四十四位僧人成为动物园职工。1983年，昭觉寺被国务院确定为汉族地区佛教全国重点寺院。1991年后陆续重建大雄宝殿、圆通殿、钟鼓楼及禅堂。其曾享有川西"第一禅林"之誉。

十一、文殊院

文殊院相传为唐信相院故址，在北城文殊院街。高骈创筑罗城碑记原在院中，已亡失。据宋冯时行《信相院水亭诗》知，院址乃接近当时之少城（筑罗城后称秦城为少城或子城）。清《大清一统志》及嘉庆《四川通志·寺观》又谓文殊院即宋初妙圆塔院。嘉庆《成都县志·寺观》谓"即妙圆塔院，又名信相寺"。考黄休复《茅亭客话》，妙圆塔院在大东门外，其地距文殊院尚远，似未可深信。复按文殊院之现存文献，对上举两说，亦无法作确切之判断。晚明人之著录，亦不见文殊之名。明天启《成都府志·祠庙》谓有文殊院，但同时又谓在"温江治北"，自与成都文殊院无关。成都文殊院原本小庙，明末被毁，后虽培修，亦极简陋。清初康熙帝曾手书"空林"二字以赐寺僧，于是文殊院名声大振。嘉庆时，复得官府中人大力资助，始重新修建。其山门及大殿中多用巨圆石柱。道光十年（1830）住持僧本圆亲赴云南采购精铜，铸释迦佛、迦叶尊者、阿弥陀佛、大悲观音、海岛观音和观音、文殊、普贤三大士以及接引佛、大肚弥勒（布袋和尚）、地藏菩萨、韦驮菩萨、白衣观音诸像。其制造精巧，为诸寺之冠。清末，城内法会多集于此。此寺为十方丛林，又为各地僧徒习经之地。寺内建有说法堂，藏有各种珍贵佛经及多种镂版印刷之资料。民国时设佛经流通处于此。寺内又藏有玄奘顶骨一小片及信佛者所献血书之《华严经》、人发绣成之观音像、挑纱文殊像以及名人书画多件。郭沫若有"西天文物萃斯楼"句，即指此。文殊院占地面积二十余万平方米。殿宇五重，依次为天王殿、三大士殿、大雄宝殿、说法堂、藏经楼，与东西两侧的钟鼓楼、斋堂、禅堂等建筑浑然一体。20世纪80年代和90年代，又新建了雄伟的千佛和平塔和文殊阁。现为全国汉传佛教重点开放寺院和四川省文物保护单位。现省、市佛教协会皆设于寺内。

十二、近慈寺

近慈寺在出成都城南约十里之石羊场。明万历二十八年（1600）僧人智绸初创此寺。因僻处乡间，清初虽成都火灾，寺并未全毁。乾隆时，僧人显章加以修葺，至嘉庆时始变为文殊院之脚庙。民国27年（1938），其由能海法师住持。能海曾在西藏学习密宗，掌近慈寺后，增建堂院，其布置设备皆仿西藏黄教规模，使之成为成都唯一之密宗寺院。又于寺内设译经院，专译藏文经典。

近慈寺于"文化大革命"中为工厂占用，原有僧人1985年迁入龙泉石经寺。2006年恢复寺院，2010年开始重建。现已建成山门殿、钟楼、鼓楼、观音殿、大雄宝殿、宗喀巴大师殿、藏经楼及东西两廊殿堂等。

十三、尧光寺

清同治《成都县志·寺观》谓尧光寺在"治南骡马市街，创建无考。同治六年（1867）僧明正募资重修。佛堂尘盖内正梁上书：'周（吴三桂）四年丈雪和尚重建'。按此寺伪周时建，计其时，当在康熙十六年（1677）。内有准提铜佛、地藏铁佛、接引铁佛像，明嘉靖时铸"。民国时，寺内地藏菩萨香火极盛，每逢生日，舆以游街。此寺隶属文殊院，但寺宇宏伟，造像等同大庙。其后转为兵营，成为川军内战聚兵之点。

十四、爱道堂

爱道堂位于成都通顺桥街，居文殊院东南，占地近十亩，为著名尼众寺院。初名圆觉庵。据民国《成都县志》载，圆觉庵创自明朝初年，经明末战乱，寺院毁败，清乾隆八年（1743）始加恢复；继在咸丰八年（1858）增修。庵内供奉观音大士及十二圆觉像，颇具庄严，最盛时庙宇及附属建筑延及全街。

民国时期，寺院日益萧条。至民国17年（1928）庵内续修、续培二尼，串通街邻熊某，变卖庵内器物，继欲变卖庙产，被圣钦法师发现，加以制止。事后乃议定由四川省佛教会接管该寺，始更其名为"十方爱道念佛堂"，简称"爱道堂"。首届堂长由圣钦法师担任，此后又由昌圆法师继任，相承弘扬净宗佛理。民国30年（1941）隆莲法师在此出家，并奉昌圆之命，创建莲宗女众院，为佛教培育尼众人才。

"爱道"得名由来，按《大爱道比丘尼经》，佛生七日，生母摩耶夫人即去世，由其姨母大爱道抚育，故"爱道"实为佛之姨母名讳。

20世纪中期，爱道堂复趋冷落，有时仅有比丘尼一二人住庙，房屋遂由成都针织三厂占用。1993年落实宗教政策，针织三厂复将房屋退还佛门。1999年至2001年，在隆莲法师等努力下，征用土地扩建寺院，殿宇重光，尼众汇集，又成一大道场。

附　成都佛学社

川人刘沫源（复礼）曾就学于上海华严大学，返川后于民国3年（1914），邀集少数居士于本市少城公园内创设佛经流通处，并讲《华严经》。其后从者日众，乃集资建立成都佛学舍，以刘为说法师，龚缉熙（后出家，法名能海）为经理。民国13年（1924）释大勇自日本学法归国，到成都讲经于此。其后因讲堂狭窄，乃募捐建一楼一底三开间说法堂一所。说法堂墙上匾额，题"成都佛学社"。后又延请法尊上人及西藏喇嘛东本来此讲经，僧俗听众甚夥。

本市佛教徒之学术团体，除最先创立之成都佛学社外，尚有宝慈、净名、挽劫、妙云、烛坤、维摩精舍及居士林等，而以佛学社之规模为最大。又据《成都通览》第二辑载，清宣统元年（1909），成都有比丘四百八十六人，比丘尼一百一十一人。

第三节　清真寺

成都之清真寺，查明《天启成都府治图》，在外北金绳寺西北标注有一回回寺。清代之伊斯兰教信徒，多聚居于皇城附近，墓地在北郊、西郊，故清真寺亦在上述各处附近。据清同治《成都县志·寺观补记》云：当时城乡共有十二寺，分别位于永靖街、鼓楼街、东御街、西御街、玉带桥、纱帽街、东华门、西华门、羊市街、鹅市巷、金泉场及金泉场外二里处。宣统元年（1909）出版之《成都通览》第一辑记载，城内共有九寺，分别位于中纱帽街、白丝街、鼓楼南二街、东华门街、西御街、贡院街、东鹅市巷、西华门、东御街。又据本馆于20世纪50年代末采访所得，城内及附郭共有十四座清真寺。兹分述其主要者于后。

一、皇城清真寺

皇城清真寺在永靖街西，创于清初，至咸丰（1851—1861）时始臻完备。成都各清真寺皆以此寺为中心。历代掌教多为负有名望者。寺中培养之阿訇，亦常为各县清真寺所礼聘。在极盛时期，摄受教民达一千二百余户。民国6年（1917）滇黔军与川军作战时焚烧民房，寺亦被毁。嗣经群众于民国13年（1924）加以修复。寺之北隅，曾设女子义塾，后经扩建，改办为清真女子小学，招收回、汉学生。后又改为回民小学低级部。20世纪90年代，因扩建天府广场，该寺由原址稍后移重建，蔚为壮观。

二、清真东寺

清真东寺在东御街南侧。清代甘肃回民贩皮货者来蓉，多住九龙巷、顺城街，为便于礼拜，乃在邻近之东御街建寺。经费由甘肃秦州、符乡两地教民捐献，故名秦符寺。又以地近皇城前门，或称前门寺。因与西御街之清真西寺对称，故又名东寺。此寺气势宏伟，构造坚固。民国28年（1939）6月11日，城区被日机轰炸，盐市口中弹起火，延烧本寺。其后虽复建房屋数间，但规模远逊于昔。

三、清真西寺

清真西寺原在祠堂街。清康熙五十七年（1718）筑满城，乃由陕西凤翔回民马忠义捐地，另建于西御街。

四、清真七寺

清真七寺在东华南街东侧，建于清雍正（1723—1735）初。因兴建次序在本寺清真寺之第七，故名七寺。同治四年（1865）重修。民国 19 年（1930）曾退让市政街道改造，后复加培修。新中国成立后辟为妇女专用礼拜寺。寺内有银杏二株极大。

五、清真十寺

清真十寺在东鹅市巷南侧。以建筑在第九寺后，故称十寺。九寺建于清乾隆元年（1736），在羊市街。十寺在民国 6 年（1917）被滇、黔军焚毁，民国 11 年（1922）始逐步筹谋规复。军阀常有军队驻扎滋扰，乃改大门为铺面，并设商店，借作掩护。新中国成立后，成都市清真寺寺务委员会设于此，附设回民青年文化宫于寺内。

六、清真鼓楼寺

清真鼓楼寺在鼓楼南街。清初时建，精美为各清真寺之冠。民国 30 年（1941）7 月曾被日机炸毁一部分。未炸前，中国营造学社考察国内外古建筑物时，对此寺曾详加考察，并出版《成都清真寺并论战后建筑原则》一书（著者刘致平），其中附图甚多。

此外，西华门有清真八寺，白丝街有清真北寺，纱帽街有清真江南寺，贡院街有甘南义学寺，外西北巷子有清真西关寺，北门外驷马桥有清真北关寺等。土桥亦有清真寺。

据《成都通览》第二辑载，清宣统元年（1909）成都有伊斯兰教徒二千五百九十四人。

第四节　基督教礼拜堂

基督教之旧教（在中国称天主教）、新教（在中国称耶稣教或基督教）在本市均有礼拜堂，皆建于清季。现分别叙之。

一、天主堂（旧教）

清咸丰时，有法国传教士在督院街龙须巷建立公信堂；继又在平安桥、一洞桥、向荣桥、桂王桥、张家巷等处增建教堂，并附设医院。其后教堂扩展至四川各县，于是由罗马教廷设东川、西川两主教。西川主教驻平安桥天主堂。主教及各天主堂神甫，率为外国人。新中国成立后，末任主教彭道传及其他神甫均相继离华。

二、福音堂（新教）

基督教新教亦自清季传入，其主要活动是在本市办学校、医院。华西大学及其附属之中小学与四圣祠、陕西街医院，均属于新教系统。又设神学院，以培训教职人员。设加拿大小学，为侨居此间英、美、加等国民子弟求学之所。新教在文化上发生之影响，远胜于旧教。

新教于清光绪六年（1880）在陕西街建美以美会福音堂；民国 14 年（1925）改名中华基督教社，继而又更名卫理公会恩溢堂，与存仁医院共在一处。1952 年，改名卫理公会陕西街福音堂。此堂与华西大学均建有高大钟楼。

在暑袜街等处，亦曾有新教礼拜堂。基督教青年会于清末成立；民国初年，设会址于今春熙北路。

据《成都通览》第二辑载，清宣统元年（1909）成都有新旧教徒共三千九百七十九人。

第六章　明、清及民国各种重要文教事业

第一节　书　院

宋代以后书院盛行，为士子求学讲学及治学之所。元、明书院多属私立，教学较少受官方干预。迨入清雍正时期（1723—1735），书院已多属官办，由督抚学政延聘山长（院长），士子思想受到严重钳制，但学术探讨的传统仍多少得以传承。

成都在元代建有石室、草堂、墨池等书院。明弘治初蜀王府承奉官宋琼创建子云书院。[①] 又有大益书院，遗址在今书院街。据陆深《大益书院记》所言，大益书院始创于明武宗正德十二年（1517），至世宗嘉靖十二年（1533）完全建成。[②] 明神宗万历七年（1579），张居正废天下书院，此院亦不存。万历十五年（1587）学使郭相台以大益书院屋宇为大儒祠。或谓大儒祠与大益书院同时建立，书院废后，祠独存。又，明初蜀献王朱椿于元草堂书院旧址建浣花书院，明正德十二年（1517）重修。明正德《四川志》卷二十九《成都文词》载有熊相《重修浣花书院记》。

清代有名之锦江、墨池等书院，在考证古迹时已经叙述，故此只简介潜溪书院等三书院。

---

① 参见明正德《四川志·学校》。
② 参见清嘉庆《华阳县志·艺文》。

一、潜溪书院

初设于外东静居寺街西南侧之潜溪祠（净居寺）。明宋濂号潜溪。濂逝于夔州。明永乐十一年（1413），蜀献王朱椿迁葬濂于华阳县安养乡。明成化二十一年（1485），蜀惠王朱申凿再迁葬濂于此，并立祠祀之。祠因濂而得名。清乾隆十二年（1747）华阳县知县安洪德清理祠产，知有田八百余亩，皆为守墓僧人侵占，于是以祠产建立潜溪书院于此。安洪德有《潜溪书院碑记》述其事，载嘉庆《华阳县志·艺文》。乾隆五十四年（1789），四川布政使王站柱见书院之田复为寺僧所侵，乃加厘定，并撰《重建潜溪书院碑记》。^① 道光十三年（1833）知华阳县高学濂以书院去城远，学生往来不便，乃迁至城内梨花街。清末废书院，改为学校，民国时定名为华阳县立中学校。民国6年（1917）川滇黔军激战时学校被毁，后复建，规模远逊于前。抗战期间迁至城外。新中国成立以后，梨花街校舍改为民居及小学。

二、尊经书院

在文庙西街西首，南较场之北。据明天启《成都府志》，此地在明代曾设书院。清初成都全毁，书院亦不存。建满城时，移建石犀寺于明书院遗址。同治十三年（1874），四川学政张之洞与总督吴棠奏准以寺地建尊经书院^②，择州县高才生入院修业。蜀中在宋代人文蔚起，后经南宋末及明末频繁之战争，学术凋谢。清代乾嘉学风极盛时，蜀中犹专务帖括。之洞乃仿诂经精舍及学海堂例，以经史、小学、舆地、算经、经济、诗、古文辞等课诸生，要求士子"首励廉耻，次励以读有用之书"^③。张之洞又撰《书目答问》，旨在劝诸生博极群书；复捐置书籍一千余卷，建尊经阁以藏之；又设尊经局，刊行小学、经、史、舆地诸书，学风为之一变。光绪三年（1877），丁宝桢督川，聘王闿运为山长，四年底来任。王闿运为今文经师而主经世致用，以经术、词章教而不羁礼法。于是人才辈出，如廖平、宋育仁、吴之英、张森楷等皆

---

① 载清嘉庆《华阳县志·艺文》。
② 民国《华阳县志·古迹》作光绪初，当是指建成之时。
③ 张之洞：《四川省城尊经书院记》。

驰誉海内，自成名家。而杨锐当戊戌政变之际，更以身许国。至今谈尊经书院讲学盛况者，于其流风余韵，犹不胜低回称慕之至。光绪末创设新学，合锦江书院等改为四川省城高等学堂，辛亥革命后停办，民国时为国立成都大学校址。成立公立四川大学后，校舍改隶川大。

三、八旗少城书院

在满城内，清同治十年（1871）四川总督兼成都将军吴棠创建。授课对象为八旗子弟，使之有养身之技。[①]其地点在今祠堂街东头，民国时停办。

附　存古学堂

在外南簧门街。原为杨遇春别墅，清宣统二年（1910）遇春后代捐作校舍。四川提学使赵启霖仿张之洞创办湖北存古学堂之例，于此设存古学堂。民国元年（1912）更名为四川国学馆，旋并入四川国学院，翌年改名四川国学学校。海内学者谢无量、刘师培、廖平、宋育仁先后出任校长。大抵承袭尊经书院遗制。民国7年（1918）改经学、史学、词章三科为哲学、历史、国文三科，并定名为四川公立国学专门学校。民国16年（1927）改为中国文学院，成为公立四川大学之一部分。民国20年（1931），国立成都大学、国立成都师范大学、公立四川大学合并为国立四川大学。存古学堂遗址遂为济川中学校舍，新中国成立后改为成都十六中学。

又，存古学堂开创时曾建四先生祠，以祀宋代四川学者范镇（景仁）、范祖禹（淳甫）、张栻（南轩）、魏了翁（鹤山）。其后因学校屡经变革，祠遂不存。

---

① 参见清同治《成都县志》卷四。

第二节　清贡院

清初因成都全毁，乡试改在保宁府（治今阆中市）举行。康熙四年（1665）巡抚张德地请就明蜀王府旧基建贡院，课堂、号台均备，五年（1666）始试士成都。同治元年（1862）以贡院多倒塌，复筹款重修。从二年三月至三年七月完工，共建成楼堂院所大小五百余间。如明远楼、至公堂、清白堂、衡文堂、文昌殿及主考、监临、提调、监试、内外帘官住院等，均极高大宏敞。又增建弥封所、誊录房、受卷所、劝科所共二十余间。又，康熙四年创修号舍以来，历经乾隆、道光、咸丰、同治时增修，房舍遂达一万三千九百三十五间。①

据清光绪三十年省城街道图，其贡院布局如次：贡院正门即蜀府端礼门所在地，额曰"天开文运"。门南为广场，左右石狮各一。更南有石坊，榜曰"为国求贤"。正门之北为龙门，门凡三，乡试时主考、监临、提调分三道点名于此。又北为明远楼。楼北为至公堂，堂前有石柱牌坊，匾曰"旁求俊义"。坊建于乾隆四年（1739）。至公堂北为清白堂。又北为严肃堂，堂前西北即摩诃池之一角残迹。再北为衡文堂。最北为文昌宫，其后即界墙，墙上有"狐仙洞"。至公堂东为誊录官厅，厅后东北角为誊录所，又东为界墙。至公堂西为大厨房，其北为弥封所。前为广场，东西列号舍：东曰前东，西曰前西，前东之东为墙，北为号台，曰新增东。前西之西仍为号台，曰新增西。其西北均为界墙。东复为号舍：南曰增西，北曰上增西。

贡院基址仅占蜀府遗地之大部。界墙之外有宝川局、仓库、成都府试院等。

清光绪三十一年（1905）废科举，兴学校，于是就贡院房舍创办各种学堂。而新增官署亦有设于其地者（见《清季贡院旧址兴学图》）。

辛亥革命后，各校皆迁出。贡院旧址为川省军政长官公署所在地。至民国7年（1918）各官署皆迁去，此地又成为学校区（见《民国前期贡院旧址兴学图》）。

---

① 参见清同治《成都县志·贡院》。

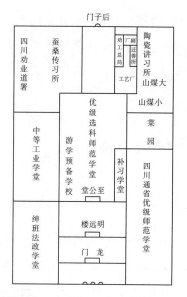

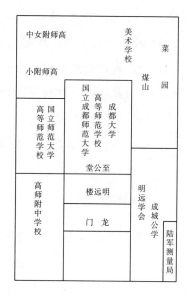

清季贡院旧址兴学图（据涂在潜图摹制）　　　　民国前期贡院旧址兴学图（据涂在潜图摹制）

其后各校虽有更易，至公堂、明远楼及牌坊与部分贡院旧屋至 20 世纪 60 年代尚存。"文化大革命"期间全部拆除，改建省展览馆（今四川科技馆）。

附一　帘官公所

清代各省乡试时由该省督抚择调各知县文理优胜者充内帘官，分阅试卷，并荐其佳者于主考。知县之精干者充外帘官，纠察试场，此乃全国通制，不独四川为然。帘官于入闱前及试毕后在贡院外住地曰帘官公所。在公所不准交通宾客，以杜弊端。所址原在湖广会馆，咸丰九年（1859）学使何绍基以斯地关防不严，乃筹款就原有之芙蓉书院旧屋葺补增修而迁帘官公所于此。其后所在之街亦以此命名。

附二　成都府试院

清代应考生员（秀才）之考生曰童生，盖本诸汉代《尉律》"学童十七以上并课"。明清时应试者纵令须发皓然，亦曰童生。应试时应先经县考、府考（由府、县官命题考试）乃得应院试（由学道主考），中者即为生员。成都府试院为举行院试之地，亦建于蜀府废墟上，紧临贡院之东南隅，规模远逊于贡院。废科举后，其地亦成为新创学校校舍，成都府考场则在学道街。

第三节　清末及民国时重要学校

一、军事学校

清末改练新军，光绪二十五年（1899）川督奎俊于东较场昭忠祠开办武备学堂。二十九年（1903）川督锡良改在北较场新建校舍，教学内容，亦较前充实。三十二年（1906）在武备学堂新址西侧创办陆军小学。三十四年（1908）在武备学堂旧址设陆军讲武堂。清亡时各校皆停办。

民国元年（1912）在陆军小学原址设四川陆军军官学校，后改为讲武堂，继复原名；20世纪20年代停办。

民国24年（1935）于陆军小学原址开办中央陆军军官学校成都分校。抗战时其校本部迁此，分校遂撤销。

二、新式学校

清末变法，光绪二十八年（1902）开办四川省城高等学堂（初名四川通省大学堂），成为川省之最高学府。校舍原在尊经书院遗址，民初停办。自光绪三十二年（1906）起，又先后设立官班法政、绅班法政、通省师范、优级选科师范等学堂于蓉城。优级选科师范于民初迁盐道街，改为四川高等师范学校，后改称国立成都高等师范学校。民国7年（1918），高师迁皇城；民国15年（1926）升改为国立成都师范大学，校址迁至清贡院旧地。民国时又设有国学、外语等专门学校凡五所，民国16年（1927）合并改组成公立四川大学。民国14年（1925）创办国立成都大学，校址先在皇城，后迁至尊经书院原址。民国20年（1931）将师大、成大、公立四川大学合并为国立四川大学。校址分散于清贡院、尊经书院故址等地。民国24年（1935）在望江楼侧新建校舍，未完工即因抗日战争全面爆发而迁至峨眉山下。战后，川大迁回望江楼侧并增建校舍，城内房屋仍然保留。

三、教会学校

清光绪三十一年（1905）由美国、英国、加拿大三国基督教的五个差会联合筹创华西协合大学，校址设在南门外南台寺之西。宣统二年（1910）正式开学。初创时分为文科和理科，理科设有生物、化学、数学、物理四系，后来又增设医科、牙科、教育科和宗教科等。此乃川省第一所西方教育式之大学。校址所在地也因校名而称为华西坝。

第四节　印刷业与书店

成都蜀刻印版，可以上溯至唐代。张澍《蜀典》云："《国史艺文志》：'唐末益州始有墨版，多术数字学小书，唐人柳玭曾谓：'尝在蜀时书肆中阅印板小学字书。'"民国33年（1944）在成都川大校园内曾发掘一座唐墓，墓内发现一张与日本刻本相似之《陀罗尼经咒》（约在日本宝龟元年即公元770年所刻）。唐懿宗咸通六年（865）日本学僧宗睿从长安回国，携有"西川印子"《唐韵》一部五卷、《玉篇》一部二十卷，足证成都在9世纪时印刷业已相当发达，故有"西川印子"之称。此外，考古发现有唐僖宗中和二年（882）剑南西川成都府樊赏家历残页以及西川过姓之《金刚经》残页。

五代时成都雕版事业继续发展，技术亦更精巧。前蜀武成二年（909）任知玄自出俸钱雕印《道德经广圣文》五十卷。前蜀乾德五年（923），成都僧人昙域集资雕印其师贯休和尚诗稿《禅月集》。又《十国春秋·毋昭裔传》云："且请后主（孟昶）镂版九经……又令门人句中正、孙逢吉书《文选》《初学记》《白氏六帖》刻版行之。"

北宋时成都雕版业更有进步。宋太祖曾令右拾遗孙逢吉至成都搜罗后蜀图书交国史馆贮藏。开宝四年（971）宋太祖命高品、张从信至益州监雕《大藏经》五千余卷，刻版十三万块，历时十三年，至太宗太平兴国八年（983）方竣工。世称《宋开宝蜀本大藏经》，简称《开宝藏》或《蜀藏》。此书流传至高丽、日本、越南等地。

除官府刻书外，尚有私人刻书。北宋初成都人彭乘"聚书万余卷，皆手自刊校，蜀中所传书多出于乘"。彭乘著有《彭秘书集》。蜀本《元微之集》《白氏长庆集》及唐、宋其他人诗文集均为世所珍。北宋末蜀医唐慎微参照前人《本草》著成《经史证类备急本草》，为医家沿用近五百年，直至明万历年间才被李时珍《本草纲目》所代。南宋时成都曾大规模刊印《太平御览》及《册府元龟》；前者仅日本尚有残卷二部，后者国家图书馆仅存残本一百零八卷。故而《宋史·张詠列传》有谓："宋时蜀刻甲于天下。"

元人费著"世为成都巨族"，亦喜刻书，刻有大字本《资治通鉴》，世称龙爪本。元末以后，成都刻书业衰落。至清初兵燹，古蜀刻本更荡然无存。至清乾隆时（1736—1795）始有严正古斋重振此业。

严正古斋门市部在指挥街，至民国初年乃歇业。其刻书技艺高超，版式、字体亦较新颖，又能为顾主校勘版本，且不断培训高级技工。清嘉庆时（1796—1820）张澍又于卧龙桥街创二酉堂，除自刻外，复代销严正古斋书籍。

除本地木刻书商外，又有江西书商来蓉开业。最早者为赣人周舒腾之尚友堂，始于乾隆时，贩运江浙刻本如《知不足斋丛书》《粤雅堂丛书》《十三经注疏》等，均受人欢迎。自乾隆迄光绪时，江西书商来蓉者，约五十余家，世称"经元八大家"（名称有经字或元字，如肇经堂、玉元堂、一元堂）。周舒腾又在蓉刻书，其子周承元增设九思堂，其孙周永德（字达三）又为志古堂之主办人。周永德精通业务，熟悉四库书目，经营五十余年，为木刻版本学专家。

周承元之徒王述斋（名作富，太原人）在学道街创办志古堂。其由原在此街之志道堂、志贤堂、翰缘堂合组而成，又以周永德为经理，时在同治至光绪年间。张之洞任四川学政时，提倡攻读经、史、小学，嘱刻《说文解字》，并资助银三百两。书成后志古堂声誉遽增，营业更为发展。周永德又亲手校刻《玉海》，其后复刻《十七史商榷》《读通鉴论》《读史方舆纪要》《天下郡国利病书》《湘军志》《文史通义》等书，约百余种。以后又为总督吴棠监刻《韩诗外传》《杜诗镜铨》。从光绪至民初，由于尊经书院、存古学堂先后兴起，研究经史词章者日多；周永德经营之志古堂所刻书籍因校勘精确，本人又熟悉各种版本，于是志古堂更为学人所称道。民国时铅印书籍逐渐取代木刻本，志古堂渐趋萧条。①

庚子（1900）以后，上海铅石印等新本书籍在成都大量流行。商务印书馆最先在青石桥北街开设分馆，主持人名朱锦章，因善于经营，销路日广。民国6年（1917）因馆址失火，迁至古卧龙桥，后又迁春熙路。中华书局于民国2年（1913）来蓉设分店于卧龙桥，春熙路建成后迁往春熙南路。其后世界书局在春熙路、开明书店在祠堂街均有分店。

本省私营铅、石印书业最早者为东御街之绿海山房，创办于光绪十年（1884）。主人名裴子周，以蜀本贩运至上海交换洋版书。② 来川之外省铅印书商有点石斋及二酉山房，均设于学道街。后者创始于光绪十年，创办人为樊孔周等；除转贩江浙刻本外，并代销商务印书馆及点石斋、扫叶山房所印书籍。

四川官办木刻书店最著名者为存古书局，设于卧龙桥，后移青石桥。该局创办于宣统元年（1909），存古学堂成立后，专为其校刻书籍。它还接收尊经、锦江两书院原刻各书如"四史""相台五经"及《说文解字》《文选》《八代诗选》《唐诗选》《廿二史札记》等，以大量印刷出售，并于学道街设门市部。民国元年（1912）存古学堂改为四川国学馆后，存古书局除"四史"仍保留"两院"原刻本名称外，所刻其他书籍，一律改为存古书局校刊，时称局刻本。

成都机械印刷业始于清光绪二十九年（1903）。有童姓者由上海运回小铅印机一架，在三道会馆街设文伦书店。官方亦于东玉龙街设官报书局。初仅印刷官报，后改为官立印刷局，增加印书业务，民国时改名四川印刷局，民国14年（1925）停办。私人经营之印刷业有昌福印刷公司，创始于清光绪三十四年（1908），初在古卧龙桥，后迁总府街，民国8年（1919）停业，厂址所在街道改为昌福馆街。又有聚昌印刷公司，创始于民国元年（1912），设于

---

① 周永德事迹见民国《华阳县志·人物志》及廖平为周所撰墓志铭。
② 《芥子园画谱》即裴子周所印。

昭忠祠街，民国 14 年（1925）解散。其后又有日新印刷公司，规模虽不大，已能影印照片，经营时间在 20 世纪二三十年代。

成都之书店，先集中于学道街；春熙路建成后，大书店如商务、中华均迁至春熙路，开明书店及小型代销店自 20 世纪 20 年代末期迄新中国成立多数集中于祠堂街一带，故是街遂有文化街之称。

白丝街、西玉龙街、玉带桥街在新中国成立前为旧书店集中之地。民国时有华阳书报流通处，设于昌福馆内，专门销售并代客订购书刊。

第五节　报　刊

一、戊戌维新后之报刊

戊戌（1898）以前，成都已有《京报》《纶音捷报》等，所载者为上谕、奏折、宫门抄、辕门抄。机构名京报房，经办者为省城及各县官吏之听差。其用豆腐干或方木刊成字丁排版，用窑烟粉代墨，印成后送官场阅览。阅者会给予少数赏钱。

光绪二十四年（1898）戊戌变法前，宋育仁在成都创办《蜀学报》，讲论"新学"，在尊经书院发行。[①] 戊戌政变后《蜀学报》停刊。

光绪二十七年（1901）傅崇榘创办《启蒙通俗报》，用木版排印，两年后改由文伦书局用机器排印，光绪三十二年（1906）更名《通俗日报》，用白话文，但多游戏文字。宣统元年（1909），傅氏又刊印小型杂志《成都通览》。

光绪二十九年（1903），四川总督锡良请旨创设四川官报书局。翌年，锡良拨银五万两，在成都创办《四川官报》，由四川官报书局出版。旬刊，铅印，以后按年编册，内容多为论说、上谕、奏折、公牍等。光绪二十九年秋冬之际，为庆祝慈禧太后生日，又发行《成都日报》，亦为官办报纸（转载省内外不少新闻）。辛亥革命后，两报皆停办。

宣统元年（1909），成都总商会创办《成都商报》，次年改名《四川商会

---

① 　宋育仁先在重庆创办《渝报》，至成都长尊经书院后，《渝报》停刊，即在蓉创《蜀学报》。

公报》。同时四川咨议局、宪政会、法学研究会又办《蜀报》，以朱山、吴虞为主笔。辛亥（1911）秋掀起保路运动时，《蜀报》增出副刊。又由罗纶等人办《西顾报》《启蒙画报》《保路同志会报告》。迨四川总督赵尔丰逮捕护路诸人蒲殿俊、罗纶等以后，上述各报均被封禁。

二、民初及以后之报刊

诸报被禁后不久，即发生武昌起义，成都报界趋活跃。民初，成都报刊达二十余种，其著者为民国元年（1912）创办的《国民公报》，由李澄波、樊孔周等主持，发行所在总府街，后迁提督街，直至民国24年（1935）始停刊。统一党又创办《公论日报》，由刘师培、吴虞、谢无量、潘力三及祝屺怀等人任记者，又在北京、上海设有特派员。共和党创办《共和日报》，后改为《四川民报》。又有《天民报》，由林山腴等人执笔，多谈古论今之文。有《女界报》，由曾兰主笔，发表反对"三从""七出"等文章。

民初报刊值得叙述者有三事：一是在社会上拥有力量。例如四川都督尹昌衡曾封闭《四川公报》，在舆论压力之下，不得不启封。二是报纸设备较以前完整。官厅允许记者采访。三是培养出一支包括有女记者在内之记者队伍。

民国2年（1913）国民党讨袁失败后，袁世凯颁《报律》，禁令重重，成都报刊由二十余家减至四五家。残余者力求振奋，俾能自存。此时最大两家报纸为《国民公报》与《四川公报》。后者于民国3年（1914）增刊一种文艺杂志，名《娱闲录》（半月刊）。撰稿者有李劼人（笔名老懒）、李思纯（笔名壮悔）、何振羲（笔名"六朝金石造像堪侍者"）等，皆一时名流。所刊文字为诗歌、小说等，读者甚众。《四川公报》后改名《四川群报》。

其后又有由陈宧所恢复之《蜀报》以及《警华报》等。

民国8年（1919）少年中国学会成立后，部分会员在蓉创办《星期日报》。[1]

民国7年（1918）四川被军阀割据后，大小军阀也开始办报。刘文辉在成都即办《四川日报》《新四川日刊》《新川报》等。

---

[1]　以上参见孙少荆：《成都报界回想录》，载《四川文史资料选辑》第八辑。

国民党力量进入四川（1925 年）后迄新中国成立前，成都报纸可区分为三类：一是党派之机关报，计有国民党之《中央日报》①，青年党中央党部所办《新中国日报》。二是号曰民办而实际与党派有密切关系者，如《新新新闻》（日报）等。三是特务、袍哥所办报纸如《大中周刊》等。

此外，全民族抗战时期，《新华日报》在成都祠堂街开明书店之西设有办事处，兼售书籍，国共和谈破裂（1946 年）后被迫撤走。《新民报》亦分设于成都，刊行日报。

中央通讯社在成都有分社。蓉城各报无力在国外、省外采访消息，不得不赖中央社供稿。成都另有私人经营之通讯社多家，如今日社等，人员极少，仅能在本市探求琐闻，备报馆采用。

---

① 实即南京《中央日报》在蓉编印之地方版，后更名《中兴日报》。

第七章　清季各种新政旧址

清季实行新政，如练新军，以学校代科举等，前已涉及，兹不再述。新政名目繁多，再仅择叙数种。

第一节　造币厂

典籍所载四川之铸币盖始于西汉。《史记》《汉书》之《佞幸传》皆记文帝赐邓通"蜀严道铜山，得自铸钱。邓氏钱布天下"。至公孙述据蜀时"废铜钱，置铁钱官"[①]。刘备获益州，又用刘巴之说，铸直百五铢铜钱。[②] 南较场侧原五〇二厂内出土直百五铢铁钱，是刘备亦曾铸铁钱之证。此后亦有鼓铸，率在当时朝廷统筹之下。文殊院街口曾出土"太平百钱"之钱范，当是西晋割据者赵廞所为。北宋时李顺入成都，铸"应运"钱。明末张献忠入蜀，改元大顺，"取蜀府所蓄古鼎玩器及城内外寺院铜像，熔液为钱。其文曰大顺通宝"[③]。此种小钱，今尚可见。其质量胜于清康熙钱。《蜀碧》又谓大顺钱之美者"光润精致，不类常铜，至今得者作妇女簪花不减赤金"。清初吴三桂孙世璠铸"洪化"钱，其质不佳。

清雍正十年（1732），朝廷准四川巡抚宪德奏，于成都设铸造局铸钱。其局原设布政使署内，后迁至贡院后隙地，名宝川局。所铸小钱背面有满文"宝川"二字，以别于他省所铸者。初仅十五炉，乾隆十二年（1747）四川巡

---

① 《后汉书·公孙述列传》。
② 参见《三国志·蜀书·刘巴传》裴注引《零陵先贤传》。
③ 彭遵泗：《蜀碧》。

抚纪山提请增设十五炉，铸钱分半运陕。二十四年（1759）四川总督黄廷桂于城垣倾圮案内奏请增设炉十座，以每年铸出钱文余息为通省修茸城垣之用；连前为四十炉，遂成定局。①

清代有熔铸银锭之四十炉公所，在楞伽庵街。由承铸银锭之四十家炉户组成，代政府将征收钱粮所得之碎银熔铸为锭。清末改铸、改征银币，炉户遂废。

清末改铸银、铜无孔圆形币，乃仿西洋之法，宝川局遂废。民国时有一种小钱，方孔，文曰"民国通宝"，然极罕见，亦不知何人所为。钱小而劣，或系盗铸。

清末设机器局于成都，购外国造枪炮机械，继又购造币机，此实为兵工厂与造币厂之前身。光绪二十六年（1900），川督奎俊命机器局铸银元样币，复筹设四川银元总局。次年开始铸造龙纹一元银币，枚重库平七钱四分，原料中银与铜为九比一；又造五角、二角、一角、半角数种，原料中银为百分之八十八，铜为百分之十二。造币经费由藩库、盐库拨发。又于总府街设四川银元总局，以银元易银锭。复造戴冬帽人头像之藏币，枚重三钱二分，成色为银三铜一，专在西藏行使。岑春煊继任总督后，于光绪二十九年（1903）建四川铜元局，造当五、当十文两种铜元，上有龙形纹及四川官局造数字。背面中央有"川"字，旁有"户部"二字分列左右。次年，继任川督锡良添铸当二十文一种。宣统二年（1910）成立度支部成都造币分厂，接收机器局造币工作。民国元年（1912）改为成都造币厂，将龙纹改为篆体"汉"字，以十八小圈环之，铸当十、当二十、当五十文三种铜币。民国2年（1913）增造当一百铜币与五色国旗纹及嘉禾纹当二百铜币。至民国10年（1921）刘湘任川军总司令兼四川省省长时，造半元银币。其后造币厂长皆由邓锡侯部下充任。民国18年（1929）前后，造币厂所造五角银币，成色不足，铜币体型减小，复有仗势私铸者，以致金融紊乱。蒋介石推行法币后，财政部接管成都造币厂，专造一分、二分、半分铜辅币。民国20年（1931）又造镍辅币。此二者皆通用全国，不标川省之名。民国37年（1948）又造孙中山头像之一元银币（背面为帆船纹）。造币厂在城内拱背桥街附近。

---

① 参见清嘉庆《四川通志·食货》。

附　四川纸币

宋朝仁宗天圣元年（1023），朝廷在成都置益州交子务。翌年在成都发行第一界官交子，自一贯至十贯文。这是中国也是世界最早发行的国家纸币。旧题为元费著《楮币谱》（今人有考为南宋人作品者）云："大观元年（1107）五月，改交子务为钱引务……隆兴元年（1163），始特置官一员莅之，移寓城西净众寺。"净众寺即清代万佛寺。废址在今通锦路三号，现为铁道部第二勘测设计院驻地。自宋至清，川省纸币、硬币并行不悖。

民国初，因清藩库存银被劫一空，乃发行军用票，继又发行濬川源银行券以收回军用票。民国25年（1936）前后，四川省银行曾印制五角辅币一种，此为旧时四川最后一次独立发行纸币。

第二节　兵工厂

清光绪三年（1877）三月，丁宝桢调任四川总督，创设四川机器局于城东南拱背桥街至下莲池街一带。丁宝桢委候补道夏时、劳文翶总理局务，并派成绵道丁士彬会同办理；又派候补同知曾昭吉赴上海选购主要机器，其余即令自行制造。此前丁宝桢在山东建立机器局时，因昭吉精习机械业务而倚为左右手。此行昭吉随调来川，复带熟练工人数十名，故一切筹备事宜，均由其负责。光绪四年（1878），各机器部件安装就绪，乃正式开工。此局实为兵工厂，因恐引起外国人注意，故称机器局。初仅能日造毛瑟步枪十余支。原料、钢材及弹头、白药仍仰给于外国。未几，经御史承恩劾奏，五年（1879）停办；六年（1880）复令开局，以丁士彬任总办，曾昭吉总理工务。昭吉复创制水轮机，利用水力发电，此为川省利用水电之最早者。七年春，机器局于城外南古家坝增设火药局，自造白药。每日出枪亦增至三四十支，且皆不赖外国技工。至光绪二十七年（1901）总督奎俊新购机器，建新局于外东琉璃厂，规模扩大。二十九年（1903）锡良继任四川总督，以候补道章世恩为机器局总办。后者偕候补通判祁祖彝选带委员、学生、工匠等二十名前往欧美购置机械。三十一年（1905），又在东门外建立新厂（新中国成立后为南光机器厂）。三十年（1904）更于厂内试行发电，安设电机，约可供二千盏灯之用。成都有电灯实始于此。① 稍后，四川机器局又在东门外建新厂。宣统元年（1909）改四川机器局名为四川兵工厂。民国时因军阀纷争，竞谋扩张武力，兵工厂成为争夺目标。由于相互争夺，导致机器散失殆尽，兵工厂因此停办。1938年后，因应形势需要，又有复工。今成都南光机器有限公司的前身即为四川兵工厂。

第三节　铁路公司

清季筹建贯连川、鄂两省之铁路，于光绪二十九年底（1904年1月）在岳府街成立川汉铁路公司，三十三年（1907）改归商办。经川督锡良奏准自成都经万县以达湖北宜昌一段，由川省修筑，于成都设商办川省川汉铁路有限公司，于重庆、宜昌、上海设公司分局，于北京、上海、汉口、成都及川省各县设招股处。股本分劝募及随粮摊收（收粮额百分之三）等四种，以随粮摊收即抽租之股为大宗，均发给股票。据宣统三年（辛亥年，1911）川路公司公布，截至上年底，共集股款一千一百九十八万三千零五两。是年，清廷准清邮传部尚书盛宣怀川汉铁路"收归国有"奏而发布"国有"上谕，企图出卖铁路主权予帝国主义列强。川人群起反对，组织保路同志会向清廷力争。秋，总督赵尔丰拘捕反对者并枪杀请愿民众，群情愈愤，在同盟会的领导下，形成波及全川的同志军武装大起义，影响所及导发武昌起义，清朝遂亡。民国2年（1913）川路总公司于成都少城公园建辛亥秋保路死事纪念碑以纪念，1988年国务院将该碑列入第三批全国重点文物保护单位予以公布。

---

① 另据《四川文史资料选辑》第二十五辑，光绪三十一年，即1905年，四川银元总局用一台小型蒸汽机带动发电机发电，点亮了总督府院内的电灯。或谓此即成都最早的电灯，待考。

第四节　警察总局

清季仿西法于全国设警察。光绪二十九年（1903），创立四川警察总局于华兴上街，此为川省警察之开始。其后各厅、州、县亦次第开办。三十一年（1905）改为四川通省警察总局。三十三年（1907）废总局，改设四川通省巡警道，兼管省城警务。据《成都通览》所记，清宣统元年（1909）全城有警察局所五十一处。其中水道警察局设水神祠内。

第五节　劝工总局

清光绪三十年（1904）创办劝工总局，局址在旧皇城后子门内东端原宝川局旧址。内分刺绣、陶瓷、卤漆、竹丝、丝绵、麻织品等项。又延聘省内外能制酰绒、毛巾、新式皮革之老技工为教师，复招收大批青年从其学艺。其后又于各县设立劝工局，并将青羊宫每年春季由民间举办之花会改名劝业会，各劝工局产品在会上展销。光绪三十三年（1907）裁劝工总局而设通省劝业道，由周善培出任总办。清亡后各县劝工局亦先后撤销。

第六节　总商会

清光绪二十九年（1903）成立成都总商会，三十一年（1905）制定章程十七条，总商会设总府街。三十年（1904），成立四川商务总局；在成都设商事裁判所，附于总府街成都总商会内。三十三年（1907），劝业道周善培鉴于商人诉讼时，备受拖累，因定章程一百零一条，规定公推评议员四人，裁判员四人，凡商事纠纷，由所裁判。民国初年，沿袭不变，仅将裁判所改名为公断处，各商帮之事均在此会商。民国 18 年（1929），总商会改为成都商民协会，次年改为成都市商会。

第七节　新式商场

本市商店原集中于东大街。清末实行新政，建立新式商场，民国时又增建数处。兹分述于次。

一、商业场

清光绪三十四年（1908）由劝业道周善培与成都总商会倡建，商人集股为建场资金，购买总府街以北、华兴街以南原准普堂之一部及称为九道门坎之大民房作基址。新建之场，初名劝业场，后更名商业场。场内除百货店外，有餐馆、小食店、川剧院（即有名之悦来茶园），场外又建旅舍。此均仿效外国商场之法。场内又装电气锅炉，自行发电。至民国6年（1917）全场尽毁于火，旋即修复，并将原悦来旅馆部分改建为悦来商场，更于场西增辟新集商场一处。

二、锦华馆

民国元年（1912）始开辟为新式商场，规模远不及商业场大。春熙路建成后，锦华馆即为春熙路北段一条支巷。

三、昌福馆

南临总府街，北临华兴街。其地原为清代之四川商务总局，民初改设昌福印刷公司。民国8年至9年（1919—1920）改建为昌福馆（取意于会昌建福），并新辟一路，与华兴街相通。此馆体制效法商业场，业务则远逊于彼，后遂变为银器业集中地。20世纪50年代改为东风副食品市场，后几经改建，现为春熙坊唐宋美食街。

四、春熙路

创建于民国13年（1924），盖本潘岳《秋兴赋》"登春台之熙熙兮"而命名。"春台"二字则本诸《老子》"如登春台"。其基地由清代按察使署原址、总府街凤翔银楼及其主人住宅以及基督教青年会操场几部分组成。春熙路南、北段由政府标价，招商承办，修建房屋。民国17年（1928），于财政厅前空地增建春熙路东段，又就新街后巷子民房增建西段。于是春熙路四通八达，成为本市最繁华之商业区。

第八节　邮　局

中国历代官方文书，均有专官职司传递。清代由按察司兼掌。晚清时成都有麻乡约信轿行，经营运输与寄信业务。

至于邮局，则创始于光绪二十七年（1901）。先是有杨开甲字少荃者，湖北人，任职汉口邮局，于光绪二十六年（1900）春，奉北京总税务司邮政总办命，同彭钧甫赴川开办邮政，并偕宜昌局员钱芝祥、杨文榜同行。抵渝后，彭赴叙府（今宜宾），旋因病仍返渝；文榜赴嘉定（今乐山）向滇黔进展；芝祥驻保宁（今阆中）向西安发展；开甲于九月始抵成都。当时川人对邮政陌生，甚少问津者，每周仅能递发寄渝信件二次。次年总局派员来蓉，始建立邮政信柜制度。杨开甲则转赴潼川（今三台）、绵阳、中坝（今江油）等地开办邮政。此后川省邮务逐渐发展，遂于成都设川西邮务总局。民国时在暑袜北街建总局大楼。新中国成立后，在文庙前街另建总局。

附　麻乡约

有陈洪义者，蜀人，抬轿担挑出身。某次由川抬官轿至滇省，深得此官赞赏，遂助洪义于清咸丰二年（1852）在昆明设立麻乡约信轿行。其业务：一是代人送信。二是备置轿子并招雇抬轿者以供旅客需用。三是代人运送货物及银钱。洪义面有麻子。乡约即地保；蜀人又称好管闲事，自谓无所不知、无所不通者为乡约，盖嘲弄之语也。洪义以"麻乡约"为信轿行名，实有自嘲且自负之意。其后因营业旺盛，成为川、滇、黔三省有名之运输行业，又在各处成立分店。成都之店设于东大街。民国时，因内战频仍，抬轿者往往被军阀部队强拉为力夫，故在民国 17 年（1928）左右，麻乡约不再经营轿行。至于所营信局，因邮局普遍设立，政府又勒令私营寄信行业限期结束，遂于民国 24 年（1935）停办。至民国 38 年（1949）运输业亦停止，于是绵延将及百年之"麻乡约"，其所经营之各项业务便完全结束。《四川省志·交通志》编辑组有专文《西南民间运输巨擘麻乡约》详记其事。①

第九节　领事馆、洋务局与交涉署

清光绪二年（1876），英国在重庆设领事署；光绪二十二年（1896），法国亦在渝设领事。二十九年至三十四年（1903—1908），其先后迁至成都，名总领事馆，各仍在重庆设副领事一人。其后，美、德、日皆设领事。

当时中国衰弱，领事走失一犬，亦需中国官吏出示晓谕以搜寻。中国官府不胜其扰，除督署设置洋文案（外文秘书及译员）外，再设洋务局，由道员主持，地址初在永兴巷。时为光绪末年。此为地方性之特种事务局所。

民国时洋务局改组为外交部四川交涉署。民国 19 年（1930）撤销，民国 22 年（1933）又恢复，改名四川外交署。抗战期间再撤销，其后又恢复，均改在省府内办公。

---

① 参见《四川文史资料选辑》第七辑。

第八章　近代各种重要行业

第一节　银　行

一、山西票号

清嘉庆二十年（1815），山西人在天津所设颜料行开始兼营票号业务，其后则舍颜料而专营票号。至咸丰时（1851—1861）山西人经营此业者达二十余家，分号遍及南北。其在成都之分号均集中于暑袜街、青石桥、走马街、西东大街之间，先后有新泰厚、日升昌等二十余家。[①] 筹饷、报捐多由票号承办，军饷、丁粮皆由票号汇兑，甚而边区协饷、内地赈抚亦赖票号为之周转。至光绪末年，银行兴起，票号日趋衰微，民国时或转为银行，或改营他业。票号名称遂不再使用。

二、大清银行与濬川源银行

光绪三十一年（1905）于成都新街创设大清银行，由藩库拨银三十万两作股本，另招商股二十万两；发行一千两、五百两、二百两、一百两、五十两、二十两、十两、四两、三两、一两十种银票通行本省。此亦为当时之新政。民国初因藩库被乱兵洗劫，乃印发四川军用票以应急需。后因军用票贬值，乃发行铜元票，规定铜元票面额一千文合军用票一元。民国 5 年（1916）改发濬川券，以一比二率收回军用票。此行后停办。

---

① 参见傅崇榘：《成都通览》第一辑。

三、四川省银行

四川省银行成立于民国 24 年（1935），总行初设重庆，为刘湘所控制；至民国 35 年（1946）乃迁成都。在刘湘主川政时期曾发行五角纸币。此前，民国 13 年（1924）成立四川地方银行，为省银行之前身。

四、四　行

即中国、中央、交通、农民等四银行，皆全国性之官方银行。其在成都皆有分行，亦为本市力量最雄厚之银行。

五、私营银行

清光绪、宣统之际，重庆杨姓商人在渝创聚兴诚银行，在成都之分行设于华兴上街。此为蓉城最早之私家银行。抗战期间，外省私家银行来蓉开业者有金城、上海、四明等银行。此外，由四川官僚、军阀所经营之私家银行亦在抗战期间纷纷兴起。各私家银行集中于南新街、中新街、北新街等处。此外尚有银号钱庄多家，又有由私人暗中开设之地下银行。

第二节　与生活有关之各种重要行业

一、粮食业

大粮食市场有东门市，在府城城隍庙内；南门市在柳荫街；西门市在石灰街；北门市在火神庙。此皆始于清代。民国时开辟通惠门后，青羊宫之米市，遂与四门原有之市场并列为五。其中规模最大者为南北两市。在米市交易者，如双方皆为商人，则议价时彼此以袖掩手，互扪手指议价，外人不知其价也。如不用此方式，则每一数目字皆用他字代替，如一曰"幺"、二曰"按"、三曰"苏"……如此是也。至于零售粮店，则分散于各街，且多兼营食油及兑换银钱业务。

至抗战期间，投机商又以粮食作为一种投机买卖，或囤积居奇，或并不买进或售出实物，而以一纸"仓飞"（上书"凭票取米若干"）作交易以赚取差额，买空卖空，牟取非法利润，以致影响物价，带来严重后果。

民国初年，麦利公司（在北门外簸箕街）以机器制造挂面。民国 16 年（1927），兆丰面粉厂创设于天仙桥街。抗战期间于外东沙河堡大观堰侧建成面粉厂。两厂均私人经营，皆以机械磨制面粉；新中国成立后逐步变为国营。

二、食盐业

各地销售何处所产之盐，历有规定。成都食盐来自乐山牛华溪（称为乐场盐），有时配搭部分犍为生产者（称为犍场盐）。自清光绪（1875—1908）至民国 25 年（1936），运销办法屡经更易。至于零售商则分散于各街，皆向各盐商处联系分销业务。

三、食油业

成都人食用油主要为菜籽油，蓉人称为清油；次为芝麻油及花生油。最大油市在北门草市街"谈天处"茶舍。零售则多由各米店兼营。

四、柴炭业

成都除机关、学校及仅有之兵工厂用煤为燃料外，居民皆烧木柴。煤由彭县、灌县运来。木柴来自附近各县，多由水道运输，因之最大木柴市即在油子河畔之水津街。

五、丝织业与蜀锦、蜀绣、蜀笺及蜀扇

四川养蚕织锦，历史悠久。汉代已有锦官城，其后不断发展，故刘备入蜀，赐诸葛亮、张飞、法正、关羽锦各千匹。[①] 蜀汉亦仰赖输出蜀锦以维持军费。[②] 山谦之《丹阳记》云："江东历代尚未有锦，而成都独称妙。故三国时魏则市于蜀，而吴亦资西道，至是始乃有之。"又扬雄《蜀都赋》及左思《蜀

---

① 参见《三国志·蜀书·张飞传》。
② 参见张澍辑《诸葛忠武侯文集》卷二。

都赋》所言之黄润，则为另一种精美之丝织品，行销大夏。① 足见两汉三国丝织业发达之盛况。刘宋时又移蜀工百人于丹阳并创立锦署，东南丝织业因此亦趋于发展。

唐代成都贡锦，岁以为常。② 其复运输至国外，颁赐藩邦，赏赍使臣，史不绝书。据《旧五代史》中《唐庄宗纪》及《郭崇韬列传》载，后唐庄宗闻郭崇韬破蜀，遣宦官向延嗣劳军。延嗣还，上蜀簿，得纹锦绫罗五十万匹。足见成都丝织业出产之富。宋初平蜀，移成都锦工数百人至京师（今开封），于城东南新创机锦院，并令水部郎中于继徽监领之。③ 宋锦之制因而丰富多彩，冠绝古今。元丰（1078—1085）中，知成都府吕大防建锦楼于城东，为织造之所，再设吏管理之，仿佛锦官之制。④ 南渡之后，北拒金人最为急务。其初以川茶向西北易马，继之以蜀锦偿马价之不足。建炎三年（1129）遂于成都之应天、北禅、鹿苑三寺分置锦场，大量制造。乾道四年（1168）复于旧廉访司洁己堂新创锦院，合府治锦场为一。于是规模益宏，产额益丰，花色亦日益多，殆极一时之盛。⑤ 宋代于成都设锦文局。元代亦在此置绫锦局，但较之南宋已有江河日下之势。自是苏、浙崛起，后来居上，竟一跃而为全国织造中心，成都不能与之比拟。

明末兵燹之后，成都丝织业几濒绝迹。清康熙中，有前随孙可望军至滇之机工数人自云南归，重理旧业。嗣得知府殷道正提倡，由浙江调来一批工匠，先后在重庆、成都两地建立机房，传授学徒，丝织技术始得绝而复苏。乾、嘉以后，此业渐臻繁盛，东南城内机房达数百家，多集中于半边街、走马街一带。其最著者如师爕兴、马天裕、长发美、马正泰、范裕顺等，均各拥有大量织机，织工曾至百数十人。其中马正泰、马天裕两家产品尤佳；宣统元年（1909）参加南洋劝业会展览，博得国际好评，获得特等奖状。民国时战乱频仍，政多苛扰，兼之外货侵销，市场日蹙，机房纷纷歇业；唯锦尚有织造，品质则远逊于昔。

① 参见本书《城垣篇》。
② 参见《元和郡县志》卷三十一。
③ 参见《宋会要辑稿》及《续资治通鉴长编》。
④ 参见吕大防：《锦官楼记》，载《全蜀艺文志》卷三十四。
⑤ 参见费著：《蜀锦谱》，载《全蜀艺文志》卷五十六。

成都丝织品本有纱、罗、绫、绸、锦、绢等类，并各具特色，而以织锦费功为多，故其最为著名。及今犹可考见者：蜀汉时有十样锦；宋时有转运司所织锦，茶马司所织锦，名色不下数十种；清时所制，不过天孙、万字、云龙、芙蓉等数色，古法之失传者多矣！

又蜀绣亦有悠久历史。三星堆青铜大立人的服饰图案，或表明商代蜀人已拥有手工提花或刺绣技术。《华阳国志·蜀志》则明言古蜀有锦、绣之宝。《宋史·雷有终列传》记王均之众系绣衣银枪。迄于近代，蜀绣不衰。新中国成立后，成都仍有此业，成立有蜀绣厂，除原有技师外，还培养大批青年工人，技艺上大有改进，因之花色品种胜于昔日。

蜀笺自古为海内所称许。唐代薛涛于浣花溪取水造红色诗笺，以书写诗句。后人承袭其法，续有制作。明代蜀王建藩成都，于玉女津（今望江楼区域）旁造纸，又取甘泉井水制特等诗笺。其式仿薛涛之法，故笺亦名曰薛涛笺，又名此井曰薛涛井（井尚存）。明亡后此处不再造笺。民国时成都裱褙店曰诗婢家者，亦仿造薛涛笺出售。店在羊市街，后改在春熙北路恢复营业，现迁至琴台路。

蜀扇亦早享盛名，明代且列为贡品。[①] 明亡时钱谦益以蜀扇贻清豫亲王多铎，足证蜀扇为当时所珍。近代成都制扇业不盛，商店出售者，多系由荣昌、隆昌等处运来。

六、棉纺织业

巴蜀之地，两汉魏晋时有麻布及木棉布。前者如近代在居延湖边发现之汉简所记供罪犯用之"广汉七缀布"。又左思《蜀都赋》谓"布有橦华"。所谓橦华布，据《华阳国志·南中志》载，益州郡（今云南境）有橦花（即木棉）可织布，则木棉布自可流传蜀中。后代更以吉贝（草棉）棉纱织布，皮棉多来自陕西、湖北，皆用木机手工织造。成都在近代虽有棉织业，然不能衣被市民。市上出售之宽幅洋布来自省外、国外。窄幅土白布，则来自安岳等县。抗战期间宝星纱厂创设于外东伴仙街，裕华、申新两纱厂由外省迁来。

---

① 参见谈迁：《枣林杂俎·川扇》。

裕华设于外东望江楼对岸之三官堂，申新在三瓦窑。于是成都织户又开始用此种新式细纱织布；供应市场之产品，亦日渐增多。

七、栏杆业

栏杆，即以丝织成宽一二分之狭带，用以镶饰衣服鞋帽边缘之用。各民族皆爱好之。本市业此者多集中于九龙巷、横九龙巷一带。郊区乡场亦有织栏杆者。入民国后，因汉族妇女衣饰变更，不再用此物，故栏杆仅能销往少数民族地区，业务不如往昔之盛。

八、皮裘业

皮裘多由陕甘商人从西北地区运蓉销售，店铺多在总府街一节。清康熙十二年（1673）有陕商在总府街设陈新新老号。此为清代本市最早之皮裘店，历时约三百年始歇业。

九、酿酒业

主要为白酒。近年发掘之三星堆、金沙遗址均有从酿造、贮藏到饮用的酒器出土，证明古蜀人已会酿酒。研究者认为，我国蒸馏酒（又称白酒或烧酒）的酿造技艺始于宋代，或认为自元代始。1999 年，在成都东南府河与南河交汇处的东面水井街，发现并挖掘出元、明、清至民国的酒窖、晾堂、灶坑、蒸馏器基座、灰坑、墙基等遗址以及大批瓷器和陶器残片、兽骨等遗物。此处遗址系川酒老烧坊"水井坊"所在，是迄今为止全国乃至世界发现的最古老、最全面、保存最完整的古代白酒作坊遗址。2000 年，国家文物局评定水井坊遗址为 1999 年度全国十大考古发现之一。2001 年，国务院公布其为全国第五批重点文物保护单位。

十、烟草业

主要为叶烟、水烟二种。前者来自新都、什邡，后者多来自郫县。烟草总市在外北簸箕街，零售店各处均有。福兴街之陈新新老号及正府街周广兴烟铺均有两百年之历史。新中国成立后，水烟因吸者日少而致停业。

十一、木材业

木材均自灌县山区水运至蓉，集中于外北上河坝街，建筑屋宇皆取材于此。至于炊用之柴，均自邻省各县运来，以外东下河坝一带为集散地。

十二、砖瓦业

川省砖瓦业至迟当始于汉代，近数十年来出土大量汉砖，质优美，可为佐证。清代迄民国时，砖瓦业集中于外东三瓦窑及外西丰家碾，均手工制坯，土窑烧制。民国19年（1930）川西邮政总局增建新房，从汉口购来机制红色平瓦，人皆羡之。民国24年（1935）蜀华公司所属砖瓦厂购回手摇制平瓦机从事生产。此厂设于外东五桂桥附近，为当时本市最大之砖瓦厂。手工制坯，窑则仿天津式（名梳窑），焙烧时间较短，效果亦佳。新中国成立后新建大规模之砖瓦厂，机器制坯，用新式轮窑烧焙，效果更好。

十三、猪鬃业

猪鬃为供出口者。民国34年（1945）有复昌猪鬃制造厂创设于外东水津街。次年又有元昌猪鬃厂创设于下沙河堡。不久复昌并入元昌，规模较前扩大。新中国成立后改为和平猪鬃厂。

十四、银器业与金饰业

银器业向来分散于各街，其较大者有东大街之万全楼、华兴街之泗兴银楼等，制品皆为银首饰、手镯等。民国初年曾有二十余家集中于北打金街，其后多迁入昌福馆。

本市各金店如天成亨、杨庆和、凤祥等皆制作金首饰、手镯、耳环。民国时妇女多剪发，不再穿耳，于是金店只造手镯与戒指。临近新中国成立前，还铸金元，枚重一两。此非政府所铸，不作货币使用。

十五、铜器业

集中于东御街。所制为面盆、火盆、火锅、炊壶、烟袋、茶船等物。抗战期间铜器店又兼制铝器。

十六、中药材业

本市中药店甚多，最负盛誉者为东大街之同仁堂及春熙南路之德仁堂与达仁堂。此外，华兴街有以出售阿魏丸驰名之天福堂，鼓楼北三街有以"渴龙奔江丹"驰名之庚鼎药房，走马街有萧长兴号，暑袜北一街有泰三堂老号，提督西街有萧集翰，总府街有万全堂。又，半济堂亦有分号。

西药店较少，历史亦较短，最著者为东大街之华洋大药房。

十七、花轿、彩帐、竹棚业

民间办红、白（丧）喜事及节日元宵灯会等，需搭彩棚、租花轿以及吹奏乐器，以迎宾客等，均由此行业包办。

十八、启明电灯公司

清宣统元年（1909）由陕商、《四川官报》总编辑陈养天，留日学士舒和轩等集资筹建，宣统二年（1910）开业。公司地址由中新街一号公馆改建，前大厅为营业厅，后面为厂房，为成都最早商办电灯公司。其后屡经扩充，成为全市主要供电企业。

第三节　投机市场、典当业、荒市

明蜀王曾建安乐寺，清初毁，后屡经修复，清末为银钱交换市场。抗战期间，法币贬值，人多抢购实物及黄金、银元、美钞以求保值，安乐寺遂变为投机市场。来此交易者千百成群，竞相谋利，且多买空卖空者。交易时货物并不过手，随买随卖，以赚取差价。其行情影响全城物价。新中国成立后，其地变为中心菜市场，1982 年扩建街道时拆除。

清末及民国时，成都又有彩票铺，均属私人经营。

典当业全国皆有之。成都当铺皆明季及清初于长期战争后逐渐恢复者。20世纪50年代末，曾做当铺管事之陕西老人刘海泉回忆：清乾隆时（1736—1795），川省始有当铺四十八家，除成都及成都府属十六县城有当铺外，各较大乡镇复分设代当店。初期大都由陕西商人经营，事先须经官府报请户部批准，始能开业。主要业务初为贷款与农民，以农器作抵押品，后则无所不当。一般是先给当主临时小票，俟货物送入城后换取当票。每年由四十八家当铺推举一家为代表，向政府接洽以年息四厘向藩库借款；亦有将公款储存当铺生息者，故当铺又成为变相之储蓄所。

据《成都通览》第一辑载，清宣统元年（1909）成都有当铺三十二家。又据调查所知，民国时本市大当铺有庆余、公益、太和、积英、悦和、庆务、清贻、清周等家。

成都有两大荒市，一在忠烈祠西街南端白家祠内，一在南门纯化街。荒市最初仅代销当铺"死当"物件（即典当之物品过期不取者），后又收购旧货、旧衣，逐步由地摊发展成为商店。亦有来此变卖银、玉、铜、锡、古玩珍宝者。忠烈祠荒市较为繁荣，纯化街商贩每来此购物，然后又再转卖。据传说，清代有致仕官吏许葛辅以珍珠手串售与成都荒市刘姓商人，获利八千元。刘又以三万元价转卖手串于北京商人，京商复以十二万元转售于上海洋商，后者又以二十万元价转卖与天津洋商，津商再以八十万元售与上海另一洋商，最后以一百二十万元价售至美国。又，忠烈祠街荒市从清末以后，不仅外国人在此购买古玩，且藏区与西北少数民族亦常来此寻求珊瑚、玛瑙、古衣、古佛像等物。

第九章　社会风貌

第一节　联谊与慈善组织

一、各省会馆概略

会馆为各省旅居四川或本省旅居成都者岁时集会之馆舍，意在联络乡谊与救济同乡之贫病死亡者。其名为公所者，或为官员住宿之地如帝官公所，或为工商业之同业公会。据宣统元年（1909）出版之傅崇榘编《成都通览》第一辑所载，当时成都城关有会馆十六所，即广东（糠市街）、河南（磨子街）、浙江（三道会馆街）、湖广（总府街）、陕西（陕西街）、吉水（北打金街）、石阳（棉花街）、云南和贵州（贵州馆街）、泾县（中东大街）、福建（总府街）、江西（锦江街）、河南（在布后街，据此则河南有两馆。不知其因）、广西（三道会馆街）、山西（古中市街）、川北（卧龙桥街）等会馆。城内外公所十九处，即黄陂（北纱帽街）、陕甘（太平街）、川东（西御街）、黔南（贵州馆街）、两湖（东丁字街）、安徽（灶君庙街）、酒坊公所和两江公所（布后街）、江西（布后街）、酱园（云南会馆街）、泰来（梓潼街）、两广（东桂街）、燕鲁（燕鲁公所街）、四十炉（楞伽庵街）、西东大街公所（以上在城内）、浙江（簧门后街）、屠行（北门外）、烧房（北门外）、安徽（东门外）等公所。民国《华阳县志》卷三十列载民国 21 年（1932）华阳县境之会馆公所有：广东会馆（西糠市街）、江南会馆（江南馆街）、江西会馆（棉花街）、湖广会馆（湖广馆街）、云南会馆（通顺街）、贵州会馆（贵州馆街）、浙江会馆（金玉街）、福建会馆（总府街）、广西会馆（金玉街）、黄陂公所（北纱帽

416

街）、两湖公所（东丁字街）、燕鲁公所（燕鲁公所街）。各会馆及公所之修建，多半房屋宏伟，建筑坚实，亭台楼榭，蔚然大观。会馆经费概由同乡募捐，自身则置有田房产。每遇节日，演戏酬神，习为常例。川戏各班平时亦借用会馆剧台作演出场所。民国 14 年至 15 年（1925—1926）以后，会馆执事间有贪利之徒勾结军阀，盗卖会馆者。迨新中国成立前夕，仅存少数会馆。

清初由各省迁蜀定居者，均早已自认为川人，不参加原籍会馆组织。

外县旅蓉者，亦多成立同乡会，亦不再建会馆。

二、宗　祠

宗祠是供奉祖先和祭祀的场所，乃宗族的象征。入民国后，宗族观念日趋淡薄，城区大多数祠堂仅为全族于清明、冬至联欢之场合。平时或将屋宇出租一部分供人开设茶馆，如魏家祠即为成都房产交易市场；祠产充裕者又可拨出一部分兴办学校及津贴族人之在外地学习者，如廖家祠堂即办有小学。至 1959 年调查时，各街尚存之宗祠有：方、刘、叶、张、李、周、林、陈、温、向、魏、卿、韩、谢、苏、王、洪、巫、刁、吴、薛、钟、印、胡、廖、白、毕、程等姓。其中温、刘、张、陈、李、叶、谢皆一姓有数祠。在成都无宗祠之姓者，或属无人无财；或为旅居蓉城，原籍已有祠堂，不必再建祠于此地者。

三、土地会与清明淘沟

成都各街多有土地会，此为民间祀神与合作之组织，会首由民众公推。每岁清明节前后，由土地会集资请道士打清醮，较富裕之街道或演木偶戏、灯影戏。打醮毕即张宴，为街邻聚餐。

唐代于城内开凿大沟小渠，导江水分注各街。至宋时沟渠渐至淤塞，遂不得不大举淘沟。清代重建成都，城内但有金、御两河，无引水分注各街之渠，然各街皆有阴沟以排水入河。每年清明节各街土地会于打清醮时即淘沟。民国时淘沟由官府主办，至 20 世纪 40 年代后期，淘沟之制已成虚设，致使沟渠滞塞，每遇大雨，低洼之地多成泽国。东大街一带骤雨时水辄深二尺左右，车行其中有如涉河。

四、慈善组织

成都慈善团体之最著者为慈惠堂，创于清代中叶，本由官办；所在之街，即以慈惠堂为名。民国时，其为民间慈善团体，民国 12 年（1923）公推名士尹昌龄主其事。尹锐意经营，甚有起色。慈惠堂办有培根火柴厂（接收原惠昌火柴厂而成）、培根义学、文诚义学、借贷处、瞽童教养所、全节堂、女婴教养所、幼稚园等。复有昔为官办之普济、育婴两堂及三所孤穷子弟教养所亦于民国 14 年（1925）拨附慈惠堂，特设一救恤事业董事会以统辖之，公推尹昌龄为董事长。于是，该堂产业日增。堂中所需费用，素赖公私捐助，大半购置田房以为收益，余即以火柴厂及教养所盈余作调剂。此堂共有田产一万余亩、街房二百余间。火柴厂产品销及各县。民国 31 年（1942）尹昌龄病故后，先后由张澜、徐孝刚、嵇祖佑等继任董事长。张澜曾延王干青任职，后王为特务所捕，死难于十二桥。培根火柴厂于新中国成立后改为成都火柴厂。

民国元年（1912），杨国屏、张立先、李绍严等组成红十字会理事会，推吴颂尧为理事长，张立先为副理事长，会址设东桂街文昌宫。次年，重庆镇守使熊克武与四川都督胡文澜（系袁世凯爪牙）激战于资中，由杨国屏组成救护队前往。当时军民皆不解红十字会为何物，颇滋误会，导致仅掩埋尸首数具，救护伤兵数人。其后该会渐为人知，但凡有战事已能在前线自由活动。

第二节　游　乐

一、东大街夜市

唐代凿解玉溪，流经大慈寺前。五代时大慈寺南（即今东大街一带）为市集所在；五代以后，成为游乐胜地。张唐英《蜀梼杌》卷下谓孟昶宴从官于寺。又费著《岁华纪丽谱》曰："七月七日，晚宴大慈寺设厅，暮登寺门楼观锦江，夜市乞巧之物皆备焉。"又田况《七月六日晚登大慈寺阁观夜市》诗曰："万里银潢贯紫虚，楼边螭鬐待星姝。年年巧若从人乞，未省灵恩偏得无。"① 又祝穆《方舆胜览》："每岁七月七日，蜀人登大慈寺前雪景楼观夜市。"足见此地夜市由来已久。

夜市习袭至清，仍盛，唯地区微向西移。本市在建公路前，夜市自盐市口起至城守东大街止。黄昏后游人摩肩接踵；百货萃集，设摊肆于街上。除大雨之夜及春节期间外，皆无闲夕。其营业情形约分四段：城守署至走马街口为售饮食之摊贩；走马街口至南新街口售旧字画、铜器；南新街口以西售古玩、铜器、鲜花；再西至盐市口一段售旧书、玩具、乐器、铜器、首饰、鞋、帽等。辛亥革命前，夜市物品大都属于旧货，一般为死当物品。入民国后，零星洋广百货亦进入夜市场，时间竟延长至夜半。附近各县商贩亦有至此购货者，夜市范围更扩展至提督东街、总府街。于是夜市之性质遂贸易多于游乐。至民国 20 年（1931）后因扩建街道，车辆频繁，夜市遂渐衰落。其后有人于青年路燃电石灯摆地摊，因街短，摊自不多，规模远逊于昔之东大街夜市。

二、花　市

民国《华阳县志》载："《成都古今集记》：'成都二月花市。'《方舆胜览》则云：'二月望日鬻花木蚕器，号蚕市。'与《成都古今集记》略异。自是沿《茅亭客话》之说，不分别花市蚕市。然唐萧遘《成都》诗已有'月晓已闻花市合'，宋薛田《成都书事》诗亦有'花市春风绣幕褰'之句。明言'花市春风'则当时成都二月固自有此市，不得捤（混）于蚕市矣。惟市在何处，诸家记载都未涉及。证以陆游《海棠》诗称'南市'，则市必近城南。又云'家在花行西复西'，盖唐宋以来成都西南皆繁华之地。今成都二月时花市犹在城西南，其所由来者远矣。"由秦汉至唐代，南市在少城之南。高骈筑罗城后，南市则位于西南方。今之青羊宫、二仙庵一带适为南市之西南隅。则今之花会场，即古花市所在地。

青羊宫为道观，道教典籍有老子至成都李氏投胎之说；又谓农历二月十

① 《蜀中广记·名胜记·成都府二》。

五日为老子诞辰，于是日设斋醮，招徕游侣。二月十五日又是传说中的"百花生日"（唐代称为花朝节），于是二者结合，遂以二月十五为花市正会日。清代在花市交易者，初不过花木农具。农具交易在青羊宫正门外广场，花木则于宫西侧旷地交易。又有临时盖搭之茶棚、酒肆，杂于其间，成为士女游憩之所。

清光绪三十一年（1905）利用花市期间，在青羊宫左侧二仙庵前设置临时板屋举办劝工会，令各县劝工局产品来此陈列展销。又沿旧俗以二月十五日为劝业会开幕日。因之，花市规模愈大，游人愈多，然游春者实多于交易者，故民间不再称之为花市，亦不称为劝工会，而曰赶花会。劝工会至光绪三十四年（1908）改名劝业会。其后因各县产品来此不易销售，赶会者日少。民国时劝业会停办。然成都商铺又多于会期自动来此搭棚售货。会期中复有杂技、戏剧临时演出。还有出售书画、古玩者，皆承清代旧习。民国时又于青羊宫西墙外筑擂台比武，初选胜者获铜质镀蓝色奖章，名曰蓝章；再选获胜者得银章；终选获胜者得金章。每年得金章者极少。会场中饭馆、摊贩皆有，然以小食为主。最负盛誉者为酥锅盔、荞凉粉与"一炮三响"（今名"三大炮"）糍粑。曰一炮者，谓摊贩从锅内抓取糍粑一团向竹簸力掷。三响者，则谓糍粑团先落入第一簸内，碰触有声，此为第一响；借簸之弹力跃入邻簸，得第二响；再借此簸弹力，跃入簸侧碟内，触碟有声，得第三响。簸中盛有芝麻、熟黄豆末、白糖等物，糍粑入碟前调料咸备矣。顾客不仅品其味，更喜聆其声。非有此技者，不敢售此物。

每年正月下旬，会场即有少数摊棚及临时花圃，至三月乃逐渐撤去。蓉城士女均先期筹措游资，届时必晨往，至暮色苍茫，仍恋恋不舍。

清代游花会者，由老西门及老南门出城，皆须经历数里乃达会场，于是轿子、鸡公车（独轮手推车）与出租之马匹皆待其间。然游人每多步行。劝业道沈秉堃曾于老南门外锦江北岸筑马路以达青羊宫东之马家花园，长三里余，由商人自上海购回新式马车载人往来。此为成都最早之马路与马车。宣统元年（1909）马路延伸至青羊宫西数里之草堂寺，又由上海购回黄包车（当时称为东洋车）二十余辆，由老南门直达，每次取当十铜元四枚。游人争坐之。民国2年（1913）满城已拆除，于成都之西南角辟通惠门。于是赶花会者获一捷径。新中国成立后，又以青羊宫、二仙庵及其附近为文化公园，每年亦在此举办花会。后青羊宫从文化公园中分出，成为独立的道教寺观。

三、出行、游草堂、游百病

成都人自古号称"喜遨游"，宋人任正一《游浣花记》及元人费著《岁华纪丽谱》已详言之。至近代，则每年正月初一游武侯祠、望江楼及方正街丁公祠，名曰出行。初五、初九、十五再游武侯祠，初七日则谓人日游草堂。正月十六日登城墙漫游，名曰"游百病"，谓游此则一年不生疾病。[①] 城墙拆除后，游百病之风遂绝。又四月初八日为佛诞，则购鱼、鳝在望江楼畔及沙河堡放生地放生，端午又在望江楼下观龙舟竞渡，九月初九至望江楼或城内鼓楼登高。成都每岁新春虽有狮子、龙灯，然均甚少，远逊于外县。

四、公　园

唐宋时成都私家花园甚多，陆游有《花时遍游诸家园》诗可证。清末城内外有公私花园多处，据《成都通览》记载，宣统元年（1909）公家花园有方正街之丁公祠、贵州馆及城外之武侯祠、望江楼、二仙庵、草堂寺。私家花园有布后街孙家花园、小福建营龚氏遽园、三槐树街王家花园、东门外双林盘钟家花园、草堂寺侧冯家花园、青羊场之双孝祠花园（即马家花园）。又据清《光绪五年图》载，文庙西街有汪家花园。复据清《华阳县志·古迹四》所载，洗马池畔在清代有名园曰芙蓉池馆。以上诸园，民国时皆不存。

清末仿效西法，各都市皆建有公园。成都最先创建者为少城公园（今人民公园）。其地在清代为满城中之永顺、永清、永济等胡同，为驻防旗兵之箭厅、马厩、仓房、柴薪库。乾、嘉时八旗官兵柴粮均由金水河运入半边桥水栅内贮存于此。其后，此地又渐辟为稻田、菜圃。清宣统三年（1911）成都将军玉昆以清廷筹备立宪，废除旗米供给制度，旗民生计日窘，乃就旗仓空地创建园亭，杂植花木，设楼卖茶，开放满城，任人游观；同时出售门票，令旗民执事其中，借谋生计。此已略具公园之规模。

---

① 参见傅崇榘：《成都通览》第二辑。

辛亥革命后，四川都督府于民国元年（1912）冬接收上述土地房屋。其后修建辛亥秋保路死事纪念碑及图书馆；同时点缀亭池，培植花木，成为少城公园。园中之纪念碑建于民国2年（1913），以石作基台，上砌砖碑，高三十一点八六米，兼具中西色彩，设计施工皆由在日本学习土木工程之双流人王楠主持。碑呈方锥体，由赵熙、吴之英、张夔阶、颜楷各书一面，四人皆为名书家。

民国3年（1914）又扩建公园，拆除园南之永济仓房，又自通顺桥下引金河水入园，环绕一周，向东由半边桥流出。凿渠之土堆于东南隅成为假山。其后不断增饰：纪念碑东广场为体育场，碑西隙地有茶舍，舍前为较射场，好此者组成射德会。体育场之南，假山之西凿荷花池，池中有观音持瓶像，池南有小水塔，埋管通瓶，每日塔中注水后，瓶内即喷泉飞洒于池中荷叶之上。绕池植柳，树荫有石桌凳售茶。池与假山之间为动物园。池侧为通俗教育馆陈列室，中有各种旧兵器及赵尔丰斩首后之照片。园之东部为餐馆茶舍区，计有晋龄（后改名为静宁）、桃花源等饭馆，绿荫阁、永聚、鹤鸣、枕流等茶舍，枕流又附设澡堂。新凿之渠与金河之间以一堤间隔，堤上有小亭。金河畔有聚丰园餐馆，其地后改为美术协会。晋龄饭馆之东有楠木林，林南为佛学社。假山东麓有国术馆，馆北有二小亭，常有老人聚谈其中。亭之西有市图书馆，经亭东出后门即半边桥。公园北面有两桥跨金河，通祠堂街。西面一桥跨新凿之渠通小南街。园内有万春茶园，本为剧院，后演电影，最后拆除。

新中国成立前，本市各私立中学校长每周有聚会，互通办学情况，以对付公办学校，即定期于桃花源饭馆聚餐。各公私立中学教师因职业无保障，每年农历六月、腊月假期中，多在绿荫阁等茶舍等候聘书。各校名曰优礼延聘，实乃廉价而购。蓉人戏称此事为"六腊战争"。

少城公园每年秋季举行菊花会，展出各种名菊。又设立有檐板之木架，供题咏者张贴其上。

民国12年（1923）辟同仁路西侧至城墙狭长地带约十余亩为森林公园，其地有楠木近千株，俱百年物也。支机石在其南端（1958年移置二仙庵），故又称为支机石公园。抗战期间，公园为空军层板厂所占用，数百株楠木大半毁于此时。

又，学署街清代成都县学署于民国 14 年（1925）辟为北城公园，面积甚小，但有茶舍，后改为科学教育馆。

望江楼于民国 17 年（1928）建为郊外公园。此地本为游乐之所，建园后毫无增饰，只在门口横额用石灰浆堆塑成"成都郊外公园"六字。1951 年改为望江公园（今称望江楼公园），园址扩大，并植各种名竹。

民国 11 年（1922），川军总司令刘成勋将提督街北侧前清提督署辟为公园，名中城公园。北伐后改名中山公园，园之中央凿小荷池，园内有花木茶舍。1945 年抗战胜利当年，新成立之自来水公司设于园内。1951 年中山公园改为劳动人民文化宫。后文化宫迁至青羊大道新建，原址由香港华人置业集团开发，改建为华置广场（恒大广场）。

五、饮食业

清初移民来自各省，饮食习尚亦彼此不同，嗣以接触频繁，遂互相融摄而形成独具风格之川味肴馔及多种多样之小食，可归纳为酒菜饭馆、零星小食、糖果糕点三大类。兹据傅崇榘《成都通览》第七辑所记及本馆人员采访所得，简述于次。

酒菜饭馆可分为承包筵席、门市营业（亦称南堂）与随堂便饭三种。包席以正兴园较早，创设于同治、光绪间（1862—1908），地址在棉花街卓秉恬宅内，只限于承包筵席，不设门市。席有烧烤、鱼翅、海参三等，并擅长满汉全席。虽承包一二百桌，亦能保持肴味如一。其次有复义园、西铭园、双发园。清末继起者为布后街之荣乐园，复有商业场之一品香、菜根香，华兴街之聚丰园等次第兴起，皆承包筵席并兼售门市。入民国后，又有会府南街之荐芳园、包家巷之姑姑筵、少城公园之静宁饭店（即原晋龄饭店）、暑袜中街之哥哥传、东大街之味之腴等相继而兴，一变过去油腻过重之风，间用应时蔬菜入席，菜肴品种亦多新创。抗战期间，京、广、苏、浙之中西餐馆迁业成都者日多，故能互相交流经验，川菜遂更丰富多彩。至于随堂便饭，则以创于清代之福兴街竹林小餐，民国时兴起之北新街精记饭馆，华兴街之荣盛饭店，东大街之李玉兴、香风味，走马街之乡村，祠堂街之不醉无归小酒家及邱佛子饭馆等为有名。更需特别叙述者，一为祠堂街之努力餐，为车耀先所开设，有特制肉饺子，体大馅多，定价为二百铜元一只，须拉黄包车者始得购买；一为北门外万福桥之陈麻婆豆腐，色味特佳，无论贫富，皆可食之。以上皆蓉城最负盛名之饭店。

至于小食可分为二类，一为大块蒸肉、碗蒸饭与东桂街之烧腊摊；一为小食摊店。其著名者有：总府街口之赖汤圆，锦江桥街东端广兴店之金丝切面及牛肉肺片，提督街西口之夫妻肺片，暑袜南街东口喜胖子之五香卤肚及砂仁炖肘子，东大街夜市之涮羊血，青石桥北口东端之嘉定棒棒鸡，荔枝巷钟姓水饺，梓潼桥南街西端之式式轩包子，华兴正街之龙抄手，三桥南街之吴抄手，暑袜街之矮子抄手，梓潼桥街稷雪之牛肉面点，提督街大可楼之海式包子，总府街冠生园之各种点心与卤鸽，同街畅和轩之风鸡风肉，华兴街盘飧市之葱烧鸡，守经街南端之包子，骡马市街之厨子抄手，长顺中街治德号之粉蒸牛肉，红庙子街张阿喜之烧鸭子，提督东街福禄轩（其门窄类鼠穴，蜀人呼鼠为耗子，故人称之曰耗子洞）之烧仔鹅，皇城坝各清真馆之卤羊尾，东西御街之两家王胖鸭，东玉龙街金玉轩之糍粑醪糟，粪草湖街之沙胡豆，盐道街蜜桂芳之花生糖，顺城街司胖子之花生米，铁箍井朱姓之米花糖均负盛名。糖果点心铺驰名者仅有商业场之味虞轩，总府街之老稻香村，冻青树街之协盛隆等家。又有后起之耀华，经营中西各式糕点，后又兼营餐厅业务。至于晚近极负盛名的小食担担面，系自贡市一名曰陈包包的小贩始创于清道光二十一年（1841），因挑着担子沿街叫卖而得名。新中国成立后，其始入店堂经营。

著名作家李劼人于民国20年（1931）前后在指挥街开一小饭店，名曰小雅，菜肴种类不多，然必在报上刊登广告，此又别开生面者。

至于西餐馆，清宣统时有商业场之一家春、第一楼、楼外楼、可园、金谷园等家；民国13年（1924）复有西餐馆曰海国春，创建于总府街，后均不存。迄20世纪40年代有规模宏大者曰撷英餐厅，在春熙西路。

蓉城佛道寺院，亦可包订素席。因素席价高，而用之者少，故必须与寺庙有交往者方可在此宴客。又昭觉寺之油酥锅巴素负盛名，寺僧曾以此待客；然此乃礼物而非卖品。

又，新中国成立前，下北打金街曾有关姓老翁设一小酒店，唯有干酒

（高粱酿白酒）与炒连壳花生及豆腐干，后其子媳乃增售卤菜；酒必陈年者，售时绝不掺水，故就饮者多。但此叟矜持，向不挂牌。但有一小门供进出，嗜饮者遂称其处曰"关倒卖"。惜当时人但知其姓而未探询其名。此外，成都旧时小酒馆尚多，虽亦售干酒、花生、卤菜，然均不能与之媲美。

六、茶　舍

据《古文苑》载，西汉王褒《僮约》有"武阳买茶"之语，晋人张载《登白菟楼》诗曰"芳茶冠六清"，足证蜀人饮茶之风极早。

清末成都有名茶舍为文庙街之瓯香馆、粪草湖街之临江亭、山西馆街之广春阁等。[①] 此外，如中东大街之天禄阁，下东大街之文泉阁，北打金街之香泉居，鼓楼北一街之芙蓉亭，亦皆开业于清季。民国时全城大小茶馆有数百家。抗战时期城守东大街新辟之华华茶厅，可容千人，喧嚣之声最甚。又商业场之二泉茶舍几案精整，并供应各色点心。各茶舍所售者率为川产花茶。成都人讲究饮茉莉花茶，有自带醺茶者、云南沱茶；至于皖之红茶、浙之绿茶，嗜者较少。

茶舍有一美俗，即无钱而又渴甚者，可至茶舍坐饮剩茶，执壶茶工必为之冲开水，名曰"吃加班茶"，茶舍主人并不禁止。

又，蓉市及全川茶舍，皆用有盖之茶碗，碗下承以茶船，名曰"盖碗茶"，与长江中下游之售壶茶者不同。据曹学佺《蜀中广记·器物记》载，茶船为唐德宗时西川节度使崔宁之女所创制。

七、剧　院

成都乃戏剧之乡。早在唐代便有"蜀戏冠天下"之说。清乾隆年间，川人吸收融会苏、赣、皖、鄂、陕、甘戏剧之精华，又精炼本省之民间戏剧（车灯戏）而创川戏（剧）。川剧形成后，有昆、高、胡、弹、灯五种声腔。其中最有代表性的是高腔。汉剧虽亦有此形式，但属有伴奏之高腔，与川剧不用伴奏之高腔不同，故高腔为川剧最有特色之声腔。川剧初无正式剧院，

---

① 参见傅崇榘：《成都通览》第七辑。

多借用庙宇及会馆舞台演出。至光绪三十二年（1906）吴碧澄方在忠烈祠北街创建可园（一名咏霓茶舍），组川戏团曰文化班，在此上演川戏。光绪三十四年（1908），劝业道周善培于新建劝业场东北之老郎庙（今华兴正街54号）建川剧场，名悦来茶园。新中国成立后改建锦江剧场。辛亥革命后成立之有名川剧团体三庆会即长期在此演出。当时贾培之、萧楷臣、康芷林、周慕莲等均负盛名。21世纪初，锦江剧场拆除后，在悦来茶园旧址修建了成都川剧艺术中心；复在其左侧新建悦来茶园，其间亦设舞台，供川剧演出。

清宣统元年（1909），成都有名之川戏班为文化班、翠华班、长乐班、彩华班，又有川剧演员附隶于陕剧福盛班者。民国时川剧院逐渐增多，经常有十家左右，如锦新大舞台、蜀舞台、万春茶园、品香茶园、大观茶园、新又新大舞台、华瀛大舞台、永乐剧院等。

吴棠任清四川总督时，自江南延请演昆剧之舒洪班，定点江南会馆演出。当时又有由湖北来川之皮黄戏太洪班在蓉演出。舒洪班至清末解散；太洪班皮黄戏，后来则成为川剧之一派。

民国初年，悦来茶园主持人延请京剧宝顺和班来园演出。此班本擅秦腔，兼习京剧。民国2年（1913）新建群众茶园，至上海延请有女演员之京剧团来蓉演出。春熙路开辟后，新建之春熙大舞台专演京剧，为蓉城京剧院中历时最久者。民国21年（1932），祠堂街新建西蜀大舞台演京剧，后改演川剧、电影。

民国7年（1918），有自上海返蓉者组织进化社演出话剧于万春茶园，不到一年即解散。其后十余年又有人组织话剧社，在玉石街创建剧场演出，至抗战期间方告解散。

旧时本市又有木偶戏及以牛皮制成人物像之灯影（皮影）戏等。

八、电影院

民国10年（1921）季叔平、杨吉甫等组成新明电影院，实无院址，乃租用基督教青年会体育室做放映场所。此为成都有电影之始。其后陆续增建有智育、大光明、昌宜、蓉光、中央、国民、蜀一、大华、乐观等影院。青年会电影部及明记青年会均借用青年会做放映场。新明则于城守街建新屋放映。

成都初仅有无声片。民国 19 年（1930），青年会放映有声风景片，欢迎各界观看，未正式营业。至 20 世纪 30 年代后期，青年会电影部乃映有声故事片。成都剧院旧时秩序不佳，无票强入剧院、影院者不少，名曰"看滥污"。书院街明明电影院得罪兵痞，后者遂向院内投掷手榴弹，致使影院不敢继续营业。

其时所输入外国影片，多来自美国，未以汉语配音。影院则雇用翻译人员，将其主要情节及对话用中文加映于银幕上。放映国产片时，成都之"五老七贤"等有题诗赞评者，其文字亦加映于幕上。

九、书　场

成都书场，皆附设于茶舍之内，其中以芙蓉亭茶社最为著名。该亭开业于清光绪十八年（1892），不久即有夜场曲艺演出。一般书场均表演各种曲艺，如扬琴、清音、评书等。成都曲艺起源很早，1959 年成都近郊出土东汉陶制说唱俑，"击鼓说书，喜形于色"，可见当时说唱艺术就流行了。唐宋时成都民间说唱艺术更盛。唐人段成式在《酉阳杂俎》中记叙成都见闻："予太和末，因弟生日，观杂戏……"宋人岳珂在其《桯史》中称誉："蜀伶多能文，俳优率杂以经史。"

评　书　皆演说各种故事。一般根据流行小说演讲，如讲《三国演义》《水浒传》及武侠、言情类小说。演讲一部长篇小说有时达半年甚至一年之久。演讲时借助桌子、醒木、折扇、帖子等道具。钟晓帆为清末至民国时颇负盛誉的说书者。

竹　琴　即道情，初为道士劝善说道的古老艺术，清末民初改为演唱历史及小说故事，始称竹琴。演唱者执渔鼓、简板，一人可兼唱生、旦、净、丑诸角。词曲多袭扬琴唱本。民国时成都唱竹琴者多，唯瞽者贾树三技艺精绝，能记诵演出数十部长篇、七八十种短篇曲目，创造了以委婉细致、韵味醇厚为特色的贾派（或称成都派、扬琴调）艺术。

扬　琴　形成于清代乾隆年间，以扬琴为主要伴奏乐器，故名。演唱者多为盲人。清末扬琴演唱多为三人，后一般为五人，分角色坐唱，自操乐器。近人李莲生、李德才颇有盛名。扬琴唱词清雅、文丽，演奏时无锣鼓之声干扰，故喜清听及饮茶者乐于欣赏。剧本如《伯牙碎琴》《活捉三郎》名声最响，流传二百余年，至今不衰。近代黄吉安所写剧本（世称"黄本"）最受艺人和听众欢迎。

清音、金钱板、荷叶、盘子　清音，光绪年间流行于泸州、宜宾一带，当时称为"月琴"（因用月琴伴奏）。1930年，重庆艺人成立"清音歌曲改进会"，始名清音。成都一度称之为"唱小曲"。清音分大调、小调两种，可由一人独唱，也可由数人合唱。其曲牌名称，多出于明代文人笔记。金钱板则是演唱者左手执两块竹板，右手执一块，作为敲击节拍、创造气氛之用；因其中一块嵌有铜钱，故名。其唱腔多同于川剧高腔。近人邹忠新颇负盛誉。所谓荷叶，乃说唱兼备之艺术。艺人手持檀板（天桥）、铜铙（苏镲）进行表演。因铜铙形似荷叶而得名。盘子指艺人手持竹筷、瓷盘（碟子）敲打节奏，边唱边舞之形式。

相　书　又称"隔壁戏"。演出时，设一高约一米六至二米三、宽约八十厘米的帐子，由一艺人置身其中，用口技和折扇、铜铃、莲花落等道具模拟各种声音，摹状环境。此艺者一人扮演若干角色，彼此对话，以演绎故事。观众隔帐聆听，如临其境。

谐　剧　是民国时期产生之新曲艺剧种，由王永梭于1939年首创。其特点为用话剧手法，一人表演，诙谐幽默，被誉称为"一人上场，满台生辉"。

大鼓、相声　多由外省演员来蓉演奏。其时演出或有数种形式连台轮番上场者。

至新中国成立前，成都正式场合鲜见杂技演出，当时称其为"耍把戏"；不过花会时有见上演。

428

附录　成都市主城区全国重点文物保护单位名录

　　成都主城区指成都城市建成区，为 20 世纪 90 年代将东城区、西城区、金牛区重组的锦江区、青羊区、金牛区、武侯区、成华区，称为五城区；后又加上高新区，称为六城区或五城一高。

　　成都主城区全国重点文物保护单位名录：

杜甫草堂

辛亥秋保路死事纪念碑

成都十二桥遗址

成都古蜀船棺合葬墓（位于商业街）

金沙遗址

永陵

武侯祠

望江楼古建筑群

成都水井坊遗址

孟知祥墓（在磨盘山）

蜀庄王陵（即朱悦爌墓，凤凰山）

江南馆街（唐宋）街坊遗址

平安桥天主教堂

四川大学早期建筑

后　记

　　为发展天府文化、弘扬成都城市精神，进而为加快建设全面体现新发展理念的国家中心城市和世界文化名城提供历史文化方面（包括城市建设经验）的借鉴，我们推出了这部《成都城坊古迹考》修订本。

　　此书开编于1959年。时由我馆首任馆长刘孟伉主持，牛次封、刘东父、朱良甫、李思纯、吴文中、吴邵先、涂在潜、黄世英、黄芷香、彭玉龙、彭云生、韩宽夫、饶伯康等十三位馆员分头执笔，馆员杨尚周绘图，于1960年形成初稿。惜包括刘孟伉在内的诸撰稿人均在"文化大革命"中或此前后相继辞世，未得目睹该书的出版。改革开放以后，我馆重新组织力量对初稿进行整理、补充，历时四年，至1984年10月完工，交四川人民出版社于1987年1月正式出版。当时参与工作的馆员有陶元甘（整理《建置篇》《水道篇》，补写《杂考篇》并核对全稿引文，复校全稿）、李祖桢（整理《城垣篇》）、汪潜（整理《街坊篇》）、李金彝（通校全稿）。另聘请四川大学历史系王东元先生对初稿配图予以改绘。

　　二十年后，鉴于该书在社会上产生的良好影响，而市面上则很难寻觅，读者需求强烈，遂由我馆第三度组织人员（以馆员为主）予以修订，于2006年12月推出第二版。此版始设编辑委员会，主任为时任四川省人民政府参事室、四川省文史研究馆党组书记，省政府参事室主任唐建军与省文史研究馆馆长张在德，由张在德担任主编。参加此次修订工作的有谢桃坊（《建置篇》）、马继贤（《城垣篇》）、冯广宏（《水道篇》及《杂考篇》第一至五章）、张绍诚（《街坊篇》）、屈小强（《杂考篇》第六、七章）、康济民（《杂考篇》第八、九章）。张绍诚、冯广宏、安山、屈小强还负责图版的整理与完善。全书的统稿通校工作则由张在德、屈小强完成。

　　本书第三版的修订工作开始于 2017 年 4 月，仍以我馆馆员为骨干力量。由四川省人民政府参事室、文史研究馆党组书记，参事室主任蔡竞及四川省人民政府文史研究馆馆长何天谷担任编委会主任。

　　此次修订，在第二版基础上，对本书再次进行全面的文字校勘与内容增订以及形式规范，并以成都市档案馆提供的民国 31 年（1942）成都市区图替换清宣统三年（1911）成都街道二十七区图。本书所述时间，起自公元前 311 年，终于 1949 年，但有些部分延至改革开放以后；所述范围，以当代中心城区，即锦江区、青羊区、金牛区、武侯区、成华区及高新区为主，有些部分（如水道）则延伸至郊县。

　　具体负责各篇章工作的是——《前言》《后记》：屈小强（起草）；《建置篇》：谢桃坊、伍文；《城垣篇》：马继贤、刘复生、薛晶；《水道篇》：冯广宏、黎明春；《街坊篇》：张学君、龚政；《杂考篇》：冯广宏、张在德、冯修齐、龚政；统稿通校：何天谷、屈小强、张学君、伍文。

　　本书各版的撰写者及修订者，皆于学术上颇具造诣，在天府文化、成都城市史研究上有较高成就。本书的内容，实际是他们研究成果的一种叙事性表达。其研究方法采用三重证据法，即以纸上之材料、地下之实物以及口述史料互相释证的考证方法。其资料来源：一为典籍文献，包括通史、断代史、典志、野史、札记、方志、类书、丛书、档案、图籍、诗词歌赋以及现代学术论著；二为出土文物和地面遗存文物，包括各类铜铁器、玉石器、陶瓷器、碑刻、古墓、古建筑与名人故居等；三为口碑材料，主要从坊间调查访问获得。这后一部分材料尤为宝贵。本书各版撰写者、修订者及编辑人员为了获取第一手资料，几乎踏遍了成都主城区的各大街小巷，揆度丈量，绘图摄影，拜访耆老及其他相关人员（如考古工作者、文博档案人员），记录逸闻传说，又详加甄别考辨，以去粗取精，去伪存真。其间甘苦，寸心自知。

　　在本书第三次付梓之际，特向对各版次编撰、修订、出版给予大力支持的四川人民出版社、成都时代出版社以及蒲其元、吴鸿（已故）、邱林、谢雪等热心出版人致以衷心的感谢！

四川省人民政府文史研究馆

2018 年 12 月